Eneagrama para Líderes

AUTOCONHECIMENTO E MATURIDADE PARA O DESENVOLVIMENTO DE SUA LIDERANÇA

Eneagrama para Líderes

2ª Edição Revista e Atualizada

AUTOCONHECIMENTO E MATURIDADE PARA O DESENVOLVIMENTO DE SUA LIDERANÇA

Nicolai Cursino

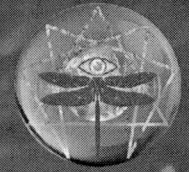

Copyright© 2017 by Nicolai Cursino

Todos os direitos desta edição reservados à Qualitymark Editora Ltda.
É proibida a duplicação ou reprodução deste volume, ou parte do
mesmo, sob qualquer meio, sem autorização expressa da Editora.

Direção Editorial	Produção Editorial
SAIDUL RAHMAN MAHOMED editor@qualitymark.com.br	EQUIPE QUALITYMARK

Capa	Editoração Eletrônica
EQUIPE QUALITYMARK	PS DESIGNER

1ª Edição: 2013
1ª Reimpressão: 2015

2ª Edição: 2017

CIP-BRASIL. CATALOGAÇÃO NA PUBLICAÇÃO
SINDICATO NACIONAL DOS EDITORES DE LIVROS, RJ

C986e

Cursino, Nicolai
  Eneagrama para líderes : autoconhecimento e maturidade para o desenvolvimento de sua liderança / Nicolai Cursino. - 2. ed. - Rio de Janeiro : Qualitymark Editora, 2017.
  348 p. : il. ; 23 cm.

Inclui bibliografia
ISBN 978-85-414-0327-6

1. Liderança. 2. Capacidade executiva. 3. Eficiência organizacional. I. Título.

13-00552
CDD: 658.4092
CDU: 005.322:316.46

2017
IMPRESSO NO BRASIL

Qualitymark Editora Ltda.
Rua Teixeira Júnior, 441 – São Cristovão
20921-405 – Rio de Janeiro – RJ
Tel.: (21) 3295-9800
www.qualitymark.com.br
E-mail: quality@qualitymark.com.br
Fax: (21) 3295-9824

Agradecimentos e Dedicatórias

O conhecimento transmitido neste livro é dedicado, em especial, a Urânio Paes, amigo que tem investido sua vida em pesquisas e ensinamentos sobre o ser humano e seu retorno para casa. É dedicado também a George I. Gurdjieff, que eu não conheci em vida, mas que orienta meus passos e os de tantos outros na descoberta do conhecimento sagrado do Eneagrama.

A realização deste livro é dedicada, em especial, a Katiusha Cursino, que apoiou de maneira fundamental a organização das primeiras ideias e estruturas desta obra alguns anos atrás. Ela é dedicada também aos apaixonados buscadores de crescimento João Luiz Cortez, Claudia Fernanda Cruz, Isabel Soares, Camila Neto, Ana Carolina Cortez, Jully Horigoshi, Danilo César e toda a equipe da Iluminatta Desenvolvimento Humano.

A Fernanda Mendonça, que continua me lembrando de que, acima do conhecimento, está sempre o ser humano e seu bem-estar, e a Domingos Cunha, pelo enorme coração e pela gentileza de contribuir com as orações de crescimento contidas neste livro.

O coração deste livro é dedicado à minha amada família, meu bem mais precioso: Adriana Cursino, Katiusha Cursino, Erli Cursino, Ruan Thomé, Louise Thomé, Rogério Thomé, Rodrigo Gomiero e o pequeno Miguel. E mais ainda, meu coração por inteiro, é dedicado à minha amada companheira, Tais Golineleo, a quem admiro intensamente e que, com paciência, tem me ajudado a curar tantas feridas, e a nosso filhote Gael, luz, amor e força infinitos em nossa estrada— você é tão bem-vindo e tão amado, meu filho.

A Jesus Cristo, Gautama Buda, Martin Luther King, Nelson Mandela, Chico Mendes, Dalai Lama, Chico Xavier, Luiz Seabra, Anita Garibaldi, Al Gore, Gandhi, Neale Donald Walsch, Olga Benário e muitos outros líderes inspiradores que iluminam minhas indecisões e questionamentos. Também a meus amigos e mestres espirituais, pelo direcionamento, pela compaixão e pela perseverança em me ajudar a ouvir, mesmo diante de tanto barulho.

A alma deste livro, assim como o espaço mais profundo do meu espírito, é dedicada a meu maior líder, meu maior mestre e meu maior amigo em todas as horas e em todas as disciplinas. É dedicada àquele que continua me ensinando, mesmo depois de sua partida, o que realmente importa nesse curto espaço de tempo que chamamos de vida: papai, Juca Cursino, o desafio de estar sem você é grande demais, mas o amor que me ensinou a ter pela vida e pelas pessoas transcende a dor e se transforma em alegria, força e vontade. Já não me importo mais em saber em que tempo, de que forma e em que espaço nós nos encontraremos novamente, pois os milênios são curtos perto do meu amor e da minha gratidão.

Nicolai Cursino
Outubro de 2012

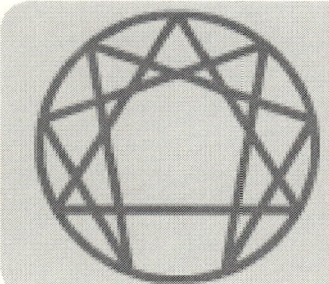

Sobre o Autor
Nicolai Cursino

Nicolai Dedica sua Vida à Expansão de Consciência da Humanidade.

Dono de um compromisso inegociável com a Espiritualidade e com o Conhecimento, acredita em uma nova Era de Educação para o Planeta. Uma Educação baseada em Consciência, Amor e Comunidade.

Como professor, autor e treinador internacional de Eneagrama, já ensinou diretamente para mais de 15.000 pessoas ao redor do Mundo. Seus vídeos de Eneagrama no Youtube já atingiram mais de um milhão de views e seu aplicativo, o "Eneagrama para Líderes" (oferecido gratuitamente em português e inglês em Android e IOS), conta com mais de 100.000 downloads em mais de 40 países.

Sua metodologia une uma série de experiências, incluindo a certificação como professor pelo Enneagram Institute e o contato com os trabalhos de Russ Hudson (Enneagram Institute EUA), a certificação como professor pela Escola de Tradição Narrativa (Helen Palmer e David Daniels) e a certificação como trainer pelo Enneagram in Business (Ginger Lapd-Bogda), além de conhecimentos do sufismo, do Eneagrama de Gurdjieff e do cristianimo gnóstico.

Inclui também diversas participações em conferências da IEA (International Enneagram Association) nos EUA, da qual é membro profissional e também um dos fundadores da IEA Brasil (afiliada brasileira), além de professor e apresentador em diversos dos congressos brasileiros da IEA e também na International Enneagram Summit 2019 (Portugal), a conferência europeia do Eneagrama.

É também pesquisador e desenvolvedor de uma série de novas abordagens de transformação através do Eneagrama. Em 2010 criou a metodologia exclusiva chamada Eneacoaching® (marca registrada no Brasil), combinando diversas formas e manifestações do Eneagrama com técnicas da Bioenergética, Terapia Corporal, Mindfulness, PNL Sistêmica, Coaching, Constelação, Hipnose Ericksoniana, Xamanismo, além dos trabalhos corporativos envolvendo liderança e cultura organizacional.

É autor dos livros *Eneagrama para Líderes* (*Enneagram For Leaders* – versão em inglês disponível na Amazon), *O Anjo e o Líder* (*The Angel and the Leader* – versão em inglês disponível na Amazon) e *Hipnose Ericksoniana – Palavras que Curam*. É também coordenador e coautor dos livros *Coaching com Eneagrama*, *Eneagrama e PNL* e *Coaching com Hipnose*.

Engenheiro formado pela Universidade de São Paulo (USP), foi profissional da EMBRAER na área de relações internacionais com autoridades governamentais. Liderou e participou de missões em diversos países, incluindo EUA, Canadá, Inglaterra, Holanda, Alemanha, Itália e Grécia, tendo vivido também na França, na Espanha e na Austrália. Em 2007 fundou a Iluminatta Escola de Transformação, onde atuou até outubro de 2019.

É treinador de PNL Sistêmica pela Neuro-Linguistic Programming University – EUA (Robert Dilts), *coach* certificado pela International Coaching Community (ICC), Treinador de Liderança Situacional pelo Ken Blanchard Institute e especialista em Design de Academias de Liderança e Educação Corporativa.

Desenvolve programas de Liderança (incluindo C-Level e Executive Board) e Transformação Cultural e Digital em grandes organizações há mais de dez anos, incluindo: Natura (Brasil), Engie, Portugal Telecom, Itaú, Vivo, Unilever, Embraer e muitas outras.

Idealizador do Núcleo da Consciência e Presidente da Sociedade Brasileira de Eneagrama. Mora em Mogi das Cruzes, SP, onde nasceu, por escolha e amor. Filho da Dona Erli e do Seu Juca Cursino. Marido realizado da Tais. Papai do Gael (oito anos) e do Benicio (seis anos).

Site: www.nucleodaconsciencia.com.br
Instagram: @nicolaicursino

Prefácio

Filho primogênito de uma família de quatro irmãos (Marco Sandro, Marco Rodrigo, Marco Rogério e Marco Adriano), sempre fui extremamente determinado com meus planos pessoais.Cresci observando e questionando modelos sociais, religiosos e empresariais.

Essas questões surgiam quando, de certa forma, não representavam para mim algo de valor ou eram meros empecilhos para o meu crescimento. Assim, firmei minhas posições e minhas crenças no que acreditava ser o melhor:o conhecimento lógico, fortalecido pela engenharia eletrônica e pelo conhecimento sistêmico alcançado no MBA em administração.A vontade de conquistar o mundo muito cedo e a ansiedade de atingiros resultados de meus planos para esse fim também trouxeram experiências boas e ruins que, de certomodo,me ajudaram a ordenar (e muito) as dúvidas quanto ao caminho a seguir.Essa forma de conduzir a vida me levou ainda muito cedo a alcançar posições de confiança em grandes empresas multinacionais (GM do Brasil, Unilever e Claro), bem como a ter passagens de sucesso no meio empresarial. Hoje ocupo o cargo de presidente da Axoon Telecomunicações,empresaque fundei em 2006.

Com tudo isso, ainda faltava algo. Um aprendizado que não encontrei nas lógicas estudadas na engenharia nem nos conhecimentos sistêmicos compreendidos com louvor no MBA. Sim, havia um vazio em meu pensar interno e nos meus sentimentos externos. Algo que eu precisava completar,que me causava desconforto nas tomadas de decisões e fraqueza no controle de minhas emoções.

Em 2010, tive contato com uma ferramenta fabulosa: o Eneagrama para líderes. De fácil assimilação e de grande eficiência prática, ele logo me conquistou e me revelou que eu era o tipo 3. No início,eu o utilizava para mapear minha personalidade. Isso possibilitava um profundo conhecimento de mim mesmoe me permitia caminhar com passos mais firmes em minhas decisões, com maior força para lidar com conflitos e, principalmente, com uma sensação de paz interior por conseguir controlar minhas ansiedades e meus impulsos.

Tudo isso despertouem mim a vontade de ir além do conhecimento inicial da ferramenta. Procurei o Nicolai e expus minhas inspirações pessoais, bem como os motivos que me levaram a fundar a Axooncuja missão é levar,por meioda tecnologia, uma comunicação diferente para as corporações e para os indivíduos. Durante nossas conversas, soube que existiam outros cursos que me levariam a um estado de consciência mais profundo e poderiam trazer melhor clareza sobre como utilizar o Eneagrama também como ferramenta no fortalecimento da missão na Axoon.Esses cursos poderiam aindame tornar um ser humano melhor e, assim, um líder melhor.

O tempo correu e cinco meses se passaramdesde essa primeira conversa. Durante esse tempo, eu me aprofundei em conhecer melhor o Eneagrama, que se revelou minha bússola na condução de minhas decisões e a base para os fundamentos que gostaria de levar para a minha empresa.

É importante assinalar que a Axoon atua em um mercado extremamente competitivo: o de telecomunicações. Focada no mercado corporativo, faz-se necessário para ela ter inúmeros processos e sistemas, bem como uma operação ágil, eficaz e eficiente,a fim deassegurar um atendimento impecável aos clientes exigentes. A complexidade donegócio é grande, assim como a gestão de suas pessoas.

Seja como for, somente após ter percorrido os conhecimentos do Eneagrama é que despertou em mim uma clareza de propósito quanto ao uso desse sistema para tornar as pessoas mais conscientes ehumanas e, ao mesmo tempo, fazer com que as coisas fluam na empresa com mais harmonia, parcimônia, comprometimento e respeito.

A primeira atitude foi convidar todos da Axoon para o workshop inicial do Eneagrama para líderes. Nessa atividade, pudemos conhecer o tipo principal de personalidade de cada um, além de uma série de outras informações que expandiram nosso jeito de ver as coisas.

Vieram muitas surpresas e muito conhecimento das pessoas que estavam conosco. Conhecimento que não tínhamos, mesmo vivendo o diaadia juntos. Conhecimento que elas mesmas não tinham. Pudemos perceber porque certas atitudes se repetiam, porque certos descontentamentos existiam e, até mesmo, porque alguns eram eficientes e outros não. Feito isso, elaboramos um programa individual, com cada um apontando características e pontos a melhorar com base no que aprendemos. Tudo isso com respeito e amor.

O Eneagrama não só trouxe algo de novo para a minha vida e para a minha empresa, como também fez das pessoas que hoje estão conosco melhores, mais conscientes e comprometidas com suas missões e com a missão da organização. Hoje posso dizer que caminhamos cinco anos em apenas um após a implantação do Eneagrama.

E não paramos por aí. Estamos concluindo com o grupo principal de liderança da empresa uma série de encontros de *mentoring*, no qualutilizamos o conhecimento do Eneagrama para o desenvolvimento de várias competências centrais da liderança. O impacto tem sido grande, tanto em nossa performance profissional comoem nossa vida pessoal. Os líderes estão absolutamente apaixonados pelo sistema e já o levaram para sua casa. Estamos crescendo em maturidade, respeito e união.

Para mim, como ser humano, posso dizer que renasci; como empresário e presidente da Axoon, posso dizer que estamos no caminho certo. Conhecer o DNA, ou melhor, o tipo de cada colaborador nos permite crescer de forma consistente, harmoniosa e, principalmente, humana. E essa é a nossa maior busca.

Agradeço a minha esposa Lela, por ter me apresentado esse fantástico sistema, bem como pela força e pelo exemplo de mulher que me incentivou a ir além dos limites da minha visão—limites estes que continuam se expandindo.

Agradeço também ao Nicolai Cursino pela pessoa fantástica que é e, principalmente, pela disciplina com aqual se entrega como orientador, condutor e disseminador do Eneagrama no Brasil e no mundo.

Aproveite enormemente esta maravilhosa obra, repleta de conteúdo, verdade e inspiração. Ela é indispensável para a cabeça, o coração e as atitudes de grandes líderes.

Marco Sandro Oricchio
Presidente da Axoon Telecomunicações

Introdução

Um líder é, antes de tudo, um ser humano, uma mulher, um homem. E suas qualidades e defeitos como ser humano— marcas de sua personalidade, de seus medos e de seus sonhos— é que definirão sua grandeza ou insignificância.

Quando admiramos líderes do porte de Martin Luther King, John Lennon, Abraham Lincoln e Chico Mendes, nós nos inspiramos pelas virtudes presentes em seus corações, por sua visão grandiosa de um mundo melhor e por suas ações corajosas para expressar sua missão. Todos eles sonharam com algo muito maior do que si mesmos. Os sonhos dos grandes líderes, que acabam se tornando seu propósito de vida, envolvem sempre a criação de um mundo mais virtuoso.

Autoconhecimento e crescimento pessoal têm sido a missão para aqual eu tenho dedicado minhas ações, meus sentimentos e meus sonhos. Eu realmente acredito que, ao nos tornamos seres humanos melhores, mais conhecedores de nossa natureza misteriosa de pensamentos, sentimentos e impulsos inconscientes e automáticos, podemos, aos poucos, nos transformar emprotagonistas de nossa própria vida. Uma vez capazes de escolher nossas reações, nossas atitudes, nossos pensamentos e nossos sentimentos, podemos expressar aquilo que de mais sagrado temos escondido.

Dessa maneira, teremos a capacidade de servir de uma forma muito mais útil e eficaz a nosso propósito maior: o propósito de conduzir, como líderes, a nós mesmos e a toda a raça humana a um patamar superior de unidade, liberdade, amor e desenvolvimento.

Esse não é um trabalho para crianças imaturas, deslumbradas com tecnologia e cegas para o crescimento interno. Não é um trabalho para pessoas assustadas, que se agarram a seus cargos, bens e imagens de forma tão forte que criam guerras para mantê-los— guerras externas e internas; guerras santas.Não é trabalho de nenhum Deus no céu ou governo na Terra.

É um trabalho para grandes homens e grandes mulheres, despertos, corajosos e comprometidos. Esse trabalho começa por dentro, e não por fora. Para ter mais, nós precisamos ser mais. O que temos na vida é o resultado externo da maneira como pensamos e sentimos. Fomos nós que construímos o mundo como ele está hoje, embora poucos se deem conta disso. Não há a quem culpar. Cabe a nós, e exclusivamente a nós, criar o mundo no qual queremos pertencer. O mundo externo e o mundo interno.

O tamanho, a beleza e os frutos da árvore dependem da semente embaixo da terra, mesmo que não possamos vê-la. O invisível é sempre o que determina o visível.

Modifique-se como ser humano, conheça-se, construa uma nova pessoa, um novo líder que pensa e sente de maneira diferenciada. Então, verá que passará a agir de forma diferente, terá coisas diferentes e nada no mundo, nada à sua volta permanecerá igual, nem as pessoas, nem as coisas, nem as empresas.

E com toda essa propriedade você se tornará um mestre de si mesmo. Escolherá a qualidade dos sentimentos que habitam seu coração e a qualidade das atitudes que constroem a sua vida. Como seria vivermos em um mundo habitado por esse tipo de liderança?

Este é o propósito deste livro:apresentar um guia para orientar sua caminhada de crescimento pessoal, profissional, psicológico, espiritual e, dessa forma,fazer com que se torne um líder melhor.

E esse guia chama-se Eneagrama.

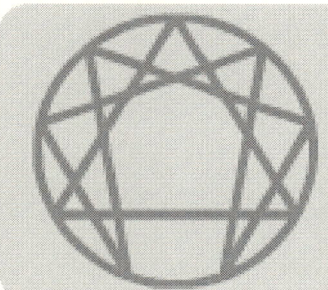

Sumário

Prefácio IX

Introdução XIII

Eneagrama para Líderes 1

Teste de Tipo de Personalidade 15

Tipo 1 O Líder Perfeccionista 23

Tipo 2 O Líder Ajudante 51

Tipo 3 O Líder Vencedor 81

Tipo 4 O Líder Intenso 109

Tipo 5 O Líder Analítico 139

Tipo 6 O Líder Precavido 169

Tipo 7 O Líder Otimista 201

Tipo 8 O Líder Poderoso 231

Tipo 9 O Líder Mediador 261

Além dos Nove Tipos Principais 293

Instintos do Eneagrama 299

Eneacoaching®: Coaching com Eneagrama 311

Academia de Liderança com Eneagrama 321

Referências 327

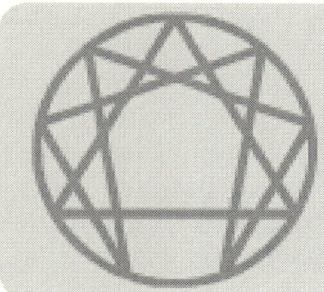

Eneagrama para Líderes

O Eneagrama para líderes é um sistema de desenvolvimento pessoal, profissional e organizacional que descreve nove tipos principais de personalidade, cada uma com suas tendências mentais, emocionais e instintivas que se refletem em um estilo central de liderança.

Apesar de descrever com muita precisão os prováveis comportamentos de cada um dos nove tipos, a riqueza do Eneagrama está no fato de ele ser muito mais do que uma tipologia de personalidades. Ele descreve as motivações por trás das ações; as crenças e as estratégias inconscientes por trás das decisões; as rotas exatas e mais eficientes de crescimento e expansão para além dos padrões de cada tipo. Além disso, aponta os motivadores e as estratégias por trás dos comportamentos — não apenas o que as pessoas fazem, mas o que as motiva a serem como são. Trata-se de um mapa e uma estratégia de maturidade, desenvolvimento e diversidade baseados em autoconhecimento e autodomínio.

O Eneagrama também permite que os líderes tomem consciência, planejem e desenvolvam seus *gaps* e dons de liderança em conexão com as necessidades da organização. Permite ainda que eles consigam notar as reais motivações, estratégias e formas de perceber o mundo de suas equipes, pares e superiores hierárquicos, passando a promover ambientes e relações muito mais sustentáveis, em que o desenvolvimento é um dos fatores presentes. E tudo isso de uma forma profunda. Trata-se de um processo de conscientização e mudança real, e não apenas do aprendizado de novas atitudes ou habilidades.

O Eneagrama Original

O nome Eneagrama descreve o símbolo que o representa (veja a Figura 1). Esse símbolo é composto de três elementos principais: um círculo externo, que representa a unidade; um triângulo equilátero interno, que representa a trindade, a divisão do todo em três partes, e liga os pontos 3, 6 e 9; uma hexade, figura de seis pontos, que liga os pontos 1, 4, 2, 8, 5 e 7, nessa ordem. A figura do Eneagrama segue uma série de leis geométricas e matemáticas complexas.

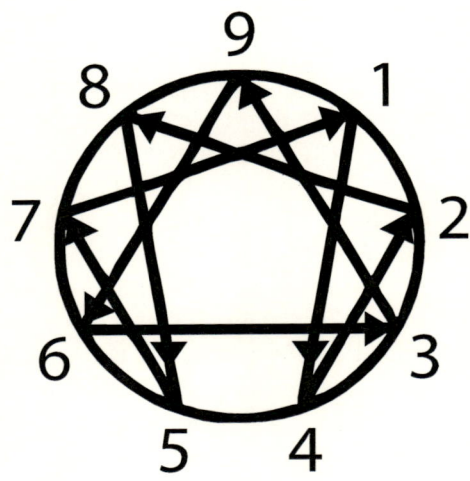

A palavra deriva do grego (*ennea* = nove, *grammos* = figura) e faz alusão aos nove pontos identificados ao longo da circunferência externa do Eneagrama. É um símbolo de sabedoria que existe há mais de três mil anos e cuja origem, até hoje, não se sabe ao certo, embora as pesquisas mais recentes apontem para a cidade de Alexandria, no antigo Egito.

Seja como for, sabe-se que o Eneagrama não foi algo inventado ou criado pelo homem, e sim descoberto por ele, e que sua sabedoria provém de uma inteligência superior à humana. Desde as primeiras civilizações cristãs, passando pela Idade Média e pelo Oriente, encontram-se vestígios e traços do desenho do Eneagrama, sempre ligados a estudos e orientações sobre o funcionamento do universo e do ser humano.

Esse conhecimento antigo foi recuperado e trazido ao Ocidente em meados do século XX por George I. Gurdjieff, filósofo e mestre espiritual armênico. O encontro dele com esse símbolo está descrito em seu livro

Encontro com homens notáveis, que posteriormente foi transformado em um filme biográfico. O Eneagrama de Gurdjieff não continha os tipos de personalidade. A sabedoria desse sistema era (e ainda é) usada para ensinar uma série de leis fundamentais sobre o funcionamento do homem e de todas as coisas.

Somente a partir da década de 1970 é que esse conhecimento foi adaptado, principalmente por Oscar Ichazo e Claudio Naranjo, e passou a conter a divisão e a descrição dos nove tipos psicológicos centrais de personalidade. Criou-se, então, o Eneagrama das personalidades. Trata-se de apenas um dos eneagramas possíveis, e é utilizado como base para os fundamentos deste livro.

Esse conhecimento caiu em domínio público primeiramente nos Estados Unidos, em torno da Universidade de Stanford, com a publicação do livro *O Eneagrama*, de Helen Palmer. Desde então esse sistema tem se espalhado pelo mundo e vem sendo utilizado nas mais diferentes áreas: psicologia, medicina, teatro, cinema e educação, bem como em diversas linhas de crescimento pessoal e espiritual. A utilização do Eneagrama nos negócios tornou-se especialmente forte com a contribuição de Ginger Lapid-Bogda. Entre outras coisas, ela foi a criadora do *Enneagram in Business Network* (EIBN), comunidade em funcionamento que, além de reunir os principais profissionais que utilizam o Eneagrama nos negócios ao redor do mundo, desenvolve, ininterruptamente, pesquisas e conhecimento de ponta nessa área.

O Eneagrama nos negócios tornou-se um poderoso sistema de aplicação organizacional, com ampla validação científica. Ele é utilizado com sucesso em instituições como Stanford, Colúmbia e Loyola, nos Estados Unidos; em programas de MBA da FGV e USP, no Brasil; em organizações como 3M, IBM, Sony, Motorola, Boeing, Disney, Embraer, Vivo, Banco Itaú, Avon, Roche, Bradesco e MetLife, entre muitas outras. Suas principais aplicações envolvem: programas de desenvolvimento organizacional focados em liderança, comunicação, *team building*, inteligência emocional, autodomínio, coaching, gestão de conflitos, *feedback*, tomada de decisão, vendas e negociação, com muitas outras possibilidades.

Na liderança, os maiores benefícios do Eneagrama envolvem a compreensão das diferenças individuais; a melhora da autoestima, da motivação e de técnicas de gerenciamento; o desenho de um caminho de desenvolvimento da liderança para si mesmo e para seus liderados.

Principais Conceitos do Eneagrama das Personalidades

Alguns conceitos centrais do Eneagrama das personalidades são:

- *Não somos uma personalidade, e sim temos uma:* nossa personalidade psicológica funciona como uma máquina da qual fazemos uso desde a primeira infância para sobrevivermos nesse mundo. Por trás dessa máquina há uma essência mais profunda de quem somos, a qual raramente se apresenta para a maioria das pessoas. O Eneagrama nos permite conhecer essa máquina e, principalmente, nos descolar dela, abandonando boa parte de seus padrões e programas para nos tornamos pessoas mais conscientes e mais em contato com o nosso verdadeiro ser.
- *Não somos escravos da maneira como sempre agimos e pensamos:* a consciência sobre nossos padrões de pensamento, de sentimento e de reações é o primeiro passo para readquirirmos nosso poder de escolha sobre eles. Quando estamos inconscientes, vivendo como se fôssemos máquinas, repetimos nossa maneira de pensar e de agir sem ao menosnos dar conta disso. Nossas reações são instantâneas e automáticas. Somos levados pelos hábitos e achamos que eles são algo natural. Estamos presos a eles. Com o trabalho de crescimento pessoal, esses padrões podem ser modificados e reconstruídos, devolvendo-nos poder de escolha e liberdade. Com isso, temos novas opções de pensar, sentir e agir.
- *Cada um de nós possui um dos nove tipos do Eneagrama como seu tipo predominante de personalidade. Esse tipo não muda, mas nós mudamos:* nosso tipo do Eneagrama nasce conosco e independe de nossa educação ou eventos que aconteceram em nossa vida. Embora tenhamos em nós um pouco dos nove tipos, um deles é central, e a sua descoberta é fundamental para o nosso trabalho de crescimento pessoal, maturidade e auto-observação. Conforme nos desenvolvemos, mudamos nossas reações, comportamentos e até crenças, ficando menos presos ao nosso tipo. Porém, há estruturas mais profundas e características do tipo que sempre estarão conosco.
- *Nenhum tipo é melhor do que o outro:* o que nos torna "melhores" ou "piores" é nosso grau de consciência e desenvolvimento de nosso tipo. Se estivermos completamente dominados por

ele, agindo sob o comando total dessa máquina, traremos mais dificuldade para a nossa vida e para a dos outros, independentemente de qual seja o nosso tipo. Por outro lado, se acumularmos um bom grau de crescimento pessoal, nos tornaremos mais flexíveis e nossos relacionamentos serão mais fáceis.

- *Nosso tipo é determinado por estratégias mentais, vícios emocionais, mecanismos de defesa, motivações e crenças centrais, e não por comportamentos, por atitudes e pelo que fazemos exteriormente:* esse é um ponto central que diferencia o Eneagrama de uma simples tipificação psicológica e, ao mesmo tempo, o torna um sistema complexo. De fato, para o Eneagrama, o que você faz não importa para a determinação do seu tipo. O que importa é por que você faz o que faz, o que busca conquistar com isso e o que está tentando evitar. Além disso, cada tipo possui uma estratégia mental repetitiva e tendenciosa, chamada pelo Eneagrama de fixação. Possui também um vício emocional, ou seja, uma emoção que se apresenta em frequência e intensidade superiores às demais, de forma desequilibrada e viciada, chamada de paixão. Possui ainda um mecanismo de defesa da personalidade que age de modo inconsciente e procura, de maneira muito inteligente, manter o tipo de personalidade funcionando exatamente como uma máquina. Por final, cada tipo possui uma crença central específica a respeito da vida e de como sobreviver nela. Cada um desses pontos será apresentado e discutido em detalhes ao longo do conteúdo específico sobre cada um dos nove tipos.
- *Nossa personalidade nos defende e nos protege e, ao mesmo tempo, gera sofrimento pelo distanciamento de nosso verdadeiro eu:* não poderíamos viver nesse mundo prático, social e tridimensional se não fossem as programações automáticas, os pensamentos, as emoções e as estratégias de defesa do nosso tipo do Eneagrama. Eles são necessários para nossa sobrevivência, principalmente na infância e na adolescência. E continuam necessários na vida adulta. Por outro lado, eles também são uma prisão que dificulta as escolhas sobre nossos pensamentos e sentimentos, nos fazendo sofrer por estarmos distantes de quem realmente somos por trás de tudo. A fase adulta inaugura uma possibilidade de retorno consciente para nossa verdadeira casa. Com isso, vamos, aos poucos, nos libertando e expandindo os padrões do tipo, voltando a ficar muito mais próximos de nós mesmos — e agora com uma consciência e um poder maiores.

O Tipo do Eneagrama

Como já observado, o tipo do Eneagrama é a nossa tendência central de personalidade psicológica, que nos acompanha desde a infância até o final de nossa vida. Para algumas linhas espiritualistas, esse tipo já está conosco antes de nossa chegada nessa vida e permanece conosco após ela, até que a função dele tenha sido cumprida.

É verdade que todos nós temos um pouquinho dos nove tipos do Eneagrama — alguns deles mais, outros menos, em diferentes momentos e condições da vida. Porém, um deles é central e está na raiz de todos os outros, manifestando-se em nós com uma frequência superior aos demais e independente da área da vida. Investigar, encontrar e compreender esse tipo é parte fundamental do trabalho de crescimento pessoal baseado no Eneagrama, mesmo que tenhamos pontos a desenvolver também nos demais tipos.

O tipo de personalidade tem como objetivo nos proteger, nos manter vivos e satisfeitos física, emocional, psicológica e socialmente. O Eneagrama diz que, ao nascer, começamos a nos distanciar do nosso estado mais essencial e mais verdadeiro, da experiência direta de nossa alma mais plena. Esquecemo-nos profundamente de nós mesmos, em um estado de sono profundo. Surge, então, um enorme medo dessa nova e ameaçadora vida, bem como uma sensação de impotência e fraqueza. Para podermos conviver com esse esquecimento e esses medos e ainda aguentar isso, criamos máscaras, personagens, máquinas compostas de estratégias mentais, emocionais e instintivas repetitivas e protetoras. Isso é o tipo do Eneagrama.

Os elementos centrais dos tipos do Eneagrama são: a fixação, a paixão e o mecanismo de defesa. Em seguida, aparecem as crenças centrais. Cada um dos nove tipos possui um conjunto único e específico desses elementos, que será descrito ao longo do conteúdo sobre os tipos.

A *fixação* é uma estratégia de pensamento repetitivo. É como se fosse uma ideia fixa que cada tipo tem e que consome muito de sua energia e de seus pensamentos. Também funciona como um filtro por meio do qual o tipo de personalidade analisa e julga as coisas que acontecem ao seu redor.

A *paixão* é uma emoção viciada que cada tipo de personalidade tem. Ela é viciada porque aparece com grande frequência e intensidade, de forma automática, chegando a tornar-se uma dependência. Quanto mais a personalidade se sente com medo, sem controle, rejeitada ou insatisfeita, mais essa emoção aparece. Trata-se de algo tão natural para nós que fica difícil perceber sua presença e mais difícil ainda percebê-la no momento exato em que surge. O crescimento mais profundo com o Eneagrama envolve o trabalho com essa emoção.

O *mecanismo de defesa* funciona como uma estratégia do tipo para se defender. É a máquina tentando se perpetuar e se manter no controle; é a cola que mantém a personalidade presente. Durante o trabalho de desenvolvimento, uma das etapas fundamentais é tomar consciência da atuação do mecanismo de defesa específico do tipo e começar a desmontá-lo. Isso deve ser feito com cuidado e paciência, pois, ao mesmo tempo em que nos mantém presos à personalidade e distantes de nossa essência, o mecanismo de defesa nos protege das ameaças psicológicas e emocionais do mundo. Desativá-lo rápido demais nos desestabilizaria, gerando mais perdas do que ganhos.

As *crenças centrais* são um filtro por meio do qual cada tipo de personalidade interpreta a realidade que o rodeia. Elas funcionam como uma lente especial de óculos, que faz com que cada tipo tenda a enxergar no mundo exatamente aquilo em que acredita. Com isso, a personalidade acaba encaixando o mundo em suas crenças e procurando comprová-las, como se fossem a verdade absoluta. O que um determinado tipo do Eneagrama chama de "verdade" ou "realidade" tem muito mais a ver com o seu jeito de ver a vida, baseado nessas crenças, do que com a verdade ou a realidade em si.

Esse conjunto de elementos que forma o tipo é o que realmente importa na determinação do tipo do Eneagrama de alguém. É onde o verdadeiro trabalho de crescimento precisa ser feito. De qualquer maneira, cada tipo do Eneagrama tem, sim, tendências de comportamento, estilo de comunicação, postura corporal, valor, estilo de liderança, conflito, preferências e repulsas. Essas tendências também serão apresentadas em detalhes ao longo do conteúdo sobre cada tipo, juntamente com os elementos principais. O benefício de compreendê-las e identificá-las é enorme.

É importante assinalar que as tendências refletem desdobramentos prováveis dos elementos do tipo, e não obrigatoriedades. Elas podem se modificar ao longo da vida da pessoa, de acordo com o seu grau de desenvolvimento ou por interferência de fatos, indivíduos, educação e cultura. A regra é que não importa tanto o que você faz, mas porque faz. Mas, claro, a propensão de se comportar de uma maneira específica por conta das motivações e do tipo do Eneagrama existe, e é forte.

Por exemplo, o tipo 1 do Eneagrama possui como uma de suas crenças fundamentais a de que o mundo está cheio de erros e imperfeições, cabendo a ele consertá-las e ser a pessoa "perfeita", sem erros. Alguém com essa crença acaba, na maioria das vezes, desenvolvendo uma característica central de ser extremamente detalhista e organizado. E é exatamente isso o que acontece com a maioria das pessoas do tipo 1 — cada coisa é colocada em seu devido lugar.

Isso, contudo, não é obrigatório. A pessoa do tipo 1 pode direcionar a sua crença de perfeição mais para corrigir o comportamento das outras pessoas ou o seu, e não tanto para colocar as coisas no seu lugar. Ela pode também voltar sua perfeição para a adequação dela e de outras pessoas à moral, à ética, aos bons costumes e às regras, indo a fundo nisso — nesse caso, mais uma vez, a organização detalhada deixa de ser o foco central. Embora a organização seja uma tendência do tipo 1, ela não é obrigatória. Na verdade, não é isso que importa para o tipo do Eneagrama.

Outro exemplo: apesar de o tipo 1 ser conhecido como o detalhista do Eneagrama, outros tipos podem se comportar assim também. Tudo depende de sua motivação. O tipo 6, cujas maiores motivações são segurança e previsibilidade, pode se tornar detalhista ao extremo na organização de um evento, a fim de garantir que nada saia errado. O tipo 3, cujas maiores motivações são o sucesso e a vitória, pode se tornar extremamente detalhista se isso trouxer aumento da sua performance e de seus resultados.

Em resumo, ao olharmos de fora e analisarmos apenas o comportamento dessas pessoas, poderíamos tender a classificar todas elas como tipo 1, pois a parte de fora é tudo o que conseguimos ver — não vemos a semente, mas apenas os galhos da árvore.

Esse é um dos motivos pelos quais a determinação do tipo do Eneagrama não pode ser feita com precisão por meio de testes ou análises de especialistas, embora estes possam ser bem úteis como hipóteses iniciais para comprovação (aqui mesmo neste livro você encontrará um teste para ajudá-lo a identificar o seu tipo no Eneagrama).

O diagnóstico final deve partir sempre da própria pessoa, por meio de autoanálise e reflexão sobre suas reais motivações para fazer as coisas. Na maioria das vezes, isso não é óbvio nem para a pessoa que tem o comportamento — imagine só para quem o enxerga de fora! Ainda assim, chega um momento em que todas as peças se encaixam.

Essa é a exigência de um trabalho de autoconhecimento profundo: auto-observação e discernimento, sem julgamentos superficiais.

Os Centros de Inteligência

O Eneagrama trabalha com a ideia de que nós, seres humanos, possuímos três centros de inteligência principais, cada um com autonomia de tomada de decisões e com energia suficiente para nos levar a ações distintas.

Não se trata de um conceito difícil de validar experimentalmente. Afinal, todos nós já passamos por alguma situação em nossa vida em que nossa mente queria ir para um lado, e nosso coração, para outro. Pensamentos e emoções nos levavam para lugares diferentes. Pode acontecer de nossa cabeça querer ir para um lado, nosso coração querer ir para outro e nosso corpo, nosso instinto querer ir para um terceiro.

O *centro de inteligência mental* está localizado em nossa cabeça. Ele é responsável principalmente por *insights*, criatividade, pensamentos, planejamentos e interpretações analíticas da realidade. É o centro de inteligência que tem sido excessivamente valorizado nos últimos séculos, a ponto de todo um sistema de educação ter sido criado em cima dele.

O *centro de inteligência emocional* (ou cardíaco) está localizado no centro do nosso peito, próximo ao coração. Ele é responsável, entre outras coisas, pela nossa habilidade de nos conectar com as outras pessoas, de senti-las e de nos deixar sentir por elas. É também o centro de origem das nove principais emoções viciadas do Eneagrama (descritas a seguir, no conteúdo de cada tipo de personalidade). Poucos de nós fomos educados a observar atentamente o funcionamento, a expressão e as consequências dos movimentos de energia gerados nesse centro, apesar de termos nossa vida e nossa felicidade extremamente impactadas por eles.

O *centro de inteligência instintiva* (ou corporal) está localizado em nossa barriga, um pouco abaixo do umbigo. Energias fortes, como as energias sexuais e a raiva, têm origem nesse centro, assim como a nossa inteligência de sobrevivência física, presente até nas espécies mais básicas de seres vivos do nosso planeta. A realidade é interpretada e as decisões são tomadas principalmente se utilizando das sensações físicas corporais e da inteligência celular espalhada pelo corpo.

Todos nós possuímos e utilizamos esses três centros de inteligência, embora com pesos e frequências diferentes, dependendo no nosso tipo e subtipo — este último conceito será apresentado de forma simplificada na seção "Além dos nove tipos principais". Na maioria das vezes, esses centros se encontram desequilibrados em nós, com um deles roubando energia dos demais e tornando-se uma espécie de ditador interno, que comanda nossas interpretações da vida e nossas ações posteriores.

O equilíbrio desses centros de energia é um trabalho avançado de crescimento pessoal, fundamental para se tornar um líder melhor. Quando esses três centros estão decidindo e trabalhando na mesma direção, o conflito interno desaparece e a congruência das decisões aumenta.

As Três Tríades Centrais

Antes de falarmos dos nove tipos principais do Eneagrama, é importante abordarmos suas três tríades principais. Uma tríade é um conjunto de três tipos que possui determinadas características e desafios semelhantes. A três tríades principais são a mental, a emocional e a instintiva. Os centros dessas tríades são, respectivamente, os pontos 6, 3 e 9 do Eneagrama que, conectados, formam o triângulo equilátero central.

A *tríade mental* é composta pelos tipos 5, 6 e 7. As pessoas dessa tríade interagem com a realidade e protegem-se, principalmente, por meio do uso do seu centro de inteligência mental. Elas costumam fazer bom uso de características como planejamento, raciocínio, geração de ideias e criatividade. Por outro lado, costumam necessitar de uma previsibilidade maior em relação ao futuro (para sentirem-se mais seguras) e usar a mente para criar e analisar esse futuro (como forma de se protegerem). Sua preocupação central de desenvolvimento é o medo. Para elas, é necessário pensar muito sobre as coisas.

A *tríade emocional* é composta pelos tipos 2, 3 e 4. As pessoas dessa tríade interagem com a realidade principalmente por meio do seu centro emocional de inteligência. Isso não significa que sejam emotivas — embora os tipos 2 e 4 tenham essa tendência, o tipo 3 tende a fugir das emoções. Costumam ter uma habilidade maior de sentir o que as outras pessoas estão sentido e de conectar-se profundamente com elas. Têm uma grande facilidade de se adaptar nos relacionamentos e também de perceber se estão agradando ou não. Além disso, têm mais necessidade de reconhecimento e de aceitação de sua imagem, sendo sua preocupação central a de ser rejeitado ou abandonado. Alias, é na construção de uma imagem pessoal, que é vendida aos outros e a si mesmo, que as pessoas dessa tríade baseiam sua principal estratégia de aceitação pelo mundo. São mais atentas ao modo como estão sendo vistas pelas outras pessoas e influenciadas por isso.

A *tríade instintiva* é composta pelos tipos 8, 9 e 1. As pessoas dessa tríade do Eneagrama interagem com a realidade principalmente por meio do seu centro instintivo de inteligência. Elas possuem uma tendência a serem mais práticas, são mais centradas no aqui e no agora, têm o pé mais no chão e são especialmente focadas em tarefas e ações. Têm uma facilidade instintiva para entrar em ação (com exceção do ponto 9 em algumas situações) e fazer o que precisa ser feito, sem tanta análise ou preocupação com os outros. Suas preocupações centrais são uma necessidade maior de controle tanto sobre as coisas como sobre as pessoas e a raiva, que se expressa em maior quantidade nos tipos 8 e 1, podendo ser sublimada ou reprimida no tipo 9 (e, ainda assim, ser um ponto central de preocupação). São também bastante voltadas para o conforto.

Começar a perceber qual desses centros de inteligência e, consequentemente, qual dessas tríades parecem dominar a maior parte da sua energia é um excelente ponto de partida para identificar seu tipo central do Eneagrama. De fato, embora muitas outras variáveis possam influenciar o diagnóstico, essa percepção é peça importante do quebra-cabeça.

Os Nove Tipos Principais

São vários os nomes atribuídos para cada um dos nove tipos do Eneagrama das personalidades. Esses nomes variam conforme o autor, sua linha de desenvolvimento e a aplicação que está sendo feita. No método Eneagrama para líderes, os nomes principais são (veja as figuras 2 e 3):

- Tipo 1: o Perfeccionista — buscador de qualidade, correção e excelência.
- Tipo 2: o Ajudante — buscador de relacionamentos humanos calorosos e de intimidade na prestação de serviços.
- Tipo 3: o Vencedor — buscador de superação, sucesso e conquista de metas.
- Tipo 4: o Intenso — buscador de um significado maior para as coisas, de um diferencial para si mesmo e da paixão que motiva as pessoas.
- Tipo 5: o Analítico — buscador de conhecimento e objetividade.
- Tipo 6: o Precavido — buscador de segurança, previsibilidade, planejamento e *insights*.
- Tipo 7: o Otimista — buscador de prazer, inovação e flexibilidade.
- Tipo 8: o Poderoso — buscador de poder, de controle e de fazer coisas importantes acontecerem.
- Tipo 9: o Mediador — buscador de harmonia, consenso e inclusão.

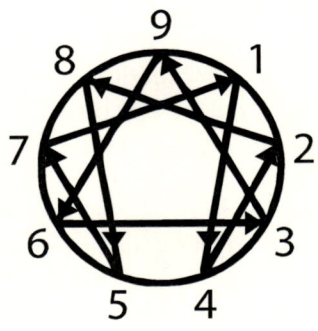

O QUE ELES BUSCAM

Cada um desses tipos de personalidade e de liderança será apresentado separadamente e em detalhes a seguir. Por ora, é importante ter em mente que há diversas variações e elementos a serem considerados além dos nove tipos principais, porém o primeiro e mais importante passo é o conhecimento e o trabalho com esses tipos. Trataremos um pouco mais desses outros itens na seção "Além dos nove tipos principais", mais ao final deste livro.

Por Onde Começar

O uso do Eneagrama para o desenvolvimento de líderes sempre começa com um trabalho consigo mesmo, um trabalho de autodesenvolvimento. Assim, você deve começar pela investigação e descoberta do seu estilo de liderança entre os nove principais e pelo estudo detalhado das características e dos caminhos de desenvolvimento dele.

Para isso, o primeiro passo consiste em fazer o teste apresentado na seção a seguir, "Teste de tipo de personalidade". O teste apresentará algumas hipóteses principais, as quais você deverá colocar à prova, em primeiro lugar, lendo o conteúdo dos tipos do Eneagrama sugeridos. Dentre todas as hipóteses, após um trabalho de auto-observação que poderá levar horas ou até semanas, haverá um momento que ficará claro qual é o seu tipo do Eneagrama. Trata-se de uma descoberta somente sua. Qualquer interferência externa estará sujeita a erros, além de atrapalhar o processo de desenvolvimento da auto-observação e da autoanálise. Duvide e duvide até que não haja mais dúvidas.

Identificado o seu tipo principal, você poderá utilizar diversas ferramentas de desenvolvimento, inclusive as sugeridas no conteúdo específico do tipo, para trilhar o seu caminho de crescimento na liderança.

Se o seu objetivo, além de desenvolver-se, é compreender ou desenvolver outras pessoas — sejam elas lideradas, superiores, pares, clientes, fornecedores, amigos ou familiares —, então é importante que você leia e aprenda sobre os nove tipos. Sua visão de mundo será substancialmente ampliada e você poderá tornar-se um líder de pessoas muito mais maduro, influente e efetivo, bem como um ser humano melhor.

Caso você faça parte de uma organização e tenha interesse no uso do Eneagrama para o desenvolvimento da liderança ou de toda a empresa, é importante que leia as seções finais sobre metodologias e caminhos para uma implementação e uma utilização efetivas do sistema.

Por fim, esteja aberto a novas ideias e novos horizontes. Seja corajoso para aceitar as coisas que não gostaria de ver e celebrar as bênçãos. Seja compreensivo e amoroso com as forças e as fraquezas das outras pessoas — todas fazem parte da condição humana. A verdade nos liberta. O amor nos faz crescer.

Acima de tudo, lembre-se de que o Eneagrama é um sistema de libertação, de lembrança da parte mais divina de si mesmo, e não um sistema de estereótipo e rotulação. Sua ideia não é dizer que, como nasceu com determinado tipo de personalidade, a pessoa sempre se comportará dessa e daquela maneira e que todos de certo tipo fazem a mesma coisa. Sua ideia é mostrar a você quanto tem se aprisionado e limitado ao repetir padrões de pensamentos, sentimentos e ações e quanto ainda é pequeno perto do que poderia ser. É mostrar que você tem limitado enormemente aquilo que chama de "eu", mesmo sem saber disso, e que, sabendo disso, poderá se libertar. E ser qualquer coisa que deseje ser. Ser a versão mais grandiosa, mais livre e mais divina que pode se tornar.

Você é luz, apenas se esqueceu disso. Assim como todas as pessoas também o são, e também se esqueceram disso.

Lembre-se: seja.

Teste de Tipo de Personalidade

Esta seção traz um teste para ajudá-lo a determinar o seu tipo de personalidade no Eneagrama, desenvolvido por Nicolai Cursino. Esse teste apontará as maiores probabilidades para o seu tipo principal, de forma escalonada — probabilidades estas que devem ser testadas por você por meio de um processo posterior de leitura dos conteúdos específicos sobre os tipos, treinamento, autoanálise e observação. O teste só pode ser validado de forma acurada por você mesmo.

O processo de autodescoberta do tipo é fundamental para o seu desenvolvimento em auto-observação para o autoconhecimento, por isso procure não aceitar palpites de terceiros sobre o seu tipo, mesmo que sejam pessoas que já conheçam bastante o sistema. Também é importante não interferir no processo de descoberta de outras pessoas.

No Eneagrama, podemos parecer uma coisa e ser outra. Há diversos fatores que podem contribuir para isso. O visível nem sempre demonstra claramente o que está acontecendo no invisível interno dos pensamentos, emoções e sensações de cada um de nós.

Você pode reproduzir esse teste e apresentá-lo a outras pessoas a fim de auxiliá-las a encontrarem o seu tipo. A única exigência é que ele seja apresentado na íntegra, exatamente como está neste livro, incluindo toda esta explicação inicial e também a conclusão. E não se esqueça de citar a fonte, mencionando o autor e a obra.

INSTRUÇÕES

No questionário a seguir, há 45 afirmações na coluna "Afirmação". Você deve ler uma a uma, na ordem apresentada, e atribuir para cada uma delas uma nota de 0 a 5, usando para isso a coluna "Valor atribuído". Quanto mais alta a nota, mais a afirmação é uma verdade para você. Assim, uma nota "0" diz que a afirmação não tem nada a ver com você, ao passo que uma nota "5" diz que ela lhe é uma grande verdade.

Seja sincero e atribua uma nota correspondente ao que é realmente verdade, e não ao que você gostaria que fosse. Sua sinceridade é importante para um bom resultado. Considere o valor de cada afirmação para as áreas da sua vida como um todo, e não apenas para o campo profissional. Se você tiver mais de 25 anos, os resultados serão mais positivos se considerar o que melhor o descrevia quando tinha entre 18 e 25 anos.

Após ter atribuído uma nota para cada uma das afirmações e chegado ao final do questionário, siga as instruções que serão apresentadas para os próximos passos.

Número	Afirmação	Valor atribuído
A1	Você é considerado pela maioria uma pessoa pacífica, que se dá bem com quase todo mundo. É fácil para você ouvir as pessoas e ser simpático, mesmo com aquelas que acabou de conhecer. Você gosta de bater papo e de ser amigável com todos.	
B1	Você é uma pessoa considerada crítica com os outros e consigo. Também não gosta muito de ser criticado.	
C1	Você gosta muito de ajudar as outras pessoas, em especial as mais queridas. Frequentemente, você se desdobra bastante para auxiliá-las. Também é comum elogiá-las e falar bem delas.	
D1	Você considera importante entrar em um jogo para vencer. É comum você se desdobrar para que isso aconteça, pois tem um gosto pela vitória. Para você, é importante ser reconhecido pelas coisas que realiza. Seu foco em resultado é grande.	
E1	Para você, as coisas que faz na vida, o trabalho que exerce precisam ter um significado maior do que apenas sobrevivência. Fazer as coisas apenas por fazer, seguir rotinas não é com você. Você precisa se sentir valorizado como o ser humano único que é.	

F1	Você é uma pessoa bastante racional e analítica. Acredita que, para tomar decisões, é fundamental o uso da análise lógica e da inteligência. Acredita que pessoas que são muito emotivas ou exageradas não tomam as melhores decisões.	
G1	Você é uma pessoa precavida, que pensa nas coisas antes de elas acontecerem. Antes de viajar para um lugar novo, por exemplo, você acha importante olhar o mapa, conhecer o caminho e se planejar com antecedência, principalmente para o caso de algum imprevisto acontecer.	
H1	Você é uma pessoa que adora novidades e aventuras. Prefere aprender coisas que sejam diferentes e inovadoras. Seu pensamento é bastante aberto para novas tendências. Você acha fundamental vivernovas experiências. Quanto mais experiências, melhor.	
I1	Você é uma pessoa muito direta e não gosta que as pessoas fiquem fazendo rodeios antes de falar alguma coisa. Acha importante ir direto ao ponto. Esse seu jeito assertivo e firme já fez com que muitas pessoas o considerassem agressivo e ficassem melindradas com você. No fundo, você acha que isso é um pouco de frescura da parte delas.	
A2	Você é uma pessoa que prefere tomar decisões na base do consenso. Acha importante ouvir a opinião de todos os envolvidos. Negociar e mediar são habilidades naturais suas. Você não gosta de decisões autoritárias, e esse também não é o seu estilo.	
B2	Você gosta das coisas ordenadas nos seus devidos lugares. A desordem costuma irritá-lo, especialmente se alguém mexe em algo que você arrumou.	
C2	Você cuida tanto de outras pessoas que acaba se esquecendo de cuidar de você mesmo em alguns aspectos. É como se não sobrasse tempo para isso. É muito mais fácil reconhecer as necessidades e fazer as vontades dos outros do que olhar para as suas.	
D2	Você costuma impressionar as pessoas por sua grande capacidade de se superar e conquistar resultados de forma rápida. Costuma também conquistar todos os seus objetivos. Suas metas costumam ser audaciosas.	
E2	O seu humor se altera com mais facilidade e velocidade que odas demais pessoas. Pode ser que esteja contente agora e, no minuto seguinte, fique descontente. Às vezes, nem você sabe por que isso acontece.	

F2	Você aprecia muito ficar um pouco sozinho, todos os dias, para poder pensar sobre as coisas e recarregar suas energias. É comum algumas pessoas dizerem que você está se isolando e que deveria interagir mais. Elas não entendem que, de fato, você se sente bem nesses momentos.	
G2	Para você, é importante ver para crer. Algumas pessoas acham que você é cético demais e precisa de muitas comprovações antes de acreditar em algo diferente. Se alguém aparece com uma ideia mirabolante ou um projeto otimista demais, é comum você rapidamente enxergar os possíveis problemas para os quais a pessoa não se atentou. Você tem talento para enxergar riscos.	
H2	Para você, é fundamental gostar das coisas que faz, mesmo no trabalho. Prazer, lazer e diversão são coisas que você busca e dá um jeito de ter presentes em sua vida. Se alguma tarefa não estiver sendo agradável e prazerosa, você tenderá a deixá-la para depois ou mesmo a abandoná-la, preferindo começar uma coisa nova.	
I2	Você acredita que é comum as pessoas mais fortes ou mais poderosas abusarem das mais fracas. Você considera isso injusto e já comprou muita briga que não era sua para defender os mais fracos. Você é considerado pelos outros uma pessoa forte e comandante.	
A3	Se não toma cuidado, você pode se distrair muito facilmente, mesmo que esteja fazendo uma coisa importante. Se não usa uma agenda de tarefas, você pode muito bem se atrapalhar com as prioridades. Quando as pessoas o interrompem e lhe pedem alguma coisa, é difícil dizer "não". Muitas vezes, você acaba fazendo as coisas delas antes das suas. Isso faz com que você se sobrecarregue ou se atrapalhe com as suas próprias prioridades.	
B3	Você costuma não tolerar muitos os erros (seus e os dos outros). Você costuma se culpar bastante quando erra.	
C3	É muito difícil falar "não" para alguém próximo que esteja precisando de você. Existe uma preocupação em magoar a pessoa com esse "não" ou com o que ela vai pensar.	
D3	Você fala muito bem de si mesmo e de suas próprias qualidades. Não é comum você ficar falando de seus pontos fracos ou fracassos. A imagem de uma pessoa de sucesso é importante para você.	

E3	Você não gosta de ser uma pessoa igual às demais. Você aprecia ser diferente em pelo menos alguma coisa. Sente-se especial com isso, e sentir isso é importante para você. Você acaba atraindo a atenção de pessoas por ser diferente, de um jeito ou de outro.	
F3	Você valoriza muito o conhecimento, a ciência e a informação. De fato, você busca incessantemente oconhecimento, lendo, estudando, pesquisando e pensando. Você admira as pessoas que são inteligentes.	
G3	Você leva um tempo para confiar nas pessoas e acha prudente ficar de olho para ver o que vai acontecer, especialmente no caso de pessoas que ainda não conhece bem. Aliás, mesmo depois de conhecê-las, acha importante checar de vez em quando para se certificar.	
H3	Você sempre fez muitas coisas ao mesmo tempo. É uma dificuldade para você quando é obrigado a fazer uma coisa só, do início ao fim, para somente depois fazer outra. É comum você ler mais de um livro ou estudar mais de uma coisa ao mesmo tempo. É comum também misturar assuntos completamente diferentes.	
I3	Você é uma pessoa que causa impacto, mesmo quando nem pensa em fazer isso. Seu tom de voz é naturalmente alto. Muitas vezes, você está apenas falando, mas acham que está gritando. É o seu jeito natural de falar.	
A4	Você aprecia muito o valor do grupo e do trabalho em equipe. Prefere agir em um time a que fazer as coisas isoladamente. Acredita que o mérito das vitórias é do grupo como um todo, e não de uma ou outra pessoa. Você se sentiria bem desconfortável se alguém começasse a falar que você é o melhor do grupo e o colocasse em destaque por causa disso.	
B4	Para você não existe trabalho mais ou menos. Ou está bem feito, ou não está. Todo trabalho deve ser entregue com perfeição nos mínimos detalhes.	
C4	É difícil para você pedir explicitamente carinho, atenção ou mesmo algum presente para alguém. Você acredita que as pessoas deveriam saber quando está precisando disso. Para você, é natural saber.	
D4	Você tem uma grande habilidade para se adaptar em contextos diferentes e até mesmo para se comportar de maneiras diferentes em lugares diferentes — ainda mais se isso for positivo para sua imagem e para suas conquistas nesse diversos meios. Há quem diga que você parece pessoas diferentes em casa, no trabalho, no clube etc.	

E4	Algumas pessoas o consideram um pouco dramático, emocional. De fato, você sente muitas emoções (e pode ou não mostrá-las). Quando elas aparecem, você costuma ficar pensativo em seu mundo. Você geralmente sente que as pessoas compreendem bem isso.
F4	Você não gosta de ter o seu espaço invadido sem aviso prévio e fica bastante incomodado quando as pessoas se aproximam demais ou põem a mão em você ao falar. Também não acha necessário que elas falem alto demais ou puxem assuntos fúteis quando não o conhecem.
G4	Você é uma pessoa ansiosa, que se preocupa muito com o perigo de alguma coisa dar errado. Se você não se sente preparado ou se não tem tempo para se preparar como gostaria, essa ansiedade aumenta ainda mais e muitos pensamentos aparecem. A maioria dos pensamentos é do tipo: "E se isso acontecer?", "E se aquilo acontecer?"
H4	Você é muito otimista e sempre consegue ver o lado positivo nas coisas. Fica incomodado ao se deparar com pessoas muito negativas ou muito tristes. Sua tendência é procurar animá-las ou mesmo se afastar delas. Você acha que elas deveriam pensar de forma diferente e ser mais otimistas também. Por outro lado, algumas pessoas acham que você deveria ter os pés mais no chão. Contudo, você acredita na importância de ser visionário.
I4	Você tem uma tendência imediata de partir para a ação. Enquanto os outros pensam, analisam, seu impulso é sair fazendo, e rápido. Às vezes, você parece um trator desgovernado que, se não tomar cuidado, atropela as pessoas. Fica muito impaciente se tiver que esperar as coisas acontecerem. É tão rápido que, vez por outra, diz o que não deveria ter dito e faz o que não deveria ter feito. Quando vê, já foi.
A5	Muitas vezes, você opta por acompanhar as decisões de outras pessoas para não causar problemas ou brigas. Mais importante do que a satisfação de uma vontade pessoal é a harmonia entre as pessoas. Pode ser que alguma vontade sua seja deixada para trás, mas isso não é uma coisa tão importante assim.
B5	Você costuma se irritar bastante com pessoas irresponsáveis ou descompromissadas. Para você, compromisso é algo muito importante.
C5	Você é uma pessoa naturalmente carinhosa e atenciosa, que dá muita importância aos relacionamentos pessoais, mesmo no trabalho. É comum muitas pessoas do serviço se tornarem seus amigos pessoais. E, muitas vezes, você age como conselheiro e confidente para elas.

D5	Você é uma pessoa acelerada e, geralmente, não tem paciência com aqueles que considera lentos — especialmente se essa lentidão puder atrapalhar a conquista de uma meta em que você está envolvido ou a sua imagem, de sua equipe ou da empresa.
E5	É comum você idealizar muito uma situação antes de ela acontecer — uma viagem que ainda não ocorreu ou um relacionamento que ainda não começou. Quando a situação acontece de fato, na maioria das vezes não era tudo aquilo que você sentia que seria. É comum você deixar de querer tão intensamente algo logo depois que o conquista.
F5	Você gosta de resolver problemas, charadas e quebra-cabeças que o fazem pensar. Também tem curiosidade em saber como as coisas funcionam, em que lógica e mecanismo estão baseadas. Prefere resolver os problemas por conta própria, pensando, a pedir ajuda de outras pessoas.
G5	É comum você duvidar de sua competência, mesmo que outras pessoas achem que tem total capacidade. É comum também perguntar se está indo no caminho certo para poder ter certeza. Quando assume algum cargo em que é a autoridade, no início, é comum não acreditar muito que desempenhará um bom papel.
H5	Você aprecia a liberdade acima de tudo. Costuma ter menos preconceitos que as demais pessoas e acredita ser importante que cada um tenha, na medida do possível, liberdade para fazer o que quer, na hora que quer. Compromissos de muito longo prazo ou pessoas que dependam demais de você o fazem sentir-se amarrado e desconfortável.
I5	Você não veio a esse mundo para agradar a ninguém. Você é extremamente verdadeiro e franco e fala o que tiver que ser falado a quem quer que seja. A verdade deve ser falada a qualquer custo, não importa se as pessoas vão amá-lo ou odiá-lo por isso. Isso já lhe causou problemas no passado.

No questionário, há cinco afirmações numeradas com a letra A. Essas afirmações são: A1, A2, A3, A4 e A5. Preencha na tabela a seguir as pontuações que deu para cada uma das afirmações com a letra A. A afirmação A1 encontra-se na linha A e na coluna 1 da tabela, a afirmação A2 está na linha A e na coluna 2 e assim sucessivamente. Ao final, some todos os valores da linha A e preencha o espaço "Total". Dessa maneira, você encontrará a sua pontuação total para a letra A. Repita o mesmo procedimento da letra B até a letra I.

	1	2	3	4	5	Total	Tipo no Eneagrama
A							9
B							1
C							2
D							3
E							4
F							5
G							6
H							7
I							8

Identifique a sua maior pontuação e veja qual é o tipo correspondente a ela na coluna "Tipo no Eneagrama". Identifique também as duas maiores pontuações seguintes e seus tipos correspondentes. Esses são os três tipos de maior probabilidade para você. Há uma chance muito grande de que um deles seja o seu. O próximo passo consiste em testá-los a partir da leitura do material correspondente a cada um deles disponível neste livro. Comece por aquele de maior pontuação e termine com o de menor.

Após a leitura na íntegra do conteúdo desses três tipos e um trabalho de auto-observação e autoanálise, você provavelmente encontrará um tipo que parece falar muito de você, mais do que os outros — ele falará coisas surpreendentes de como você funciona, a ponto de impressioná-lo. Quando isso acontecer, você terá encontrado o seu tipo no Eneagrama.

Caso não esteja totalmente convencido a respeito do seu tipo, continue lendo o material, seguindo das maiores para as menores pontuações, até que esteja bem satisfeito com um deles. Isso vai acontecer.

Lembre-se: o seu trabalho de leitura e autodescoberta prevalece sobre os resultados do teste.

Boa leitura e boa viagem!

Tipo 1
O Líder
Perfeccionista

"Entenda que princípios e convicções fechadas podem ser um grande peso, a trave do movimento e da busca."

"A rigidez é boa na pedra, não no homem. A ele cabe firmeza, o que é bem diferente."

"Uma boa hora de intenso prazer substitui com folga três horas de sono perdido. O prazer recompõe mais que o sono. Logo, não perca uma oportunidade de divertir-se."

George I. Gurdjieff

"Serás julgado com a mesmo severidade com que julgas aos outros."

Pensamento cristão

Mapa da psique*

No Domínio da Personalidade

- *Vício mental (filtro mental ou fixação):* Ressentimento — pensamento repetitivo, fruto da raiva reprimida daquele que não foi "correto". Fica remoendo as coisas por muito tempo.
- *Vício emocional (paixão):* Ira — explosão ou implosão incontrolada e destrutiva da raiva reprimida.
- *Mecanismo de defesa da personalidade:* Formação Reativa — oposição ou reação ao "mau" comportamento, controle dos impulsos, anseios e desejos do instinto. Aparece como uma força corporal de cima para baixo, tentando abafar e controlar os impulsos vindos da região logo abaixo do umbigo (raiva, prazer e demais impulsos mais animais).

Em contato com um Estado Superior

- *Percepção mental superior:* Perfeição — percepção direta da realidade de tudo o que existe é em essência correto e justo e todas as coisas que acontecem são perfeitas. É uma percepção, e não uma análise ou emoção e, portanto, só pode ser compreendida quando vivida e não através de palavras.
- *Percepção emocional superior:* Serenidade/Aceitação — percepção emocional de as pessoas e todas as outras coisas são perfeitas exatamente como são. Não há nada a ser corrigido, pois mesmo o que parece imperfeição para o homem, é perfeito e é exatamente do jeito que deveria ser na perspectiva da máquina perfeita que é o universo. Essa é uma percepção emocional superior e só pode ser entendida quando sentida e por aquele que sente.

*Os nomes do mapa da psique são adaptações dos originais de Oscar Ichazo, Claudio Naranjo e Helen Palmer.

A Eneagrama das Personalidades

De acordo com o George I. Gurdjieff, a maioria de nós vive a maior parte do tempo sob o domínio das características da personalidade — um conjunto de tendências de pensamentos, emoções, impulsos físicos, comportamentos, estratégias, crenças, valores e até mesmo um senso particular de identidade.

Essa personalidade, cujo início da formação se dá em nossa mais tenra infância e segue se cristalizando até nossa fase adulta, funciona como uma espécie de máquina biológica: de tanto "usarmos" essa personalidade, passamos a nos identificar com ela, como alguém que adquire o hábito de usar por anos a fio a mesma roupa e não consegue se imaginar sem ela, acreditando que não será a mesma pessoa se não estiver com aquela roupa, acreditando que aquela roupa faz parte do seu "ser".

Assim é o nosso tipo do Eneagrama. Cada um dos tipos representa um traço principal de personalidade, e nosso tipo é uma máquina que usamos tanto e há tanto tempo que muitas das suas características parecem nos definir. Dar-nos conta disso pode nos ajudar a testar roupas novas, expandir nossa coleção e mudar nossos hábitos de moda. Pode nos ajudar também a compreender que as outras pessoas simplesmente preferem e usam roupas diferentes das nossas. É mais fácil e torna-se um grande aprendizado viver assim.

Nesta seção, são apresentadas as prováveis características da roupa que as pessoas do tipo 1 costumam usar. Pode haver variações aqui e ali. Pode haver dias em que elas resolvem que uma blusa diferente é exigida em um evento especial ou mesmo que a roupa para ficar em casa pode ser mais velha e relaxada. Ainda assim, na maior parte do tempo, elas insistem em usar a roupa do seu tipo.

A.1 Nomes Comuns

O perfeccionista, O metódico, O trabalhador, O disciplinado, O correto, O pontual, O responsável, O organizador, O moralista, O rígido, O tradicionalista, O buscador de qualidade, O buscador de melhoria contínua.

A.2 Pessoas Famosas

Mahatma Ghandi, Al Gore, Hillary Clinton, Margaret Thatcher, Kaká, Sandy, João Paulo II, Harrison Ford, Rainha Elizabeth II, Celine Dion, Jane Fonda.

A.3 Essência e Personalidade

A ideia mental superior chamada no Eneagrama de Perfeição é uma compreensão profunda de que cada momento é perfeito, de que não há coisas fora do lugar e de que não há erros na natureza ou mesmo nas pessoas. Segundo essa compreensão, as pessoas são perfeitas como são e aquilo a que chamamos "erros", "defeitos" ou "falhas" existem apenas por conta de julgamentos baseados em nossos sistemas de crenças pessoais e culturais, ou seja, são conceitos criados, relativos. Assim, o que está certo para uma pessoa e em um lugar pode estar errado para outra pessoa e em outro lugar.

A personalidade do tipo 1 perde o contato com essa ideia essencial de que no universo, a partir de uma perspectiva mais elevada, tudo o que existe é, em essência, correto e justo e todas as coisas que acontecem são perfeitas. Com isso, ela desenvolve uma crença limitante bastante forte: a fixação, chamado no Eneagrama de Ressentimento.

Ressentimento é um pensamento carregado de raiva reprimida e julgamento, que aparece todas as vezes que a pessoa do tipo 1 vê alguém fazendo algo que ela considera errado, incorreto ou impuro. Aquilo fica remoendo por muito tempo e, por vezes, não é verbalizado. Em outras palavras, ao olhar para o mundo, o tipo 1 acaba por encontrar pessoas que transgridem as regras e os padrões que ela acredita serem os corretos. Para ele, é difícil se esquecer dessa transgressão, que pode ficar durante muito tempo em seus pensamentos — aquela pessoa que ultrapassou pelo acostamento ou aquela que o criticou. Os mais severos julgamentos e condenações aparecem, sejam eles colocados para fora ou não.

No campo emocional, a personalidade do tipo 1 perde contato com a virtude (emoção de qualidade superior) chamada Serenidade (ou Aceitação). A *Serenidade* é uma compreensão emocional, um entendimento do coração de que todas as pessoas e coisas são perfeitas exatamente como são. Não há nada a ser corrigido. É uma profunda calma emocional e uma aceitação dos prazeres do corpo e da vida de forma relaxada, livre de culpas ou julgamentos.

Ao perder o contato com essa virtude, o tipo 1 desenvolve uma paixão (emoção de qualidade inferior) chamada de ira pelo Eneagrama. A ira é um estado emocional cheio de raiva reprimida, que se desdobra em explosões ou implosões emocionais carregadas de culpa, críticas e intolerância à imperfeição. Ela surge como reação à irresponsabilidade e à falta de compromisso dos outros e é dirigida a si mesmo, como culpado por não ser certo ou fazer as coisas certas nos padrões em que deveriam ser feitas.

O mecanismo de defesa chamado formação reativa aparece com uma força contrária a qualquer manifestação do instinto, da parte que mais nos conecta ao mundo animal. São contidos os impulsos ou os anseios e os desejos desse instinto, como a raiva e os impulsos de prazer sexual. Essa força reage e não deixa que os impulsos internos se manifestem, pois eles são julgados incorretos, "maus" e "inadequados". Trata-se de uma desesperada tentativa de controle dos impulsos corporais que acaba por trazer grandes privações e conflito interno entre julgamento e vontade para as pessoas do tipo 1.

A.4 Tendências de Características da Personalidade

Uma das crenças fundamentais do tipo 1 **é de que as coisas precisam estar perfeitas e as pessoas devem ser corretas e altamente responsáveis.** Com o tempo, a personalidade do tipo 1 passa a acreditar que as coisas e as pessoas são naturalmente imperfeitas, que possuem erros fundamentais, os quais ela deve atuar a todo o momento para corrigir. Como o personagem Atlas da mitologia grega, ela se faz responsável pelas coisas acontecerem de forma certa, controlada, carregando o mundo nas costas se for preciso. O tipo 1 pode ser exageradamente crítico e julgador de si mesmo e dos outros, inflexível a normas e padrões de conduta, ressentido com relação às pessoas e repressivo no que diz respeito às vontades do próprio instinto.

Para o tipo 1, o mundo julga e pune os maus comportamentos e os impulsos físicos (tais como: raiva e sexo), o que faz com que ele procure ser bom e correto, andar sempre na linha, podendo, assim, ser amado e valorizado, inclusive por si mesmo.

Ele também possui uma mente bastante crítica, que aprendeu a dizer para si as mesmas coisas como: "Você tem que", "Você deve", "Você não pode", "Isso não está bom", "Você não vai conseguir", "Isso está mal feito", "Você não pode ficar sem fazer nada", "Você tem que trabalhar", "Você está sendo irresponsável". De fato, ao ouvir essa voz que muitas vezes o critica e não o aceita, o tipo 1 acaba se tornando uma pessoa que exige demais de si mesmo e dos outros. Adota altos padrões, presta atenção nos mínimos detalhes e não descansa até que o trabalho, a limpeza da casa e a roupa que está vestindo estejam impecáveis, assim como os horários das pessoas — seguindo, de preferência, as regras e os procedimentos estabelecidos para tal.

O tipo 1 é um dos mais responsáveis do Eneagrama: ao confiar um trabalho ou uma tarefa a ele, você pode ter certeza de que será feito do início até o final e com o máximo de zelo possível — para ele, é inadmissível um trabalho pela metade ou mal feito. O tipo 1 é aquele que, quando faz um trabalho na escola, capricha nos mínimos detalhes, é elogiado pelo professor e pelos colegas; porém, pela sua própria avaliação, acredita que o trabalho poderia ter ficado melhor.

Outra característica do tipo 1 é que ele sente bastante raiva das pessoas que andam fora da linha, fazem coisas mal feitas ou o magoam e, muitas vezes, por achar que a raiva não é um sentimento correto, acaba reprimindo-a, tapando a panela de pressão sem deixar a válvula de escape aberta. Quando não sai, essa raiva pode ficar presa na barriga, no sistema digestivo e na mandíbula, podendo ocasionar males como gastrite, refluxo e até bruxismo. Geralmente, o tipo 1 sente-se culpado por sentir essa raiva dos outros e de si mesmo, em vez de aceitar as coisas simplesmente como elas são.

O tipo 1 é considerado o perfeccionista do Eneagrama. Costuma se vestir bem e manter as suas coisas limpas e organizadas, preocupando-se em passar uma imagem de correção, moralidade, justiça e atendimento às regras. Não gosta de expressar emoções ruins, valorizando muito a autodisciplina e o autocontrole, e está sempre ao lado da moral e dos bons costumes. Além disso, todos os seus sentidos estão sempre atentos para captar coisas que lhe parecem imperfeitas e errôneas e que despertam nele o ressentimento e a fúria, pois, em sua mente, isso não deveria acontecer. Parece-lhe quase impossível tolerar algo que ele vê como incorreto, de modo que ele quer corrigir e consertar esse algo, que pode ser uma coisa física, um pensamento ou até mesmo uma pessoa.

Para o tipo 1, o "certo" vale mais do que qualquer preferência pessoal, inclusive a sua, e deve ser seguido a todo custo, não havendo outra alternativa. No fundo, o que existe é um autoritarismo e uma grande vontade de manter o controle das coisas, pois lhe parece justo que as pessoas ajam e as coisas se desenrolem da maneira "correta".

O tipo 1 pode também ser muitas vezes inflexível, achando que existe uma única maneira correta de se fazer as coisas, e essa maneira correta geralmente é a dele — por mais que ensine aos outros como as coisas devem ser feitas, parece que eles nunca as fazem tão bem quanto ele faria. Isso pode fazer com que tenha atitudes por vezes autoritárias com filhos, parceiros e colegas de trabalho, tentando impor a sua maneira "correta" de ver e fazer as coisas.

Uma das características do tipo 1 consiste no fato de ele costumar ser bastante trabalhador, e agir desse modo por dever e responsabilidade. Orgulha-se de trabalhar e se esforçar mais que os outros, pois, de acordo com seu ponto de vista, as obrigações devem vir antes do lazer — lazer este ao qual ele não se permite muito sem que haja um sentimento de culpa por "não estar fazendo nada". O tipo 1 quer ser útil por meio da realização de tarefas, partindo para a ação mesmo. Costuma levar a vida e a si mesmo bastante a sério, e muitas vezes não se permite todo o prazer e o humor que merece usufruir. Esse sacrifício dos próprios prazeres, da própria vontade pode gerar um ressentimento muitas vezes inconsciente, uma raiva reprimida por não ter feito aquilo gostaria, uma raiva pelos outros que se permitiram fazer as coisas de forma tão "irresponsável" e "delinquente", segundo o seu ponto de vista. De novo, é seu autoritarismo que o impede de fazer as coisas "imorais", "erradas" e "inadequadas".

A personalidade do tipo 1 busca constantemente a melhoria e a qualidade e, por isso, é chamada por alguns autores de reformista do Eneagrama. Nenhum projeto, criação ou melhoria de um produto, processo ou mesmo de uma pessoa parece ter fim. Nunca está suficientemente perfeito. Essa personalidade inquieta encontra os defeitos e os pontos a serem melhorados com enorme facilidade e imediatamente se vê obrigada a resolvê-los, como se não fosse possível conviver com aquela coisa inacabada, falha, imperfeita.

Por outro lado, essa orientação pela qualidade vai conduzir a personalidade do tipo 1 à realização de trabalhos e obras muito benfeitas, com total compromisso. Existe uma alegria em concluir um trabalho com altos padrões. Existe um alívio em ouvir isso dos outros, em vez de escutar as enormes críticas que costuma impor a si mesmo. O aperfeiçoamento do tipo 1 também pode ser orientado para si mesmo e para suas próprias habilidades. Nesse caso, ele busca aprendizado e melhoria para si mesmo, embora algumas vezes se sinta culpado por não atender aos padrões que julga serem os corretos.

A.5 Focos de Atenção

As personalidades do tipo 1 têm um radar fantástico para perceber detalhes e aquilo que consideram "erros". Muitas vezes, ao entrarem em uma sala, elas conseguem perceber imediatamente as falhas na pintura ou os quadros tortos na parede. Algumas são capazes de corrigir a forma e a ortografia de um relatório dezenas de vezes até que ele atinja um "mínimo aceitável". Outras prestam atenção em pontos que vão desde as roupas sujas ou amassadas das pessoas até seus "erros" de comportamento, pensamento, ética e moral. Como elas se criticam muito, pode ser um alívio perceber os erros das outras pessoas também.

De fato, pessoas do tipo 1 prestam atenção em si mesmas o tempo todo, comparando-se com os outros e com as regras, preocupando-se em não fazer algo "errado', "condenável". Elas costumam dizer que se sentem como se estivessem sendo vigiadas 24 horas por dia por uma câmera da polícia e que podem ser presas ao menor sinal de desvio. Assim, preocupam-se a todo instante em não cometer erros.

Essa percepção é reforçada pela sensação de estar sendo sempre criticado pelos outros, mesmo quando não há crítica nenhuma nem intenção de criticar. Nesses casos, o tipo 1 se sente mal e, como forma de defesa, pode retribuir às supostas críticas sendo agressivo.

Em um relacionamento a dois, o foco do tipo 1 é a pessoa perfeita, idealizada. Existe um desejo de "consertar" ou aprimorar a pessoa escolhida para que atenda às suas altas expectativas. Muitas vezes, existe também um desejo de controle, de fidelidade, que aparece na forma de ciúme.

Já nas relações sociais, a atenção do tipo 1 é voltada, acima de tudo, para ideias, procedimentos, regras, tradições e valores de conduta ética e moral. Existe uma convicção de que todos devem falar em nome do que é correto, moral e justo aliada a um profundo desejo de criação de uma sociedade utópica, onde as pessoas se comportam, as leis são obedecidas e os infratores são punidos, exatamente como lhe parece que seria o "certo". As personalidade do tipo 1 costumam ter dificuldade de se adaptar a novos grupos e regras, não sendo fácil para elas flexibilizarem seu comportamento conforme o meio ou de acordo com crenças e costumes sociais diferentes do seu.

No que diz respeito a aspectos físicos, os tipos 1 se preocupam muito com o conforto material e se esforçam para garantir que as coisas estejam em seus devidos lugares — o quadro precisa estar no lugar certo, a mesa precisa estar arrumada. Além disso, alternam entre momentos de permissão exagerada dos prazeres físicos (por exemplo, comer o que quiser em exagero) e momentos de privação oposta (por exemplo, impor um regime severo à base de biscoitos e água logo depois do banquete desenfreado), o que pode ser fonte de um grande conflito interior de fundo radical e extremista.

A.6 Dificuldades que Podem Causar para os Outros

A tendência do tipo 1 em criticar e corrigir os outros — muitas vezes dando a entender que faz as coisas de maneira melhor — pode fazer com que eles se sintam mal, inferiores, rejeitados, na defensiva. Por conta disso, o tipo 1 acaba sendo visto como crítico demais, como aquele para o qual "nada está bom", desmotivando as pessoas que querem agradá-lo. Além disso, sua irritação, ansiedade e impaciência são sentidas e percebidas pelos outros mesmo que ele fique calado, pois seus gestos, sons e rosto deixam isso claro. Como consequência, as pessoas podem sentir-se ameaçadas e punidas, ficando tensas ao perceberem o "clima".

A severidade e a punição em relação aos infratores das regras e aos causadores de erros também podem ser muito duras, seja para crianças que não fizeram a lição de casa ou para colaboradores da equipe que emitiram um relatório com atraso ou em formato incorreto. Os prazeres são podados e condenados. Outra questão é sua tendência em achar que está sendo criticado ou analisado quando, na verdade não está, gerando reações exageradas de sua parte para um fato que não é verdadeiro.

Um ponto que vale a pena destacar é sua constante inflexibilidade e pouca abertura para negociação de alternativas que não sejam o preto ou o branco. Uma vez que para o tipo 1 existe uma forma correta de se fazer as coisas, e essa forma é a única, tentativas de flexibilização, negociação e abertura para alternativas inovadoras são imediatamente rechaçadas. Isso acontece frequentemente quando há mudanças de planos ou processos preestabelecidos, momento em que ele acaba se irritando e não abrindo espaço para uma flexibilidade voltada para a resolução da situação.

Quando o Ressentimento e a ira do tipo 1 atingem níveis muito altos, pode ser que ele não consiga segurar toda essa emoção destrutiva dentro de si mesmo e os estouros aconteçam. Esses estouros, quando carregados de estresse, costumam ser muito fortes, cheios de força, drama, projeções de culpa e acusações muitas vezes não relacionadas com o evento em si.

Outro detalhe é que esses estouros normalmente acontecem como consequência de uma série de eventos onde a raiva foi reprimida, não externalizada. Ou seja, o evento que causou o estouro pode ter sido simplesmente a gota d'água, e não o mais importante. Dessa forma, quem acaba presenciando esses estouros e sendo atacado por eles normalmente são pessoas que não originaram o Ressentimento, sendo muitas vezes as que o tipo 1 mais ama.

A.7 Motivação e Valores

Valores são o combustível para realizarmos nossa jornada na vida, são as coisas que acreditamos serem muito importantes para nós. Nós nos motivamos sempre que eles estão presentes conosco. A personalidade do tipo 1 do Eneagrama costuma valorizar fundamentalmente:

- Disciplina, trabalho, correção, qualidade, esforço, honestidade, justiça, integridade, responsabilidade, autossuficiência e cumprimento das regras.

- Sua maior motivação aparece na busca da qualidade e do aprimoramento. A busca da perfeição. Gosta de melhorar sempre, corrigir os pequenos detalhes, reformar o que precisa ser reformado.
- Preocupa-se em melhorar seu caráter, suas habilidades, e assim vai ganhando mais e mais independência e autoconfiança.
- Sente-se bastante motivado quando as tarefas que lhe são dadas são claramente definidas, quando sabe o que se espera dele, quando sabe como começar e como terminar.
- Sente-se motivado quando há ideias fortes para perseguir, ligadas a causas nobres e à justiça.
- Fica feliz em fazer a coisa certa, sem se preocupar tanto com recompensas.
- É capaz de sentir e expressar a alegria por um trabalho benfeito.
- Quer fazer do mundo um lugar melhor, mais organizado e com regras mais justas, que sejam seguidas e que atendam a todos igualmente.

A.8 Dádivas

O tipo 1 representa o que há de mais íntegro, honesto e disciplinado em nós. Trata-se de nossa constante busca de aprimoramento rumo à perfeição, de nosso desenvolvimento contínuo, de nossa crença de que sempre podemos ser melhor do que somos e tornar as coisas melhores do que elas são, focando nos ajustes dos pequenos detalhes que fazem a diferença. Sua vontade de corrigir os outros, quando bem canalizada e feita com respeito, possibilita que ele ensine bastante sobre a melhor maneira de se fazer as coisas.

As pessoas do tipo 1 também são altamente responsáveis e compromissadas com o trabalho e com os outros, procurando sempre fazer o melhor de si e permanecer disponíveis até que as tarefas estejam concluídas com um alto grau de satisfação. São pessoas que passam credibilidade, pois se sabe que um trabalho em suas mãos será feito (e benfeito) no prazo.

Além disso, elas colocam a "mão na massa" e costumam serem modelos de integridade. São excelentes para a organização de processos, métodos e regras, bem como para mantê-los em funcionamento, visando o bem comum da igualdade e da justiça. O que vale para um vale para todos. As regras são vistas como ferramentas úteis para a manutenção da ordem.

É importante dizer que, quando se desenvolvem interiormente, os tipos 1 se transformam em pessoas serenas e tolerantes, capazes de compreender em detalhes a perfeição das coisas exatamente com elas são. Presentes em cada momento e em cada pequeno detalhe, elas passam a aceitar a si mesmas e aos outros com bom humor e leveza.

B Eneagrama para Líderes©

Nesta seção, são tratados alguns dos temas mais relevantes na nossa atuação no mundo empresarial: comunicação, postura, equipes, ambiente de trabalho, *feedback*, tendências e desenvolvimento da liderança. São abordados também hábitos automáticos, estratégias, armadilhas e dicas para o uso do Eneagrama como sistema de autoconhecimento e autodomínio, bem como de compreensão dos outros. Tudo isso é trabalhado em prol do desenvolvimento sustentável da atuação profissional, como decorrência do crescimento pessoal.

B.1 Comunicação e Postura

Nas pessoas do tipo 1, a postura corporal tende a ser ereta, retilínea. Seu caminhar é em linhas retas, vai diretamente ao ponto, sem muitas curvas, desvios, flexibilidade ou "jogo de cintura", e seus olhos mantêm o foco da mesma forma. É comum notar uma tensão em seu rosto e seus ombros, especialmente quando está carregando muita carga e responsabilidade, o que costuma ser normal para elas.

Quanto à comunicação, as pessoas do tipo 1 costumam ser cordiais e polidas, principalmente no ambiente de trabalho. Elas procuram falar de modo formal e seguir os protocolos da comunicação empresarial, respeitando os procedimentos e as hierarquias e raramente adotando um estilo mais informal de conversas e negociação. Normalmente, tratam os outros com boas maneiras e respeito.

O uso recorrente de uma série de palavras e expressões indica o forte crítico interno presente em seu pensamento. É comum o uso de termos como "tenho que", "devo", "o certo é", "isso está errado", "apropriado", "bom", "mau", além de vários imperativos que demonstram a fala dessa autoridade interna, a qual baseia seus julgamentos em um profundo senso de "certo" e "errado", de "bom" e "mau", que são vistos como polaridades. De fato, não existe muito espaço para outras possibilidades no meio desses extremos: ou uma coisa está "certa", ou ela está "errada". No discurso do tipo 1, não existe algo que seja "meio certo".

As pessoas do tipo 1 costumam ouvir atentamente aquelas pelas quais têm consideração e respeito, fundamentados principalmente no grau de compromisso, responsabilidade e retidão que demonstram. Por outro lado, não costumam dar muito ouvidos para as pessoas que julgam pouco sérias, preguiçosas ou irresponsáveis.

Sua dificuldade em receber qualquer tipo de crítica aparece como um forte filtro e um ponto cego em sua comunicação. Isso porque, como já observado, o tipo 1 tende a interpretar que está sendo criticado mesmo quando não está. Para ele, uma pequena sugestão de outra pessoa parece uma crítica ferrenha e um não reconhecimento do seu trabalho. Essa pequena sugestão vira algo tão grande em seus ouvidos que até mesmo os elogios são deixados de lado. E não importa se as críticas são reais, justas, injustas, adequadas ou apenas fruto de sua interpretação: sua reação automática costuma ser sempre a mesma — reagir rapidamente e colocar-se na defensiva. Ele pode também se calar completamente, não dizendo tudo aquilo que está pensando. De qualquer forma, a reação de ira e ressentimento tende a se espalhar de imediato por sua energia corporal, fazendo com que sua pressão literalmente suba. Quando está neste estado e é tomado por pensamentos de preocupação, crítica e raiva, o tipo 1 perde boa parte de sua capacidade de ouvir atentamente o que está acontecendo lá fora.

Aliás, a irritação do tipo 1 transparece muito claramente para os outros por meio de sinais verbais e não verbais: um olhar severo, um timbre de voz mais firme ou um comentário ácido quando algo não o agrada. Embora muitas vezes a pessoa do tipo 1 não tenha consciência de que está ficando irada, até por esta ser uma emoção que ela muitas vezes condena, os outros percebem isso com facilidade, mesmo antes dela. Por outro lado, quando está contente com tarefas bem realizadas, o tipo 1 pode demonstrar seu contentamento com sorrisos e elogios.

Outra característica das pessoas do tipo 1 é que, mesmo quando falam com os outros na tentativa de ajudar ou aprimorar uma tarefa, podem ser interpretadas como críticas, devido ao excesso de atenção nos detalhes e ao foco nos erros, que aparecem nas palavras que escolhem para se comunicar. Isso não significa, contudo, que os outros não querem ouvi-las. Pelo contrário: sua fala reflete uma vontade inconsciente de criar uma imagem de competência, responsabilidade e confiança, o que faz com que os outros se disponham a ouvir suas opiniões. Em contrapartida, o tipo 1 nem sempre se mostra disposto a assimilar outros pontos de vista diferentes do seu, diminuindo seu poder de aprendizado, persuasão e influência em uma conversa. De fato, quando se apega de forma irredutível a sua opinião, ele luta verbalmente para defendê-la e impô-la aos demais como a única opinião "certa", atravancando bastante o fluxo produtivo de comunicação.

B.2 Equipes

Ao fazer parte de uma equipe, a tendência natural do tipo 1 é focar nas tarefas a serem feitas, partindo rapidamente para a ação. Sua preferência é por papéis em que pode dar opiniões e sugerir regras, processos e procedimentos para a execução do trabalho. Prefere estar em uma equipe com papéis e responsabilidades claramente definidos e tem capacidade de manter essa equipe organizada, focando em seu aprimoramento, aprendizagem e aperfeiçoamento. As regras e as funções bem definidas também o ajudam a cobrar com precisão que cada um cumpra com sua responsabilidade e dever. É importante para ele que essa equipe tenha como um de seus focos principais a busca pela máxima qualidade e pela menor taxa possível de falhas. Ele também se compromete bastante com a equipe, inclusive no que se refere a prazos, divisão de responsabilidades e qualidade do trabalho. Esse compromisso se estende aos objetivos e aos procedimentos da organização como um todo.

O tipo 1 tende a se apegar a normas e procedimentos e a um único jeito "certo" de fazer as coisas, forçando para que todos na equipe adotem esse jeito. Ele pode ser bastante inflexível e protestar contra soluções "meio-termo" ou que, de acordo com seu ponto de vista, diminuam a excelência do trabalho. Esse tipo de comportamento pode gerar conflitos de opinião na equipe ou mesmo disputas de opinião pessoal, o que afasta o foco dos objetivos e torna os relacionamentos internos desnecessariamente desgastados.

Aqui, cabem algumas perguntas que o tipo 1 deve fazer a si mesmo: "Estou lutando e impondo a minha própria opinião sem me abrir às demais opiniões do grupo?" "Como isso afeta os relacionamentos e os objetivos do grupo?" "Estar 'certo' está se tornando mais importante para mim do que o andamento produtivo da equipe?" "Estou preferindo 'ter razão' a 'ser feliz'?" Essa tomada de consciência é importante porque, devido a sua tendência de ser inflexível em relação a opiniões e de ter um único jeito "certo" de fazer as coisas, os tipos 1 acabam tendo dificuldades quando precisam assumir um papel de mediação, de negociação, onde a busca de soluções conciliadoras e novas alternativas é fundamental.

Um ponto importante: a vontade do tipo 1 de fazer um trabalho perfeito pode comprometer sua agilidade e até mesmo os prazos de entrega de suas tarefas. Isso pode acontecer caso ele se apegue demais em corrigir e aprimorar os detalhes do próprio trabalho e do da equipe, atrapalhando-se no julgamento entre o nível suficiente e aceitável e o nível de excelência e retidão que almeja. Em alguns momentos, o tipo 1 pode se tornar exageradamente crítico e irritado com detalhes considerados menores pelos outros membros da equipe. Essa crítica pode também aparecer explicitamente contra uma pessoa que tenha cometido uma falha menor, bagunçando o andamento e a harmonia do grupo. Se, de acordo com seu julgamento, alguém do grupo estiver sendo descompromissado ou irresponsável, sua tendência será não levar em conta as opiniões dessa pessoa, irritando-se e ressentindo-se com ela.

Ao formar equipes, o tipo 1, que é motivado por liderar equipes com baixo nível de falhas, procura pessoas responsáveis e foca em produtos e serviços de máxima qualidade. Ele mesmo costuma ser um modelo de como fazer as coisas dessa forma, e seus altos padrões de exigência se aplicam tanto ao resultado final quanto aos processos. De fato, para as pessoas do tipo 1, não bastam apenas os resultados: os métodos e os processos para atingi-los também são importantes, e elas os criam para coordenar melhor o trabalho.

Em alguns momentos, a alta exigência do tipo 1 pode atrapalhar a sua capacidade de delegar tarefas e confiar no resultado do grupo, pois ele pode acreditar que a equipe e seus membros ainda não são capazes de fazer as coisas tão bem quanto ele. Isso tem muito a ver com a sua crença de que existe uma única maneira certa de fazer as coisas. Essa crença não leva em conta a abordagem de *coaching*, segundo a qual a equipe faz as coisas da melhor maneira para ela — maneira esta que pode ser diferente da do líder e que pode gerar resultados tão bons ou até melhores.

B.3 Ambiente de Trabalho

Para o tipo 1, o ambiente de trabalho ideal é bem organizado, disciplinado e limpo, com procedimentos e tarefas claras e bem definidas. Ele aprecia locais onde as regras são respeitadas, as pessoas são responsáveis e há um comprometimento com o trabalho. Também gosta de locais que prezam pela qualidade, pela melhoria contínua e pelo erro zero. Além disso, tem atração por ambientes controlados, em que a ordem esteja estabelecida.

Por outro lado, o tipo 1 pode não se sentir à vontade em ambientes excessivamente informais, desorganizados e sem procedimentos definidos e explícitos. O mesmo vale para ambientes onde sentimentos ou favoritismos se sobrepõem a procedimentos profissionais e onde os processos e a busca da perfeição são apenas "frases na parede", sendo constantemente desobedecidos — esses locais são desestimulantes, uma fonte de irritação para o tipo 1. Ele também é avesso a locais que têm a cultura do "jeitinho" ou do "entrega de qualquer jeito". Afinal, como já observado, trabalhos mal feitos, feitos pela metade ou inacabados são inadmissíveis para o tipo 1.

Áreas e líderes que estão constantemente em mudança de regras e de direção são também uma dificuldade para o tipo 1. Ele prefere locais onde, uma vez estabelecido, um curso é seguido até o final.

Pontualidade também costuma ser um valor importante para o tipo 1, que se sente desrespeitado em ambientes onde há a cultura do atraso de 15 minutos. Locais com uma cultura de "corpo mole" e não responsabilização também são muito difíceis para ele aturar sem a presença de raiva e de comportamentos de crítica direta a tudo isso.

Por fim, as pessoas do tipo 1 apreciam muito a congruência entre o que se fala e o que se faz, especialmente vinda das pessoas hierarquicamente superiores. Elas desejam locais onde valores como a ética, a moral e a justiça estejam presentes.

B.4 *Feedback*

Devido a sua tendência em focar nos erros e nos pontos que ainda não estão bons, seus e dos outros, o tipo 1 pode ser excelente para dar *feedbacks* de aprimoramento, pois enxerga bem os pontos que precisam ser melhorados e não tem dificuldade em encará-los de frente. Seus *feedbacks* são construtivos, precisos e com uma série de sugestões de melhoria. Ele deseja, de forma verdadeira, dar suporte àqueles que querem sobrepor suas deficiências e pontos fracos.

Isso, claro, quando o *feedback* é dado a partir de um estado emocional centrado, ou seja, não influenciado pela raiva ou pelo ressentimento. Esse lado é especialmente importante para as pessoas do tipo 1, já que o seu estado de ira costuma ficar claro na sua expressão corporal, e a carga emocional que ele carrega pode influenciar a potencialidade de um *feedback* verdadeiramente isento de julgamentos e centrado na solução e nos fatos. Os ressentimentos emocionais com a pessoa que está recebendo o *feedback* devem ter sido resolvidos antes da conversa. Não fazer isso pode atrapalhar a efetividade da mensagem a ser enviada, que pode ser carregada de críticas, acusações e impaciência.

A presença do seu forte crítico interno e do foco nos "erros" influencia bastante a qualidade do *feedback* do tipo 1. Ele tende a focar em demasia nos pontos falhos, deixando passar as coisas que estão boas. Em seu modo de ver, as coisas boas "não são mais do que a obrigação". Outro ponto importante é a sua atenção excessiva nos detalhes, que pode levar ao desvio dos objetivos centrais do *feedback* e confundir o receptor da mensagem. Ser específico é um dom natural, porém o detalhismo pode às vezes atrapalhar. Nessas condições, o tipo 1 pode ser visto como um crítico severo, e seu *feedback* pode apresentar muitos julgamentos, que acabam se mostrando em sua linguagem. Muitas vezes, há um desejo de punir quem cometeu o erro e impor o jeito "certo" de fazer as coisas.

Por essa razão, é muito importante para o tipo 1 desenvolver a capacidade de enxergar os pontos positivos e os acertos dos outros, assim como transformar isso em hábito, elogiando e dando *feedback* positivo. É fundamental o tipo 1 mostrar que também vê as conquistas, e não apenas as imperfeições.

Quando está na posição de quem recebe o *feedback*, o tipo 1 deve prestar atenção na sua tendência em achar que está sendo criticado mesmo quando não está. De fato, ao dar *feedback* para alguém do tipo 1, é importante ser extremamente cuidadoso com críticas excessivas, pois ele mesmo já se critica muito. Vale a pena enfatizar os acertos dele, tudo o que ele fez de positivo, e ajudá-lo a incorporar as possíveis críticas com abertura, de forma construtiva. É fundamental a sinceridade aqui. Ajude-o a aceitar e a incorporar os elogios que recebe, bem como a se parabenizar pelas coisas que fez "certo", mesmo que não tenha chegado à sua tão almejada perfeição. É preciso deixar claro para ele que seu valor está acima dos "erros" e "acertos" que tem.

Se esse *feedback* for dado ao tipo 1 com cuidado e empatia, por uma pessoa que ele considere íntegra e responsável, ele provavelmente vai assimilar a mensagem e trabalhar duro no aprimoramento do que foi solicitado. É preciso, contudo, que o *feedback* seja apresentado como um aprimoramento, com visão positiva, e não como uma crítica pessoal. Vale aqui mostrar exemplos e detalhes específicos, em uma atmosfera emocional de aceitação.

Entre os temas comuns que aparecem no *feedback* para o tipo 1 estão: inflexibilidade com relação a regras e opiniões, crítica excessiva aos outros, conflitos e rigidez com pessoas supostamente não comprometidas, impaciência ao lidar com falhas e desvio dos objetivos macros de um projeto por ficar preso nos detalhes.

B.5 Liderança

Nosso estilo de personalidade determina diretamente nosso estilo de liderança, assim como grande parte de nossas formas de atuação no mundo profissional. É comum um líder acabar impondo à sua organização ou à sua área boa parte das características do seu tipo do Eneagrama. Trata-se de um estilo de liderança. Quando temos consciência do nosso estilo e do estilo de outros líderes que interagem conosco, podemos usar esse conhecimento a favor dos relacionamentos interpessoais e do desenvolvimento das equipes, em prol de uma liderança madura e sustentável.

B.5.1 Tendências na Liderança

O tipo 1 é um líder que acredita que as coisas precisam estar perfeitas e que as pessoas devem ser compromissadas, corretas e altamente responsáveis. Ele costuma ser extremamente responsável, dedicado e comprometido com a organização, buscando alta qualidade e um número mínimo de falhas — tudo isso de maneira supervisionada e controlada, em atendimento a normas e padrões de excelência preestabelecidos. Também é comum que estabeleça muito bem as metas para a sua liderança e para a sua equipe como um todo, mantendo-se firme no plano estabelecido.

Para as pessoas do tipo 1, a liderança é uma ferramenta para conduzir a organização com comprometimento, organização e metodologia, a fim de atingir o máximo em qualidade. Nesse sentido, seu estilo de liderança é uma verdadeira bênção. Por outro lado, contudo, elas podem ser exageradamente críticas e julgadoras de si mesmas e dos outros, inflexíveis a normas e padrões de conduta. Podem ainda se ressentir com as pessoas, repreender as vontades do próprio instinto e demonstrar uma ira frequente em sua expressão corporal e em suas "caras e bocas".

As pessoas do tipo 1 podem ter uma tendência em fazer as coisas "como elas sempre foram feitas", respeitando regras antigas e resistindo à mudança. No entanto, se conseguirem ver o lado bom da mudança e comprarem a ideia, elas podem se tornar grandes agentes da transformação, dedicando-se profundamente para que aconteça e colocando-a em termos tangíveis e em ações.

Como gosta de trabalhos concretos e acredita que os outros têm dificuldade em atingir o nível de excelência que ele espera, o tipo 1 pode acabar assumindo tarefas e responsabilidades operacionais que, como líder, não são suas, delegando menos do que poderia e ficando preso na execução.

Ele também tende a tomar decisões mais radicais, autoritárias quando percebe que uma questão vai envolver um grande número de negociações, mediações e esforços para ouvir todos os lados e satisfazê-los. E prefere tomar sozinho a maioria dessas decisões, solicitando ajuda em poucos casos — e sempre a pessoas que respeita profissionalmente e que considera responsáveis, trabalhadoras e compromissadas.

Ao iniciar um novo projeto ou empreitada, o tipo 1 tende a seguir a sua própria direção e julgamento. Tende também a partir rapidamente para a ação, sem investir muito tempo na exploração das diferenças do grupo para construir uma visão comum do trabalho.

É importante assinalar que as pessoas do tipo 1 valorizam a hierarquia, a autoridade e o fluxo de comunicação da organização, evitando dar um *by-pass* em seus superiores. E elas esperam isso dos seus subordinados, a quem costumam comunicar claramente suas decisões e expectativas no trabalho. Ainda com relação aos subordinados, é provável que o tipo 1 se preocupe mais com as responsabilidades, as tarefas e seu controle do que com a motivação e o bem-estar deles, que podem considerá-lo exigente demais, controlador e pouco orientado a relacionamentos.

Outro aspecto importante do tipo 1: ele vai incentivar e aplicar métodos de controle como planilhas, cronogramas e planos de ação detalhados, contendo responsáveis, ações e recursos em cada uma das etapas. Isso o faz se sentir seguro e com a sensação de organização do andamento das coisas. Por outro lado, seus subordinados podem se sentir sufocados com o excesso de burocracia e pouco livres para criarem seus próprios métodos e estilos de trabalho.

Seja como for, as pessoas do tipo 1 têm uma enorme habilidade em transformar elementos complexos da organização em processos controlados, com começo, meio e fim e com responsáveis e datas para fazê-los acontecer. Elas gostam dos desafios grandes que podem ser transformados em tarefas do dia a dia, tendo a praticidade como um elemento forte no seu estilo de liderança.

Outra característica do tipo 1: como ele não gosta da ideia de estar "errado" ou de não saber a maneira exata de fazer alguma coisa, pode se envolver em grandes discussões sobre "quem tem a razão" e na caça aos culpados por uma falha. Mesmo assim, por sua responsabilidade, retidão, comprometimento, esforço e manutenção de seus valores, costuma ser um exemplo a ser seguido na organização.

De forma geral, o tipo 1 deve ter cuidado para não se tornar um líder crítico demais e que reage, ficando totalmente na defensiva quando recebe críticas ou acha que isso está acontecendo — lembre-se de que, para o tipo 1, opiniões diferentes da sua ou sugestões tendem a ser recebidas como críticas. Um estilo de pouca tolerância e de punição ao erro pode ser um grande inibidor da inovação e da criatividade da equipe, além de instalar uma tensão gerada pelo medo de errar e uma desmotivação pela falta de elogios e *feedback* positivos.

O líder do tipo 1 deve se perguntar o todo momento como ligar suas tarefas e as de sua equipe a propósitos maiores, à visão e à missão da empresa e das pessoas. As pessoas querem ser inspiradas pela visão, e não ser apenas cumpridoras de tarefas pontuais. A atenção nas tarefas do dia a dia pode levar ao esquecimento da necessidade de se manter focado também na macroestratégia. O mesmo acontece quando o líder do tipo 1 se perde no conserto e no aprimoramento de pequenos detalhes, buscando controlar minimamente as pessoas e as coisas, sem tolerância para os desvios.

Como já foi apontado anteriormente, para o líder do tipo 1, é muito importante o conhecimento e a consciência de suas reações emocionais, em especial a ira, a mágoa e o ressentimento. Quando essas emoções aparecem e ele não se dá conta, sua paciência e sua tolerância diminuem e ele se torna uma pessoa que reage a tudo muito rápido, com excessos, parecendo resistente e crítico aos olhos dos outros.

B.5.2 Desenvolvimento da Liderança: temas comuns

Cada um dos estilos de liderança do Eneagrama apresenta pontos fortes, dons naturais, que devem ser usados em prol do negócio. Apresenta também pontos de atenção, trilhas de desenvolvimento, que podem trazer grandes ganhos quando trabalhados. A seguir são mostrados alguns temas comuns no desenvolvimento da liderança desse estilo:

- Tornar-se mais receptivo às opiniões das outras pessoas e a pensamentos diferentes daquilo que considera "certo" e "errado". Solicitar outros pontos de vista e considerá-los em suas análises e decisões. Aprender a somar diferentes perspectivas para a criação de decisões mais sábias e menos unilaterais. Cultivar a aceitação e a apreciação das diferenças.
- Ser mais flexível nas normas e condutas pessoais. Ser mais informal no trato com os colaboradores e em outras conversas na organização que não exijam protocolos de formalidade. Especialmente na cultura brasileira, uma linguagem mais comum pode aproximar o tipo 1 das pessoas e melhorar seu relacionamento com sua equipe e seus pares.
- Aprender a enxergar os erros e as falhas que não comprometem o resultado final como eventos naturais em qualquer trabalho. Medir melhor a relevância dos desvios, comparando-os com o objetivo a ser atingido. Evitar caças exageradas a culpados e práticas de punições. Buscar soluções. Uma cultura de maior aceitação de erros é fundamental para um ambiente que estimula a criatividade e soluções inovadoras.
- Trabalhar com profundidade a crítica presente no estilo de liderança. Diminuir as críticas excessivas em relação aos outros e criar o hábito de ver e elogiar com frequência os acertos dos co-

laboradores. Contar o número de vezes que corrige uma pessoa e o número de vezes que a elogia, procurando um equilíbrio.
- Ser tolerante consigo mesmo (acima de tudo) e com a exagerada exigência pessoal por excelência, por perfeição e por ser livre de falhas. Ter mais paciência e amor em relação a si mesmo, levando a vida com mais leveza e livrando-se das culpas e da autopunição. Essa constante voz crítica e autoritária de não aceitação de si mesmo é causadora não apenas de estresse e grandes desgastes emocionais, mas também de conflitos internos que geram mal-estar.
- Trabalhar o autoconhecimento e práticas voltadas para o entendimento e o gerenciamento da grande reatividade pessoal a críticas, falhas e desvios de regras, normalmente acompanhada de uma descarga emocional de ira e ressentimento. Tomar consciência de quando a ira começa a se construir e em que casos ela aparece. Usar a respiração, o distanciamento e um *timing* maior para evitar qualquer reação quando estiver se sentindo assim. É importante perceber a raiva e expressá-la aos poucos, evitando o acúmulo e explosão.
- Focar mais no relacionamento com os colegas, compartilhando emoções e sentimentos, e não apenas tarefas, prazos e questões práticas do trabalho. Perguntar às pessoas como elas estão se sentindo. É importante se aproximar dos outros como seres humanos, e não como peças que interagem por obrigação na máquina do dia a dia. Os seres humanos erram como parte de sua natureza, isso é natural.
- Investir em descontração, humor, lazer e momentos de relaxamento, mesmo no trabalho. Isso é fundamental para manutenção da saúde e da flexibilidade, tão importantes para o meio empresarial.
- Abrir-se para novas metodologias, novas regras, novas ideias e tentativas. Pode haver um jeito melhor de fazer as coisas.
- Aprender a usar a inteligência do corpo (instinto) em suas decisões.
- Perguntar-se o que realmente gosta de fazer e quanto disso vive em seu dia a dia. Procurar incluir mais disso nos projetos que lidera. Trabalho não é simplesmente uma obrigação que as pessoas fazem porque têm que fazer. Ele também pode ser uma fonte de prazer e de expressão de gostos e qualidades pessoais.
- Investir mais tempo em criar e/ou compartilhar visão e missão com todos os envolvidos antes de iniciar um projeto, estando

inclusive aberto a mudanças se isso for um desejo geral. Cativar e inspirar antes de partir para a "mão na massa". Conectar as pessoas à visão e à missão de um projeto é fundamental para o alinhamento e a motivação.
- Diminuir a necessidade de controlar as pessoas e as coisas. Delegar mais, atuando como *coach* para que as pessoas desenvolvam seus próprios métodos de fazer as coisas, que podem ser diferentes daquele que julga ser o melhor. Perceber que essa visão de que um único jeito é o melhor é extremamente limitante e centralizadora.
- Ter cuidado com as decisões radicais, unilaterais ou autoritárias quando o assunto envolver a necessidade de muitas negociações, questões interpessoais e emoções. Lidar com essas questões comportamentais de forma paciente e moderada é parte da função de um líder maduro.
- Manter o foco na estratégia maior e no objetivo global. Ter cuidado para não ser sugado pela vontade de resolver por si próprio os pequenos detalhes. Delegar o cuidado com os detalhes para pessoas da equipe, dando a elas liberdade para fazerem isso e evitando controle ou supervisões rígidas de qualidade.

C Caminhos de Desenvolvimento

O Eneagrama não é apenas um sistema que descreve tipos ou tendências de personalidade. Ele é também um sistema completo e complexo de desenvolvimento, que aponta caminhos viáveis e produtivos de expansão da nossa personalidade e de libertação de hábitos limitantes, permitindo nosso crescimento integral como profissional e ser humano. Com ele, não só descrevemos a cela, mas também mostramos o mapa de saída da prisão pelo acesso mais indicado — só não podemos caminhar pelos outros.

Como parte do mapa de crescimento, apresentamos a seguir os desafios e as práticas recomendadas, além de uma metáfora e de uma oração perfeitamente adequadas para o caminho que precisamos trilhar no nosso desenvolvimento pessoal.

C.1 Desafios Gerais de Crescimento

O tipo 1 está ligado aos tipos 7 e 4 (ponto de desafio e estresse), o que faz com que seu principal caminho de desenvolvimento esteja ligado à espontaneidade, ao lazer, à diversão, à flexibilidade, à criatividade e a um mundo de permissão, aceitação, leveza e novidades.

Os principais aspectos de desenvolvimento do tipo 1 têm a ver com a aceitação de si mesmo como ele é, de suas próprias "falhas" e também das "falhas" dos outros. Aceitação de que tudo no universo é "perfeitamente imperfeito" e deve ser visto, reconhecido e amado assim como é, sem a necessidade de ser corrigido ou modificado. Levar a vida menos a sério pode ser mais produtivo do que se imagina.

O primeiro e importante desafio do tipo 1 é acessar os elementos do ponto 7, seu ponto de impulso. Isso tem a ver principalmente com a aceitação dos prazeres em sua vida, sem culpa. E não se trata apenas dos prazeres mentais, mas também dos físicos, os quais normalmente são, em parte, bloqueados por uma dinâmica corporal inconsciente de rigidez em seu corpo. Permitir-se mais lazer e espontaneidade, sem se preocupar tanto com o que "precisa ser feito", "é sua responsabilidade" ou "é o certo". Aceitar seu verdadeiro desejo de também sujar sua roupa e se atirar na lama com as outras crianças, sem se preocupar tanto com as punições. Fazer isso como um direito seu e de todas as outras pessoas. O direito natural e divino de todo ser humano de acessar a sua parte criança, em seu sentido mais bonito.

Seu movimento seguinte é em direção ao coração, ao seu centro da inteligência emocional. Para isso, ele usa o ponto 4 do Eneagrama, seu ponto de desafio. Aprender a acessar as suas emoções leves e positivas, como o amor, a ternura e a gratidão. Aprender a trabalhar com o coração, libertando-se das emoções que aparecem em forma de rigidez corporal e da tensão que aparece nos ombros e na face. Deixar ir, sentir o alívio. Esse ponto representa também uma conexão com um significado maior para a vida, que vai além das obrigações. Permitir-se fazer o que gosta, o que quer fazer, e não apenas o que "tem que fazer". Um olhar maior para a beleza e para a poesia da vida, e não apenas para a sua parte prática.

De suas asas, os pontos 9 e 2 também trazem aprendizados e integração a serem alcançados. De sua asa 9, podem ser incorporadas a paciência e a abertura para ouvir as opiniões dos outros. Um senso de agir em grupo, de forma coletiva, compartilhando visão. De sua asa 2, pode vir principalmente o foco nas pessoas e nos relacionamentos, no entendimento dos sentimentos dos outros e de seus próprios, além de um grande toque de simpatia, sedução e flexibilidade.

Trabalhar a formação reativa, um mecanismo de defesa da personalidade, também é um ponto crucial de desenvolvimento. Para o tipo 1, isso necessariamente passa por um trabalho corporal e psicológico de permissão de expressão de sua raiva e de seus prazeres que tem como objetivo ensinar o corpo a fazer isso e ajudar a mente a aceitar com naturalidade, e não com base em culpa. Também o coração precisa entrar com compaixão em relação à si mesmo.

O tipo 1 precisa perceber que o crítico que o acompanha está em sua própria cabeça, exigindo demais, e não deveria ser levado tão a sério. Ele deve transformar essa voz em um *coach*, que aconselha, encoraja e apoia, em vez de julgar e criticar.

Também é importante para o tipo 1 tomar consciência das sensações de "tenho que resolver as coisas" e "alguém está me vigiando ou me criticando", dar um passo para trás quando isso acontecer e perceber que isso é uma criação sua, e não uma coisa que está realmente acontecendo. Ao fazer isso, aceitando com amor e sem julgamentos a si mesmo, ele naturalmente vai aceitar mais os outros e seus modos de ver a vida, tornando-se mais tolerante e flexível. Além disso, vai cobrar menos, exigir menos e ser menos bravo e ressentido.

O tipo 1 deve ver suas qualidades e as qualidades dos outros, olhar para as coisas procurando o que está bom e o que está satisfatório. Deve fazer tudo de forma mais leve, sem o peso do "ser perfeito". Além disso, deve se abrir para novas maneiras de fazer as coisas, de ver a vida, e ficar curioso para conhecer as opiniões dos outros e novos estilos de vida, de coração aberto e sem prejulgamento. E deve aceitar os trabalhos que não estão 100% perfeitos, mas que estão aceitáveis para as outras pessoas e cumprem o seu propósito — é o melhor que se pode fazer com os recursos que se tem no momento.

C.2 Práticas e Exercícios de Desenvolvimento

As práticas a seguir são sugestões diretas para as pessoas do tipo 1. Se você é desse estilo do Eneagrama, vai se beneficiar enormemente com a adoção de uma ou mais delas como rotinas de desenvolvimento, de modo que passem a fazer parte de sua agenda no dia a dia. Crescimento não é uma tarefa difícil, mas exige, sim, compromisso e priorização:

- Reconheça a voz crítica que fala dentro de sua cabeça e procure levá-la menos a sério todas as vezes que ela se manifestar. Perceba que ela não é você.
- Perceba quanto força sua cabeça e seu corpo e, ao mínimo sinal de tensão, permita-se um pouco de lazer e descanso. Aprenda a reconhecer essa tensão em um corpo já bastante rígido e que, muitas vezes, só sente isso depois de muita carga.
- Busque ver coisas positivas nos outros. Todos os dias escolha

uma pessoa e preste atenção somente nas coisas "certas" e "boas" que ela faz. Anote em um caderno o que você observar e depois dê a ela um *feedback* positivo.
- Brinque com crianças segundo a regra e as atividades estabelecidas por elas.
- Peça mais opiniões dos outros e fique curioso para ouvi-las.
- Quando ficar magoado, irritado ou frustrado, fale para os outros logo no início. Eles vão aceitar você e você vai se sentir melhor com isso.
- Pratique danças não estruturadas (biodança, por exemplo) que envolvam improvisos e flexibilidade, aceitação e liberação de tensões corporais.
- Reserve tempo para lazer, esporte e viagens para lugares novos, desconhecidos — e lembre-se de que não há necessidade de controlar o roteiro.
- Faça massagem, alongamento muscular e relaxamento, com liberação da tensão acumulada nos ombros, na jugular e na face.
- Faça teatro *clown* e oficinas de criatividade, onde não existem erros ou roteiros.
- Perdoe mais a si mesmo e aos outros, levando em conta que "cada um faz o melhor que pode com os recursos que tem no momento". Separe as atitudes das pessoas de suas intenções.
- Todos os dias reserve um tempo para cuidar de si, atender aos seus desejos e caprichos, mesmo que eles sejam poucos e que pareçam a você supérfluos e sem utilidade. Vale assistir à televisão, caminhar, ouvir música, ler revistas, se divertir, não fazer nada — qualquer coisa que não tenha ligação com trabalho e que você não precise se preocupar em fazer benfeito. Não abra mão desse tempo por nada.
- Erre mais, muito mais. Crie novas coisas a partir de seus erros.
- Prefira "ser feliz" a "ter razão" e pare de se preocupar com quem está "certo" ou "errado".
- Não leve a vida tão a sério.
- Aprenda a respirar. Isso pode ser feito na yoga, com técnicas de renascimento, ou de diversas outras maneiras. Seu corpo precisa de exercício de desbloqueio e expansão da respiração.
- Use técnicas para permitir a expressão do prazer instintivo em seu corpo. Desbloqueie o acesso ao ponto hara— centro de prazer do corpo humano — por meio de uma respiração nesse ponto, que fica a alguns centímetros abaixo do umbigo. Normalmente a respiração da pessoa do tipo 1 vai somente até a

altura do estômago, não se permitindo descer livremente além desse ponto. Técnicas de Tantra são uma das inúmeras possibilidades indicadas.

Metáfora

Marcenaria

Contam que, em uma marcenaria, houve uma estranha reunião. Foi uma assembleia, na verdade, onde as ferramentas se juntaram para acertar suas diferenças.

Um martelo estava exercendo a presidência, mas os participantes lhe disseram que teria que renunciar. A causa? Fazia demasiado barulho e, além do mais, passava todo tempo golpeando. O martelo aceitou sua culpa, mas pediu que também fosse expulso o parafuso, dizendo que ele dava muitas voltas para conseguir algo. Diante do ataque, o parafuso concordou, mas, por sua vez, pediu a expulsão da lixa. Dizia que ela era muito áspera no tratamento com os demais, entrando sempre em atritos. A lixa acatou, com a condição de que fosse expulso o metro, que sempre media os outros segundo a sua medida, como se fosse o único perfeito.

Nesse momento, entrou o marceneiro. Ele juntou todas as ferramentas e iniciou o seu trabalho. Utilizou o martelo, a lixa, o metro e o parafuso e, finalmente, a rústica madeira se converteu em um fino móvel.

Quando a marcenaria ficou novamente sem ninguém, a assembleia reativou a discussão. Foi então que o serrote tomou a palavra e disse: "Senhores, ficou demonstrado que temos defeitos, mas o marceneiro trabalha com nossas qualidades, ressaltando nossos pontos valiosos. Assim, não pensemos em nossos pontos fracos e concentremo-nos em nossos pontos fortes".

Assim, a assembleia entendeu que o martelo era forte, o parafuso unia e dava força, a lixa era especial para limpar e afinar asperezas e o metro era preciso e exato. Sentiram-se, então, uma equipe capaz de produzir móveis de qualidade, e uma grande alegria tomou conta de todos pela oportunidade de trabalhar juntos.

Autor desconhecido

Oração

Senhor Deus,
Agradeço-te porque me deste
Uma noção precisa do que é certo e um desejo zeloso de fazer o bem.
Em minhas tentativas de viver de forma coerente com meus ideais,
Ajuda-me a ser paciente, comigo e com os outros,
Ajuda-me a perdoar, a mim mesmo e aos outros,
Ensina-me a ser tolerante com os erros e as imperfeições,
Em vez de sempre ficar encontrando defeito em tudo.
Mostra-me como aceitar o que é suficientemente bom,
Percebendo a perfeição que existe em cada situação imperfeita.
Ajuda-me a entender e assumir que também eu estou em crescimento,
E por isso a imperfeição faz parte da perfeição de cada etapa.
Dá-me a sabedoria da cruz
Para entender que "quando sou fraco, é que sou forte".
Mostra-me como ser alegre, como aproveitar a vida,
Como relaxar tranquilamente no seu amor.
Amém.

Domingos Cunha (CSH),
Crescendo com o Eneagrama na espiritualidade. São Paulo: Paulus Editora, 2005, p. 395.

Tipo 2
O Líder Ajudante

"Família e amigos não são você. Eles estão com você. Compõem o seu mundo, mas não são a sua própria identidade."
George I. Gurdjieff

"Que eu não perca a vontade de ajudar as pessoas, mesmo sabendo que muitas delas são incapazes de ver, reconhecer e retribuir, esta ajuda."
Chico Xavier

"Àquele que eu amo desejo que seja livre — até de mim."
Anne M. Lindbergh

Mapa da psique*

No Domínio da Personalidade

- *Vício mental (filtro mental ou fixação)*: Adulação — uso constante de incentivos, encorajamentos e elogios como forma de conquistar e ganhar a atenção das pessoas escolhidas como especiais e importantes.
- *Vício emocional (paixão)*: Orgulho — Sentimento de que os outros dependem dele e ele, por sua vez, não depende de ninguém. Um sentimento de ser superimportante, indispensável na vida dos escolhidos: "O que seria deles sem mim?" Esse sentimento se manifesta, também, em uma dificuldade em admitir suas próprias vontades, necessidades e carências, bem como o cansaço acumulado pela dedicação excessiva de atenção aos outros.
- *Mecanismo de defesa da personalidade:* Repressão — falta de consciência e de atenção em relação às próprias necessidades como forma de não enxergar sua vontade de receber cuidados e atenção dos outros. Trata-se de uma maneira de não se dar conta de suas carências emocionais ou não priorizá-las.

Em contato com um Estado Superior

- *Percepção mental superior:* Liberdade — percepção direta da realidade de que a verdadeira doação é livre e desinteressada, não necessitando de reconhecimento ou criação de vínculo entre o doador e o recebedor. A noção de que a dedicação aos outros não exige nenhuma forma de apego faz com que as pessoas tenham liberdade para ter sua própria vida e seus próprios caminhos, sem amarras emocionais.
- *Percepção emocional superior*: Humildade — reconhecimento emocional das próprias necessidades, do desejo por atenção e do cansaço em fazer coisas pelos outros, abrindo-se para pedir ajuda também. Ver-se como ser humano, e não mais do que isso.

*Os nomes do mapa da psique são adaptações dos originais de Oscar Ichazo, Claudio Naranjo e Helen Palmer.

A Eneagrama das Personalidades

De acordo com o George I. Gurdjieff, a maioria de nós vive a maior parte do tempo sob o domínio das características da personalidade — um conjunto de tendências de pensamentos, emoções, impulsos físicos, comportamentos, estratégias, crenças, valores e até mesmo um senso particular de identidade.

Essa personalidade, cujo início da formação se dá em nossa mais tenra infância e segue se cristalizando até nossa fase adulta, funciona como uma espécie de máquina biológica: de tanto "usarmos" essa personalidade, passamos a nos identificar com ela, como alguém que adquire o hábito de usar por anos a fio a mesma roupa e não consegue se imaginar sem ela, acreditando que não será a mesma pessoa se não estiver com aquela roupa, acreditando que aquela roupa faz parte do seu "ser".

Assim é o nosso tipo do Eneagrama. Cada um dos tipos representa um traço principal de personalidade, e nosso tipo é uma máquina que usamos tanto e há tanto tempo que muitas das suas características parecem nos definir. Dar-nos conta disso pode nos ajudar a testar roupas novas, expandir nossa coleção e mudar nossos hábitos de moda. Pode nos ajudar também a compreender que as outras pessoas simplesmente preferem e usam roupas diferentes das nossas. É mais fácil e torna-se um grande aprendizado viver assim.

Nesta seção, são apresentadas as prováveis características da roupa que as pessoas do tipo 2 costumam usar. Pode haver variações aqui e ali. Pode haver dias em que elas resolvem que uma blusa diferente é exigida em um evento especial ou mesmo que a roupa para ficar em casa pode ser mais velha e relaxada. Ainda assim, na maior parte do tempo, elas insistem em usar a roupa do seu tipo.

A.1 Nomes Comuns

O altruísta, O amigo, O doador, O solícito, O amável, O generoso, O simpático, O bondoso, O prestativo, O orgulhoso, O sedutor, O apoiador.

A.2 Pessoas Famosas

John Travolta, Roberto Carlos (cantor), Cafu, Princesa Diana, Madonna, Madre Tereza de Calcutá, Chico Xavier.

A.3 Essência e Personalidade

O estado de essência mental do tipo 2, chamado de Liberdade, tem muitas definições. Entre essas definições, está a que diz que esse é um estado de compreensão mental superior que gera doações livres e desinteressadas, sem qualquer necessidade de reconhecimento ou criação de vínculo entre o doador e o recebedor. Contudo, à medida que a personalidade do tipo 2 vai gradualmente se formando, essa ideia vai se perdendo, deixando de ser sua natureza mental mais básica e verdadeira. De fato, quanto mais a personalidade se fixa a partir da infância, mais essa ideia é perdida e, em seu lugar, forma-se um estilo de pensamento mental inferior muito mais limitante chamado de adulação.

A adulação é uma lente muito forte com a qual o tipo 2 interpreta a realidade. Ela funciona como uma crença limitante fundamental, um pensamento repetitivo, uma ideia fixa, e pode ser definida como a utilização contínua de incentivos, encorajamentos e elogios como forma de conquistar e ganhar a atenção das outras pessoas. Ao adular o outro, encorajá-lo, apoiá-lo, elogiá-lo e fazer de tudo por ele, o tipo 2 fica certo de que receberá seu afeto e sua atenção como retribuição. É um pensamento de troca, de escambo, segundo o qual é preciso dar amor para recebê-lo. Esse mecanismo de dar e receber cria amarras, cobranças, dívidas e mágoas muitas vezes escondidas sob a imagem do adulador.

Outro ponto importante: a adulação faz com que o tipo 2 perca a noção superior de que cada pessoa tem a liberdade de decidir sobre suas próprias necessidades e que será, assim, amparada pelo universo. Em determinado momento, o tipo 2 passa a acreditar que ele é quem sabe do que os outros precisam, ele é quem sabe o que é melhor para os outros. Dessa maneira, coloca toda a sua energia para atender às pessoas especiais de sua vida.

Saindo da esfera mental e indo para a esfera emocional, a virtude (emoção de qualidade superior) do tipo 2 é chamada no Eneagrama de Humildade. Nesse caso, Humildade significa reconhecimento dos seus limites físicos, psíquicos e emocionais. Numa escala mais simples, tem a ver com reconhecer as suas necessidades, o seu grande desejo de receber amor e atenção e de ser cuidado pelos outros; tem a ver com colocar-se no seu tamanho, reconhecer o cansaço em só fazer coisas pelos outros 24 horas do dia, pedir ajuda e atenção.

Essas coisas são muito difíceis para o tipo 2. Isso porque, com a formação de sua personalidade, ele se afasta da Humildade e se torna viciado em uma emoção inferior, exagerada e recorrente chamada no

Eneagrama de orgulho. O orgulho dá ao tipo 2 a sensação de que ele é maior do que de fato é, de que não se cansa, fazendo com que ele não admita pedir ajuda dos outros, mostrar sua carência. "Eu não preciso da ajuda e da atenção dos outros, mas eles precisam de mim, com certeza. Eu sei do que eles precisam, mesmo que eles ainda não saibam. E eles vão perceber que sou indispensável em sua vida."

O mecanismo de defesa chamado repressão atua na personalidade do tipo 2, reprimindo suas vontades e carência. Em verdade, a repressão gera era uma falta de consciência e de atenção do tipo 2 com relação às suas necessidades como forma de ele não enxergar sua vontade de receber cuidados dos outros. Quando o tipo 2 ainda tem pouco autoconhecimento, esse mecanismo permite a ele acreditar realmente que não precisa de nada e que não está sentindo falta de receber atenção dos outros.

A.4 Tendências de Características da Personalidade

Os indivíduos do tipo 2 costumam ter uma imagem muito positiva de si mesmos, vendo-se como pessoas boas, que se sacrificam pelos outros, que agem pelo bem e pela satisfação dos outros. Isso, de fato, faz parte da natureza dessas pessoas, que costumam ter grande sensibilidade emocional e compaixão pelos outros. Por outro lado, isso também passa a ser uma imagem construída, pela qual as pessoas do tipo 2 lutam e querem ser reconhecidas — a imagem do doador e apoiador, do amigo incondicional.

Pode ser um processo doloroso para o tipo 2 perceber, por meio do Eneagrama, que boa parte da sua enorme dedicação e atenção aos outros tem a ver com a manutenção dessa imagem. A adulação como ideia recorrente faz com que ele apoie, encoraje e elogie buscando ser retribuído em igual grau por sua dedicação. Na maioria das vezes, essa necessidade de reconhecimento e retribuição pelos serviços prestados não é comunicada aos outros. Trata-se de uma espera implícita de reconhecimento, baseada na crença de que "é dando que se recebe" ou na de que "se eu fiz por você, eu mereço um retorno".

O orgulho também impede o tipo 2 de pedir esse retorno e até de admitir para si mesmo que precisa dele. Ao fazer tanto pelos outros, ele se torna muitas vezes indispensável, atrapalhando o desenvolvimento e a independência da outra pessoa, que parte do princípio de que, se sempre tem quem faça por ela, não precisa se desenvolver. De fato, ao tornar-se essa figura indispensável, o tipo 2 acaba criando vínculos de dependência e as outras pessoas acabam sempre precisando dele. Trata-se de uma forma de manter as pessoas sob suas asas, sob sua influência, em uma rede de controle emocional. Seu orgulho aparece também como um "autoengrandecimento", que se infla em ao ouvir coisas do tipo: "você faz a diferença na minha vida" ou "sem você eu não teria conseguido". Esse orgulho pode ser visível ou mesmo ficar escondido atrás de uma apresentação humilde.

Seja como for, o fato é que, com o tempo, o tipo 2 passa a estar sempre disponível para ajudar aqueles que considera especiais em sua vida, acabando por eleger, sem perceber, um seleto grupo de pessoas pelas quais faz qualquer coisa. Esse grupo pode contar com o filho, o marido, a esposa, o chefe, aquele amigo ou um pequeno grupo de amigos muito importantes — os eleitos. Essas pessoas podem ligar a qualquer momento para contar seus problemas e até repeti-los muitas vezes: o tipo 2 vai estar sempre disponível na função de conselheiro e apoiador. Ele é capaz de deixar sua vida de lado imediatamente para correr em auxílio de um chamado dessa pessoas especiais. É importante salientar que Somente as pessoas que estão em seu grupo de eleitos recebem esse alto grau de dedicação.

Vale destacar que, embora seja muito preocupado com sua imagem de altruísta e que acabe esperando dos outros alguma retribuição (na maioria das vezes, em forma de atenção emocional e reconhecimento de sua importância na vida deles), o tipo 2 tem uma natureza verdadeiramente amorosa e apoiadora. Ele se sente bem com o sucesso e a felicidade dos outros e torce por isso. Como para todos nós seres humanos, para o tipo 2 também há uma dança entre o altruísmo desinteressado, que não espera retribuições, e a vontade de receber conhecimento. E muitas vezes essas duas coisas aparecem ao mesmo tempo, um pouco de cada.

As pessoas do tipo 2 costumam ser alegres, cheias de energia, expressivas. Costumam também contar com um largo e gostoso sorriso no rosto. Elas se preocupam muito com os relacionamentos pessoais, com o clima no trabalho e têm um radar apurado para perceber quando uma pessoa não está bem — são equipamentos superapurados para perceber quando alguém está precisando de auxílio, mesmo quando isso não é dito, e muito prestativos, ajudando imediatamente. Quando se sentem úteis, as pessoas do tipo 2 costumam gerar entusiasmo e dar aquele "bom-dia" cheio de calor humano. Como líderes, têm faro para enxergar qualidades nos outros e vontade de desenvolvê-las. De fato, possuem uma habilidade natural para o desenvolvimento de pessoas.

Por tudo isso, as pessoas do tipo 2 podem apresentar uma grande dificuldade de impor limites aos outros, de dizer "não" para um pedido de ajuda e de fazer coisas que desagradem ou vão contra a sua imagem de prestativas e solícitas. Com isso, elas podem criar grandes dificuldades para si, assumindo compromissos e atendendo a pedidos de ajuda (que, muitas vezes, nem são pedidos mesmo, mas sim oferecimentos) que as fazem deixar para traz coisas importantes para si mesmas, necessidades individuais e carências emocionais. De fato, as pessoas do tipo 2 são capazes de passar por cima de seus sentimentos e de suas próprias vontades para não irem contra aquilo que os outros esperam delas.

Outra característica dos tipos 2: eles são sedutores poderosos, independentemente do sexo, e podem ou não ter consciência disso. Seja como for, usam e abusam dessa habilidade para atrair pessoas, para fazer jogos políticos, para influenciar os outros conforme sua vontade e para muitas outras coisas. Evidentemente, isso pode se tornar uma rede de manipulação emocional e perigosos jogos de sedução e poder — sim, muitas vezes é o poder que atua nos bastidores, influenciando o jogo de forma decisiva. A sedução pode ser ligada à feminilidade e masculinidade, mas também pode ser relacionada à amizade incondicional e à infantilidade — sabe aquela criança que pede as coisas de um jeito que é impossível negar?

Voz doce, melodiosa, gingado e flexibilidade. Os indivíduos do tipo 2 sabem exatamente como deixar uma pessoa encantada com suas qualidades de ouvintes atenciosos. Em geral, são leves e curtem as coisas boas da vida, especialmente a companhia dos outros. Da mesma forma, costuma ser muito agradável estar e viver em sua companhia, pois são realmente capazes de iluminar o dia e de levantar o ânimo. Por outro lado, podem (conscientemente ou não) prender as pessoas em sua "rede emocional", não permitindo que elas se afastem e sejam livres para suas próprias decisões e suas próprias vidas. De fato, o tipo 2 quer estar envolvido em tudo o tempo todo, faz questão de fazer parte da vida do outro — e de uma parte importante. Desse modo, cria-se um jogo de dependência que pode, em uma instância menos saudável, envolver dramas e chantagens emocionais. Perto de um tipo 2 você se sente especial pela atenção e cuidado que recebe, e fica muito difícil abrir mão disso — não é fácil dispensar aquele presente especial, aquela lembrança no seu aniversário ou aquele elogio maravilhoso depois de sua promoção.

Outro ponto importante: os indivíduos do tipo 2 são extremamente proativos quando querem ajudar, oferecendo ou insinuando a sua presença prestativa. As outras pessoas acabam não resistindo e girando em torno deles como os planetas giram ao redor do sol. Se por acaso percebem que uma pessoa está se afastando ou de alguma forma os rejeitando, é comum sua dedicação aumentar ainda mais. Há uma atração por conquistar pessoas especialmente difíceis e trazê-las para sua rede. Podem se tornar invasivos e insistentes. Além disso, algumas vezes, podem explodir em raiva carregada de conteúdo emocional e acusações de falta de reconhecimento.

Quando em um processo de autoconhecimento e crescimento pessoal, os tipos 2 vão, pouco a pouco, se tornando pessoas que dão grande atenção a suas próprias vontades, que lutam por seus sonhos (e não vivem os sonhos dos outros) e que amam a si mesmas, dependendo menos da aprovação dos outros. Eles se tornam mais independentes e permitem aos seus queridos liberdade para se desenvolverem sem amarras, torcendo, sem interferir, para que sejam o melhor que puderem ser. Tornam-se, também, mais humildes e conectados com o fluxo de vontade da vida, sem a necessidade de manipular ou controlar a vida de outras pessoas. Por fim, o amor e a atenção que dispensam a si mesmos, bem como a sua autoestima, desabrocham. Como canta Marisa Monte: "Deixa eu dizer que te amo. Deixa eu gostar de você. Isso me acalma, me acolhe a alma. Isso me ajuda a viver".

A.5 Focos de Atenção

O tipo 2 presta muita atenção nas outras pessoas e nas necessidades delas. Ele é capaz de entrar em uma sala e perceber se alguém estiver precisando de água ou de uma cadeira mais confortável. Também é capaz de perceber se alguém não estiver se sentindo bem ou estiver triste, desanimado ou com problemas pessoais.

Outro ponto: o tipo 2 fica atento aos desejos e às reações das outras pessoas, principalmente aos daquelas que ele elegeu para fazer parte do seu grupo de "pessoas mais especiais que as outras". Ele também fica atento para identificar e praticar ações que agradem aos outros, apreciando a autoestima que surge em função disso, e admite mudar seu comportamento, seus desejos e seu pensamento, adaptando-se de muitas maneiras e tendo muitos "eus" para satisfazer as outras pessoas. Além disso, preocupa-se bastante com o fato de o outro gostar dele e com a possibilidade de poder fazer mal a alguém de quem ele gosta.

Na verdade, o tipo 2 presta muita atenção se está sendo ou não "aprovado" pelos outros, mantendo o foco em sua imagem de pessoa solícita e prestativa. Ele fica atento para ver se está conseguindo se tornar o centro indispensável na vida do outro, se está alcançando aquela "ligação romântica especial" e se está conseguindo "prender" a outra pessoa.

As pessoas do tipo 2 também costumam ser emotivas, focando ora nos sentimentos dos outros, ora nos seus próprios sentimentos. Contudo, muitas vezes, sua atenção se desvia de suas necessidades, principalmente das emocionais. Com isso, o tipo 2 acaba reprimindo suas necessidades e, ao tirar o foco de si mesmo e passá-lo para o outro, nem percebendo, conscientemente, a existência delas. Nesses casos, o tipo 2 pode passar a expressá-las de forma indireta, por meio de um comentário, uma reclamação ou uma dor repentina.

Seja como for, o tipo 2 preocupa-se bastante em criar bons sentimentos nas pessoas, em encorajá-las a evoluírem, crescerem e atingirem seus sonhos. E, como já observado, sente-se extremamente feliz com o sucesso das pessoas que lhe são queridas.

Em um relacionamento a dois, o tipo 2 prefere uma grande intimidade emocional e, frequentemente, física. Jogos de conquista amorosa tomam a forma que for mais sedutora para a conquista da pessoa desejada — uma grande arma para tornar-se o centro da vida dessa pessoa.

Nas relações sociais, sua atenção se volta para ser lembrado e querido pelas pessoas do seu círculo. Normalmente, possui uma grande quantidade de amigos, apresenta as pessoas umas às outras com extroversão e tem muitos compromissos sociais agendados. É o amigo de todos. Pode nutrir uma ambição de poder e influência no seu meio social, orbitando próximo ao círculo poderoso e adulando não apenas as pessoas mais influentes hoje, como também aquelas que podem vir a sê-lo.

No que diz respeito a aspectos físicos, a atenção do tipo 2 vai para garantir a satisfação das necessidades dos outros (os eleitos), em especial das necessidades práticas (comida, roupa). Ele pode negligenciar suas necessidades físicas (corpo, saúde, comida) em função do atendimento aos outros e ficar com a sensação de que o seu sacrifício merece uma recompensa e um retorno à altura.

A.6 Dificuldades que Pode Causar para os Outros

Na intenção de ajudar os outros a qualquer custo, o tipo 2 pode se tornar bastante invasivo. Muitas vezes, ele acha que sabe do que uma pessoa precisa (na verdade, ele tem certeza) e se dispõe a ajudar, tornando-se insistente e não reconhecendo limites, fazendo com que a outra pessoa se sinta invadida em seu espaço e privacidade, graças, principalmente, a perguntas indiscretas. Sua demanda por uma ligação íntima e emocional pode se tornar excessiva e desgastante para o outro, gerando nele uma sensação de falta de ar.

As pessoas do tipo 2 costumam insistir demais para fazer dar certo os relacionamentos difíceis — que parecem atrai-las —, tornando-se, assim, ainda mais emocionais. Existe aqui uma grande sensação de poder ligada ao fato de ser capaz de fazer qualquer um gostar delas, custe o que custar.

Os tipos 2 podem se envolver demais nas decisões e nas questões pessoais particulares da vida das outras pessoas e acabar "cobrando" retorno pela atenção e pela ajuda que dá. Essa cobrança pode ser explícita ou implícita e até mesmo inconsciente para ele. É como aquela mãe que faz tudo pelo filho, que dedica sua vida a ele e que fica profundamente magoada e ressentida quando ele não vai almoçar na sua casa no domingo, expressando raiva e acusações diante dessa "rejeição", sempre com um exagero de sentimentos, um toque de drama e até mesmo histeria em alguns casos mais graves. Trata-se de uma sensibilidade excessiva à perda, e isso acaba levando à manipulação da vida das outras pessoas, a uma chantagem emocional com a qual o tipo 2 acaba conseguindo o que quer — suas reclamações geram culpa nas outras pessoas, que acabam por fazer o seu desejo.

Por ser tão prestativo, o tipo 2 pode tornar as pessoas dependentes de sua presença — como a secretária que faz absolutamente todas as atividades no trabalho sem abrir mão de nada, para não perder o seu posto de indispensável, e custa muito a ela abrir mão disso e ensinar aos outros o seu papel.

Quando o tipo 2 não está bem, está triste ou cabisbaixo, parece que toda ajuda que os outros dão não surte efeito, o que frustra aqueles que estão tentando apoiá-lo. Em verdade, ele costuma não gostar de depender dos outros e tem dificuldades em receber ajuda.

Por fim, como dão muito mais atenção ao seu grupo de eleitos do que aos outros, as pessoas do tipo 2 podem acabar fazendo com que os não eleitos se sintam rejeitados ou desprezados por elas, bem como frustrados por não conseguirem o mesmo nível de atenção que as outras pessoas recebem.

A.7 Motivação e Valores

Valores são o combustível para realizarmos nossa jornada na vida, são as coisas que acreditamos serem muito importantes para nós. Nós nos motivamos sempre que eles estão presentes conosco. A personalidade do tipo 2 do Eneagrama costuma valorizar fundamentalmente:

- Amizade, amor, companheirismo, atenção, bem-estar, alegria, família, amigos, altruísmo, simpatia, clima e positivismo.
- Gosta de ser apreciado pela ajuda que dá e pela contribuição para o crescimento das pessoas, seja individualmente ou dentro de grupos.
- Adora receber elogios e ser reconhecido por sua vontade de servir.

- Gosta de ter influência, de ser visto como importante.
- Motiva-se e é atraído por pessoas que "precisam de ajuda", bem como por pessoas influentes, importantes, bonitas ou em destaque.
- Gosta muito de encorajar os outros e fazer parte, como peça importante, de seu caminho de sucesso.
- Quer fazer o bem e atrair coisas positivas para a vida das pessoas que preza.
- Quer fazer do mundo um lugar em que as pessoas se tratem com muito carinho, emoção e calor humano, em que se ajudem e em que os relacionamentos estejam em lugar de destaque.

A.8 Dádivas

Prestatividade, atenção com relação aos outros e capacidade de fazer as pessoas se sentirem especiais e importantes. Encorajamento, torcida, entusiasmo, dedicação e amor pelas pessoas. Um sorriso que coloca todos "pra cima". Um abraço ou um ouvido que faz você se sentir cuidado e querido. Um radar natural para perceber quem precisa de ajuda e quando. Uma enorme proatividade para oferecê-la. Essas características definem as pessoas do tipo 2.

De fato, o tipo 2 preocupa-se com os outros, cuida dos outros, pensa nos outros. Com perspicácia para descobrir os talentos das pessoas — muitas vezes antes delas — e empenho em apoiá-las, o tipo 2 possui uma habilidade natural para o desenvolvimento dos outros. Pode ter uma excelente postura de *coach*, consultor e conselheiro e se tornar um grande e ambicioso realizador quando percebe o benefício disso para o ser humano.

Charme, beleza e um toque de "realeza" no sangue — o tipo 2 conquista os outros pela sedução, pela atenção, pelo carinho, em um desfile de habilidade emocional, inclusive para a leitura e o entendimento das emoções dos outros. O valor das pessoas vem, realmente, em primeiro lugar em sua vida, representando o cuidado verdadeiro, o amor e a valorização do ser humano.

Quando trilham um caminho de desenvolvimento pessoal, os tipos 2 tornam-se pessoas independentes, que priorizam suas conquistas pessoais ao mesmo tempo em que incentivam e ajudam os outros, sem exigir nada em troca, auxiliando-as a crescerem livres. Seu amor torna-se mais e mais incondicional. São capazes de viver uma vida aliando conquistas a relacionamentos de qualidade, limites a doações, humildade de precisar e pedir a um enorme poder de oferecer ajuda real para aqueles que realmente necessitam.

B Eneagrama para Líderes©

Nesta seção, são tratados alguns dos temas mais relevantes na nossa atuação no mundo empresarial: comunicação, postura, equipes, ambiente de trabalho, *feedback*, tendências e desenvolvimento da liderança. São abordados também hábitos automáticos, estratégias, armadilhas e dicas para o uso do Eneagrama como sistema de autoconhecimento e autodomínio, bem como de compreensão dos outros. Tudo isso é trabalhado em prol do desenvolvimento sustentável da atuação profissional, como decorrência do crescimento pessoal.

B.1 Comunicação e Postura

Os tipos 2 costumam ser pessoas com andar leve e flexível, postura sedutora e jogo de cintura. Possuem voz doce, melodiosa, e um sorriso caloroso sempre pronto para aparecer e contagiar o ambiente. Seu rosto e seu corpo estão sempre relaxados, alterando-se somente quando se agitam demais.

Eles procuram estar sempre conversando e interagindo com as pessoas, misturando, quase sempre, falas de trabalho e de vida pessoal. Dão conselhos, fazem perguntas, elogiam e praticamente nunca falam de si mesmos, preferindo exaltar os outros a contar suas próprias histórias. Ou seja, costumam ouvir bastante, e falam de si mesmos apenas para as pessoas muito próximas.

De fato, as pessoas do tipo 2 tendem a usar frases que se referem ao outro quando falam com alguém: "Me fale de você", "Parabéns pelo seu sucesso", "Você é uma pessoa maravilhosa", "Você é a pessoa mais competente desta equipe". É fácil perceber em sua fala a atenção que dá aos outros — atenção esta que é muito maior para aqueles que foram eleitos.

Outra característica do tipo 2 consiste em sempre exaltar as qualidades pessoais ou profissionais de alguém para terceiros, de forma a tornar essa pessoa admirada pelos outros. Em muitos casos, pode haver uma segunda intenção ou um propósito oculto em sua dedicação exagerada e em seus elogios aos demais, e muitas vezes essa intenção ou propósito pode estar inconsciente para ele mesmo.

Seja como for, os tipos 2 procuram sustentar o bom relacionamento com os outros por meio de frequentes conversas pessoais, dando muito mais atenção aos eleitos do que aos demais. Quando acreditam que essa pessoa precisa de sua ajuda ou apoio, sua atenção se desdobra ainda mais. Costumam acreditar que as percepções e ideias que têm sobre as outras pessoas são as corretas e que sabem o que é melhor para elas, mesmo que elas mesmas não saibam.

Parecem ter o coração aberto, se conectam com as pessoas, trazem-nas para perto de si fisicamente —gostam de contatos físicos, abraços, beijos. Não raramente possuem uma imagem de destaque, bonita, e uma fala ambiciosa.

É importante ressaltar apenas que a exaltação na fala e a quantidade de atenção que dão a alguém dependem do interesse que têm no relacionamento. Quando não têm interesse por uma pessoa ou mesmo esse interesse é perdido, a atenção e mesmo a conversa podem acabar de forma abrupta.

Os tipos 2 também costumam ser excelentes leitores das expressões faciais, da linguagem corporal e das emoções das outras pessoas, sabendo exatamente o momento crucial para fazer um elogio ou um reforço positivo. A grande preocupação deles em serem percebidos pelos outros como amigos e altruístas dificulta imensamente que eles façam críticas, deem broncas e exponham sua insatisfação com as outras pessoas — eles possuem um grande medo de que essa imagem seja abalada e as pessoas se afastem. Há uma grande preocupação em não magoar os outros com suas palavras e, também, em não se magoar pelo afastamento e pela rejeição por parte dos outros.

Quando estão com muita raiva, magoados e ressentidos por estarem se sentindo rejeitados ou não reconhecidos em seus esforços e dedicação à outra pessoa, os tipos 2 podem assumir uma comunicação direta, franca e agressiva, em um tom acusatório. Em verdade, podem irritar-se ou explodir de raiva quando se sentem rejeitados, quando não recebem retribuição pelo seu esforço de apoio ou mesmo quando não gostam de alguém. O silêncio pode se alternar com a raiva. Podem verbalizar cobrando, acusando e se lamentando, tendendo a se fazer de vítima.

Muitas vezes, o poder de influência do tipo 2 sobre os outros aparece por meio de seu relacionamento pessoal com eles. Ele percebe com destreza o que agrada as pessoas e o que as desagrada, sabendo muito bem o momento de colocar as cartas por debaixo da mesa para conseguir o que quer.

B.2 Equipes

Nas equipes, a tendência natural do tipo 2 é focar nos relacionamentos entre as pessoas do grupo, estimular que se falem, que se conheçam e que estabeleçam ligações pessoais antes que comecem a por a mão na massa. Ele pergunta muito mais do que dá suas próprias opiniões, coletando informações com o grupo. Gosta que as pessoas trabalhem juntas e, após o estabelecimento do time, sua preferência é que este trabalhe com um alto grau de relacionamento e interdependência. Além disso, tem facilidade em encorajar a participação de todos e reunir as pessoas na busca de um propósito comum.

O tipo 2 pode preferir ser o "segundo no comando", apoiando uma pessoa que se apresente como forte ou líder no grupo sem, necessariamente, estar ele próprio em posição de destaque. Nesse caso, o tipo 2 atua nos bastidores por meio dos relacionamentos. Quando sua posição na equipe toma muito destaque, como participante ou mesmo pela grande visibilidade que tem, ele tende a atribuir os sucessos à equipe, e não a si próprio, individualmente.

As pessoas do tipo 2 encorajam os demais a usarem seus talentos na equipe e a se desenvolverem, porém costumam ter dificuldade em criticar uma pessoa ou seu resultado diante dos outros, devido ao medo de que sua imagem de "bonzinho" seja abalada e, também, a uma preocupação genuína em não magoar a pessoa.

Elas podem usar com maestria sua habilidade de "foco no cliente" para manter em pauta as necessidades do cliente externo e também as das pessoas da equipe. De fato, sua veia em satisfazer o cliente se manifesta no cliente tanto interno como externo. Diante de conflitos, costuma estimular a expressão dos sentimentos envolvidos, usando sedução, apoio, positividade, conselhos e empatia para sua resolução.

Pela dificuldade de dizer "não" aos outros membros da equipe e também por querer ser demasiado prestativo, o tipo 2 pode acumular tarefas além dos seus limites e, mesmo assim, ter dificuldades para compartilhá-las. Nesse momento, aparecem o seu orgulho e o seu grande desejo de ser uma pessoa indispensável. Ele também pode se perder no trabalho braçal e em detalhes, caso queira ajudar o time e fazer parte dele mais do que de fato liderá-lo. Isso pode fazer com que o tipo 2 perca seu foco estratégico e direcionamento, abalando sua eficácia e sua imagem como líder. Para ele, o pedido de ajuda de alguém que parece sobrecarregado é quase impossível de negar, mesmo que isso o sobrecarregue. Ao se sobrecarregar, ele pode tomar-se de estresse, fadiga e irritação.

Seu intenso foco nas pessoas vai fazer com que se dedique imensamente à motivação, ao bem-estar e ao desenvolvimento dos membros da equipe. Sua vontade é criar um ambiente positivo, onde as pessoas possam se expressar como seres humanos. É comum dedicar tempo para orientar, desafiar e engajar as pessoas do time, muitas vezes em uma abordagem individualizada, evitando expor fraquezas e pontos falhos das pessoas na frente do resto do time. Por outro lado, sua dedicação seletiva pode fazer com que se dedique muito mais a alguns membros eleitos de sua equipe do que a outros. Nesse caso, os membros que não recebem o mesmo grau de atenção podem se magoar com esse tratamento diferenciado.

Seja como for, o faro do tipo 2 para desenvolver pessoas e identificar talentos vai contribuir para que ele tenha gente muito talentosa em seu time. Existe também um desejo em usar esses talentos e montar uma equipe de alta performance, bem como uma grande capacidade de fazer isso. Esses impulsos surgem especialmente quando o tipo 2 está no papel de apoiador e encorajador de pessoas especiais, com destaque e potencial.

B.3 Ambiente de Trabalho

O ambiente de trabalho predileto do tipo 2 é aquele em que há um clima bom entre as pessoas, as relações humanas são valorizadas e ele pode interagir amigavelmente com os demais. São ambientes que permitem a circulação das pessoas, as conversas informais e que são aconchegantes e calorosos. São bonitos, pomposos e transmitem imagem de importância — o tapete vermelho na sala do presidente! Em geral, os tipos 2 gostam de estar próximos de pessoas importantes e influentes e de estar em contato direto com elas, orgulhando-se disso. Por outro lado, costumam não gostar muito de ambientes em que as pessoas se tratam de maneira excessivamente formal ou racional, com distância e frieza. Também não gostam de ambientes mecânicos, em que as pessoas são vistas como "números" ou como apenas "mais um".

Os tipos 2 gostam que as pessoas manifestem seu carinho, sua gratidão e seus elogios de forma frequente e aberta. Eles valorizam a permissão de expressar sentimentos e de conectar-se emocionalmente às pessoas. Além disso, gostam que os projetos e as tarefas tenham um bom grau de interdependência entre as pessoas, para que haja bastante relacionamento interpessoal.

Para o tipo 2, os relacionamentos devem prevalecer sobre os procedimentos e as regras impessoais. Assim, o desenvolvimento de pessoas, a identificação de talentos e o investimento desses talentos — às vezes, até de forma individual — são atitudes básicas em um ambiente valorizado por ele.

B.4 Feedback

Os tipos 2 gostam de uma comunicação com intimidade e afetividade, focada fortemente no relacionamento pessoal, nos sentimentos e no envolvimento emocional que têm com a outra pessoa. Eles tendem a aproximar-se das pessoas no ambiente de trabalho misturando e enredando amizade com trabalho, intimidade pessoal com postura de foco nos negócios e nos resultados — postura esta exigida no ambiente corporativo. Essa mistura entre assuntos e relações pessoais e profissionais aparece também em seu estilo de dar e receber *feedback*.

Outro fator altamente influente é a sua preocupação com a imagem de amigo e apoiador, até mesmo quando está em posição de liderança. Isso leva a uma grande dificuldade de dizer aos outros coisas que possam (em seu ponto de vista) magoá-los ou que afetem sua imagem positiva perante eles. Sua preocupação em ser desconsiderado pela pessoa que recebe o *feedback*, ou mesmo que esta se afaste de seu convívio e relacionamento, contribui para essa dificuldade de entregar claramente o *feedback* construtivo e faz com que dê uma grande ênfase no *feedback* positivo, nos elogios, nos apoios e no reconhecimento de boas atitudes e resultados. De fato, essa preocupação em contrariar e em dizer "não" pode fazer com que o tipo 2 tenha uma grande dificuldade em fazer críticas construtivas, apontar as falhas, sugerir mudanças e aplicar punições. Sua preocupação com sua imagem perante o outro, nesse momento, pode atrapalhar sua objetividade.

Como líderes, ao darem o *feedback*, os tipos 2 devem prestar atenção às suas tendências, assegurando que toda a informação seja passada, que não sejam omitidos ou minimizados os pontos negativos, os pontos de melhoria e as consequências negativas de atitudes tomadas e que seja dito, especificamente, o que precisa ser melhorado. Aqui, eles precisam tomar cuidado com sua preocupação excessiva com a imagem de líder apoiador e amigo, pois o recado precisa ser dado em toda a sua extensão para garantir o desenvolvimento real da pessoa, para fazer com que a pessoa assuma responsabilidades por suas falhas e para que os resultados da empresa fiquem em primeiro lugar.

É importante, sim, manter a empatia, a atenção e a consideração pelos sentimentos da pessoa que recebe o *feedback*, porém a parte negativa (ou construtiva) do recado precisa ser dada. É importante que o tipo 2 tenha clara essa mensagem para, no momento do *feedback*, manter a postura profissional e trabalhar na separação dos relacionamentos pessoais e profissionais.

Outra coisa importante para os tipos 2 prestarem atenção é no quanto seus sentimento interferem em sua clareza para analisar fatos e comunicá-los em um *feedback*. Por serem passionais, o fato de gostarem ou não de uma pessoa influi bastante na maneira como as coisas são percebidas e os recados são dados. Se houver raiva envolvida então, é melhor os tipos 2 afastarem-se antes de dar um *feedback*, procurando adotar uma postura mais desconectada do mundo emocional para efetuar uma análise clara e acurada.

A tendência a ajudar o outro e até mesmo a achar que sabe o que é melhor para ele pode aparecer no *feedback* na forma de uma série de conselhos, advertências e sugestões sobre as ações que o outro deveria tomar. Aqui, é importante o tipo 2 se dar conta de que muitas vezes o melhor caminho de melhoria vem da própria pessoa, após suas reflexões, e não da sugestão do líder — e, no caso especial do tipo 2, essa sugestão pode ser insistente e até invasiva.

Motivado pelo seu enorme foco em ajudar e desenvolver as pessoas, o tipo 2 costuma tornar-se excelente em dar *feedbacks* positivos, reconhecer os talentos das pessoas e encorajá-las verbalmente pelos seus acertos e tentativas. Por outro lado, se estiver magoado ou sentindo que foi desprezado e não teve a atenção que merecia, ele pode assumir uma postura exageradamente franca, agressiva e tomada de raiva, abandonando seu melhor julgamento e sua preocupação com o relacionamento.

Aqueles que vão dar *feedback* para uma pessoa do tipo 2 precisam estar atentos a alguns pontos importantes que devem ser levados em conta, considerando suas características de personalidade. É importante, por exemplo, gerar empatia, quebrar o gelo, manter um clima otimista e proporcionar um ambiente amigável, onde haja abertura para aproximação pessoal e expressão de sentimentos. A preocupação que o tipo 2 tem com a imagem exige que ele saiba da confidencialidade e privacidade da conversa, para que não se sinta exposto em relação aos demais. É preciso perguntar sobre seus sentimentos e dar abertura para que ele os expresse. Além disso, o tipo 2 ficará mais consciente do impacto causado por qualquer falha sua e motivado a mudar se perceber como isso afetou outras pessoas e seus sentimentos — afinal, seu foco está principalmente nas pessoas, e não nas tarefas ou nos processos. Por fim, é fundamental deixar claro que apoia a pessoa do tipo 2 e que gosta dela, reconhecendo seu esforço pelo bom relacionamento.

B.5 Liderança

Nosso estilo de personalidade determina diretamente nosso estilo de liderança, assim como grande parte de nossas formas de atuação no mundo profissional. É comum um líder acabar impondo à sua organização ou à sua área boa parte das características do seu tipo do Eneagrama. Trata-se de um estilo de liderança. Quando temos consciência do nosso estilo e do estilo de outros líderes que interagem conosco, podemos usar esse conhecimento a favor dos relacionamentos interpessoais e do desenvolvimento das equipes, em prol de uma liderança madura e sustentável.

B.5.1 Tendências na Liderança

Encorajadores, motivadores, servidores e generosos, os líderes do tipo 2 costumam ser grandes desenvolvedores de pessoas. Eles são hábeis em identificar e trabalhar pontos de crescimento e pontos fores dos membros do seu time, mantendo ambição e motivação para atingir seus objetivos em conjunto com as aspirações pessoais de sua equipe.

De maneira geral, eles gostam do estilo de liderar pelos bastidores. Muitas vezes se colocam em um papel de grande influenciador, de conselheiro por detrás da figura de destaque, exercendo poder pelo seu relacionamento. Eles também aconselham, analisam e evitam ter que lidar diretamente com os choques e com a rejeição.

A imagem e a ambição podem aparecer como elementos-chave para os líderes do tipo 2, levando a uma superação sedutora e até agressiva. Eles costumam voltar-se para "onde está o poder", seja ligando-se a um superior hierárquico ou focando o desenvolvimento de um subordinado talentoso e promissor, e suas decisões podem acabar pesando inconscientemente a favor do seu círculo de favoritos.

Populares, os líderes do tipo 2 costumam ser bem vistos e queridos pelas pessoas. São preocupados com a qualidade de vida, os relacionamentos e o clima organizacional. Além disso, concentram-se de verdade na necessidade de seus "clientes", sejam suas equipes, seus clientes internos ou seus clientes externos, sendo flexíveis para tomar novos rumos se algum cliente mudar de direção. São excelentes quando tomam uma abordagem consultiva.

Os líderes do tipo 2 gostam de reconhecimento e podem experimentar raiva se isso não acontece, principalmente quando esperam que ocorra em retribuição à sua grande atenção e dedicação. Nesses casos, podem ficar calados em excesso e não verbalizar essa raiva. Podem também, em algumas situações mais intensas, soltar reclamações e acusações carregadas de emoção, a partir de uma posição de vítima. Eles costumam não estar totalmente conscientes do impacto emocional dessa sua necessidade de aprovação especialmente pelas pessoas que prezam mais.

Outra característica dos líderes do tipo 2: eles avaliam muito bem as pessoas, tendo um talento intuitivo para colocar talentos certos nos lugares certos. Contudo, as pessoas e os relacionamentos podem acabar tomando uma dimensão muito maior do que as tarefas, as metas e as estruturas organizacionais, podendo atrapalhar o seu rendimento.

Quando querem satisfazer a todos e têm dificuldade em dizer "não", os tipos 2 podem se sentir presos e sem ação, comprometendo o resultado da equipe. Na maioria das vezes, prevalece a dificuldade em impor limites aos outros, especialmente se estes outros forem os seus preferidos ou pessoas de importância. Se essa sensação de falta de liberdade tomar uma proporção muito grande e levá-los ao estresse, poderá aparecer um lado raivoso e assertivo.

Além de focados em pessoas, muitos líderes do tipo 2 se dedicam fortemente a conhecer a organização e seu negócio. Eles costumam entender a fundo os serviços que são prestados ou os produtos que são produzidos e, principalmente, seu impacto e aceitação em relação às exigências dos clientes finais. Esforçam-se para que toda a estrutura da empresa atenda aos interesses das pessoas que estão dentro e fora dela. Na verdade, esse é um ponto de atenção e desenvolvimento para o tipo 2: expandir sua especialidade de liderança e conhecimento do negócio para além das pessoas, voltando-se para as partes do negócio não relacionadas a pessoas, como por exemplo finanças, estratégia e processos administrativos.

Quando são visionários e ambiciosos, os líderes do tipo 2 concentram-se em usar habilmente os sistemas e as estruturas para dar o apoio necessário para que as pessoas atinjam suas metas, fornecendo, dessa forma, suporte às metas da organização.

Eles costumam ter uma habilidade intuitiva para saber se determinada diretriz vai ser bem aceita ou não pelos superiores, colaboradores e clientes, conseguindo antecipar possíveis resistências não somente a essa diretriz, mas também a mudanças propostas. Essa preocupação com a aceitação pode atrapalhar sua objetividade na tomada de decisão. Além disso, muitas vezes, sua empatia e seu envolvimento emocional são demasiados, atrapalhando o alinhamento estratégico com os interesses e os resultados da empresa que suas decisões deveriam ter. De fato, quando uma mudança demonstra possibilidade de impactar negativamente as pessoas na organização ou causar dificuldades para elas, o tipo 2 pode ter dificuldade em manter o foco naquilo que é melhor, em primeiro lugar, para a organização.

É também comum líderes do tipo 2 ultrapassarem os limites físicos em prol do trabalho, dedicando-se em exagero quando está em jogo a prestação de serviços para outras pessoas. Eles se tornam trabalhadores incansáveis a serviço dos outros. Nesses casos, seu nível de estresse aumenta e eles acabam tendo dificuldade em admitir que precisam de ajuda e que não vão dar conta. O orgulho se manifesta, tornando difícil para eles admitirem que necessitam de apoio — e mais difícil ainda solicitarem esse apoio. Querem manter a imagem e o papel de indispensáveis, daqueles que dão conta de tudo, que são figuras centrais sem as quais as outras pessoas não conseguiriam resolver as coisas.

Por fim, há uma grande tendência nos líderes do tipo 2 de fazerem coisas que mais ninguém faz ou de terem informações que mais ninguém tem. Muitas vezes, eles não repassam isso aos outros ou não os ensinam para que haja uma sensação de que "as pessoas precisam de mim", "sem mim as coisas não andam tão bem nesta empresa", "sou indispensável". Essas atitudes, derivadas do orgulho do tipo 2, acabam se revelando armadilhas para ele mesmo na escalada da liderança — afinal, o excelente líder hoje é cada vez mais "dispensável" no dia a dia. Além disso, elas são nocivas à empresa como um todo.

B.5.2 Desenvolvimento da Liderança: temas comuns

Cada um dos estilos de liderança do Eneagrama apresenta pontos fortes, dons naturais, que devem ser usados em prol do negócio. Apresenta também pontos de atenção, trilhas de desenvolvimento, que podem trazer grandes ganhos quando trabalhados. A seguir são mostrados alguns temas comuns no desenvolvimento da liderança desse estilo:

- Equilibrar a ênfase nos relacionamentos pessoais com a estratégia, os processos e as metas do trabalho. Não deixar que as relações pessoais sejam um impedimento para a tomada das decisões e das atitudes que precisam ser levadas a cabo em prol dos resultados da organização, mesmo que estas pareçam duras ou frias demais. Desenvolver rigor teórico, acadêmico e empresarial, mas sem abdicar da competente leitura emocional das coisas.
- Incentivar sua equipe a realizar as tarefas e a se desenvolver por meio de instruções claras e delegação competente, sem a necessidade de presença constante, a qual pode gerar dependência do time em relação ao líder. Também é fundamental exigir dos funcionários, pares e fornecedores e cobri-los de maneira mais direta quando isso for necessário. Por fim, ficar mais atento às

suas próprias necessidades como líder, as quais muitas vezes vão para um segundo plano em função do atendimento das necessidades dos outros.
- Aceitar a posição de liderança e sua visibilidade com naturalidade, agindo com a autoridade necessária na função. Ter cuidado com a tendência de liderar muito mais pelos bastidores, influenciando outras pessoas a tomarem as decisões. Lembrar que a equipe precisa dessa referência de liderança e respeito para apresentar seus melhores resultados.
- Não permitir que a preocupação com a imagem influencie tanto as atitudes e as decisões, especialmente quando atitudes que contrariam a imagem de "líder camarada e amigo" forem necessárias. Exigir e cobrar com mais firmeza.
- Prestar atenção na tendência de ter alguns preferidos na equipe e de dar a estes muito mais atenção e oportunidades que aos demais. Esse tratamento diferenciado, percebido como injustiça, afeta negativamente a motivação do grupo preterido, assim como a sensação de igualdade de direitos e deveres na equipe.
- Estabelecer limites para as solicitações que podem ou não podem ser atendidas. Aprender a dizer "não" quando necessário e evitar, para si próprio e para a equipe, o acúmulo de tarefas e responsabilidades que dizem respeito a outras pessoas e a outras áreas. Trabalhar menos pelos outros e mais por si mesmo e pela empresa.
- Tornar-se cada vez mais "dispensável" no dia a dia da área ou da empresa, estruturando melhor o trabalho e ensinando a outros para que possam fazê-lo.
- Investigar e comunicar aos outros com mais clareza as suas vontades e necessidades, solicitando explicitamente ajuda, sem pressupor que o outro deveria saber de antemão daquilo que é preciso. Ter cuidado com a insistência e a invasão em conversas e assuntos para os quais não foi solicitado.
- Gerenciar mais sua reação e suas atitudes ao se sentir deixado de lado ou não reconhecido na organização. A maioria dos conflitos aparece quando o tipo 2 acredita que está sendo desprezado ou não está sendo reconhecido por tudo o que fez, reagindo com raiva, vitimização e até mesmo jogo emocional. É importante para o líder do tipo 2, mesmo no ambiente corporativo, ter oportunidade para expressar verbalmente e com sinceridade seus sentimentos.
- Comunicar com mais clareza e de forma mais específica as fun-

ções, as responsabilidades e as metas de cada pessoa da equipe. Essa diretriz funciona como norte para uma equipe que se torna mais alinhada e voltada para os resultados empresariais. É também uma maneira mais clara de monitorar o trabalho e cobrar eficiência.

- Orientar-se para os resultados tanto quanto se orienta para as pessoas.
- Separar os sentimentos e o apreço (ou falta dele) por uma pessoa (ou um grupo), não permitindo que influenciem com muita força a tomada de decisão. Cada vez mais, utilizar como elementos importantes a razão e a análise objetiva de fatos e dados.
- Separar de forma mais explícita os relacionamentos profissionais dos pessoais. O apoio e a atitude de "dó" e "compaixão" em exagero podem gerar pessoas dependentes do líder do tipo 2, que não aprendem a resolver as coisas por conta própria.
- Examinar e entender claramente uma decisão que tomou antes de expô-la à apreciação de outros na organização. Dessa maneira, estará seguro e firme para manter essa decisão mesmo que outras pessoas venham a discordar dela quando apresentada. A tendência em agradar aos outros — aqueles a quem aprecia ou são importantes — pode se tornar uma barreira para a manutenção da decisão previamente tomada.
- Usar cada vez mais a inteligência do corpo (sensações) e a inteligência da cabeça (lógica e raciocínio) para equilibrar a força das decisões do coração (emoções).
- Garantir e praticar o *feedback* negativo (construtivo) de forma mais frequente, mais específica (baseado em fatos e dados) e mais sincera (falar a verdade, apesar da preocupação com a imagem e em magoar a outra pessoa).
- Verificar, caso faça parte da função, se está dando a devida atenção ao gerenciamento financeiro. Isso porque há uma tendência nas pessoas do tipo 2 de não dar a devida atenção a esse aspecto.
- Aliviar a tendência à sobrecarga, gerenciando melhor o estresse emocional que isso gera e que costuma acarretar irritação, afastamento, raiva e falta de paciência aos líderes do tipo 2. Esse quadro contrasta muito com o seu modo natural de liderança, o qual é paciente e orientado para os relacionamentos e as necessidades dos outros.

C Caminhos de Desenvolvimento

O Eneagrama não é apenas um sistema que descreve tipos ou tendências de personalidade. Ele é também um sistema completo e complexo de desenvolvimento, que aponta caminhos viáveis e produtivos de expansão da nossa personalidade e de libertação de hábitos limitantes, permitindo nosso crescimento integral como profissional e ser humano. Com ele, não só descrevemos a cela, mas também mostramos o mapa de saída da prisão pelo acesso mais indicado — só não podemos caminhar pelos outros.

Como parte do mapa de crescimento, apresentamos a seguir os desafios e as práticas recomendadas, além de uma metáfora e de uma oração perfeitamente adequadas para o caminho que precisamos trilhar no nosso desenvolvimento pessoal.

C.1 Desafios Gerais de Crescimento

O tipo 2 está ligado pelas flechas do Eneagrama aos tipos 4 e 8. Seu desafio é realizar um movimento consciente para adquirir características do tipo 4 (ligadas a dar atenção a si mesmo e reconhecer suas próprias necessidades) e, em seguida, desenvolver positivamente algumas características do tipo 8 (como fazer o que precisa ser feito sem se preocupar com a imagem e usar a raiva para reconhecer seus próprios objetivos e brigar por eles, e não apenas pelos objetivos dos outros).

Nesse sentido, seu primeiro movimento deve ser o de internalização emocional ligado ao ponto 4 do Eneagrama. Toda a sua atenção e dedicação emocional costumam estar voltadas para fora de si, para os outros. Aqui, elas devem ser voltadas para dentro, para suas próprias vontades, sentimentos, dores, carências. Trata-se de sentir a si mesmo, assim como sente os outros. Somente depois de ter vivenciado com coragem parte dessa dor que vem lá no fundo, sentindo-se rejeitado e obrigado a fazer as coisas esperando retribuição, e que poderá realizar, de forma sustentável, o movimento em direção ao ponto 8 do Eneagrama, levando seu excesso de energia do coração para o corpo, para a força instintiva e animal do centro da barriga. Nesse momento, o tipo 2 adquire poder, energia corporal, respeito e praticidade. Além disso, estabelece limites fortes e saudáveis entre si mesmo e os outros.

O tipo 2 também tem que se voltar para a prática de ser autêntico e verdadeiro consigo mesmo, sem precisar ficar se moldando e assumindo vários modos de ser para agradar aos seus eleitos. Amor tem a ver com aceitação, e não com adaptação. Assim, ele precisa perguntar para si: "O que eu realmente quero?", "Qual a minha verdadeira necessidade?", "O que eu faria se não tivesse que agradar a ninguém?", e seguir as respostas a essas perguntas.

É muito importante para o tipo 2 perceber o sentimento de orgulho que tem em ser fundamental na vida dos outros e como se preocupa com isso. Ele precisa ver que essa atitude de fazer o tempo todo pelos outros, adulando-os, pode gerar pessoas dependentes, que não se sentem livres para seguir seus próprios caminhos e acabam não crescendo de verdade. Em poucas palavras, o tipo 2 precisa dar liberdade aos outros para que eles sejam independentes dele.

De fato, o desafio do tipo 2 é reconhecer que tem uma enorme vontade de ser cuidado pelos outros, de ser visto. Ele precisa reconhecer que, no fundo, possui uma grande carência e uma crença de que não merece ser amado pelo que é, e sim pelo que faz pelo outro. Uma vez reconhecido isso, é fundamental que o tipo 2 verbalize suas necessidades aos outros e às pessoas amadas, saiba pedir e aceitar a ajuda deles e também saiba dizer "não" quando estiver indo além de seus limites.

Pode ser dolorido para o tipo 2 entrar em contato com essa emoção de não ser aceito como é. Contudo, isso gera muito crescimento para ele, que passa a cuidar de si mesmo da mesma maneira que cuida dos outros e acaba percebendo que é muito mais aceito do que imagina por aquilo que é, sem precisar de tanto esforço para ser prestativo. Nesse momento, o tipo 2 também aprende a lidar com a raiva que aparece quando se sente rejeitado ou quando perde alguém.

Outro movimento importante para o tipo 2 é a incorporação de sua asa no ponto 3, o que faz com que ele adquira um foco maior nos resultados, no sucesso e nas conquistas, aceitando posições de destaque, liderança e autoridade com mais conforto. Trata-se de sair da posição de ajudante/influenciador em segundo plano e dar um passo à frente, para o centro do palco. A incorporação da asa 1 também tem sua importância, gerando organização, praticidade e foco tão dedicado nas tarefas e nos processos como aquele que mantém nas pessoas.

Para o tipo 2, é importante aprender a ficar sozinho e a cuidar de si mesmo, valorizando-se e amando-se independentemente da pessoa com quem se relaciona. Ele precisa dar valor principalmente aos relacionamentos fáceis, com pessoas que lhe façam bem, e insistir menos em relacionamentos que trazem muitas dificuldades.

Por fim, é libertador tanto para o tipo 2 como para os outros saberem que ele não é indispensável e não precisa estar sempre tão emaranhado em sentimentos e envolvido em tudo o que se passa a seu redor.

É ótimo quando ele percebe que é hora de se preocupar consigo mesmo, de ter os seus próprios projetos em vez de só dar suporte aos outros. Liberdade, para deixar que o verdadeiro amor se expresse para si e para as outras pessoas.

C.2 Práticas e Exercícios de Desenvolvimento

As práticas a seguir são sugestões diretas para as pessoas do tipo 2. Se você é desse estilo do Eneagrama, vai se beneficiar enormemente com a adoção de uma ou mais delas como rotinas de desenvolvimento, de modo que passem a fazer parte de sua agenda no dia a dia. Crescimento não é uma tarefa difícil, mas exige, sim, compromisso e priorização:

- Aceite cuidados e mimos de outras pessoas — um pequeno presente, uma massagem, uma ajuda para fazer a comida ou finalizar um trabalho.
- Tente ficar um pouco sozinho todos os dias. Nesse momento, dedique-se exclusivamente a si mesmo e pergunte: "O que eu realmente quero da minha vida, considerando que não preciso agradar a ninguém?" Com isso, vai somar pelo menos 30% a mais de tempo ao momento que costuma ficar sozinho semanalmente.
- Desenhe em um papel um círculo com o seu nome e vários outros círculos com o nome das pessoas que são as suas eleitas ao redor. Qual delas pode estar se tornando dependente de você por sua atenção excessiva? Tente interferir menos na vida dessa pessoa e também dizer "não" a ela em uma próxima vez em que pedir ajuda.
- Pratique tomar decisões com a cabeça e com o corpo, e não só com o coração.
- Pelo menos uma vez por semana, compre um pequeno presente para você — presente este que só você goste e só você use (não vale comprar nada para agradar a alguém).
- Faça um plano de desenvolvimento para sua carreira e coloque-o como prioridade. Contrate um *coach*.
- Faça exercícios físicos por sua saúde, por você, e não somente por sua beleza ou para estar ao lado de pessoas. Visite o médico com mais regularidade. Perceba que o orgulho o faz muitas vezes ir além de seu equilíbrio físico e emocional para agradar aos outros.

- Assuma alguns projetos e tarefas profissionais em que tenha que trabalhar mais sozinho.
- Faça a seguinte conta: nos últimos seis meses, veja quanto gastou comprando coisas para os outros ou para si mesmo visando agradar aos outros e quanto gastou comprando coisas para você, ligadas aos seus projetos próprios. Equilibre esses valores.
- Faça a mesma conta sugerida no tópico anterior, mas agora leve em conta o uso do seu tempo livre. Como aproveitou os seus finais de semana? Equilibre esse tempo.
- Chame uma pessoa de quem você gosta para conversar e, durante pelo menos 15 minutos, fale somente sobre você e a ajuda de que precisa no momento.
- Ame-se e dedique-se a si mesmo em primeiro lugar.
- Anote em um papel o nome das cinco pessoas a quem você mais se dedica hoje. Em seguida, anote os três comportamentos ou atitudes a que recorre com mais regularidade para agradar a cada uma delas. Com muita coragem, pergunte-se: "Quando eu estou fazendo isso, além da parte do carinho, o que estou esperando receber em troca? De que forma estou cobrando esse retorno, mesmo sem perceber?" Anote as respostas.
- Dedique um horário na semana para examinar sua autoestima e como pode estar tentando aumentá-la com a atenção que recebe de outras pessoas. Imagine uma luz branca saindo do centro do seu coração e o energizando, proporcionando-lhe cuidado e aceitação. Nesse caso, sessões de terapia, com um profissional adequado, trarão enormes benefícios, bem como uma sensação de liberdade e bem-estar.
- Tente fazer com que seus filhos, funcionários e pessoas estimadas fiquem mais tempo sem a sua presença. Encoraje viagens, decisões ou mesmo momentos com uma companhia que não seja você — e tenha certeza de que essa pessoa foi escolhida por eles, e não por você. Observe, pense e pratique sentir a felicidade dessas pessoas mesmo quando não estão próximas a você. Concentre-se nessa felicidade, na felicidade do outro. A necessidade de fazer parte da vida do outro é, no fundo, sua, e não do outro.
- "Dependência não é amor." "O verdadeiro amor é livre de compromissos." Reflita sobre o que essas frases podem acrescentar em sua vida hoje.
- Quando estiver sentindo a paciência com os outros diminuir e tendo súbitos acessos de raiva e reclamações, colocando a cul-

pa de tudo nos outros, perceba que está extremamente estressado. Nesse momento, descanse, afaste-se da sobrecarga física e emocional. Gaste um tempo sozinho, investigando o que de fato está sentindo — será que não há rejeição e tristeza por trás disso? Viva esses sentimentos e os expresse com alguém de confiança, que o acolha e o ouça.

- Peça, com frequência, ajuda para aqueles que você ama. Diga que está cansado e que precisa de atenção. Perceba, nesse momento, o medo que tem de que essas pessoas se afastem — é o orgulho, que impede essas atitudes. Aceite tudo isso em si mesmo com amor e naturalidade e siga em frente. Essa é uma prática de humildade, muito importante para as pessoas do tipo 2.
- Identifique uma pessoa (ou grupo) que o afeta muito, como se fosse quase impossível não voltar toda a sua atenção para ela. Essa pessoa deve despertar a sensação de que, se você não fizer algo, ela se afastará de você. No próximo encontro com ela, planeje o tempo todo respirar com mais tranquilidade, na barriga, sentir os pés no chão e fazer somente um terço das coisas que tem vontade de fazer com ela. Nos dias seguintes, analise o que aconteceu e como se sentiu. Perceba o que pode aprender com isso.

Metáfora

A lição da borboleta

Um dia, uma pequena abertura apareceu em um casulo. Um homem se sentou e o observou por várias horas. A borboleta esforçava-se para fazer com que seu corpo passasse através daquele pequeno buraco. Contudo, parecia que ela havia parado de fazer progresso. Parecia que ela tinha ido o mais longe que podia e não conseguia ir além.

Então, o homem decidiu ajudar a borboleta. Ele pegou uma tesoura e cortou o restante do casulo. A borboleta, então, saiu facilmente. Porém, o seu corpo estava murcho, era pequeno, e ela tinha as asas amassadas.

O homem continuou a observar a borboleta. Ele esperava que, a qualquer momento, as asas dela se abrissem e se esticassem para serem capazes de suportar o corpo que iria se firmar a tempo. Nada aconteceu! Na verdade, a borboleta passou sua vida rastejando com o corpo murcho e as asas encolhidas. Ela nunca foi capaz de voar!

O que o homem, na sua gentileza e vontade de ajudar, não compreendeu é que o casulo apertado e o esforço necessário à borboleta para passar através da pequena abertura são o modo como Deus faz com que

o fluido do corpo da borboleta vá para as suas asas, de forma que ela esteja pronta para voar uma vez que se livre do casulo.
Autor desconhecido

Oração

Senhor Deus,
Agradeço-te porque me deste a graça de um coração grande e generoso.
Ajude-me a compreender a gratuidade do teu amor por mim,
que não depende do que faço pelos outros.
Mostra-me como atender às necessidades dos outros,
Sem esquecer das minhas próprias necessidades.
Ajuda-me a ver, nas minhas necessidades e fraquezas,
A presença do teu amor.
Dá-me humildade para enxergar as minhas limitações e carências.
Dá-me graça para encontrar o caminho do silêncio
Como porta para entrar em contato
Com o mundo interior de minhas necessidades.
Faz com que eu saiba amar-me do jeito que sou
Para ser capaz de amar os outros sem esperar recompensa.
Amém.

Domingos Cunha (CSH),
Crescendo com o Eneagrama na espiritualidade. São Paulo: Paulus Editora, 2005, p. 395.

Tipo 3
O Líder Vencedor

"O que me mantém em movimento são as minhas metas."
Muhammad Ali

"Você não vai se cansar a não ser que tenha tempo para isso."
Bob Hope

"Eu sabia que seria vencedor desde o final dos anos 60. Eu sabia que estava destinado a coisas grandes. As pessoas podem dizer que esse tipo de pensamento é totalmente sem modéstia. Modéstia não é uma palavra que se aplica a mim de maneira nenhuma — e espero que nunca se aplique."
Arnold Schwarzenegger

"Os rios são tristes porque não podem parar."
Mario Quintana

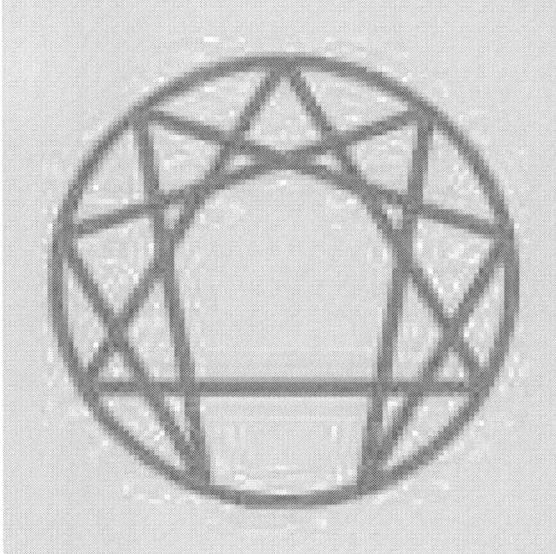

Mapa da psique*

No Domínio da Personalidade

- *Vício mental (filtro mental ou fixação):* Vaidade — estratégia de pensamento repetitiva que procura fazer com que a imagem do tipo 3 seja sempre bem-vista perante os outros e perante si mesmo. Artimanhas mentais para a autopromoção e estratégias para impressionar os outros por meio de imagem, títulos, sucesso e resultados.
- *Vício emocional (paixão):* Autoengano ou Ilusão — sentimento de que é o máximo e de que, de fato, é o personagem de sucesso que criou para interagir com as outras pessoas e conquistar sua atenção. Engana-se ou ilude-se, acreditando na imagem que criou para si mesmo e escondendo sentimentos reais de não aprovação e de medo do fracasso.
- *Mecanismo de defesa da personalidade:* Identificação — assume os atributos (comportamentos, pensamentos, estilo) da imagem que acredita ser a bem-sucedida e a mais desejada, acreditando realmente ser tudo aquilo que construiu em busca de aprovação.

Em contato com um Estado Superior

- *Percepção mental superior:* Esperança — compreensão de que o ritmo não depende só do seu esforço e de que existe um fluxo natural e um tempo para as coisas. Compreensão de que não existe uma pessoa que seja o centro do universo e de que todos somos igualmente parte dele.
- *Percepção emocional superior:* Veracidade — percepção direta da existência do ser, ou seja, noção de que temos uma essência mais profunda e não precisamos realizar nada ou conquistar nada para termos nosso lugar ao sol. Percepção de que nosso ser mais profundo é mais importante do que as nossas realizações — uma percepção profunda de que "ser o que eu sou basta".

*Os nomes do mapa da psique são adaptações dos originais de Oscar Ichazo, Claudio Naranjo e Helen Palmer.

A Eneagrama das Personalidades

De acordo com o George I. Gurdjieff, a maioria de nós vive a maior parte do tempo sob o domínio das características da personalidade — um conjunto de tendências de pensamentos, emoções, impulsos físicos, comportamentos, estratégias, crenças, valores e até mesmo um senso particular de identidade.

Essa personalidade, cujo início da formação se dá em nossa mais tenra infância e segue se cristalizando até nossa fase adulta, funciona como uma espécie de máquina biológica: de tanto "usarmos" essa personalidade, passamos a nos identificar com ela, como alguém que adquire o hábito de usar por anos a fio a mesma roupa e não consegue se imaginar sem ela, acreditando que não será a mesma pessoa se não estiver com aquela roupa, acreditando que aquela roupa faz parte do seu "ser".

Assim é o nosso tipo do Eneagrama. Cada um dos tipos representa um traço principal de personalidade, e nosso tipo é uma máquina que usamos tanto e há tanto tempo que muitas das suas características parecem nos definir. Dar-nos conta disso pode nos ajudar a testar roupas novas, expandir nossa coleção e mudar nossos hábitos de moda. Pode nos ajudar também a compreender que as outras pessoas simplesmente preferem e usam roupas diferentes das nossas. É mais fácil e torna-se um grande aprendizado viver assim.

Nesta seção, são apresentadas as prováveis características da roupa que as pessoas do tipo 3 costumam usar. Pode haver variações aqui e ali. Pode haver dias em que elas resolvem que uma blusa diferente é exigida em um evento especial ou mesmo que a roupa para ficar em casa pode ser mais velha e relaxada. Ainda assim, na maior parte do tempo, elas insistem em usar a roupa do seu tipo.

A.1 Nomes Comuns

O realizador, O motivador, O modelo, O melhor, O empreendedor, O competidor, O ambicioso, O prático, O campeão, O *workaholic*, O vaidoso, O camaleão, O fazedor, O eficaz, O superador, O que busca status, O que busca reconhecimento, O empresário, O *self-made man*.

A.2 Pessoas Famosas

Ayrton Senna, Pelé, Cristiano Ronaldo, Roberto Justus, Silvio Santos, Tom Cruise, Arnold Schwarzenegger, Elvis Presley, Bill Clinton, Sharon Stone, Anthony Robbins, Oprah Winfrey, Michael Jordan.

A.3 Essência e Personalidade

Para o tipo 3, o estado de essência da mente superior é chamado Esperança. Nele, tudo funciona de acordo com leis universais e de modo independente do esforço de quem faz. Nessa condição mental de muito desenvolvimento e lucidez, uma das principais percepções é de que a força da natureza é quem faz as coisas acontecerem e que isso ocorre em um ritmo ditado pela própria natureza, o qual não pode ser acelerado —por exemplo, o crescimento de uma árvore.

Com a formação da personalidade do tipo 3 a partir da primeira infância, esse estado superior de visão da realidade vai sendo perdido e, em seu lugar, aparece uma nova crença, bem mais limitante, chamada no Eneagrama de fixação mental. Trata-se de uma ideia forte, enraizada e recorrente. Para o tipo 3, essa fixação se chama vaidade — ele passa a acreditar que as coisas no mundo acontecem unicamente por meio do seu esforço, da sua ação. Essa ideia se instala fortemente e funciona como um filtro pelo qual ele passa a enxergar a realidade, agindo sempre na busca de comprovar sua teoria.

A vaidade faz o tipo 3 acreditar que é o centro do universo, a pessoa mais importante, aquela que de fato faz a diferença e cuja ausência faz com que as coisas importantes não aconteçam. Ele se torna um centralizador e um realizador, que acredita que os resultados da vida se desenrolam a partir de suas ações e do seu esforço, e não a partir da natureza ou das ações das demais pessoas. É como se, por meio da sua ação, a árvore pudesse ser puxada para cima, a fim de crescer mais rápido. E ele realmente acredita nisso. A fim de obter amor, aceitação e reconhecimento, as pessoas do tipo 3 acumulam um alto nível de energia para construir e fazer acontecer, buscando sempre o sucesso e o primeiro lugar ao final do percurso.

O estado de essência emocional superior chamado veracidade — no qual você sabe exatamente quem é e essa verdade única é a sua essência espiritual — também é esquecido pela personalidade 3, que passa a buscar em outras pessoas o que ela supostamente deveria ser e, de certa forma, se transforma nisso. Com a perda, pouco a pouco, da veracidade, o tipo 3 passa a se identificar com uma emoção de qualidade bem mais limitada e inferior, chamada no Eneagrama de ilusão ou autoengano.

À medida que essa emoção se torna descontrolada e viciada (paixão), o tipo 3 passa a se enganar, acreditando que é a imagem que mostra aos outros, e, de fato, se identifica profundamente com os atributos dessa imagem de sucesso que idealizou. Como a imagem de sucesso depende do meio em que se está e até do momento de vida, a personalidade do tipo 3 se molda continuamente, tomando a forma que for mais adequada para impressionar, atingir o sucesso e fugir da sensação, lá no fundo, de não saber exatamente quem é.

O mecanismo de defesa criado pela personalidade para manter essa dinâmica de esquecimento é a identificação. A pessoa do tipo 3 nem sequer percebe que assume diferentes personagens, pois ela realmente se identifica com eles. É importante ressaltar que a identificação é um mecanismo extremamente veloz e, na maioria das vezes, inconsciente para a pessoa que o utiliza. Não se trata de olhar para alguém, admirá-lo e conscientemente passar a agir, falar, pensar e se vestir como ele no dia seguinte. Trata-se de fazer isso e nem se dar conta que está fazendo. Trata-se de acreditar que esse "eu" criado é o seu verdadeiro "eu".

Deparar-se com a pergunta "Quem sou eu, afinal?" é muitas vezes um divisor de águas na vida da pessoa do tipo 3, que a princípio costuma ficar muito assustada com ela. Com o tempo e com o trabalho de desenvolvimento, essa pergunta vai sendo desvendada a partir de uma busca interna, e não externa, levando cada vez mais para sua vida as realidades da veracidade e da esperança.

A.4 Tendências de Características da Personalidade

Com base na crença de que as pessoas são valorizadas pelo que fazem, pelos seus resultados práticos, e não simplesmente pelo que são, as pessoas do tipo 3 passam a correr desesperadamente atrás de sucesso e de realizações. Elas costumam ser inquietas, apressadas e têm uma grande dificuldade em ficarem paradas. Querem estar sempre fazendo, realizando algo. Seu verbo é *fazer*. Podem se tornar bastante impacientes com as pessoas que têm um ritmo mais lento do que o seu, as quais lhes passam uma enorme sensação de estarem perdendo um tempo valioso.

Considerando isso, não causa surpresa o fato de o tipo 3 ser o mais competitivo do Eneagrama. Sua filosofia natural é de que o segundo lugar é o primeiro dos últimos. Desde a infância, ele busca ser o primeiro e a vencer nos esportes da escola, a tirar as notas mais altas, a ser o mais bonito e a ter as coisas que chamam mais a atenção dos amigos.

De fato, a busca por realizações começa cedo. Ambicioso, o tipo 3 aprende a orientar sua vida por metas e resultados, por objetivos concretos e bem estabelecidos. Ele é aquele que, ao final da escola, já sabe com quantos anos vai se formar com destaque, qual vai ser seu ótimo emprego, quando vai terminar a pós-graduação, quando vai comprar sua primeira casa e até quando vai se casar. Todas essas coisas se tornam metas, com plano de ação e prazo de conclusão definidos.

Um ponto importante: o tipo 3 realmente se dispõe a fazer acontecer o que se propôs para a sua vida, não importando o esforço que isso implique. Sua energia o impulsiona para frente, sempre com otimismo; a palavra *fracasso* não existe no seu vocabulário. E, por acreditar que as coisas no mundo acontecem pelo fato de ele próprio colocar a mão na massa, não é raro que sacrifique seu tempo com a família, os amigos e o lazer para conseguir seus objetivos. Também é comum se identificar profundamente com a profissão e com a empresa em que trabalha, colocando o campo profissional no primeiro plano de sua vida. A promoção, o mestrado, a meta de vendas, a foto no jornal e o reconhecimento público por ter sido o melhor parecem vir antes de qualquer coisa.

A personalidade do tipo 3 é programada para se tornar o protótipo do sucesso e da aprovação. Nesse ponto, vale ressaltar que o significado de sucesso varia, dependendo da pessoa e do meio em que ela vive. Pode ser que o sucesso esteja ligado a se tornar presidente da organização antes dos 35 anos ou a extrapolar todas as metas financeiras colocadas pela empresa e ter seu nome publicado em seu informativo no final do ano. Pode ser que ele tenha a ver com ser a mulher mais bonita, mais fatal, aquela que por onde passa é irresistível para os homens, ou com ser o galã, com suas roupas de marca, seu carro importado e sua imagem de bem-sucedido. Pode ser também que o sucesso esteja relacionado a simplesmente acumular o máximo de dinheiro e de posses possível para ancorar sua segurança material, a ser um grande empreendedor que começou do nada e criou seu império de negócios.

O tipo 3 nutre uma grande preocupação com o modo como se apresenta, com sua aparência e com o efeito que isso tem sobre as outras pessoas. Está continuamente atento à imagem que passa e é o tipo camaleão, assumindo a cor que for necessária para que sua imagem seja positiva, o que pode confundir as pessoas à sua volta — não é raro o tipo 3 agir de uma forma em casa, de outra trabalho, de outra em um grupo de amigos do clube e de outra ainda na escola que frequenta; é como se fossem várias pessoas em uma só, que pode falar de maneiras diferentes e usar gírias e sotaques mais apropriados para o momento. De fato, o tipo 3 tem um enorme talento para se transformar, o que dá a ele habilidade para ser político, para agradar quando quiser ou quando tiver interesse. Pode ser difícil saber no que ele está pensando ou quem realmente é. E não é por menos: o tipo 3 é capaz de mudar uma palavra no meio de uma frase para que esta seja mais aceita.

Outra característica importante: as pessoas do tipo 3 costumam ser bastante otimistas, ter grande capacidade e vontade de comandar, ser autoconfiantes na liderança, ser práticas e ser extremamente eficientes em suas realizações, inspirando sucesso e ambição de conquista nos outros. Carismáticas, persuasivas, positivas e cativantes, elas têm uma maravilhosa visão que se ampara na crença do "Vamos lá! Podemos fazer acontecer". São pessoas normalmente admiradas pelos outros por sua capacidade de realização e faro para o sucesso, instilando força de vontade e superação naqueles que estão ao seu redor.

Os tipos 3 também são excelentes vendedores de si mesmo, valorizando seus esforços e suas realizações e exigindo com facilidade o reconhecimento por isso. Promover a si mesmo parece um modo de viver, impulsionado por sua vaidade. Quando falam de si, quase sempre aparecem conquistas, vitórias e qualidades e quase nunca surgem fracassos — palavra insuportável para eles. Essa vaidade, como já observado, os faz acreditarem que o mundo gira a partir das suas mãos, do seu trabalho e dos seus esforços e que as coisas importantes não aconteceriam se eles não tivessem entrado em cena. De fato, o tipo 3 acredita que pode fazer tudo andar mais rápido, no seu ritmo desesperado por fazer e acontecer, mostrando sua tendência a uma personalidade autocentrada, que se coloca e se enxergar no palco, como o maestro da orquestra.

Embora estejam no centro da chamada tríade das emoções do Eneagrama, os tipos 3 são pessoas com alguma dificuldade no tratamento com as emoções, especialmente as que podem jogar contra sua imagem de sucesso ou atrasar suas conquistas. Nessa categoria, aparecem medo, tristeza, desânimo, carências e baixa autoestima, entre outras. Isso significa que as emoções que se apresentam não são exatamente as verdadeiras, que surgem da sua realidade interna mais profunda e daquilo que realmente estão sentindo. Muitas vezes, se apresentam emoções mais superficiais ou aquelas que já foram identificadas como mais produtivas ou benéficas à sua imagem desejada de sucesso.

Em verdade, o tipo 3 procura na ação e na velocidade desviar a atenção dos sentimentos que julga incômodos e não entrar em contato real com eles quando aparecem, colocando-os de lado para se dedicar ao alcance de suas metas: "Primeiro eu conquisto meu objetivo, depois eu sinto o que tiver que sentir", "Os fins justificam os meios". Quando em trabalho de autodesenvolvimento, o tipo 3 se permite acessar suas reais emoções, assim como seu verdadeiro "eu" por trás dos personagens criados. Nesse momento, ele se revela uma pessoa com um mundo emocional riquíssimo e de uma verdade interna tranquila e segura a respeito de quem é. Para chegar até esse ponto, contudo, é necessário muito trabalho e muita dedicação voltados para o crescimento pessoal interno — coisa que nem sempre aqueles que passam a vida distraídos com o sucesso externo têm tempo para fazer.

A.5 Focos de Atenção

A atenção dos tipos 3 vai para metas, resultados e conquistas. Eles estão sempre preocupados em fazer a coisa de um jeito mais rápido e de forma mais eficiente. São focados, com olhos que apontam diretamente para o objetivo final, e evitam o fracasso a qualquer custo.

Os tipos 3 também prestam atenção, ininterruptamente, no modo como estão sendo percebidos pelos outros. Preocupam-se em impressionar seus chefes e superiores e em estar sempre "bonitos na foto". Com isso, apresentam uma grande habilidade de leitura dos mínimos detalhes das reações dos outros.

Quando falam para uma plateia, as pessoas do tipo 3 sabem sentir em que momento e quem estão ou não agradando. Sua fala em uma reunião da empresa pode seguir essa mesma linha, se pessoas importantes para a sua escalada de sucesso estiverem presentes. O mesmo vale para a representação dos sentimentos, que podem assumir a forma, a voz e a cara mais convenientes.

Outra característica dos tipos 3: eles prestam atenção a qualquer informação que possa ser convertida em resultados práticos, principalmente àquelas que possam ser vendidas ou gerar ganhos materiais — "Como eu posso usar essa informação para aumentar minha produtividade?", "Para que isso me serve? Que resultado vai me trazer?" Em outras palavras, os tipos 3 estão atentos àquilo que pode lhes trazer mais poder.

No relacionamento a dois, seja romântico ou de parceria, sua atenção vai para compreender o modelo de imagem e comportamento que mais agrada a outra pessoa e se transformar nesse modelo. No modelo que mais impressione ao outro como sendo o "top de linha". Trata-se do estudante mais brilhante que impressiona o professor, do homem ou da mulher que são astros de Hollywood, do executivo que se destaca e impressiona o presidente da empresa por sua audácia, determinação e ambição.

Por fim, os tipos 3 também podem voltar sua atenção à conquista ambiciosa de dinheiro e posses, trabalhando duro para isso por acreditar que sua segurança e a de sua família dependem de uma recheada conta no banco. E, nesse caso, como em praticamente todos os outros, a conquista do resultado é mais importante do que o processo ou os detalhes da forma.

A.6 Dificuldades que Podem Causar para os Outros

A visão do tipo 3, extremamente focada nos objetivos pessoais e no sucesso, pode atrapalhar bastante o seu relacionamento com os outros, especialmente com aqueles que não tomam parte de sua realização ou não são peças para que ela seja alcançada.

Devido a sua tendência de se aproximar das pessoas ou puxar conversa com elas pensando sempre no objetivo prático disso, os tipos 3 podem ser vistos como interesseiros, especialmente no ambiente profissional. De fato, as pessoas podem se sentir usadas por eles se aproximarem delas nos momentos em que precisam e diminuírem a atenção quando outro objetivo que não as envolve é mais importante.

Esse comportamento vai ao encontro de suas atitudes, as quais pregam que as metas são mais importantes que as pessoas. Essas atitudes fazem os tipos 3 serem, muitas vezes, vistos como calculistas e impessoais. Além disso, podem levar à perda de amizades antigas, que vão sendo substituídas por relacionamentos de networking. No que diz respeito a esse último ponto, inclusive, ele é intensificado pelo fato de os tipos 3 estarem sempre com pressa e, portanto, não terem tempo para "jogar conversa fora" ou simpatizar com os sentimentos dos outros. E claro: tem a ver com sua enorme dificuldade de relaxar, que pode acelerar as pessoas à sua volta e pressioná-las a tomar ritmos exagerados para sua vida.

Por serem extremamente vendedores de si próprios e de seus produtos, os tipos 3 podem parecer superficiais, artificiais ou sensacionalistas. Isso, em geral, acontece quando o foco na imagem de sucesso a qualquer custo é desproporcional ao conteúdo oferecido — a verdade pode ser ligeiramente desviada ou simplesmente omitida caso isso represente um atalho para o sucesso, causando impacto na credibilidade e na confiança mais para frente.

Outro ponto que merece destaque: a vontade do tipo 3 de estar no palco à frente dos outros pode dificultar as parcerias em que existe divisão igual dos méritos — sua extrema competitividade pode atrapalhar o clima de cooperação e trabalho em equipe. Além disso, por conta de sua tendência centralizadora, ele vai querer participar e saber de tudo o que acontece e que traz status. Pode ser difícil ele deixar os outros agirem à sua própria maneira.

A.7 Motivação e Valores

Valores são o combustível para realizarmos nossa jornada na vida, são as coisas que acreditamos serem muito importantes para nós. Nós nos motivamos sempre que eles estão presentes conosco. A personalidade do tipo 3 do Eneagrama costuma valorizar fundamentalmente:

- Sucesso, realização, fama, ambição, prestígio, poder, beleza física, riqueza, destaque, competição, otimismo, velocidade,

liderança, conquista, trabalho, profissão, cargo, reconhecimento, quebra de recordes, superação.
- Motiva-se pela superação, pela competição, pelos desafios e pela oportunidade de se destacar e subir com velocidade a escada do sucesso e da realização.
- Entusiasma-se com a oportunidade de agir e de mostrar sua competência, atingindo cargos ou metas mais altas.
- Costuma se incentivar com prêmios ou promoção por superação de metas.
- Motiva-se quando é pressionado para ser eficiente em um ambiente competitivo e, ainda mais, quando têm êxito e todos podem ficar sabendo disso.
- É capaz de se esforçar sem medidas quando sua competência e autoestima são colocadas em jogo.
- A ideia de ser o primeiro, de liderar, de ter grandes ganhos financeiros, de estar na crista da onda e no centro das atenções são normalmente seus principais motivadores.

A.8 Dádivas

Os tipos 3 são pessoas extremamente determinadas e focadas na conquista de seus objetivos, que não deixam que nada atrapalhe as metas traçadas. Se por acaso falharem, continuarão até conseguirem o que querem. Autoconfiantes, acreditam que podem fazer acontecer e inspiram as pessoas ao seu redor a terem mais ambição de conquista.

Empreendedores por natureza, os tipos 3 também têm uma habilidade enorme em transformar ideias em negócios lucrativos e eficientes. São os vendedores do Eneagrama — valorizam a si próprios, seus produtos, suas realizações e as marcas que representam. Sua energia gera entusiasmo, encorajamento e admiração por parte dos outros. Sua habilidade de se adaptar aos meios e às pessoas aumenta seu poder pessoal e sua capacidade de influenciar e de ser bem visto.

Com o tempo, eles se tornam um exemplo de que, com trabalho e determinação, as pessoas e as empresas podem atingir e superar suas metas e desafios, conquistando tudo aquilo a que se propõem. Na verdade, estamos falando aqui menos de "atingir" e mais de "superar", marca forte desse tipo — não basta conseguir; é preciso ser o melhor que se pode ser, com o dia de amanhã sempre superando o de hoje. Não surpreende o fato de sua liderança ser caracterizada por resultados rápidos, com base em uma obstinação por vencer.

Quando trilham um caminho de desenvolvimento pessoal, os tipos 3 tornam-se, aos poucos, pessoas que aprendem a respeitar o ritmo não apenas dos outros, mas também da própria vida, adequando-se a ele. Compreendem que não movem o mundo, mas que, em vez disso, fazem parte de um movimento maior, universal, que move todas as coisas e do qual são parte. Buscam cada vez mais seu verdadeiro "eu" interno e cada vez menos seu personagem criado externo. Sua realização passa a ser mais e mais um estado de confiança interna, apoiado em valores bem diferentes da sua frenética busca dos tempos passados.

B Eneagrama para Líderes©

Nesta seção, são tratados alguns dos temas mais relevantes na nossa atuação no mundo empresarial: comunicação, postura, equipes, ambiente de trabalho, *feedback*, tendências e desenvolvimento da liderança. São abordados também hábitos automáticos, estratégias, armadilhas e dicas para o uso do Eneagrama como sistema de autoconhecimento e autodomínio, bem como de compreensão dos outros. Tudo isso é trabalhado em prol do desenvolvimento sustentável da atuação profissional, como decorrência do crescimento pessoal.

B1 Comunicação e Postura

A intensa energia do tipo 3 é voltada para o seu exterior. Isso faz com que ela acabe aparecendo em movimentos e falas rápidas, bem como em uma sensação de urgência constante. Por exemplo, quando está sentado, é comum o tipo 3 balançar o pé, a mão ou se agitar de qualquer outra forma.

Ao andar, sua postura costuma ser altiva, e seus passos, apressados. Essas características, somadas a sua respiração que infla o peito e os ombros, fazem com que pareça que o tipo 3 está em um desfile. Vale citar também seus olhos, que percorrem as pessoas da "plateia" em uma tentativa de identificar se ele está ou não agradando, e suas caras e bocas, que procuram sempre o melhor ângulo, como se ele estivesse pousando para a capa de uma revista.

Ao falar com os outros, o tipo 3 pode passar a sensação de que está vendendo a si mesmo, enaltecendo seus sucessos, desejos e qualidades e omitindo qualquer sinal de fracasso. Ele vê em seu ouvinte um potencial cliente, não importando se está em horário de trabalho ou no clube no domingo de manhã. Fala a coisa certa, do jeito certo e com a voz certa, criando proximidade e intimidade, sorrindo e enfatizando as ideias com as mãos. Contudo, essa grande qualidade na comunicação pode ser interpretada como falsidade, se for exagerada e se não existir conteúdo real por trás da imagem vendida.

Uma característica interessante: quando não está seguro com relação a um assunto, o tipo 3 evita se expor e até mesmo falar, contrastando com sua postura de falar coisas positivas de si mesmo — em casos assim, ele tende a puxar a conversa para outro assunto e até a mudar o seu estilo. Gosta de exemplos concretos e se torna impaciente com conversas longas que não suscitam possibilidades práticas para ele. Quando está impaciente com falas que não são práticas, dá um jeito de deixar claro que o tempo acabou e que a conversa deve ser encerrada. Para isso, corta a conversa ou se volta imediatamente para o trabalho.

Algumas pessoas do tipo 3 podem adotar tons de voz mais charmosos, como os de um cantor sedutor ou de um locutor de rádio, usando frases de efeito e carregando na tentativa de causar impacto. Seus movimentos e suas falas podem parecer uma cena de teatro, de cinema. Podem parecer também uma apresentação para a diretoria, mesmo em ambientes informais.

Muitas pessoas do tipo 3 costumam citar uma grande facilidade em adquirir sotaques de lugares diferentes. Dois ou três dias em um lugar e elas já estão aplicando seu sotaque e suas palavras! Essas pessoas também são capazes de se comunicar exatamente como precisam para que obtenham o máximo de sucesso e aprovação. Elas mudam as palavras, o sotaque, a velocidade, as caras e até mesmo, em alguns casos, o tom de voz. Trata-se de habilidades naturais de um ator que representa diferentes personagens de sucesso.

Vale dizer que as pessoas do tipo 3 podem se sentir bem desconfortáveis se a conversa for levada para o lado dos sentimentos, especialmente os delas. O incômodo ao lidar com esses assuntos é grande. Suas falas são focadas em metas, e pode parecer que elas desprezam os outros em nome dos resultados e minimizam possíveis competidores. Ao julgar que o outro é incompetente, elas podem se irritar, se apressar e se mostrar mais enérgicas e impacientes. Querem a coisa feita de maneira rápida e de um modo que não atrapalhe a sua meta pessoal. Muitas vezes, sua postura incomoda os outros devido à ambição, a uma certa rispidez e a uma competitividade além da conta.

Na empresa, a comunicação do tipo 3 costuma ser clara, eficiente e voltada para as metas a serem cumpridas. Ele transmite confiança e profissionalismo e costuma ser um grande comunicador na função de líder, pressionando e motivando com entusiasmo, sempre voltado para o resultado final.

B2 Equipes

Quando identificados com os objetivos, a tendência natural dos tipos 3 em uma equipe é voluntariar-se para assumir o comando e, de alguma maneira, estar no centro das atenções, ditando um ritmo acelerado com foco e objetivos definidos e partindo o mais rapidamente possível para a ação em busca de alta performance e resultado.

Mostrando grande energia, eles podem se dedicar até altas horas da noite, buscando provar o seu valor pelo resultado. Essa postura, apoiada por sua habilidade de comunicação e de promoção da própria imagem, afeta positivamente a equipe, mantendo sua motivação e positividade em alta. Por outro lado, a impaciência com o ritmo dos outros, a excessiva pressão e a possível negligência no que se refere a fatores humanos e a sentimentos envolvidos entre os membros da equipe podem afetar os relacionamentos e, consequentemente, a produtividade e o engajamento.

As pessoas do tipo 3 costumam preferir ser especialistas e sobressair em um assunto a ser generalistas. Elas adoram estar em equipes vencedoras, mas se estimulam bastante com a presença de obstáculos e com a possibilidade de levantar um time que está perdendo. Nessas situações, trabalham ainda mais intensamente. Na presença de um superior ou figura importante, superam-se para conseguir impressionar e também para obter o seu lugar de destaque. Têm enorme dificuldade em estar em segundo plano, em posição de apoio, principalmente quando o projeto lhes interessa. De maneira geral, costumam se sentir desmotivadas e impacientes com uma função de assessoria a alguém, na qual não haja possibilidade direta de reconhecimento de seu nome.

Como líderes de equipe, os tipos 3 trabalham com metas específicas e mensuráveis para os indivíduos e para o time. Eles preferem trabalhar com resultados concretos, com estrutura de funções claramente definida, e buscam eficiência operacional. Sua necessidade de monitoramento constante das ações e dos resultados pode causar incômodo na equipe, assim como sua dificuldade de delegar e deixar que as pessoas criem suas próprias soluções — dificuldade esta que pode criar dependência da sua liderança.

Outra característica das pessoas do tipo 3: elas podem se irritar com obstáculos ou pessoas que considerem que estejam "atrasando" o sucesso. Além disso, por conta de seu foco intenso nas tarefas e nos compromissos de entrega, podem se "esquecer de trabalhar", saltando as fases de formação e normatização da equipe e exigindo resultado direto antes que o time esteja maduro o suficiente para isso. Essa forte exigência por iniciativa pode levar os membros da equipe a se sentirem inseguros quanto à sua competência para discordar dos rumos do trabalho ou apresentar novas ideias.

Enfim, os tipos 3 são comprometidos com os resultados e altamente competitivos, perseverando até que as metas sejam atingidas ou superadas. Eles colocam os seus sentimentos e os das pessoas da equipe de lado até que tenham realizado o trabalho, ficando impacientes quando algum assunto particular, de qualquer pessoa, se coloca no caminho do sucesso.

B3 Ambiente de Trabalho

O tipo 3 costuma gostar de lugares onde há movimentação e possibilidade de crescer profissionalmente, projetar-se e enfrentar desafios. É fundamental uma ambição por superação e resultados, e essa ambição precisa estar presente na empresa, na sua área e nas atitudes dos seus líderes — lembrando que o tipo 3 costuma modelar pessoas de sucesso e, por isso, gosta de líderes vencedores, obstinados e bem-sucedidos, para que possa se espelhar.

Ele também gosta de ambientes que favorecem o networking com pessoas de prestígio, onde há competitividade, empreendedorismo e possibilidade de mudanças e de escalada rápida em direção ao poder, à imagem e aos rendimentos para aqueles que se dedicam à exaustão. Em outras palavras, o tipo 3 gosta de trabalhar onde há perspectivas de ganhos, sucesso e crescimento de carreira baseadas em resultados e esforço individual.

Outra característica das pessoas do tipo 3: elas preferem lugares onde as metas e as exigências são claras, onde podem projetar sua imagem. Além disso, identificam-se fortemente com a marca e com a empresa para as quais atuam e, por isso, desejam que elas sejam vencedoras também.

Diante disso tudo, não surpreende o fato de que um ambiente de trabalho com um ritmo mais lento — onde não há competição e desafio ou é preciso esperar outras pessoas para tomar decisões — pode desestimular profundamente o tipo 3. Ele também não gosta de ambientes onde é "apenas mais um", sem possibilidade de visibilidade direta ou de destaque pelo esforço, habilidade e merecimento. O ambiente cultural da empresa deve valorizar e destacar os vencedores, os que superam suas metas e que trabalham duro.

B4 *Feedback*

O foco do tipo 3, fortemente voltado para a performance, vai fazer com que o *feedback* seja dado claramente para o outro com base em metas e indicadores, no que foi e no que não foi atingido. De fato, o tipo 3 costuma se apoiar em comportamentos concretos, assim com nas análises de suas consequências para o resultado.

Ao dar *feedback*, as pessoas do tipo 3 devem se esforçar para abrir espaço aos sentimentos daquele com que está falando, respeitando o ritmo do outro com gentileza e paciência. Em verdade, elas têm uma grande tendência de atropelar o outro, especialmente quando julga que este atrapalhou os resultados por alguma atitude improdutiva. Nesses momentos, surge uma irritação, uma impaciência, e muitas vezes o elemento humano é desconsiderado diante de uma abordagem direta e exclusivamente voltada a resultados e metas concretas. Isso porque, para o tipo 3, as pessoas deveriam ter o mesmo grau de entrega ao trabalho e à carreira que ele tem e, quando encontra alguém que parece ter valores diferentes, pode confundir isso com falta de comprometimento ou incompetência.

É importante ressaltar que o *feedback* mais impessoal e agressivo do tipo 3 tende a surgir quando ele fala com os membros operacionais de sua equipe, com pessoas de outras áreas, com fornecedores ou com pessoas subalternas — casos em que, com sua autoridade, ele pressiona pelos resultados. Isso raramente acontece quando do outro lado está um superior seu ou alguém que julga importante para sua subida ao sucesso ou sua imagem na empresa. O tipo 3 deve rever isso, prestando a mesma atenção genuína e verdadeira às pessoas a quem dá *feedback*, independentemente da posição de poder que ocupam na empresa ou da contribuição que podem dar positiva ou negativamente para o seu sucesso.

Por outro lado, ao dar *feedback* para alguém do tipo 3, é muito importante se lembrar da preocupação que ele tem com sua imagem de sucesso. Assim, se o *feedback* for negativo e, principalmente, se você for superior dele, faça isso de preferência sem expô-lo aos demais, escolhendo um local e um momento apropriados. É importante enquadrar esse *feedback* como uma oportunidade para que ele se aperfeiçoe e alcance mais sucesso e resultados. Ele vai gostar de perceber o *feedback* como uma oportunidade de aprimorar sua performance — muitas pessoas do tipo 3 costumam fazer um excelente uso de *feedbacks* dados por pessoas que respeitam; inclusive, é normal que solicitem *feedback* com mais frequência que os outros, sempre em busca de uma ferramenta a mais de melhoria (e também porque sua imagem perante o outro é de suma importância).

Seja como for, ao dar *feedback* para o tipo 3, seja prático, use fatos concretos e seja otimista em relação à realização das metas. Não fale de forma vaga sobre algo que ele poderia ter feito melhor, pois para ele é importante saber exatamente o que pode ser melhorado e quanto de melhoria é esperado — isso se torna mais uma meta para ele se focar. A abordagem deve ser voltada a soluções, a ações de melhoria e a aumento imediato de resultados, e não focada em problemas.

É importante que o tipo 3 saiba o que deve ser feito, como se espera que seja feito e qual a relação disso com o resultado final. Desafie-o e mostre que confia na capacidade de superação e competitividade dele. Use modelos de profissionais de sucesso que têm o comportamento que você gostaria que ele tivesse para que possa se espelhar — pessoas do tipo 3 costumam ser altamente influenciadas por modelos de sucesso.

Por fim, lembre-se de que o tipo 3 se sente muito desconfortável em mostrar sentimentos, especialmente medo, insegurança e tristeza. Se o relacionamento com ele for superficial, procure respeitar isso. Se o relacionamento for de muita confiança e admiração e ele for uma pessoa madura, você poderá ajudá-lo a acessar os sentimentos verdadeiros e tornar-se mais inteiro.

B5 Liderança

Nosso estilo de personalidade determina diretamente nosso estilo de liderança, assim como grande parte de nossas formas de atuação no mundo profissional. É comum um líder acabar impondo à sua organização ou à sua área boa parte das características do seu tipo do Eneagrama. Trata-se de um estilo de liderança. Quando temos consciência do nosso estilo e do estilo de outros líderes que interagem conosco, podemos usar esse conhecimento a favor dos relacionamentos interpessoais e do desenvolvimento das equipes, em prol de uma liderança madura e sustentável.

B.5.1 Tendências na Liderança

A liderança como centro de comando, visibilidade e poder é a posição que mais agrada o tipo 3, que muitas vezes a disputa e faz de tudo para consegui-la, mesmo que isso represente um esforço e uma dedicação sobre-humanos.

De fato, o tipo 3 mantém seu olhar direcionado para o objetivo final, não gostando de interrupções ou de qualquer coisa que possa representar um atraso em seu sucesso. Para atingir a meta, não importam as oposições ou dificuldades: ele está sempre buscando a competição e pode enxergar os outros como competidores, especialmente se houver um cargo ou uma promessa de visibilidade para quem cruzar primeiro a linha de chegada. Quando só há uma vaga disponível, podem ocorrer disputas pelo poder ou uma movimentação para outra posição, onde o sucesso é mais garantido. Não é raro o líder do tipo 3 optar pelo trabalho com mais possibilidade de sucesso, mesmo que isso represente o abandono de um prazer maior na função anterior.

Com a crença de que "eu posso fazer as coisas acontecerem", frequentemente ele se coloca como sabendo as respostas e o melhor caminho, não admitindo qualquer tipo de menção ao fracasso e demonstrando uma enorme autoconfiança em sua capacidade de realizar (mesmo que isso não seja exatamente o que ele sinta por dentro). Qualquer risco que represente possibilidade real de sucesso sempre vale a pena para o tipo 3. Essa confiança inspira os liderados, que naturalmente se motivam e aceleram para conquistar mais.

O tipo 3 também costuma se adaptar facilmente aos mais diferentes ambientes, moldando-se àquilo que for necessário para atingir uma melhor performance, comunicando, conseguindo informações que possam ser úteis e fazendo networking. Exímio na arte de divulgar suas próprias realizações e as de sua equipe, ele pode aproveitar-se de ideias e conquistas "sem dono", tomando para si o crédito. Normalmente, os tipos 3 não são os maiores criadores ou inovadores, mas sabem transformar uma ideia em um negócio lucrativo — e ficam atentos a essas oportunidades em qualquer conversa.

Eles investem no conhecimento da estrutura política, de poder e de escalada da organização. Pessoas-chave e influentes são vistas como uma possibilidade interessante de relacionamento, e os tipos 3 podem investir nessas relações como forma de apoio social. Eles podem também focar exclusivamente nas tarefas e nos resultados, negligenciando o tempo para aprofundamento de relações pessoais não diretamente ligadas ao seu trabalho.

Na ânsia por resultados rápidos, muitas vezes os tipos 3 atropelam o controle de qualidade. E, ao delegar, eles esperam essa mesma postura, podendo adotar uma atitude de cobrar insistentemente a cada cinco minutos, não dar folga e querer estar envolvido no trabalho e nas decisões de seus subordinados. Podem acreditar que as coisas só dão realmente certo se passarem pela sua mão, gerando centralização e dependência da liderança, o que atrapalha a formação de líderes substitutos, especialmente os que têm estilo diferente do seu.

As pessoas do tipo 3 também são extremamente sensíveis a críticas e à aceitação por parte de clientes, baseando muitas vezes sua estratégia nas tendências de mercado e nas necessidades deles. Assim, se o seu trabalho não atende às expectativas dos clientes, gerando reclamações ou qualquer coisa que possa atingir sua imagem de sucesso, elas podem se sentir bastante frustrados. Mas logo empurram esses sentimentos para o lado e adotam uma nova estratégia! Os tipos 3 também são sensíveis aos seus concorrentes, dedicando atenção a eles com medo de serem superados.

Como já observado, eles se identificam profundamente com a marca e a empresa para as quais atuam, se esforçando para conhecer o negócio, sua estrutura e sua cultura, assim como sua posição e as tendências de mercado. Outras marcas são vistas como concorrentes até mesmo em sua vida pessoal — se trabalhar na Coca-Cola, dificilmente o tipo 3 terá Guaraná Antarctica na geladeira de casa.

Sua tendência é ir rapidamente para a ação e a obtenção de resultados, o que faz com que muitas vezes falhe na criação de uma visão compartilhada e no amadurecimento de sua equipe. As decisões são tomadas racionalmente em nome da eficiência e do caminho mais curto de A para B, com metas específicas e táticas ligadas a elas. Quando obcecados pelos resultados, podem ser vistos como ríspidos, insensíveis e não disponíveis por seus liderados.

Finalmente, sua orientação prática para o sucesso, sua grande dedicação e seu entusiasmo fazem com que os tipos 3 sejam bastante reconhecidos e aprovados no meio empresarial. Eles adoram e são motivados por esse reconhecimento — ter o nome na capa de uma revista, conquistar o novo cargo importante ou construir um império empresarial que veio do nada. Sua liderança energizada, baseada em uma estrutura de funções e metas claras, costuma trazer alta performance para a equipe.

B.5.2 Desenvolvimento da Liderança: temas comuns

Cada um dos estilos de liderança do Eneagrama apresenta pontos fortes, dons naturais, que devem ser usados em prol do negócio. Apresenta também pontos de atenção, trilhas de desenvolvimento, que podem trazer grandes ganhos quando trabalhados. A seguir são mostrados alguns temas comuns no desenvolvimento da liderança desse estilo:

- Aumentar gradativamente os atributos de uma liderança baseada no *coaching*, preocupando-se mais em extrair as respostas da sua equipe do que em direcioná-la a fazer as coisas do jeito que acha melhor. O líder do tipo 3 costuma ser muito diretivo e mostrar como as coisas devem ser feitas, controlando, pressionando e se envolvendo o tempo todo nos assuntos. Um estilo voltado para ajudar a aprender, em vez de oferecer respostas

prontas, vai contribuir para o desenvolvimento da equipe nos quesitos confiança, competência e autonomia. Para isso, o líder do tipo 3 precisa buscar uma formação como *coach* e praticar essas habilidades em sua liderança.
- Delegar cada vez mais, gerenciando pelos prazos e resultados e com uma distância maior da equipe. Para isso, o líder do tipo 3 precisa enfrentar sua crença vaidosa de que as coisas só acontecem quando ele coloca a mão na massa. Ele precisa também se dar conta do quanto essa crença o limita, fazendo com que tenha menos tempo para si e para desenvolver uma equipe mais competente.
- Importar-se de fato com as pessoas e demonstrar isso por meio de atitudes. Isso significa cultivar relacionamentos sem necessariamente estar ligado a um interesse imediato de conquista e dedicar mais tempo aos relacionamentos. Com isso, o líder do tipo 3 será mais respeitado e conseguirá maior comprometimento no médio e no longo prazos.
- Praticar a enorme coragem de deixar a equipe conhecer o seu verdadeiro "eu" e as suas verdadeiras emoções, desvinculando-se do exagerado apego à imagem de sucesso, daquele que nunca fracassa. Desse modo, o líder do tipo 3 será visto como ser humano e conseguirá real apoio.
- Desenvolver paciência, empatia e tolerância com as pessoas que, supostamente, têm um ritmo mais lento. Escutar com mais atenção e tratar melhor essas pessoas.
- Diminuir a necessidade de aprovação, atenção e admiração, focando-se mais na realização interna e, com isso, passando a ter mais liberdade para ser quem realmente é. Dissociar sua identidade pessoal daquela imagem de sucesso que criou e acredita ser.
- Aprender a utilizar as diferenças de visão e até mesmo de velocidade para conseguir resultados mais por meio da equipe e menos por meio de sua centralização. Melhores resultados nem sempre estão ligados a mais velocidade em se fazer as coisas. Muitas vezes, eles têm a ver com mais sinergia e direcionamento do grupo.
- Acessar cada vez mais as suas verdadeiras emoções, compartilhando-as com a equipe e pedindo sua ajuda quando necessário. Permitir-se mostrar a verdade sobre si para os outros, aproximando-os em um relacionamento humano. Praticar ser paciente e manter-se presente diante da demonstração de sentimentos fortes dos outros.

- Aprender a alavancar mais resultados pela cooperação, equilibrando-a com o excesso de competitividade. Encorajar cada vez mais o engajamento e a participação da equipe, em vez de somente pressioná-la. É importante aprender a gostar de liderar equipes.
- Investir mais tempo no planejamento e na análise de riscos, tendo coragem de reconhecer as possibilidades de um projeto não dar certo ou ter imprevistos. Aprender a usar o planejamento para aumentar seus acertos e até seus resultados. A vontade de sair correndo do líder do tipo 3 pode atrapalhá-lo, fazendo com que não enxergue o sistema maior ao redor. É preciso entender que a direção pode ser mais importante do que a velocidade.
- Promover o equilíbrio entre a vida pessoal, a família, a saúde e o trabalho, evitando o foco desequilibrado na carreira, no sucesso e nas aspirações materiais. A falta de equilíbrio costuma gerar consequências graves na saúde e nos relacionamentos familiares e de amizade das pessoas do tipo 3, causando arrependimentos por vezes muito tarde em sua jornada. É importante perceber o verdadeiro valor de coisas como amizade e família, bem como se dar conta de que a felicidade e a realização vindas apenas da conquista material e do sucesso são ilusões.
- Aumentar o foco nas pessoas e no modo como ajudá-las a crescer, equilibrando essa atitude com a tendência de colocar a carreira e o sucesso individual sempre em primeiro lugar.
- Buscar no trabalho uma realização maior, um significado de contribuição espiritual com a humanidade e o planeta. Procurar não apenas o suposto sucesso que vem da apreciação externa, mas também a realização interna de estar fazendo a sua parte para o desenvolvimento da consciência do planeta.
- Procurar a arte e a sensibilidade, conectando-se mais com a beleza, o ritmo e a sabedoria da vida. É importante o tipo 3 levar isso para si mesmo e, em seguida, para seu trabalho como líder.
- Levar mais tempo para tomar decisões importantes. É fundamental deixar que ideias surjam e percepções mais amplas se apresentem antes de sair correndo. Vale a pena também aprender a ler as decisões do corpo e os sinais que o sistema maior universal envia sobre que direção seguir. Velocidade e ânsia demais não permitem percepções desse tipo.
- Descobrir do que realmente a alma gosta e com o que ela se preenche. É importante levar isso em conta nas escolhas ligadas à carreira e à liderança. De fato, o ideal é evitar escolher as

coisas somente pela possibilidade de projeção, sucesso e retorno, considerando também a satisfação de valores internos mais profundos, muitas vezes não ouvidos ou deixados de lado em nome das buscas externas.
- Assumir os medos e inseguranças, em especial o medo do fracasso, do anonimato, de não ser aceito e admirado pelo outro, de não ser o primeiro lugar e não ser amado por isso. Essa aceitação diminui o estresse do tipo 3 e alivia suas cargas de liderança.
- Aprender a ver as coisas a partir de uma perspectiva sistêmica, envolvendo outras pessoas e outras áreas da vida e levando tudo isso em conta na tomada de decisão.

C Caminhos de Desenvolvimento

O Eneagrama não é apenas um sistema que descreve tipos ou tendências de personalidade. Ele é também um sistema completo e complexo de desenvolvimento, que aponta caminhos viáveis e produtivos de expansão da nossa personalidade e de libertação de hábitos limitantes, permitindo nosso crescimento integral como profissional e ser humano. Com ele, não só descrevemos a cela, mas também mostramos o mapa de saída da prisão pelo acesso mais indicado — só não podemos caminhar pelos outros.

Como parte do mapa de crescimento, apresentamos a seguir os desafios e as práticas recomendadas, além de uma metáfora e de uma oração perfeitamente adequadas para o caminho que precisamos trilhar no nosso desenvolvimento pessoal.

C.1 Desafios Gerais de Crescimento

O tipo 3 pertence à tríade da imagem (pontos 2, 3, 4) e também ao triângulo central do Eneagrama, estando ligado aos pontos 6 (tríade mental — seu ponto de segurança ou impulso) e 9 (tríade instintiva — seu ponto de estresse ou desafio). Seu primeiro movimento deve ser de acesso a características do ponto 6, dando mais atenção a valores ligados a grupo, cooperação, amizade e família do que àqueles diretamente relacionados aos resultados que almeja.

Outra questão importante no acesso ao ponto 6 é ter coragem de olhar para dentro e admitir as inseguranças, os medos e as incertezas. Perguntas como "Será que eu vou mesmo conseguir? E se eu não for aceito e admirado pelas pessoas? E se eu fracassar?" fazem parte de uma investigação verdadeira da parte real da personalidade do tipo 3 — parte esta que costuma ficar escondida pelos afazeres incessantes e acelerados do dia a dia. Na medida em que acolhe, aceita e investiga seus medos reais, o tipo 3 pode se tornar mais verdadeiro e consciente em sua busca.

Seu movimento seguinte está ligado ao ponto 9, ou seja, à diminuição de seu ritmo no intuito de gerar empatia real e respeito pela velocidade dos outros, assim como respeito à sua própria saúde física. É importante o tipo 3 praticar a paciência, com base na noção de que nem todas as coisas da vida precisam de sua mão para acontecer — após a semente ser plantada, existe um tempo para o crescimento da árvore, e esse crescimento depende da terra, da chuva e da sua natureza, e não do tempo que se estipula para isso. Desse ponto também vêm o verdadeiro espírito de equipe, o trabalho em grupo e a cooperação.

Das suas asas, os pontos 2 e 4, também há aprendizados e integração a serem realizados. Da asa 2 vêm uma atenção e uma sensibilidade maior às necessidades dos outros, uma postura maior de ajuda e apoio ao próximo. Da asa 4 parte a busca de um significado maior no que faz, um significado de missão de vida, e não somente a procura de resultados e sucesso. Aqui, há também a incorporação de uma veia artística e da busca do belo, assim como um mergulho maior em si mesmo para viver e sentir suas emoções intensas.

Para as pessoas do tipo 3, é um enorme desafio reconhecer e enfrentar seus verdadeiros sentimentos, especialmente os difíceis, como medo e tristeza. É também muito complicado permitir e acolher a expressão desses sentimentos, havendo a tendência de colocá-los de lado para cuidar da vida prática. Nos momentos em que esses sentimentos surgirem, o tipo 3 deve aprofundar sua relação consigo mesmo, olhar para dentro de si, e não apenas para a imagem que construiu. Ele deve ter coragem de procurar quem realmente é por trás do sucesso e das metas conquistadas. Deve também tomar cuidado para não voltar seu foco ao trabalho, a uma nova conquista, desviando a atenção dos momentos em que esses sentimentos mais profundos aparecerem e ele for tomado por um grande desconforto.

É importante para o tipo 3 tomar consciência de uma força interior enorme que o obriga a realizar algo — com isso, ele vai, ao menos por algum instante, se permitir não fazer nada, não buscar "aproveitar" o tempo para produzir. É importante também para ele perceber quanto do real valor que se dá acaba colocando nas mãos do reconhecimento das outras pessoas, no sucesso público ou nos bens materiais que acumula, e muitas vezes sem nem se permitir questionar quem realmente é ou o que realmente quer da vida!

De fato, o tipo 3 precisa perguntar, de verdade, se a meta que está buscando, muitas vezes com exagerada pressão, serve para si mesmo ou para a valorização da imagem que quer ter. E é um grande desafio para ele desvincular as duas coisas, compreender que aquilo que é e a imagem que cria são coisas diferentes. Quando consegue fazer isso, contudo, o tipo 3 encontra o que dá prazer e permite-se aproveitar esse prazer, sem se preocupar tanto com o que isso representa para os outros. Ele também passa a apreciar o gosto da realização, comemorar e curtir cada conquista a seu tempo, e não correr imediatamente para a próxima.

Para concluir, o tipo 3 deve dedicar tempo para refletir sobre o fato de a vida não ser uma enorme e desgastante fuga do fracasso. Há as relações com os outros, um prazer nas coisas simples e anônimas e uma busca do verdadeiro propósito espiritual da vida. É importante ele entender que toda imagem e toda conquista material passarão e que é na busca do conhecimento e da satisfação consigo mesmo — assim como no aprofundamento das relações e da dedicação desinteressadas às pessoas amadas — que poderá encontrar um aprendizado real e uma felicidade verdadeira.

C.2 Práticas e Exercícios de Desenvolvimento

As práticas a seguir são sugestões diretas para as pessoas do tipo 3. Se você é desse estilo do Eneagrama, vai se beneficiar enormemente com a adoção de uma ou mais delas como rotinas de desenvolvimento, de modo que passem a fazer parte de sua agenda no dia a dia. Crescimento não é uma tarefa difícil, mas exige, sim, compromisso e priorização:

- Reconheça a enorme dificuldade que tem em ficar parado, sem estar realizando nada.
- Sente-se em uma cadeira por cinco minutos, de frente para a parede, e perceba a enorme quantidade de pensamentos apressando você. Em sua maioria, são pensamentos ligados a coisas que você tem que fazer. Perceba a ansiedade do seu corpo e da sua respiração e o desgaste que isso causa. Perceba que essa sensação acompanha você 24 horas por dia. Entenda a importância de descansar e diminuir o ritmo.
- Preste atenção em quanto você pensa nos outros quando está realizando um trabalho ou tem uma ideia; perceba que você imagina como vai impactá-los e como será admirado. Mensure quanto do seu esforço é para alimentar essa imagem.
- Analise sua vida e a divida em alguns quadrantes: carreira, dinheiro, saúde, amigos e família. Quanto tempo gasta com cada um desses quadrantes por dia? Quanto de seu dinheiro investe em cada um?

- Dedique mais tempo à sua família e a amigos antigos, perdidos ao longo do tempo. Lembre-se de que o tempo investido na família é aquele que você passa 100 por cento dedicado a ela, e não a hora extra ou o curso que está fazendo para melhorar a condição financeira. Não se iluda: isso é para você. Pessoas querem tempo e atenção, e não dinheiro, especialmente as crianças.
- Pratique exercícios físicos que não envolvam apenas competição e tenha coragem de escolher aqueles de que você gosta, e não aqueles em que se sai melhor ou vão deixá-lo mais bonito.
- Busque práticas que levem sua respiração a se tornar mais lenta e aprofundada, como yoga, tai-chi-chuan e meditação.
- Pratique ficar 15 minutos sem agir todos os dias. Dizer que "não tem tempo" é apenas mais uma armadilha para a qual deve estar atento. Qualquer pessoa consegue encontrar 15 minutos para si. Se acha que não consegue, preste mais atenção ainda.
- Preste atenção aos seus comportamentos no trabalho. Que impactos negativos a sua pressa causa nas pessoas? Em quais?
- Respire ao parar para conversar com as pessoas. Diminua por um instante o ritmo e ouça, sem se preocupar com o resultado que isso vai trazer para você.
- Invista no autoconhecimento. Faça cursos, frequente grupos, vá à terapia. Descubra quem você é de fato por trás da imagem. Você vai ter medo, vai ser difícil. Mas, no final, você terá uma maravilhosa recompensa.
- Plante uma árvore ou algumas flores. Cuide delas todos os dias e perceba-as crescendo lentamente, no ritmo da natureza.
- Não fuja nem arranje nada para fazer quando sentir tristeza ou medo, mesmo que do fracasso. Apenas por alguns instantes respire no centro do coração e sinta isso. Emoções são a sua natureza, e elas são como água — vêm e vão quando você permite que se expressem.
- Demonstre, com mais coragem ainda, essas emoções no formato que elas vierem, sem maquiá-las. Comece com as pessoas em que você confia. Elas vão amá-lo e admirá-lo ainda mais por isso.
- Exercite participar de um jogo, de uma equipe, exercendo a função de suporte, sem se destacar. Perceba o prazer do "nós ganhamos" no lugar do "eu venci".
- Dance mal, no meio dos outros, e não se preocupe com o que estão achando. Seja feliz com isso.
- Tente por um dia não falar "Eu fiz", "eu farei", "o meu", "a minha" e assim por diante. Nesse dia, apenas ouça os outros.

- Entenda que, quando você corre demais para chegar ao destino final, perde toda a beleza da paisagem do caminho.

Metáfora

O mandarim e o alfaiate

Um dia, um homem recebeu a notícia de que acabara de ser nomeado mandarim. Ficou tão eufórico que quase não se conteve:

— Serei um grande homem agora — disse a um amigo. — Preciso de roupas novas imediatamente, roupas que façam jus à minha nova posição na vida.

— Conheço o alfaiate perfeito para você — replicou o amigo. — É um velho sábio que sabe dar a cada cliente o corte perfeito. Vou lhe dar o endereço.

E o novo mandarim foi ao alfaiate, que cuidadosamente tirou suas medidas. Depois de guardar a fita métrica, o homem disse:

— Há mais uma informação que preciso ter. Há quanto tempo o senhor é mandarim?

— Ora, o que isso tem a ver com a medida do meu manto? — perguntou o cliente surpreso.

— Não posso fazê-lo sem obter essa informação, senhor. É que mandarim recém-nomeado fica tão deslumbrado com o cargo que mantém a cabeça altiva, ergue o nariz e estufa o peito. Assim sendo, tenho que fazer a parte da frente maior que a parte de trás. Anos mais tarde, quando está ocupado com seu trabalho e os transtornos advindos da experiência o tornam sensato, e ele olha adiante para ver o que vem em sua direção e o que precisa ser feito a seguir, aí então eu costuro o manto de modo que a parte da frente e a de trás tenham o mesmo comprimento. E mais tarde, depois que seu corpo está curvado pela idade e pelos anos de trabalho cansativo, sem mencionar a humildade adquirida através de uma vida de esforços, então faço o manto de forma que as costas fiquem mais longas que a frente. Portanto, tenho que saber há quanto tempo o senhor está no cargo para que a roupa lhe assente apropriadamente.

O novo mandarim saiu da loja pensando menos no manto e mais no motivo que levara seu amigo a mandá-lo procurar exatamente aquele alfaiate.

William J. Bennett,
O livro das virtudes II: o compasso moral. Rio de Janeiro: Nova Fronteira, 1995, p. 650-651.

Oração

Senhor Deus,
Agradeço-te porque me criaste à tua imagem
E me abençoaste com o vigor, o dinamismo e a energia para vencer.
Ajuda-me a perceber que o sucesso não é tudo
E que, muitas vezes, o fracasso pode trazer mais verdade que o sucesso.
Ensina-me a penetrar nas minhas imagens superficiais,
Ensina-me a penetrar no abismo dos meus sentimentos.
Dá-me a graça de perceber que tu me amas pelo que sou
E não por aquilo que sou capaz de fazer.
Ensina-me o caminho da simplicidade
E faz-me caminhar nas trilhas da verdade e do respeito pelo outro.
Ajuda-me a parar e olhar para dentro,
A enxergar e amar aquilo que sou realmente,
A aceitar meus fracassos e impotências,
Como espaço do encontro contigo e com a verdade de mim mesmo.
Amém.

Domingos Cunha (CSH),
Crescendo com o Eneagrama na espiritualidade.
São Paulo: Paulus Editora, 2005, p. 396.

Tipo 4
O Líder Intenso

"O sonho estava sempre correndo um passo à minha frente. Alcançá-lo, viver mesmo que por um momento em uníssono com ele, isso seria um milagre."
Anaïs Nin

"O ontem é apenas uma memória e o amanhã nunca é o que deveria ser."
Bob Dylan

"Você é um ser único, e, se isso não é completamente preenchido, então alguma coisa foi perdida."
Martha Graham

"Se olharmos profundamente a vida, perceberemos como ela continuamente se move em contrastes: apogeu e queda, sucesso e falha, perda e ganho, honra e culpa. Sentimos como nosso coração responde a toda essa felicidade e tristeza, êxtase e desespero, desapontamento e satisfação, esperança e medo. Essas ondas de emoções nos carregam para cima e nos afundam para baixo. E, *tão logo encontramos um descanso, vem a força de uma nova onda novamente. Como poderíamos esperar permanecer na crista das ondas? Como podemos levantar a verdadeira construção de nossas vidas em meio a esse oceano de existência que nunca se acalma, senão na Ilha da Equanimidade?"*

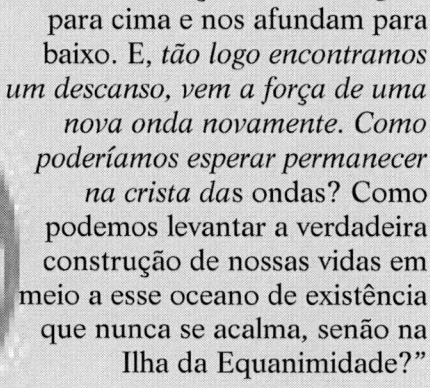

Nyanaponika Thera
(monge Theravada)

Mapa da psique*

No Domínio da Personalidade

- *Vício mental (filtro mental ou fixação):* Melancolia — pensamento repetitivo, fruto de não conseguir ser o que acredita que deveria ser (idealização da imagem do eu). Esse pensamento é seguido de um foco mental nessa sensação de vazio ("Algo está faltando em mim e na minha vida"), que se reflete em uma doce tristeza, a qual atrai a compaixão e a empatia dos outros.
- *Vício emocional (paixão):* Comparação Emocional (Inveja) — sensação emocional de que algo está faltando e de que, de alguma forma, esse algo se encontra lá fora, em alguém diferente, em um lugar diferente ou em um momento diferente. Segue-se, então, uma comparação com os outros, uma ilusão, que leva à impressão de que os outros têm aquilo de que ele sente falta.
- *Mecanismo de defesa da personalidade:* Introjeção — o coração torna-se um leitor, aspirador e processador de sentimentos. As situações são percebidas por meio de uma leitura emocional delas. Os sentimentos lá de fora são trazidos, vividos e interpretados, e aí sim o contexto é "entendido". A realidade volta-se para o mundo interno dos próprios sentimentos.

Em contato com um Estado Superior

- *Percepção mental superior:* Origem — percepção da mente quando ela está em profundo equilíbrio e clareza. Trata-se da percepção de ser alguém conectado com a fonte única de todas as coisas. É um estar centrado, sentindo-se completo e amparado por essa fonte.
- *Percepção emocional superior:* Equilíbrio Emocional (Equanimidade) — condição superior de um estado de profundo equilíbrio emocional. O oceano das emoções torna-se um mar sereno e equilibrado. Não há superioridade ou inferioridade entre as pessoas. Existe apenas a diferença.

*Os nomes do mapa da psique são adaptações dos originais de Oscar Ichazo, Claudio Naranjo e Helen Palmer.

A Eneagrama das Personalidades

De acordo com o George I. Gurdjieff, a maioria de nós vive a maior parte do tempo sob o domínio das características da personalidade — um conjunto de tendências de pensamentos, emoções, impulsos físicos, comportamentos, estratégias, crenças, valores e até mesmo um senso particular de identidade.

Essa personalidade, cujo início da formação se dá em nossa mais tenra infância e segue se cristalizando até nossa fase adulta, funciona como uma espécie de máquina biológica: de tanto "usarmos" essa personalidade, passamos a nos identificar com ela, como alguém que adquire o hábito de usar por anos a fio a mesma roupa e não consegue se imaginar sem ela, acreditando que não será a mesma pessoa se não estiver com aquela roupa, acreditando que aquela roupa faz parte do seu "ser".

Assim é o nosso tipo do Eneagrama. Cada um dos tipos representa um traço principal de personalidade, e nosso tipo é uma máquina que usamos tanto e há tanto tempo que muitas das suas características parecem nos definir. Dar-nos conta disso pode nos ajudar a testar roupas novas, expandir nossa coleção e mudar nossos hábitos de moda. Pode nos ajudar também a compreender que as outras pessoas simplesmente preferem e usam roupas diferentes das nossas. É mais fácil e torna-se um grande aprendizado viver assim.

Nesta seção, são apresentadas as prováveis características da roupa que as pessoas do tipo 4 costumam usar. Pode haver variações aqui e ali. Pode haver dias em que elas resolvem que uma blusa diferente é exigida em um evento especial ou mesmo que a roupa para ficar em casa pode ser mais velha e relaxada. Ainda assim, na maior parte do tempo, elas insistem em usar a roupa do seu tipo.

A.1 Nomes Comuns

O criativo, O único, O original, O romântico, O profundo, O especial, O refinado, O expressivo, O dramático, O sensível, O autêntico, O melancólico, O artista, O intenso, O intensificador, O passional, O individualista.

A.2 Pessoas Famosas

Milton Nascimento, Steve Jobs, Maradona, Rubens Barrichello, príncipe Charles, James Dean, Martha Graham, Jackie Onassis, Johnny Depp, Edgar Alan Poe, Renato Russo, Janis Joplin, Marlon Brando, Bob Dylan, Anaïs Nin.

A.3 Essência e Personalidade

Quando estamos conectados como nossa verdade mais profunda, umas das percepções mentais superiores que temos é a que o Eneagrama chama de Origem. Trata-se de uma compreensão, sem interferências de nossos filtros de pensamento, de que todas as coisas deste mundo, todos os átomos e todas as pessoas têm a mesma origem divina, surgiram do mesmo lugar e da mesma fonte. Quando estamos centrados em nós mesmos, nós nos sentimos completos e conectados a essa Origem.

Com o desenvolvimento da personalidade, a sensação de uma profunda e simples conexão entre essa fonte e todas as outras pessoas que se originaram dela é perdida. Dessa forma, a personalidade do tipo 4 desenvolve uma ideia de que se desconectou da fonte divina, que foi abandonada por ela, sentindo que algo importante dentro de si está faltando. Ela parte, então, para uma maneira limitada de pensar e encarar as coisas, chamada no Eneagrama de Melancolia.

A melancolia aparece para o tipo 4 como uma ideia constante de que "algo está faltando e eu não sei o que é". É um vazio a que ele se apega em parte por não conseguir ser o que acredita que deveria ser (idealização *versus* realidade e não aceitação de si). É uma sensação de abandono que aparece na forma de uma doce tristeza, a qual, como já observado, atrai a compaixão e a empatia dos outros.

Também no estado de essência — ou seja, no estado de contato com nossa verdade mais profunda —, existe uma qualidade emocional superior chamada no Eneagrama de Virtude. Em sua essência, a Virtude principal do tipo 4 é chamada de Equanimidade. Essa virtude é vista como um estado de equilíbrio emocional, onde as respostas emocionais aos estímulos do ambiente são exatamente as necessárias, nem mais nem menos. Trata-se de uma calma interna que permanece diante das diferentes experiências da vida. Trata-se também da percepção emocional superior de que todas as coisas e todas as pessoas são fundamentalmente iguais e, dessa forma, não é possível sermos inferiores ou superiores a elas.

Na formação da personalidade, ocorre o distanciamento dessa emoção de qualidade superior e aparece, em seu lugar, uma emoção de qualidade inferior, viciada, repetitiva e exagerada (esse tipo de emoção é definido como Paixão pelo Eneagrama), chamada no Eneagrama de Comparação emocional ou Inveja. Essa é uma Paixão de autorrebaixamento ou de autoelevação, que faz o tipo 4 sentir-se inferior e, às vezes, superior aos outros, mas nunca igual.

A Inveja, para o Eneagrama, representa o vício emocional que uma pessoa tem de comparar-se com os outros achando que estes possuem alguns dos atributos que ela gostaria de ter ou deveria ter, conforme a idealização que cria para si. No caso, a pessoa tem um desejo intenso pelos sonhos e pelas idealizações que cria, mas eles parecem sempre estar fora do alcance de sua realidade e, de forma irônica, ao alcance da realidade dos outros — isso nem sempre é verdade, mas sim a maneira como ela vê a realidade do outro.

A personalidade do tipo 4 busca o amor impossível, o sonho inalcançável, o sentimento de ser especial, único e diferente como forma de recuperar seu verdadeiro estado de essência, quem realmente é. Ela procura a conexão com todas as pessoas e as coisas simples, mundanas, corriqueiras. Procura um coração preenchido pela sensação de ser divinamente igual a todos os demais.

O mecanismo de defesa chamado Introjeção, usado pelo tipo 4 para se manter nessa dinâmica de sentir a melancolia e o abandono, faz com que essa personalidade se volte profundamente para seu mundo interno, seus próprios sentimentos, podendo sugar sentimentos lá de fora para dentro de si e vivê-los como se fossem seus. De fato, todas as situações externas são trazidas "para dentro" e vivenciadas emocionalmente, antes de serem interpretadas. Ele é capaz, por exemplo, de sentir as dores do mundo e as trazer para dentro de si, mergulhando em seu mundo profundo como a tartaruga entra em seu casco.

A.4 Tendências de Características da Personalidade

Apoiado em sua crença fundamental de que há algo de diferente em si, algo que está faltando e só pode ser preenchido pelo amor ideal, pelas circunstâncias perfeitas, o tipo 4 sai pelo mundo em busca de coisas diferentes, especiais, únicas, para que ele possa se sentir desse jeito. Por outro lado, o seu apego à melancolia e, às vezes, até ao drama faz com que ele deseje exatamente aquilo que não tem e não vela valor naquilo que está ao seu alcance.

Normalmente, os tipos 4 são pessoas intensas, que se entregam profundamente aos sentimentos da vida — quando estão tristes, mergulham nessa tristeza; quando estão alegres, transparecem essa alegria. Seus sentimentos são como uma montanha-russa: podem estar no topo em um momento e, logo depois, descer lá no fundo, ao mínimo sinal de desapontamento. Essa característica faz com que eles sejam conhecidos como sujeitos "de lua", já que nunca se sabe como vai encontrá-los. Basta a paisagem da praia não ser exatamente como eles sonharam quando contrataram a viagem para fiquem desapontados, se fechem e alterem o seu humor.

De fato, os tipos 4 são autênticos e não têm muito talento para disfarçar o seu humor. Porém, sua melancolia nem sempre é tão óbvia. Alguns se apresentam, sim, de uma forma mais dramática, que lembra um sofrimento constante. Outros, por sua vez, parecem animados, cheios de energia, alegres e otimistas, ocultando a insatisfação constante que sentem com a vida que têm nas mãos.

Muitas vezes, os tipos 4 querem ser percebidos como originais, criativos, capazes de transformar um pequeno detalhe em uma experiência única de beleza e requinte. Eles se preocupam em fazer com que sua imagem perante os outros seja diferente. Assim, além de poderem trazer detalhes em uma peça de roupa mais colorida, nutrem um gosto que pode tender mais à beleza da culinária francesa do que à simplicidade. Os tipos 4 também podem se ver como pessoas de uma sensibilidade maior que a dos outros, raros talentos e qualidades. Podem ainda se ver como detentoras de defeitos, dificuldades e problemas que parecem ser exclusivos a eles. Dessa maneira, eles continuam sendo únicos, seja pela qualidade ou pelo defeito.

Sua atenção aos detalhes também faz com que busquem melhorias em si mesmo e nos outros. Estabelecem a beleza e criam diferencias para produtos, equipes, tornando-os únicos, especiais. Na busca pelo ideal, por nunca se contentarem, estão sempre trazendo o novo.

O exotismo das luzes, das músicas e dos cheiros intensifica os sentimentos do tipo 4. Seu coração intenso tem uma condição de poesia, de arte, de entrega. Suas experiências de vida, seus amores e sua história são exploradas e aguçam a sua criatividade. Muitas vezes mais reservado, sua atitude pode parecer, aos olhos dos outros, arrogante, superior. No fundo, ele tem medo de não ser amado e aceito pelas pessoas.

As pessoas do tipo 4 estão profundamente ligadas à sensibilidade humana. Intuitivas, são capazes de sentir a energia dos outros, a emoção pela qual passam sem, para isso, precisar ouvir uma única palavra. Elas focam em levar humanidade para os locais que frequentam. São expressivas e compreensivas, com enorme empatia pelos sentimentos dos outros, sejam estes positivos ou negativos. Incapazes de realizar uma tarefa ou um trabalho apenas por obrigação, buscam sempre o ideal maior por trás do que fazem — é preciso que haja um significado maior, e não somente o "fazer certo", o "ganhar dinheiro". Além disso, ajudam as pessoas a recordarem-se do que elas têm de mais pessoal e de mais precioso, de forma tocante e profunda.

Apesar de gostarem de se sentir ligados às pessoas, parecem sentir que de fato não conseguem o que esperavam. Os outros parecem ser mais felizes, mais competentes e mais plenos. Isso é sentido como uma dor no peito, que naquele momento parece muito forte. No final, pela paixão, conduzem os outros a ciclos de amor e ódio, admiração e rejeição, puxando-os para a profundeza das emoções.

Quando crescem em maturidade, os tipos 4 costumam se levar menos a sério e começam a rir de suas falhas e tendência ao drama. Palavras positivas e senso de humor os ajudam em sua própria cura e na dos outros. Além disso, são pessoas autocentradas: suas dores, suas emoções e seu mundo interno vêm em primeiro lugar. Podem se tornar impacientes com uma vida monótona, com a rotina e com as coisas comuns. Entendem o equilíbrio como um problema e buscam sempre os picos e os vales.

Quando estão melancólicos ou se sentem abandonados, os tipos 4 reagem mergulhando em seu mundo interno de emoções. Ficam sensíveis a pessoas que se aproximam para exigir soluções rápidas, discutir racionalmente ou mesmo para alegrá-los ou animá-los. Sentem-se incompreendidos quando seu sofrimento é banalizado. Nesse momento, podem reagir com raiva, atacando com precisão cirúrgica o ponto mais fraco daquele que se aproxima, com a palavra que o machuca profundamente. Podem também retirar-se, retrair-se, permitindo contato apenas quando todas as emoções já tiverem sido vividas. De fato, os tipos 4 se sentem desconfortáveis com pessoas excessivamente racionais ou que se afastam das emoções.

Uma última observação: o tipo 4 pode ter duas vidas, realizando atividades para ganhar dinheiro (bancário, gerente, secretária, contador) e atividades ligadas ao que acredita ser sua verdadeira vocação (mergulhador, bailarino, ator, pintor). Apesar de muitos apresentarem gosto intelectual, eles tendem a confiar na intuição antes da razão, por meio de um processo profundo e muitas vezes misterioso.

A.5 Focos de Atenção

A atenção do tipo 4 vai a todo momento para aquilo que é especial, que está faltando e que, naquele instante, não está ao seu alcance. Sua atenção à própria imagem é grande, e ele está sempre preocupado em verificar se está sendo aceito ou abandonado. Tende a não prestar atenção naquilo que é comum e a desprezá-lo, focando no que é belo, no luxo, no bom gosto de coisas profundamente tocantes e cheias de significado. Dessa forma, desvia a atenção da sensação de ser menos, de ter algo faltando em si.

Os tipos 4 também percebem com intensidade os seus sentimentos e os das outras pessoas, em especial a saudade e a tristeza. Uma situação de sofrimento chama bastante a sua atenção e atrai sua empatia imediata. Além disso, estão sempre em busca: busca do amor ideal, do vínculo profundo, da expressão intensa e artística do seu mundo interno, de um propósito maior para a vida que leva e o trabalho que realiza.

A lembrança das coisas boas do passado (nostalgia e saudosismo) e a imaginação de um futuro ideal tiram sua atenção do momento presente, especialmente das coisas rotineiras. Assim, quando olham para seu cargo na empresa, prestam atenção na função ideal que ainda não têm ou, ao se compararem com outra pessoa, nas competências que ainda estão faltando. Seu foco principal é atraído magneticamente para o que falta e desviado das coisas que já possuem.

Em um relacionamento a dois, o tipo 4 presta atenção aos gestos, às surpresas e às palavras que não recebe, mas que idealmente deveria receber. Ao se comparar com os outros casais, tem a impressão de que existem relacionamentos mais completos, mais felizes, mais ideais. Compete pela atenção daquele que deseja — seja um parceiro, um amigo, o chefe ou um professor —, e um sinal de abandono pode despertar um ódio que se volta contra o rival ou contra aquele que o deixou de lado.

Já nas relações sociais, o tipo 4 pode sentir-se inadequado no meio dos grupos, isolando-se ou afastando-se e, com isso, gerando nos outros a sensação de que é arrogante e de que não se importa. Ao mesmo tempo, ele gostaria profundamente de se sentir parte dos grupos.

Por fim, as pessoas do tipo 4 podem dedicar sua energia a viver intensamente, arriscando a própria vida em situações de extremo risco e intrepidez. Isso pode envolver desde esportes radicais e alta velocidade até o abandono de uma carreira promissora pela força de um impulso.

A.6 Dificuldades que Pode Causar para os Outros

A tendência do tipo 4 de ficar "ensimesmado" — ou seja, de viver seu próprio mundo interno de emoções intensas e pensamentos — pode afastá-lo da conexão com as pessoas e com a realidade do que está acontecendo lá fora. De fato, ele se volta para os seus ideais, suas dificuldades e seus sentimentos, que tomam uma importância muito maior do que os ideais, as dificuldades e os sentimentos dos outros, uma importância muito maior do que a vida real que está acontecendo lá fora.

A ideia de que está sendo abandonado pelos outros, não recebendo a devida atenção de alguém ou não participando como igual em um grupo, faz com que ele mesmo se afaste e se retire, diminuindo o contato prático com as pessoas. É frequente, por exemplo, o tipo 4 provocar inconscientemente situações para que os outros se afastem dele e ele possa confirmar a crença, o *script* inconsciente de que as pessoas o abandonam. Pelo medo do abandono, ele rejeita antes de ser rejeitado.

A constante ideia de que "algo está faltando" pode fazer parecer que é impossível satisfazer o tipo 4, gerando sensações de impotência e culpa naqueles que estão a sua volta, por não conseguir ajudá-lo. Muitas vezes, ele resiste a essa ajuda externa, à mudança e, ao mesmo tempo, atrai atenção e pena, quando se coloca na posição de vítima. O outro se sente culpado e preso. Nesse jogo, é muito comum o tipo 4 alternar entre a posição de vítima e a de agressor implacável, prendendo a atenção do outro à sua rede emocional. Como vítima, sua doce tristeza transmite a ideia de alguém frágil, que precisa de cuidados, atraindo a atenção daqueles que, por razões particulares, acreditam que é sua responsabilidade cuidar dos outros.

Em um relacionamento íntimo, os tipos 4 podem gerar raiva e mágoa no outro por fazerem um movimento de "querer/não querer". Como buscam o que está faltando, podem minimizar a conquista que já têm nas mãos, afastando a pessoa e, em seguida, atraindo-a novamente, depois de sentir a sua perda — aquele relacionamento antigo parecia ter algo mais especial!

Seu um humor pode variar com frequência, incomodando as pessoas que fogem de sentimentos negativos. Sua tendência de levar comentários e críticas "para o lado pessoal" também pode dificultar o seu relacionamento no ambiente de trabalho. De fato, a separação entre um *feedback* profissional e um pessoal é muito difícil para o tipo 4, que tende a ver os comentários como críticas, emocionando-se e vivendo essa emoção de forma intensa, muitas vezes distante da razão.

A insatisfação constante, o desapontamento consigo mesmo e a sensação de que nada é realmente suficiente acabam por atrair a atenção das pessoas que se encaixam no papel de "salvadoras", as quais cuidam em excesso do tipo 4, às vezes até se esquecendo de si mesmas. Na verdade, de um jeito ou de outro — seja pelo papel de vítima, pelo papel de agressor ou pela imagem exótica, especial e envolvida em uma névoa misteriosa —, o tipo 4 acaba por atrair profundamente a atenção das pessoas que se dispõem a estreitar o contato com ele.

No extremo, quando magoado ou ferido pela dor do abandono ou da rejeição, o tipo 4 pode mostrar raiva, ódio e uma habilidade afinada de ferir o outro em seu ponto mais dolorido, com precisão, seja com uma palavra certeira ou um ataque físico. Quando isso acontece, depois que a emoção esfria e a razão volta à tona, normalmente há um grande movimento de culpa e arrependimento por parte dele.

A.7 Motivação e Valores

Valores são o combustível para realizarmos nossa jornada na vida, são as coisas que acreditamos serem muito importantes para nós. Nós nos motivamos sempre que eles estão presentes conosco. A personalidade do tipo 4 do Eneagrama costuma valorizar fundamentalmente:

- Significado maior, missão pessoal, beleza, estética, requinte, arte, glamour, criatividade, profundidade, relacionamentos, intensidade, ser especial, ser único, individualismo, ideais românticos, sensibilidade, inovação, exotismo, autenticidade, simbolismo, calor humano, contribuição original e pessoal, desenvolvimento do ser humano, conexão ao seu eu maior.
- Necessidade de enxergar uma ligação entre seus esforços e uma visão superior. Sua maior motivação aparece quando está conectado a um senso de propósito, a um senso de que o seu trabalho tem a ver com um significado maior, uma contribuição para o mundo que vai além dele.
- Aprecia a liberdade na maneira de executar suas tarefas, buscando bastante o reconhecimento dos outros — de preferência *feedbacks* explícitos e pessoais que acentuem a sua sensação de pertencer e de ser especial e único.
- Motiva-se pela possibilidade de dar um toque especial às coisas, fazer diferente, expressar sua criatividade, deixar as coisas mais belas e mais artísticas.
- Acha importante estar longe do rotineiro, do igual e buscar sempre o diferente.
- Dá o melhor de si quando sente a possibilidade de oferecer sua contribuição pessoal, especialmente para desenvolver o que cada um tem de particular. Calor humano e sensibilidade nos relacionamentos aprofundam sua vontade de estar em um ambiente e contribuir com uma causa.

A.8 Dádivas

O tipo 4 representa tudo que nós temos de mais original, criativo, autêntico e especial. São pessoas que valorizam o ser humano, suas buscas pessoais e sua necessidade de fazer as coisas porque gosta, porque se identifica com elas, porque acredita que o que está fazendo tem uma razão e um significado capazes de contribuir para uma vida melhor, uma empresa melhor.

São idealistas e não se contentam com pouco. Por essa razão, procuram melhorar a si próprias e identificar falhas a serem superadas em todos os lugares. Procuram também realizar o sonho impossível, o inovador e deixar os ambientes mais agradáveis, belos e requintados. Ao buscar o elemento especial e único, os tipos 4 criam o diferencial para sua empresa, seus produtos e as pessoas a sua volta. Dão cores e alma à vida, que se torna uma experiência artística e cheia de sensações.

As pessoas do tipo 4 fazem com que despertemos uma necessidade de viver a vida intensamente, de se apaixonar pelo que fazemos, de ser autênticos em nossas emoções e de acordar para a verdadeira sensação de estarmos vivos. Elas se tornam um modelo que nos mostra que a vida tem um significado e que o ser humano está no centro desse significado, apropriando-se da vida como um presente e uma experiência única de beleza e de grandeza. Trazem para a vida criatividade, paixão, intensidade, glamour, beleza, expressividade e significado.

Quando trilham um caminho de desenvolvimento pessoal e, aos poucos, se reconectam à sua verdade mais profunda, as pessoas do tipo 4 começam a expressar uma profunda conexão interna e espiritual com a fonte de todas as coisas, vivendo centradas em si mesmas. Elas expressam uma fina qualidade de equilíbrio emocional e um sentimento de que não há superioridade ou inferioridade entre as pessoas, mas apenas a diferença.

B Eneagrama para Líderes©

Nesta seção, são tratados alguns dos temas mais relevantes na nossa atuação no mundo empresarial: comunicação, postura, equipes, ambiente de trabalho, *feedback*, tendências e desenvolvimento da liderança. São abordados também hábitos automáticos, estratégias, armadilhas e dicas para o uso do Eneagrama como sistema de autoconhecimento e autodomínio, bem como de compreensão dos outros. Tudo isso é trabalhado em prol do desenvolvimento sustentável da atuação profissional, como decorrência do crescimento pessoal.

B.1 Comunicação e Postura

A energia de profunda intensidade emocional do tipo 4 aparece em uma respiração no peito, uma postura altiva, refinada que, muitas vezes, passa a sensação de arrogância. Quando conversa com você, ele pode se emocionar e se sensibilizar com a maior facilidade, levando a conversa para os sentimentos, as emoções e a sua experiência interna.

Seu tom de voz, seus gestos e seus movimentos se alternam de acordo com suas emoções, as quais variam de alegria e abertura a fechamento, lamentação e dramatização. Ele parece escolher a dedo cada palavra que usa. Além disso, pode haver períodos de silêncio carregados de sentimentos profundos, e seus olhos parecem ser cobertos por uma névoa, como se estivessem cheios d'água.

A linguagem do seu corpo expressa suas emoções e sua intensidade, como se estivesse mergulhado dentro de seu próprio mundo escolhendo as palavras para serem ditas. Movimentos ou olhares podem indicar a vontade de ter atenção especial, às vezes exclusiva. Seu andar costuma ser cheio de curvas, que nas mulheres aparecem como uma leveza, um rebolado e uma graça.

Seguindo sua tendência de autocentramento, os tipos 4 usam com frequência palavras como "eu" e "meus", bem como outras referências a si mesmos, seus sentimentos e suas histórias. Eles costumam fazer a conversa girar em torno de si, permanecendo no centro das atenções. Isso pode passar a imagem de que supervalorizam a própria história, não dando valor à dos outros. Também dão um jeito de comunicar, de maneira verbal ou não verbal, que desejam uma atenção especial e, por vezes, exclusiva das outras pessoas.

Outra característica dos tipos 4 é que eles podem debochar dos outros e da realidade comum, falando como se estivessem em um mundo de sonhos e usando imagens, símbolos e metáforas. Podem também se irritar com conversas que não acham importantes para eles ou que abordam assuntos do dia a dia — em sua visão, trata-se de algo pequeno demais para a sua "especialidade".

Paradoxalmente, os tipos 4 podem se conectar a uma outra pessoa com uma empatia e uma compaixão profundas, estabelecendo vínculos, ouvindo e sentindo as histórias dela, especialmente se estas forem dolorosas e difíceis. Do mesmo modo, é fundamental que eles se sintam sentimentalmente conectados a essa pessoa, para que flua uma boa comunicação e que se achem emocionalmente compreendidos em seus sentimentos. Somente dessa forma é possível ter abertura para uma comunicação efetiva com as pessoas do tipo 4. Muitas vezes, elas sentem que foram incompreendidas pelos outros ou mesmo que não se comunicaram com clareza, quando, na verdade, apenas não receberam o retorno e a empatia que esperavam. Na comunicação com pessoas que têm dificuldade em acessar sentimentos ou que os acessam pouco, é comum despertar no tipo 4 esse sentimento de incompreensão e desvalorização.

Não raro o tipo 4 quer esgotar um assunto, insistindo na discussão dele até o final, mesmo que as outras pessoas não queiram levar a conversa adiante no momento. Ele costuma avaliar as próprias conversas, levando em conta quanto a outra pessoa demonstrou empatia e valorizou os sentimentos que ele expressou e sentindo-se rejeitado em conversas em que o outro não mergulhou tão profundamente quanto ele. Para o tipo 4, é como se a devida importância a ele não tivesse sido dada, como se ele não tivesse sido compreendido. Nesses casos, ele pode, mais uma vez, levar o drama para sua interpretação das coisas.

Os tipos 4 também preferem manter relações intensas com as pessoas com as quais se sentem emocionalmente ligados, sendo um desafio para eles se relacionarem com aqueles com as quais preferem manter trocas pessoais ou contatos diretos em um segundo plano, especialmente no trabalho. Dependendo do relacionamento, eles podem gerar, intencionalmente, distanciamento ou proximidade.

Quando está agitado e confuso por uma enxurrada de sentimentos e pensamentos, o tipo 4 tende a se fechar e ficar calado. Nesse momento, quando os outros se aproximam dele, pode atacar com raiva e rispidez, usando força física ou frases certas, capazes de magoar profundamente o outro, mesmo que não seja ele o "responsável" por seus pesares. Assim, o melhor que os outros têm a fazer é ficar distantes, até que sua raiva e sua mágoa se revezem e se esgotem — o que pode levar um tempo. Quando a emoção passa, o tipo 4 costuma se arrepender do que disse ou fez, entrando em movimento de pensamentos de culpa e autocrítica pelo que aconteceu e analisando pela razão os sentimentos que teve.

Finalmente, as pessoas do tipo 4 costumam valorizar o seu jeito de se vestir e de se apresentar, usando, muitas vezes, roupas requintadas e de grife. Sua decoração e seu estilo remetem à *finesse* e à arte, fazendo parecer que estão "por cima da carne seca". Tudo isso tem a ver com o fato de os tipos 4 procurarem ser vistos como especiais e únicos também na aparência.

B.2 Equipes

A necessidade do tipo 4 de ser especial e diferente pode ser um desafio ao seu papel de membro de uma equipe e à aceitação de um planejamento em grupo. Sua tendência é querer realizar alguma tarefa diferenciada, confiada exclusivamente a ele. Por outro lado, ele preza a importância de cada membro da equipe como indivíduo único, procurando, se possível, o relacionamento direto.

O tipo 4 também quer ser compreendido e saber que seus sentimentos foram levados em conta pelos demais membros da equipe, tendendo a perder a produtividade quando não se sente reconhecido, até como uma maneira de atrair atenção para si. Nesses momentos, ele assume uma posição defensiva e de retaliação. Sua sensibilidade excessiva pode tornar-se um fator negativo, ao fazer com que ele leve para o lado pessoal eventos exclusivamente profissionais, ficando muito perturbado quando se sente rejeitado ou quando é mal interpretado. Uma ideia sua questionada pode parecer um ataque pessoal.

Contudo, quando suas atividades são altamente valorizadas — em especial por pessoas importantes na organização, hierarquicamente superiores aos líderes do projeto específico em que está engajado —, o tipo 4 costuma ficar extremamente motivado. Quando acredita na causa do grupo e se identifica com ela, pode se tornar extremamente competitivo e realizador, empregando grande esforço pessoal e parecendo o tipo 3. Na execução, costuma dividir grandes tarefas e projetos em partes menores. Prefere, nesse caso, fazer parte de uma equipe altamente eficiente, com projetos criativos, podendo se desanimar diante de tarefas rotineiras e corriqueiras, bem como de desafios que pareçam grandes demais.

Quando surgem conflitos na equipe, o tipo 4 acaba se preocupando com os efeitos que isso pode causar nos relacionamentos entre as pessoas e pode ficar incomodado se for envolvido de forma direta na questão. No entanto, sua intuição e sua capacidade de ler os problemas emocionais do outro, sem que estes precisem ser falados, podem fazer com que seja um habilidoso mediador de conflitos rumo a uma solução, principalmente se esses conflitos tiverem origens emocionais.

O tipo 4 também deve tomar cuidado e evitar ficar se comparando com os demais membros da equipe ou concorrendo com eles por atenção, o que desvia seu foco do objetivo prático a ser atingido. Quando isso acontecer, é importante que ele volte a atenção para si, para o que necessita ser feito, para a próxima tarefa que precisa ser realizada dentro do planejamento maior. Ou seja, ele deve tirar o foco do outro e colocar a mão na massa.

Como líder de equipe, o tipo 4 dedica-se à criação de uma estrutura que satisfaça as intenções e os desejos profundos de seus membros, alinhando os talentos a uma visão comum que faça sentido, que valha a pena e que tenha um significado maior para todos. Sob sua liderança, são gerados serviços e produtos de alta qualidade, diferenciados e com um toque de refinamento.

Ele também é apto para lidar com as questões difíceis do grupo e se sente confortável com isso, dando atenção aos assuntos que precisam ser enfrentados e procurando uma solução construtiva. Entretanto, ao se focar excessivamente nas discussões de sentimentos, interpretações e experiências pessoais, bem como no entendimento das razões de determinado problema, o tipo 4 pode se prejudicar como líder da equipe, perdendo não somente integração, mas também a confiança das pessoas de que os objetivos do grupo serão atingidos.

B.3 Ambiente de Trabalho

O tipo 4 costuma gostar de lugares onde possa se sentir emocionalmente envolvido, engajado e reconhecido. Além disso, em geral, aprecia ambientes calorosos nos relacionamentos, que permitem a ele expressar sua criatividade e suas emoções.

A ambientação, o estilo e o requinte também costumam ser muito importantes para o tipo 4, que é meticuloso e atento a cada pequeno detalhe capaz de tornar o ambiente especial e único. Ele é atraído ainda pelo artístico e pelo diferente, pela liberdade de agir à sua maneira e ser dono de suas próprias ações.

Por outro lado, costuma se desmotivar em ambientes rotineiros e "quadrados", tipo linha de produção, onde as pessoas são vistas como números ou elementos substituíveis. De fato, tem dificuldade em lidar com as tarefas de rotina, comuns, que outras pessoas fazem tranquilamente. Podem menosprezar o trivial ou o superficialmente comercial.

Para o tipo 4, é fundamental que se sinta bem no ambiente e com as pessoas do lugar — um sentir mesmo, do coração. Do contrário, nem mesmo a lógica ou suas obrigações são capazes de sustentar sua motivação.

B.4 *Feedback*

O foco fortemente voltado para relacionamentos e sentimentos do tipo 4 vai fazer com que seu *feedback* seja dado de forma pessoal e empática, considerando, além das questões profissionais, o ser humano que o está recebendo. De fato, ele analisa antecipadamente a possível reação da outra pessoa, seus pensamentos e seus sentimentos, levando em conta também os desejos e as aspirações pessoais dela.

Seu medo de magoar, gerar discórdia ou causar raiva pode ser um problema na hora de dar um *feedback* negativo. Seu desafio, nessas situações, é manter a objetividade e sua consideração pessoal em equilíbrio, para passar a mensagem prática que precisa ser dada.

De maneira geral, é importante que o tipo 4 tome cuidado ao dar *feedback* para que não mergulhe e se envolva excessivamente em seus próprios sentimentos, imaginando que sabe de antemão o que o outro está sentindo. Em casos como esse, pode haver uma confusão entre o que ele sente e o que a outra pessoa está, de fato, vivendo naquele momento. É preciso se adequar à energia do outro e se manter centrado em seu propósito inicial para dar o *feedback* com os pés firmes no chão.

Isso não significa, contudo, que o *feedback* deve ser brando e conter mentiras. Pelo contrário: ele deve ser franco e autêntico. O que o tipo 4 precisa é tomar cuidado ao se aprofundar demais na questão e, claro, agregar elementos positivos e leves nesse momento de introspecção.

O tipo 4 também deve evitar a todo custo dar qualquer tipo de *feedback* quando estiver se sentindo emocionalmente carregado, instável ou irritado, mesmo que por outras razões. Suas palavras não serão as melhores possíveis, e ele poderá ferir o outro e carregar um grande sentimento de culpa quando a poeira baixar e a razão voltar à tona.

Ao dar *feedback* para alguém do tipo 4, é importante se lembrar de sua necessidade de estar ali por inteiro e de compartilhar os seus sentimentos em relação à questão, e não apenas os fatos racionais. Ele terá necessidade de se expressar e, algumas vezes, de fazer isso até esgotar o assunto. Nessas horas, é preciso mostrar que está preocupado com ele, que o está ouvindo empaticamente e, em especial, que está procurando compreender porque ele se sente assim.

De modo geral, é necessário manter clareza e honestidade com o tipo 4, colocando as coisas como opiniões e evitando acusações diretas. É necessário também tomar cuidado com sua tendência de levar os comentários para o lado pessoal e senti-los como acusações, bem como estar preparado para entrar no mundo dos sentimentos, da compreensão profunda do outro e da empatia. Se a pessoa que for dar o *feedback* para o tipo 4 não se sentir confortável com emoções e questões difíceis, enfrentará um grande desafio ao tentar gerar uma sessão construtiva para ambos.

É importante aqui lembrar da tendência das pessoas do tipo 4 de só se abrirem para uma comunicação efetiva quando sentem uma conexão emocional com a outra pessoa, e isso deve ser feito de coração para coração. Pessoas excessivamente racionais ou com dificuldade em acessar livremente as suas emoções têm um trabalho consigo mesmas a ser feito antes de poderem usufruir uma profunda comunicação empática com os tipos 4 — e, consequentemente, antes de levarem para eles todos os impactos positivos de um *feedback* construtivo bem dado.

Em resumo, quando o líder do tipo 4 dá *feedback* aos outros, é importante que ele mantenha a praticidade e a objetividade, bem como faça o que precisa ser feito de forma responsável e assertiva, mesmo que haja sentimentos envolvidos. Ele não deve permitir que os sentimentos atrapalhem o que precisa ser dito, mas, em vez disso, deve usá-los a favor do relacionamento e da empatia.

Por outro lado, quando os demais líderes dão *feedback* a uma pessoa do tipo 4, eles precisam se lembrar de que é necessário conectar-se a ela e compreendê-la emocional e genuinamente antes de qualquer comunicação. Somente depois de sentirem que foram compreendidos é que os tipos 4 vão se abrir à mensagem construtiva que os outros desejam passar por meio do *feedback*. Se isso não acontecer, a mensagem não terá o efeito que poderia ter — e haverá uma grande tendência de o tipo 4 interpretar o *feedback* como crítica pessoal.

B.5 Liderança

Nosso estilo de personalidade determina diretamente nosso estilo de liderança, assim como grande parte de nossas formas de atuação no mundo profissional. É comum um líder acabar impondo à sua organização ou à sua área boa parte das características do seu tipo do Eneagrama. Trata-se de um estilo de liderança. Quando temos consciência do nosso estilo e do estilo de outros líderes que interagem conosco, podemos usar esse conhecimento a favor dos relacionamentos interpessoais e do desenvolvimento das equipes, em prol de uma liderança madura e sustentável.

B.5.1 Tendências na Liderança

A liderança como possibilidade de conectar a organização e suas pessoas a um propósito maior, que faça sentido e motive a todos, é uma benção do líder do tipo 4. Quando envolve seu coração em uma causa que tenha significado, ele é capaz de trabalhar duro, orientar, treinar, persuadir e usar toda a sua empatia natural na busca de soluções criativas, de diferencial competitivo e na realização do trabalho com excelência. Por outro lado, alcançar o objetivo final pode desestimulá-lo, fazendo com que perca o interesse e parta para outro ideal, onde possa novamente ter a sensação de que algo está faltando.

Quando conectado a uma causa interna de paixão e valores, ele acaba por inspirar os outros a superar seu desempenho, sua dedicação aos clientes e suas horas de trabalho, principalmente em projetos novos, em grandes mudanças ou em fase de expansão. Ligado à visão comum, pode agir estrategicamente em processos complexos, dividindo metas maiores em intermediárias e acompanhando sua execução. Além disso, precisa da sensação de liberdade para agir, para decidir sobre a maneira de tocar o projeto.

A sensibilidade intuitiva e o senso de empatia do tipo 4 podem ajudar enormemente a desvendar necessidades de clientes internos e externos e a prever tendências de negócios de forma vívida. Outra característica sua é dedica-se profundamente àquilo que atrai seu interesse na organização, podendo mergulhar no conhecimento das diferentes áreas, produtos, processos e sistemas com os quais tem afinidade.

Alguns líderes do tipo 4 podem se tornar bastante analíticos e investigar seus próprios sentimentos e pensamentos, assim como os das outras pessoas, avaliando e reavaliando todo esse agrupamento de informações e de experiências pessoais antes de determinar um curso a seguir. Esse pode ser um movimento de introspecção profunda.

Normalmente, eles não têm problema em assumir a responsabilidade e até a "culpa" por alguma decisão que tomaram. Decisões malsucedidas podem ser frutos de análises excessivamente emocionais ou muito baseadas em suas experiências pessoais e seus valores, muitas vezes supervalorizados em detrimento dos interesses práticos do momento. Isso pode acarretar em seus subordinados uma sensação de que uma injustiça foi cometida.

O foco do tipo 4 em sentimentos e valores humanos também pode dificultar seu exercício da liderança, em especial em momentos em que há mudanças que afetam subordinados com os quais ele particularmente se identifica. Não é raro ele entrar em conflito pessoal, preocupado e dividido entre fazer o que é melhor para a organização e evitar sofrimento e dificuldades para aqueles a quem tem apreço. Isso pode levar a ações que não são prioritárias no seu papel de gestor da mudança.

Da mesma maneira, o tipo 4 pode encarar qualquer resistência à mudança como uma afronta pessoal, experimentando mágoa ao receber críticas ou ser questionado. Ele faz isso sem se dar conta de sua tendência em dramatizar e transformar eventos e *feedbacks* profissionais em questões pessoais, ligadas à sua identidade e aos seus sentimentos. Seu talento para compreender as pessoas, entretanto, pode facilitar o entendimento dos motivos por trás da resistência, possibilitando a ele propor soluções construtivas para que a situação seja contornada.

Alguns líderes do tipo 4, especialmente aqueles que têm um grande foco nas relações pessoais um a um (que o Eneagrama chama de subtipo sexual dominante), podem se tornar altamente agressivos em situações competitivas. Muito parecidos com os líderes do tipo 3, eles são motivados por imagem, reconhecimento e recompensas financeiras e podem, inclusive, chegar a ser duros com pessoas rumo à conquista de seus objetivos. Sua motivação, nesse caso, é tornarem-se especiais, destacados, únicos pela conquista do sucesso, aumentando sua autoestima e o valor que se dão.

De modo geral, contudo, a eterna sensação de não estar sendo reconhecido ou valorizado o suficiente atrapalha a objetividade do tipo 4 na liderança, especialmente quando acredita que, devido ao fato de ser especial, precisaria de mais atenção de seus superiores e da empresa. Embora, por um lado, ele possa de fato não estar recebendo o que merece, por outro, pode se tratar apenas de mais uma armadilha do seu inconsciente, em busca tanto da confirmação da crença "estou sendo abandonado" como de atenção a partir de uma posição melancólica de vitimização ou rebeldia.

Se ficarem entediados ou com a sensação de que já conseguiram o que queriam, os tipos 4 podem voltar-se para outra tarefa, outra área ou até mesmo outra empresa. Caso isso não aconteça, podem tornar-se extremamente críticos às pessoas e ao *status quo*. Outra saída para eles é buscar dinheiro para bancar hobbies que os estimulem emocionalmente ou até para mudar para uma carreira em que ganhe menos, mas que tenha a ver com os ideais de sua causa. De fato, o líder do tipo 4, em especial aquele que tem o subtipo de autopreservação dominante, pode jogar tudo para cima, arriscando alto. Nesse caso, a conquista e o sucesso se tornam atraentes quando ficam novamente difíceis de alcançar. Ele é aquele líder que precisa encontrar um significado pessoal nas coisas que faz.

Líderes do tipo 4 que são visionários e apaixonados podem se sentir desinteressados e perder performance em momentos de rotina e estruturação, assim como quando não percebem um significado maior e pessoal que os cative por trás daquilo tudo — eles se esquecem de que é importante se manterem atentos a todos os pontos necessários na gestão, e não apenas àqueles dos quais gostam ou nos quais veem significado. Durante fases de mudança e desafios, em que sua competência é testada, eles precisam tomar cuidado com sua autoestima e o valor que dão a si mesmos, aprendendo a equilibrar o lado bom e o ruim das coisas e evitando mergulhar em sentimentos negativos. Para isso, são necessários elementos que os lembrem não apenas de ver o lado positivo das coisas, mas também de se permitir e invocar sentimentos positivos e leves quando necessário. Brincar e se divertir mais em seu estilo de liderança pode ajudar os líderes do tipo 4 a tornar as coisas mais leves.

Uma última palavra: os tipos 4 tendem a dispensar mais atenção aos níveis de missão, visão e valores, podendo patinar na hora de levar esses conceitos para os níveis mais operacionais, como estratégias, implementações, táticas, planos de ação e follow-up práticos. Assim, disciplina para elencar e cumprir ações rotineiras e do dia a dia, que fazem parte da realização de projetos maiores, é um ponto essencial de atenção para eles.

B.5.2 Desenvolvimento da Liderança: temas comuns

Cada um dos estilos de liderança do Eneagrama apresenta pontos fortes, dons naturais, que devem ser usados em prol do negócio. Apresenta também pontos de atenção, trilhas de desenvolvimento, que podem trazer grandes ganhos quando trabalhados. A seguir são mostrados alguns temas comuns no desenvolvimento da liderança desse estilo:

- Conectar o negócio e a atividade da liderança a um propósito maior, que seja profundamente significativo ao líder do tipo 4. Esse é o seu maior motivador, além de ser condição fundamental para que seja um grande líder.
- Diminuir as oscilações emocionais, mantendo maior objetividade e razão para assuntos práticos e comuns.
- Manter a motivação nos momentos em que for necessária a execução de tarefas rotineiras. Para manter-se motivado nas tarefas do dia a dia, é importante o líder do tipo 4 conectar sua visão e missão a cada tarefa específica do projeto que se apresentar, compreendendo sua parte na construção do todo maior.
- Encarar críticas construtivas e questionamentos externos como oportunidades de melhoria, evitando a tendência de abalar-se pessoal e emocionalmente com isso.
- Aceitar e integrar, dando o devido valor e atenção aos elogios e *feedbacks* positivos que recebe, evitando minimizá-los em relação aos negativos.
- Tomar cuidado com a idealização excessiva de um cargo, de uma empresa ou de um projeto, equilibrando a busca por ideais maiores e a constatação de que a realidade nem sempre é tão colorida quanto o sonho.
- Valorizar a si mesmo e o que já conquistou. Olhar ao redor e ver tudo o que já tem de bom, principalmente as coisas simples, sem comparar-se com outros líderes da organização. Manter-se no momento atual, diminuindo os devaneios com o passado e com o futuro.
- Manter o foco nas pessoas ao redor e na realidade externa quando estiver em "inferno astral", tomando cuidado para não mergulhar demais em si mesmo e desconectar-se dos outros. O líder do tipo 4 precisa tomar cuidado com a reação agressiva e impulsiva, que pode atacar os outros e gerar mágoa, discórdia e culpa. Ele precisa de um tempo para processar as emoções e, então, usar o raciocínio lógico antes de apegar-se aos seus sentimentos ou aos dos outros.

- Praticar a separação de seu relacionamento profissional e pessoal na empresa, quando isso for necessário, tomando cuidado com sua necessidade de estabelecer vínculos emocionais com os outros. Isso é particularmente importante ao lidar com tipos do Eneagrama que podem se incomodar com essa necessidade em excesso (tipos 5, por exemplo).
- Fazer uso de humor e leveza diante das situações mais difíceis da empresa, tomando cuidado com a seriedade e o aprofundamento no problema, que podem instalar um clima pesado no grupo — existe um equilíbrio necessário entre momentos e reações excessivamente pessoais e excessivamente sérios.
- Adotar uma rotina e uma metodologia para dar *feedback* negativo (construtivo) aos seus subordinados sempre que isso for necessário, mantendo as críticas objetivas e lidando com o próprio receio de magoar ou revoltar aquele que recebe a mensagem.
- Ser mais claro e direto na comunicação com a equipe, sabendo que há pessoas que precisam de diretrizes específicas e explícitas para a realização de suas tarefas dentro do projeto.
- Ter claramente em mente o que gosta e o que não gosta de fazer no trabalho. Manter o foco e a persistência para dar atenção ao que não gosta de fazer quando isso for necessário.
- Comemorar e valorizar cada conquista, mesmo as pequenas, e demonstrar isso para a equipe. Permanecer um bom tempo curtindo o gosto de ter conseguido, evitando assim desmotivação e desilusão ("Agora que eu consegui, percebo que não era bem isso que eu esperava"), que podem se refletir em desânimo para o grupo.
- Trabalhar com profundidade a tendência de ser um líder autocentrado, que se preocupa muito mais com seus próprios sentimentos, relacionamentos e desejos do que com os das outras pessoas. Saber o momento de começar a se doar mais aos outros, a construir uma liderança que ajuda outras pessoas a conquistarem seus objetivos e que se sente realizada por isso. Focar mais na realização da equipe, da empresa e menos na sua.
- Trazer positividade e constância para a liderança, tomando consciência do desgaste que gera para si mesmo, para a empresa e para a equipe a constante gangorra de emoções, de realizações e de performance. Distinguir os momentos em que a radicalidade, a genialidade e a ousadia são necessárias e bem-vindas dos momentos em que tudo que se precisa em prol da

empresa e da equipe é a constância, a manutenção e a praticidade.
- Lembrar-se de que a liderança só tem sentido porque há pessoas sendo lideradas e de que não existe um líder sem pessoas que optem por segui-lo. Entregar-se à liderança servidora.

C Caminhos de Desenvolvimento

O Eneagrama não é apenas um sistema que descreve tipos ou tendências de personalidade. Ele é também um sistema completo e complexo de desenvolvimento, que aponta caminhos viáveis e produtivos de expansão da nossa personalidade e de libertação de hábitos limitantes, permitindo nosso crescimento integral como profissional e ser humano. Com ele, não só descrevemos a cela, mas também mostramos o mapa de saída da prisão pelo acesso mais indicado — só não podemos caminhar pelos outros.

Como parte do mapa de crescimento, apresentamos a seguir os desafios e as práticas recomendadas, além de uma metáfora e de uma oração perfeitamente adequadas para o caminho que precisamos trilhar no nosso desenvolvimento pessoal.

C.1 Desafios Gerais de Crescimento

O tipo 4 pertence à tríade das emoções (ou imagem) do Eneagrama, estando ligado ao ponto 1 (seu ponto de segurança ou impulso) e ao ponto 2 (seu ponto de estresse ou desafio). Possui como asas (vizinhos no círculo) os pontos 3 e 5.

Seu primeiro movimento deve ser de acesso a características do ponto 1, ligado ao desenvolvimento de praticidade no relacionamento com a vida. Com isso, sua energia oscilante e emocional do coração distribui-se para o corpo e ele pode, então, entrar em ação — fazer o que precisa ser feito, mesmo que isso seja rotineiro, comum demais ou chato; fazer uso da disciplina para organizar suas ações, bem como para realizar as tarefas e atingir as metas necessárias para efetuar, de fato, seus ideais criativos. Ele desce das nuvens coloridas e sobe dos buracos negros para o mundo real, onde pode se preencher e se satisfazer de verdade ao realizar seus propósitos e sua visão cheia de significados. Vive o agora e faz a tarefa de agora, com menos devaneios no momento da ação.

O movimento seguinte do tipo 4 é em direção ao ponto 2, quando ele tira a energia de seu peito concentrada em suas próprias emoções e experiências e a coloca em direção às experiências e às necessidades dos outros. Trata-se de um movimento de sair do mergulho isolado em seu mundo interno e saltar para fora, olhando para os outros, entendendo suas reais necessidades, os enxergando e os aceitando. Nesse momento, o tipo 4 passa a dedica-se aos outros tanto quanto se dedica a si mesmo. Ele passa também a incentivar as conquistas dos outros e a ficar feliz com a realização deles. Naturalmente, ele se desapega da sensação de que algo está faltando, de vazio e de abandono e se sente preenchido.

De suas asas, os pontos 3 e 5, também há integração e aprendizados a serem realizados. Do ponto 3, o tipo 4 deve integrar a busca pelas conquistas, a superação, a confiança e a determinação para atingir suas metas. Do ponto 5, ele deve buscar a uso da razão e do intelecto para tomar decisões, assim como a estabilidade emocional, o conhecimento e a informação.

Pode ser um grande desafio para o tipo 4 satisfazer-se com a vida que tem. Há uma constante insatisfação com as pessoas, com as coisas e consigo mesmo, o que torna muito difícil para ele valorizar aquilo de simples que já tem. Aqui, a questão é não se apegar a essa sensação, não se perder nela, caindo em desânimo e falta de motivação. É verdade que há um ganho para o tipo 4 ao desmotivar-se ou boicotar-se: ele se torna vítima do mundo externo, chama a atenção dos outros para si e se transforma em alguém especial. Isso, contudo, afeta aqueles com quem o tipo 4 se relaciona, que podem se desdobrar para satisfazê-lo sem nunca de fato conseguir. O tipo 4 deve aprender a valorizar aquilo que recebe dos outros e agradecer explicitamente, mesmo que não seja "tudo aquilo que sonhou". A atitude real é mais importante que a idealização.

O grande desafio para o tipo 4 é manter o ânimo e as ações práticas. Ele precisa encontrar aquilo que o motiva e traçar um plano concreto para chegar lá, mantendo-se perseverante diante das desilusões que com certeza vão aparecer ao longo do caminho e até mesmo após a conquista do objetivo. Deve educar seus olhos para encontrar beleza naquilo que já tem e que é real e palpável. Deve tornar-se responsável por manter sua própria motivação. Deve também evitar as lamentações e o drama baseados em circunstâncias que não pode mudar, focando naquilo que depende exclusivamente de si mesmo e fazendo sua parte agora, sem tantos questionamentos e com persistência nos momentos de desânimo ou falta de significado — se deseja realizar seus sonhos, na alegria ou na tristeza, ele deve aprender a continuar.

O tipo 4 também deve se esforçar para praticar uma comunicação clara com outros, não partindo do princípio de que imagina o que os outros sentem ou de que os outros imaginam o que ele sente. Deve haver conversa, diálogo e expressão clara em palavras antes de conclusões próprias baseadas em sentimentos. É importante elevar todo esse mundo de sonhos e de sensações a um patamar de comunicação específica, que possa ser entendido pelos outros — ou seja, é importante traduzir a arte em palavras ou desenhos claros.

Também é um desafio para o tipo 4 mudar de verdade. Muitas vezes, ele fica limitado pela crença de que, se mudar, se perder as características que tanto o fazem "único", perderá a sua individualidade e se tornará igual aos outros. Essa crença pode se tornar algo altamente limitante em seu caminho de crescimento, já que uma parte sua, mesmo que inconscientemente, não vai querer mudar e pode boicotar o processo, entrando em conflito com a outra parte que quer crescer, se desenvolver e se desidentificar do tipo.

Nesse sentido, é importante o tipo 4 compreender que o que nos torna únicos é a nossa essência espiritual e que isso nada tem a ver com nossos comportamentos, reações, habilidades e aparência. Podemos mudar nossos comportamentos, nossas crenças e até nosso modo de ver o mundo e, ainda assim, a individualidade da nossa essência permanecer inalterada e maravilhosa. Nós não somos nossos comportamentos, não somos nossas reações, não somos nem mesmo o que acreditamos hoje, pois tudo isso muda com o processo natural de desenvolvimento. Nós somos muito mais do que tudo isso.

Seja como for, é um tremendo desafio para o tipo 4 não se comparar com os outros. Ele pode perder muito tempo e muita energia olhando para os outros e sentindo que eles têm coisas que ele não tem — um trabalho melhor, uma maior autoconfiança, mais atenção do chefe, mais desenvoltura ao falar com os outros. O desafio é educar-se a abandonar esse desperdício de energia e voltar o foco para si mesmo. Independentemente do que o outro é ou faz, o tipo 4 deve se perguntar qual o próximo passo em seu desenvolvimento, o próximo passo que não depende de mais ninguém. Ele deve se comparar apenas a si mesmo e perguntar: "Como eu posso ser melhor hoje do que eu fui ontem?" Essa é a única resposta construtiva e que o interessa. Ao perguntarem ao sábio qual era a melhor fruta do mundo (mamão, maçã, banana, limão, pera e todas as demais), ele simplesmente respondeu: "Depende de qual suco escolhermos hoje para o almoço".

C.2 Práticas e Exercícios de Desenvolvimento

As práticas a seguir são sugestões diretas para as pessoas do tipo 4. Se você é desse estilo do Eneagrama, vai se beneficiar enormemente com a adoção de uma ou mais delas como rotinas de desenvolvimento, de modo que passem a fazer parte de sua agenda no dia a dia. Crescimento não é uma tarefa difícil, mas exige, sim, compromisso e priorização:

- Reconheça que sua atenção vai para aquilo que não tem e que, ao se concentrar tanto nisso, acaba desvalorizando ou simplesmente nem percebendo o que já tem.
- Considere essas quatro áreas: carreira, relacionamento amoroso, amizades e bens materiais. Crie duas listas para cada delas, respondendo: (1) Quais coisas eu já tenho nesta área que me satisfazem plenamente? (2) Quais coisas ainda estão faltando nesta área para que eu fique satisfeito? É importante responder intuitivamente como se sente em relação a cada área. Preste atenção em sua tendência de focar-se muito mais nas coisas que ainda estão faltando.
- Adquira ferramentas práticas ligadas à gestão do tempo e à organização. Use uma agenda predefinida na semana para orientar suas atividades, incluindo as rotineiras. Essa agenda deve incluir as atividades que são importantes e que você não gosta de fazer. Deve ser apontada uma meta clara de resultado e dedicação de tempo para cada uma dessas atividades.
- Faça uma lista das coisas que você não gosta de fazer no seu trabalho, assim como das que gosta. Certifique-se de que também haja tempo dedicado para as atividades de que não gosta.
- Faça trabalhos voluntários que exijam dedicação de tempo para ajudar os outros. Pode ser em uma creche, em um hospital ou em qualquer outra causa com a qual você possa se comprometer e que possa se disciplinar para seguir.
- Reeduque o seu pensamento para se encorajar e se elogiar mais. Diga para você mesmo várias vezes por dia e escreva em lugares onde possa ler sempre frases como: "Você tem muito valor", "Você é amado por várias pessoas", "Você tem uma vida cheia de coisas boas", "Você teve um ótimo resultado".
- Dedique-se a atividades altamente criativas e que expressem suas emoções. Se não tiver isso em sua carreira, dedique-se a um hobby. Você pode tocar um instrumento, cantar, pintar quadros, desenhar, escrever poesias e participar de peças de teatro, expressando toda a sua intensidade.
- Pratique yoga, esforçando-se para manter a atenção e a concentração no presente. O mesmo vale para outras práticas corporais e de respiração consciente, como a técnica do renasci-

mento. O importante é estar conectado e consciente em relação ao corpo.
- Pratique técnicas e atividades de enraizamento e disciplina, como aikido, judô e tai chi chuan.
- Pratique esportes que exijam perseverança, constância e disciplina, como natação e balé clássico. Esportes coletivos também são importantes.
- Arrume a mesa do escritório e o quarto diariamente. Faça isso todas as vezes que começar a sentir a intensidade e o vazio emocional, mesmo que seja difícil a princípio. Perceba como esse vazio diminui quando a atividade prática e rotineira é realizada. Seja persistente e disciplinado para fazer isso.
- Sente-se na sala de sua casa e preste atenção em todos os detalhes de que gosta exatamente do jeito em que estão. Faça o mesmo na cozinha, no quarto, no jardim.
- No próximo encontro com a esposa, o marido, o namorado ou a namorada, passe todo o tempo prestando atenção nas qualidades dessa pessoa que você admira. E diga a ela quais são essas qualidades.
- Marque um encontro com um amigo ou alguém da sua família que você poderia ajudar. Dedique um tempo a apenas ouvi-lo, sem encaminhar a conversa para os seus assuntos, e ajude-o como puder.
- Invista em autoconhecimento. Faça cursos, frequente grupos ou vá à terapia. Descubra que, com disciplina, perseverança e pé na realidade, é possível conquistar sonhos e deixar você mesmo e os outros à sua volta mais felizes.
- Pratique a simplicidade de vez em quando: use roupas comuns, interaja com pessoas comuns e visite lugares comuns, onde você não se sinta o centro das atenções.
- Participe de grupos ou comunidades de trabalho mútuo, onde você apenas faz parte da equipe, sem se destacar ou se sentir de fora ou abandonado.
- Pratique falar menos de suas experiências nas conversas. Diminua o número de "meu", "minha", "eu" e assim por diante.
- Assista mais a comédias no teatro e no cinema, de preferência àquelas bem bobas e superficiais, para equilibrar sua profundidade.
- Perdoe mais rapidamente. Não abra a boca para dizer nada para alguém quando estiver magoado ou com raiva. Espere passar. Você vai machucar o outro, se arrepender depois e gastar tem-

po se culpando. Diga tudo somente depois que a tempestade tiver passado e você já foi capaz de ponderar sobre a questão.
- Deixe claro para as pessoas que convivem com você para não insistirem no diálogo quando você estiver em seu "inferno astral". Elas precisam aprender a esperar a maré passar.
- Perceba como as pessoas que o amam tentam e tentam satisfazê-lo e muitas vezes não conseguem. Imagine o tamanho da frustração! Demonstre sua gratidão a elas.
- Não leve a si mesmo nem à sua imagem tão a sério. Faça piada com os seus próprios dramas e exageros emocionais. Isso vai ajudar muito.

Metáfora

O jardim do rei

Um rei foi passear pelo seu jardim e encontrou as árvores, os arbustos e as flores definhando e morrendo. O carvalho disse que estava morrendo porque não podia ser tão alto como o pinheiro. Já o pinheiro murchava porque era incapaz de dar uvas como a parreira. E a parreira morria porque não podia desabrochar como a roseira.

Tudo era tristeza... Então, o rei olhou pra um canto do jardim e viu uma planta florida, linda e viçosa, como nunca vira antes. Era o amor-perfeito. O rei resolveu conversar com ela, que lhe deu a seguinte explicação:

— Quando me plantou, você queria um amor-perfeito. Se quisesse carvalho, teria plantado um carvalho; se quisesse uma parreira, teria plantado uma parreira; se quisesse uma roseira, teria plantado uma roseira.

Eu nunca me esqueci disso: como não posso ser ninguém além do que eu sou, resolvi ser quem eu sou da melhor maneira possível.

Autor desconhecido

Oração

Senhor Deus,
Agradeço-te porque me deste um olhar entusiasmado pela beleza
E uma sensibilidade especial em relação ao coração humano.
Ajuda-me a ver nas coisas simples
Que a realidade do dia a dia
Está repleta das maravilhas da Tua presença.
Ajuda-me a viver no momento presente

E a reconhecer que minhas lágrimas e meus sorrisos,
Minha alegria e minha dor de ser o que sou,
Fazem parte do teu plano de amor para o mundo e para mim.
Ensina-me o caminho da autoaceitação,
Mostrando que a minha originalidade
É ser eu mesmo, como imagem e semelhança Tua
E que serei diferente, sendo igual aos outros.
Ensina-me a ser livre em relação aos meus sentimentos e caprichos,
Comprometendo-me mais com os outros na ação e no presente,
Para aí encontrar a presença do teu amor.
Amém.

Domingos Cunha
(CSH), *Crescendo com o Eneagrama na espiritualidade*. São Paulo: Paulus Editora, 2005, p. 396.

Tipo 5
O Líder Analítico

"Eu me transformo em uma espécie de máquina que observa fatos e processa conclusões."
Charles Darwin

"O importante é não parar de perguntar."
"É estranho ser tão conhecido universalmente e, ainda assim, ser tão só."
Albert Einstein

"Meu pensamento sou eu, e é por isso que eu não consigo parar de pensar. Eu existo porque eu penso e eu não consigo deixar de pensar."
"Se você está solitário quando está sozinho, então está em má companhia."
Jean-Paul Sartre

"Pessoas que levam uma existência solitária sempre têm em sua mente coisas que estão ansiosas para dizer."
Anton Chekhov

Mapa da psique*

No Domínio da Personalidade

- *Vício mental (filtro mental ou fixação):* Economia — pensamento fixado em controlar, organizar e planejar os próprios recursos por apego e por um receio de que não haverá o suficiente se houver desperdício. Esse filtro de pensamento pode se aplicar à economia (viver com menos, usar só o necessário) em diferentes áreas da vida, variando de pessoa para pessoa. Entre essas áreas, estão: espaço, tempo, dinheiro, energia, recursos materiais, palavras e emoções.
- *Vício emocional (paixão):* Avareza — uma sensação emocional de que é necessário retrair-se, apegando-se ao pouco que tem e protegendo-o, de que tornar o coração bem pequenino e protegê-lo por muralhas é a melhor maneira de preservá-lo de um mundo avassalador. Aparece também como um apego a uma necessidade de saber, entender e conhecer para preencher o mundo emocional.
- *Mecanismo de defesa da personalidade:* Isolamento Emocional — evita criar ligação afetiva profunda com os outros, mantendo-se e protegendo-se no mundo conhecido, previsível e controlado da razão.

Em contato com um Estado Superior

- *Percepção mental superior:* Abundância — percepção direta da realidade a partir de uma mente em estado equilibrado de clareza. Constatação de que os recursos e a energia estão disponíveis para si e para os outros em abundância e de que eles fluem livre e continuamente, de modo que não há necessidade de economizar envolvimento com a vida — até porque, quanto mais nos envolvemos, mais recebemos.
- *Percepção emocional superior:* Não Apego — percepção emocional de qualidade superior (virtude) de que não há necessidade de se apegar emocionalmente a nada na vida: espaço, conhecimento, pessoas ou qualquer coisa que pareça preencher um vazio. Constatação de que basta se colocar em fluxo com o universo, aceitar sua parte e deixar fluir o todo através de si, sendo, dessa forma, parte de um *continuum* infinito.

*Os nomes do mapa da psique são adaptações dos originais de Oscar Ichazo, Claudio Naranjo e Helen Palmer.

Eneagrama das Personalidades

De acordo com o George I. Gurdjieff, a maioria de nós vive a maior parte do tempo sob o domínio das características da personalidade — um conjunto de tendências de pensamentos, emoções, impulsos físicos, comportamentos, estratégias, crenças, valores e até mesmo um senso particular de identidade.

Essa personalidade, cujo início da formação se dá em nossa mais tenra infância e segue se cristalizando até nossa fase adulta, funciona como uma espécie de máquina biológica: de tanto "usarmos" essa personalidade, passamos a nos identificar com ela, como alguém que adquire o hábito de usar por anos a fio a mesma roupa e não consegue se imaginar sem ela, acreditando que não será a mesma pessoa se não estiver com aquela roupa, acreditando que aquela roupa faz parte do seu "ser".

Assim é o nosso tipo do Eneagrama. Cada um dos tipos representa um traço principal de personalidade, e nosso tipo é uma máquina que usamos tanto e há tanto tempo que muitas das suas características parecem nos definir. Dar-nos conta disso pode nos ajudar a testar roupas novas, expandir nossa coleção e mudar nossos hábitos de moda. Pode nos ajudar também a compreender que as outras pessoas simplesmente preferem e usam roupas diferentes das nossas. É mais fácil e torna-se um grande aprendizado viver assim.

Nesta seção, são apresentadas as prováveis características da roupa que as pessoas do tipo 5 costumam usar. Pode haver variações aqui e ali. Pode haver dias em que elas resolvem que uma blusa diferente é exigida em um evento especial ou mesmo que a roupa para ficar em casa pode ser mais velha e relaxada. Ainda assim, na maior parte do tempo, elas insistem em usar a roupa do seu tipo.

Nomes Comuns

O observador, O analítico, O racional, O reservado, O introspectivo, O curioso, O especialista, O pensador, O buscador de conhecimento, O lógico, O buscador de privacidade.

Pessoas Famosas

Bill Gates, Mark Zuckerberg, Chico Buarque, Albert Einstein, Charles Darwin, Amir Klink, Meryl Streep, David Linch, Stephen King, Stephen Hawking, Isaac Asimov, Geraldo Alckmin, João Gilberto, Tim Burton.

Essência e Personalidade

O estado mental superior (em essência) do tipo 5, chamado aqui de Abundância — que é a compreensão direta de que os recursos e a energia estão disponíveis para todos e fluem livre e continuamente —, é perdido de vista na formação de sua personalidade. Ele desenvolve uma percepção mental, um filtro de realidade chamado de Economia, que o conduz a um pensamento recorrente fixado em controlar, organizar e planejar, por apego, os próprios recursos (espaço, tempo, conhecimento, energia, dinheiro). Por trás disso, está a formação de uma crença limitante muitas vezes inconsciente, segundo a qual não há recursos suficientes para todos na natureza e, por isso, é preciso economizar e controlar para garantir que não se fique sem nada.

Essa tendência mental se conecta a uma paixão chamada Avareza, um apego a uma necessidade de saber, entender e conhecer para preencher o mundo emocional. Esse apego pode também aparecer em relação a uma pessoa, a um estilo de vida e até mesmo a uma emoção. Mas a Avareza é também uma economia na expressão dos sentimentos, na conexão emocional — os relacionamentos não são desfrutados completamente, mas com uma economia de envolvimento e controle racional.

Essa paixão (emoção viciada) mostra um esquecimento da virtude emocional chamada Não Apego, um sentimento superior nobre de que não é necessário se apegar a nada nem economizar envolvimento emocional, bastando apenas deixar as coisas fluírem e aceitar a sua parte nisso tudo. Ou seja, não há necessidade de se apegar a conhecimentos, bens materiais, pessoas, pois o fluxo é contínuo e sempre haverá mais.

Como mecanismo de defesa dessa personalidade, que tem como função perpetuá-la, está o Isolamento Emocional. Trata-se de uma distância automática que o tipo 5 mantém do contato imediato com as próprias emoções, especialmente dos relacionamentos, evitando criar uma ligação afetiva profunda com os outros. Essa é uma das estratégias da personalidade para se proteger no mundo da razão, da lógica, que é mais previsível e controlável do que o irracional mundo do coração. O tipo 5 muitas vezes refugia-se da vida e das experiências emocionais por meio da criação de modelos mentais, pensamentos e até análises lógicas das próprias emoções. Há uma desconexão das emoções fortes no momento em que elas surgem, o que faz com que precise de uma privacidade posterior para entender o que está sentindo.

A evolução da personalidade 5, como será visto mais adiante, passa por ela sair da observação e entrar na experiência da vida, a qual pode ser imprevisível para a mente. Também tem a ver com a recuperação de suas sensações corporais, suas emoções e com uma vida regada em abundância, mergulhada na crença poderosa de que há e sempre haverá um fluxo contínuo de recursos e de amor para todas as pessoas, o qual nunca vai acabar. Isso não pode ser entendido pelo tipo 5 — deve ser sentido.

Tendências de Características da Personalidade

Apoiado em sua crença fundamental de que é necessário controlar os recursos, o envolvimento com as pessoas e a energia para que não haja um desgaste exagerado, o tipo 5 desenvolve uma personalidade que dá extremo valor à lógica, à razão e à análise das informações, considerando-as os princípios mais confiáveis na tomada de decisão e na resolução de problemas na vida. Tudo percorre o filtro da razão cartesiana.

São pessoas que, geralmente, apreciam o estudo aprofundado, o aprendizado e a coleta de informações úteis para a vida prática, assim como a inteligência e o entendimento físico das coisas. São extremamente sensíveis ao uso de seus recursos pessoais, em especial o tempo, que elas detestam ver desperdiçado. Dessa forma, costumam antecipar mentalmente a quantidade de tempo e de envolvimento que gastarão com pessoas e lugares, ficando bastante incomodadas quando há alterações não previstas em relação àquilo que haviam planejado — surpresas desse tipo não costumam ser bem-vindas.

A necessidade de privacidade e isolamento para carregar as baterias varia de pessoa para pessoa. De modo geral, gostam de estar sozinhos (e precisam estar) pelo menos uma vez por dia, seja no quarto ou no escritório, seja na rua ou no sítio, quando caminham para pensar, entender as coisas e até analisar as próprias emoções. Costumam afirmar que apreciam essa solitude e que se fortalecem nela, apesar de, nesses momentos, parecerem isolados para os outros. De fato, pode ficar difícil para alguém que não é do tipo 5 entender como eles realmente se sentem bem em seus momentos solitários. Aliás, não ter isso pode levá-los ao estresse e ao desgaste físico e mental.

Seja como for, esse distanciamento emocional e, às vezes, físico, seguido de um mergulho em seus próprios pensamentos, pode ser recebido pelas outras pessoas como falta de conexão, falta de interesse, rejeição e até mesmo frieza. Isso acontece nos relacionamentos pessoais e também nos profissionais — por exemplo, gestores do tipo 5 costumam dar muito menos feedback (especialmente positivo) e ter muito menos proximidade emocional do que sua equipe gostaria. Sua vontade de distanciar-se é comunicada aos outros mesmo de forma não verbal, como um convite inconsciente para que as pessoas não invadam o seu espaço.

O tipo 5 pode isolar-se no meio de uma multidão: ele pode estar ali de corpo presente e até balançar a cabeça como se tivesse ouvindo, porém, caso o assunto não for de seu interesse ou não agregar nada ao seu conhecimento, seus pensamentos estarão bem distantes.

Essa característica tende a colocar o tipo 5 como um observador, que pode ficar analisando a festa em vez de jogar-se na pista de dança. Ele encontra segurança e previsibilidade em seu mundo mental, mas também se priva de uma série de experimentos e descobertas, muitas vezes confundindo "ler sobre um assunto" com "viver um assunto". Sua mente pode convencê-lo de que sabe nadar porque leu o livro mais sofisticado que existe sobre o tema e entendeu a lógica da densidade da água, da flutuação e dos movimentos de braçadas, levando-o a jamais pular na piscina e sentir no corpo as sensações e as emoções da água.

Sua lógica treinada e sua necessidade recorrente de entender as coisas segundo modelos mentais formam alguém que, em geral, dá um profundo valor ao conhecimento científico. Muitas vezes com uma sensação de que sabem mais do que os outros, os tipos 5 costumam prestar atenção às pessoas com quem se relacionam para saber se elas possuem inteligência e conhecimento suficientes para merecerem sua atenção. Podem, assim, tornarem-se um pouco arrogantes em relação ao conhecimento, embora muitas vezes não demonstrem isso aos outros. Costumam verificar as coisas, a origem e a lógica por conta própria, não confiando muito em opiniões preestabelecidas. Sua própria mente funciona como um lugar seguro, até mesmo por acreditarem que não saberiam exatamente como agir de outra maneira ou não teriam muito sucesso se o fizessem. É um tipo que preza a competência — e que se sente competente quando suas teorias e ideias lógicas são comprovadas.

As pessoas do tipo 5 costumam gostar de autossuficiência para trabalhar e para resolver seus problemas, recorrendo em primeiro lugar a seu pensamento e sua lógica individuais, em segundo ao Google e então, se realmente não houver alternativa, a uma outra pessoa que considere inteligente o suficiente para isso. Para elas, pode ser difícil solicitar ajuda de terceiros, pois há um medo de estar invadindo um espaço, tomando o tempo do outro. O desejo de autossuficiência costuma valer para os outros também. Do mesmo jeito que procura não incomodar os outros, o tipo 5 espera que os outros não o incomodem, e ele não gosta de se sentir pressionado a atender exigências ou expectativas de outras pessoas. Em sua visão, é preferível que cada um que se vire sozinho.

Curiosos e exploradores, os tipos 5 preferem investigar aquilo que é incomum, excepcional e ainda não foi pensado pela antes. Perguntam sobre os pequenos detalhes que parecem a eles logicamente incoerentes.

Buscam saber o que os outros não sabem, conseguindo com isso se sobressair e atrair segurança, independência e excelência pelo aprofundamento, além de grande credibilidade (há um tendência de se tornarem Ph.Ds. no assunto). Alguns autores do Eneagrama afirmam que mundos comuns por onde transitam os tipos 5 são: a matemática, a ficção científica, o videogame, a música e os quebra-cabeças, bem como qualquer outro que seja criado por sua imaginação. Isso pode render invenções e descobertas bastante originais. Costumam ter prazer em resolver problemas e em aprender cada vez mais sobre as coisas. E, quando envolvidos em sua busca, sustentam sua concentração, sua paciência e seu foco por longos períodos.

Os tipos 5 também são planejadores e estrategistas mentais, especialmente quando isso envolve a alocação de recursos e a interdependência entre eles. Costumam ter pouca variação emocional quando comparados com outros tipos de pessoas, o que lhes permite permanecerem calmos, imparciais, objetivos e com uma visão clara das coisas mesmo nos momentos de grande crise, quando os demais são afetados por avalanches emocionais. Costumam ainda apreciar coisas simples e um estilo de vida descomplicado, o que, em demasia, pode torná-los pessoas que limitam seus desejos e vontades pessoais, vivendo com menos. Normalmente, são excelentes guardadores de segredos (seus e dos outros) e, claro, esperam que os outros também sejam, caso um dia, por alguma razão incomum, resolvam contar algo de sua vida pessoal. De fato, há muitos segredos sobre a vida de um tipo 5 que podem ser jamais descobertos.

O pensamento do tipo 5 costuma ser dividido em compartimentos, como se houvesse diferentes divisões e arquivos em sua cabeça para os diversos assuntos da vida, os quais, com isso, costumam não se misturar muito. A vida pessoal não se mistura com a profissional; os colegas do trabalho geralmente não conhecem seus amigos pessoais ou mesmo sua família. Em geral, os tipos 5 preferem ter alguns poucos amigos mais próximos a se relacionar pessoalmente com uma legião de pessoas. Muitos realmente são pessoas que falam pouco e observam mais; outros podem ser bastante eloquentes e falantes quando o assunto envolve ideias de seu interesse, mas ficam mudos quando ele se volta para seus sentimentos ou sua vida pessoal. Raramente um tipo 5 acessa a suas emoções quando está com mais alguém, ficando mais emocional quando está sozinho.

Focos de Atenção

A atenção do tipo 5 se volta fortemente para as demandas, as exigências e as expectativas materiais e emocionais que o mundo parece colocar para ele. É como se o mundo exigisse muito e acabasse dando pouco em troca, o que faz com que ele precise estar atento à economia de todos os recursos pessoais, principalmente o tempo, a energia, o envolvimento emocional, a vitalidade corporal e o conhecimento. É como se fosse preciso armazenar esses elementos dentro de si para sua sobrevivência, evitando que eles acabem. Em muitos casos, essa atenção em demasia à economia e à antecipação de demanda de seus recursos pessoais também vai para o campo material, envolvendo dinheiro, posses etc.

O tipo 5 também tem a atenção voltada para invasões de seu espaço pessoal por outras pessoas. Essas invasões podem ser físicas (distância física de segurança) ou mesmo mentais (pessoas que perguntam demais sobre assuntos pessoais que, na visão do tipo 5, não dizem respeito a ninguém além dele). Nesses casos, sua atenção se volta para preservar essas fronteiras, seja retirando-se física ou mentalmente, seja partindo para o ataque. Como já observado, ele prefere a autossuficiência e a independência.

Fatos, dados e informações também chamam a atenção do tipo 5, assim como o conhecimento e as respostas lógicas para o funcionamento de todas as coisas. Observando o mundo a partir de uma distância segura, ele usa o pensamento e a análise inclusive para prever, afastar e reduzir os sentimentos, estando bastante atento a qualquer emoção mais forte (sua ou dos outros) que possa requerer imediatamente um isolamento, na maioria das vezes inconsciente, de sua parte.

No caso do tipo 5 com especial foco nas relações um a um (chamado pelo Eneagrama de subtipo sexual dominante), sua atenção se volta para a criação de uma maior intimidade com a pessoa que lhe chama a atenção. Ele atrai a pessoa para o seu mundo misterioso e interessante, aparentemente guardado a sete chaves para os demais, fazendo com que seja uma espécie de privilégio ter sido convidado. A tendência a atrair tem a ver com o fato de ele ser curioso e querer entender o outro em sua profundidade.

Já no caso do tipo 5 com uma vertente mais social (chamada pelo Eneagrama de subtipo social dominante), sua atenção é focada no compartilhamento de conhecimento: ele busca destacar-se de alguma forma (principalmente por seu conhecimento ou expertise) dentro do grupo de pessoas que considera influentes e que respeita. Normalmente, esse respeito vai para pessoas que se destacam por seu conhecimento, inteligência, qualificações e competências — trata-se de uma elite intelectual, artística ou política, da qual ele precisa ser parte importante e respeitada.

No âmbito da preservação física, o tipo 5 que dá maior ênfase à sua sobrevivência e a seu conforto físico (chamada pelo Eneagrama de subtipo de autopreservação dominante) direciona sua atenção, fundamentalmente, para a privacidade, o apego, a economia e a proteção dos seus recursos materiais e emocionais, bem como de seu espaço. Em verdade, os tipos 5 costumam ser as pessoas com maior tendência a ficarem sozinhas em todo o Eneagrama, podendo até evitar interações sociais ou desgastar-se profundamente com elas.

Dificuldades que Podem Causar para os Outros

Uma das principais dificuldades que o tipo 5 costuma causar para as outras pessoas tem a ver com sua falta de disponibilidade. Sua ansiedade em controlar seu tempo (entre outros recursos pessoais) e saber com antecedência o uso que fará dele afeta as pessoas — afinal, ele insiste em reservar períodos quando precisa se dedicar aos outros, de preferência conhecendo de antemão o assunto. Quando os outros o procuram de surpresa, com assuntos não previstos e principalmente com demandas emocionais, ele tende a colocar-se como indisponível, colocando as pessoas e seus assuntos no final da fila.

Seu frequente distanciamento emocional pode passar aos outros a sensação de frieza e falta de conexão. É como se ele estivesse na sua frente, falando com você, mas na verdade não estivesse lá. É apenas um corpo. Sua tendência em lidar com todos os assuntos de forma lógica, distanciada e mental aumenta essa sensação, principalmente quando se trata de assuntos nos quais as outras pessoas estão emocionalmente envolvidas. Como ele raramente se entrega ao amor, ao ódio ou ao ilógico, a impressão que dá é que ele não se importa nem com o assunto nem com as pessoas.

Caso seja levada ao extremo, sua vontade de isolar-se para recuperar as energias pode afastá-lo das pessoas e das experiências da vida — existe o receio de que os outros se intrometam em sua vida; ao mesmo tempo, falta energia para ir àquela festa surpresa, àquele happy hour ou mesmo para ouvir aquele funcionário que está com problemas em casa. Muitas pessoas se sentem rejeitadas e excluídas pelo tipo 5, como se nada que fizessem realmente chamasse sua atenção. Vale lembrar também que, como já observado, o tipo 5 em geral não gosta que as pessoas criem expectativas em relação a ele, o que parece aumentar a sensação de ser pressionado por demandas dos outros.

Também pode aparecer no tipo 5 uma certa superioridade intelectual. Nesses casos, ele age como se soubesse mais do que os outros e julga as pessoas pelo seu nível de conhecimento intelectual. Essa arrogância pode provocar em alguns um sentimento de inferioridade em relação a ele. Em geral, o tipo 5 costuma dar atenção apenas às pessoas e aos assuntos que já passaram por seu julgamento intelectual e foram aprovados (alunos com média acima de 9, por exemplo), não escutando os demais ou até os tratando com um certo desdém.

O mundo do tipo 5 pode parecer um mistério, pois ele não compartilha muito sua vida e raramente fala sobre suas emoções. Por outro lado, sua mente intensa pode permanecer cheia de segredos, até dos mais próximos, que mais uma vez se sentem distanciados ou afastados dele. Muitas vezes, há uma mensagem não verbal que o tipo 5 mostra até de modo inconsciente. Uma mensagem que diz algo como "Não perturbe, gênio pensando", mas que os outros entendem como "Afastem-se!"

Em algumas pessoas do tipo 5, a tendência exagerada de economia de tempo, conhecimento, espaço e energia aparece de forma mais forte, podendo chegar a um nível de controle dos mínimos detalhes: "Quanto tempo exatamente ficaremos na festa?", "Espero que ninguém entre na minha sala no período da manhã", "Vai dar muito trabalho me apresentar e conversar com todas aquelas pessoas novas", "Prefiro ficar estudando, pois meu conhecimento me preenche".

Motivação e Valores

Valores são o combustível para realizarmos nossa jornada na vida, são as coisas que acreditamos serem muito importantes para nós. Nós nos motivamos sempre que eles estão presentes conosco. A personalidade do tipo 5 do Eneagrama costuma valorizar fundamentalmente:

- Conhecimento, razão, autossuficiência, planejamento, persistência, inteligência, informação, estudo, curiosidade, investigação, descoberta, ciência, lógica, ensino, simplicidade, independência, solitude, resolução de enigmas, humor inteligente, resolução de mistérios do desconhecido e do incomum.
- Motiva-se, principalmente, pela busca do conhecimento, pela pesquisa e pelo desenvolvimento de novos caminhos — é um verdadeiro apaixonado pela informação e pelo entendimento de qual a lógica do funcionamento das coisas.
- Motiva-se perto de pessoas inteligentes e em ambientes diferenciados, onde pode não apenas aprender com o que há de mais avançado em um assunto em termos de tecnologia, mas também usar a observação, a análise e o raciocínio.
- Costuma gostar de competições intelectuais.

- Consegue manter o foco e a motivação por um longo período quando o assunto é de seu interesse e o considera importante.
- Costuma preferir atividades profissionais e até mesmo pessoais que possa realizar sozinho, de forma autônoma, e que tenham um cronograma predefinido, de modo que possa saber exatamente o que será feito, quando e durante quanto tempo.

Dádivas

A curiosidade fantástica pelo entendimento de todas as coisas, seguida por sua atitude de investigar, estudar e se informar, é uma enorme dádiva natural dos tipos 5. As descobertas e invenções de Einstein, Darwin, Bill Gates, os avanços na medicina, na astronomia, na comunicação, na matemática e até mesmo na música e nos ritmos, como a bossa nova — são incontestáveis os benefícios da genialidade e da investigação dos tipos 5 do Eneagrama.

Eles também têm uma enorme habilidade de manter a clareza mesmo nas situações mais difíceis, acalmando os outros e tomando as melhores decisões quando ninguém mais consegue fazer isso. Observam de cima as conexões e as interações entre as várias pessoas e partes do problema, sendo precisos na descoberta dos pontos exatos a serem trabalhados.

Quando se desenvolvem, os tipos 5 adquirem uma enorme vontade de desenvolver outras pessoas, principalmente por meio do conhecimento. Eles ficam felizes em ensinar e compartilhar tudo o que aprenderam. Valorizam a educação e o aprendizado para que as pessoas se tornem mais autônomas, independentes e livres. E, quando acessam o coração e seguem um caminho de crescimento psicológico e espiritual, tornam-se pessoas generosas, desapegadas, que repartem suas dádivas de forma abundante com aqueles que cruzam o seu caminho, passando a experimentar e a viver a vida com grande prazer e gosto.

ENEAGRAMA PARA LÍDERES©

Nesta seção, são tratados alguns dos temas mais relevantes na nossa atuação no mundo empresarial: comunicação, postura, equipes, ambiente de trabalho, *feedback*, tendências e desenvolvimento da liderança. São abordados também hábitos automáticos, estratégias, armadilhas e dicas para o uso do Eneagrama como sistema de autoconhecimento e autodomínio, bem como de compreensão dos outros. Tudo isso é trabalhado em prol do desenvolvimento sustentável da atuação profissional, como decorrência do crescimento pessoal.

Comunicação e Postura

Boa parte da energia do tipo 5 fica recolhida em sua cabeça, no mundo interno de seus pensamentos. Entre outras coisas, a emoção da Avareza se desdobra em uma tendência em economizar o uso e a expressão da energia corporal, fazendo com que ele pense muito mais do que necessariamente movimenta o seu corpo como um todo. De fato, existe a tendência de movimentos menos expressivos, mais controlados e mais "econômicos", que vão desde expressões faciais com menos efeitos ("cara de paisagem") até uma contenção geral na velocidade e na amplitude dos movimentos das mãos e braços e do tom de voz. O tipo 5 costuma se movimentar e se expressar com a intensidade necessária segundo seus pensamentos, evitando exageros e expressões emocionais intensas. Seu tom de voz, em geral baixo, não se altera mesmo perante provocações, elogios e conflitos.

Os tipos 5 que não têm o hábito de praticar exercícios físicos ou estar em contato com a natureza costumam "esquecer-se do próprio corpo". Eles ficam tão envoltos nos pensamentos que se esquecem de sentir as sensações do corpo, as temperaturas, as tensões, os pés no chão. É como se o corpo se tornasse um suporte para a cabeça, que muitas vezes pesa para o lado quando eles estão sentados, como se estivesse desligada do corpo.

Sua fala reflete suas ideias, seu raciocínio e seus pensamentos de ordem lógica. Suas palavras são cuidadosamente selecionadas. Enquanto alguns costumam falar muito pouco e expressar uma tendência à timidez, outros podem ser mais falantes e eloquentes, porém a respeito de ideias e aprendizados de seu interesse. Raramente se vê um tipo 5 falando sobre seus sentimentos e sua vida pessoal. Mesmo quando ele fala de emoções com pessoas mais próximas, o que se ouve é uma análise e uma série de pensamentos e interpretações mentais de suas próprias emoções, e não um simples compartilhar de sentimentos. E isso só acontece quando ele confia plenamente que a outra pessoa é capaz de manter o segredo, a privacidade de tudo o que está dizendo. O tipo 5 costuma guardar muito bem segredos, em especial quando se trata de temas pessoais, desenvolvendo uma relação de respeito pelos assuntos dos outros — e ele exige o mesmo dos outros

Os tipos 5 também costumam gostar de manter uma distância física segura em relação aos outros e se sentem incomodados com pessoas que se aproximam demais, invadindo bruscamente (e sem permissão) o seu espaço. Da mesma forma, eles são cautelosos e cuidam para não invadir o espaço dos outros, até com medo de serem inadequados, podendo assim parecer tímidos, distantes ou desinteressados pela outra pessoa. Além disso, costumam ser bastante seletivos, escolhendo algumas poucas pessoas para terem uma relação pessoal mais profunda.

Como líderes que precisam se expressar para suas equipes e públicos maiores, os tipos 5 têm uma grande dificuldade de transmitir calor humano, energia, empolgação e emoção, mesmo que esses elementos existam. Seu discurso possui palavras mais lógicas e segue uma linha de raciocínio, buscando convencimento e engajamento. Quando acreditam que sabem mais, que conhecem o assunto e que já têm a resposta lógica, tendem a falar mais do que ouvir, com uma arrogância intelectual podendo até sobrecarregar os outros com excesso de informações. Por outro lado, em conversas sobre assuntos pessoais ou que acreditam ser não experts, podem falar muito pouco e até ser monossilábicos.

Em reuniões, ao ouvir as discussões, eles podem ficar bastante tempo quietos e deixar o local sem expressar uma ideia que, com certeza, seria uma contribuição. Isso porque eles acreditam que só vale a pena abrir a boca para agregar algo. Da mesma forma, acreditam que só vale a pena ouvir quando há conteúdo relevante sendo transmitido — situação em que se tornam ótimos ouvintes. No geral, costumam contribuir com opiniões precisas, pensadas, claras e inteligentes, com tendência a críticas mais negativas do que positivas. Ao falar, procuram resumir e analisar o que foi ouvido.

Os tipos 5 costumam gostar de humor inteligente e, algumas vezes, usam esse humor para comunicar coisas mais difíceis. Engajam-se apenas em conversas que parecem agregar conhecimento ou que tenham um mínimo nível intelectual, tendo pouca tolerância a fofocas e conversas fúteis. Quando a conversa começa a se tornar emocional ou demandante demais, eles costumam dar um sinal bem claro de que ela deve terminar, muitas vezes a encerrando rapidamente. Na presença de pessoas que conhecem bem e com as quais se sentem seguros, costumam ser muito mais leves e espontâneos, podendo expressar, inclusive, sua raiva de modo mais direto e intenso.

Equipes

Quando o tipo 5 entra em uma equipe, sua tendência observadora e analítica costuma aparecer imediatamente. Ao contrário de outras personalidades que tendem a correr para o resultado final, atropelando as etapas iniciais, ele tem uma forte tendência em concentrar-se nas etapas iniciais de análise e planejamento antes de dar início às tarefas. Quando o projeto é apresentado para a equipe, o tipo 5 procura, inicialmente, entender os termos e a situação como um todo, calcular os recursos necessários, observar a movimentação das outras pessoas sem envolver-se, ouvir e analisar seus comentários e ideias. Depois, ele recolhe essas informações e as processa em sua cabeça — algo que pode levar minutos ou dias, mas que sempre parece ser mais do que o necessário para as outras pessoas —, tecendo, então, seus comentários. Sua vontade é que a equipe só avance depois que os cenários atual e futuro já tenham sido desenhados, que os recursos já tenham sido calculados (tempo, pessoas, dinheiro etc.) e que, mediante essa análise racional prévia, ele já se sinta seguro.

Se for o líder da equipe, o tipo 5 cuidará de estabelecer metas claras, concretas, úteis e gerenciáveis, além de definir funções e responsabilidades específicas para seus membros. O ideal é que os trabalhos sejam sistemáticos, com uso produtivo do tempo. Nos projetos e assuntos mais complexos, ele também cuidará para que seja observado o contexto maior em que estão inseridos, para que possam ser consideradas outras rotas e alternativas de ações e soluções. Curioso e interessado na resolução de problemas, ele costuma sentir-se atraído e desafiado para entender como as diversas peças do projeto se encaixam. Quando está à frente de um problema difícil, que o atrai, costuma trabalhar muito na sua resolução, sendo mais motivado pelo enigma do que pelas recompensas pela solução.

A tendência à autossuficiência do tipo 5 se reflete em uma preferência por desempenhar na equipe um papel com alto grau de autonomia e baixa interdependência, que lhe permite ter seu espaço e seu tempo preservados e sob seu controle. Ele prefere, por exemplo, funções que lhe possibilitem analisar uma parte do projeto sozinho e depois retornar ao grupo ou mesmo tornar-se responsável por uma parte do projeto que é independente das demais e que não faz com que tenha necessidade excessiva de interagir com as outras pessoas. Como líder de equipe, seu desejo é que, uma vez dadas as tarefas e traçado o plano inicial, as pessoas tenham autonomia, independência e competência para resolver as coisas sem precisar incomodá-lo ou demandar seu tempo novamente. Costuma detestar e se abalar com a ínfima sensação de que está perdendo o seu tempo.

Essa distância que é criada a partir do desejo de que todas as pessoas funcionem de maneira independente e de que não haja demandas de tempo, de retrabalho, de nova explicação ou mesmo de acompanhamento emocional pode se tornar um ponto fraco do tipo 5 na condução de uma equipe, que se sente emocionalmente abandonada pelo líder. Caso negligencie lidar com as demandas e as questões emocionais de seu time — o que é uma tendência —, o tipo 5 pode perder em termos de produtividade e engajamento do grupo. Para ele, o foco é o seguinte: as pessoas estão no trabalho para resolver seus assuntos de forma lógica e competente, e não para se envolver emocionalmente umas com as outras.

É fundamental para o tipo 5 confiar nas pessoas da equipe, e essa confiança muitas vezes é conquistada por meio de demonstração de competência, que pode envolver, por exemplo, entregas de qualidade e dentro do prazo. Seu respeito e sua atenção tendem a variar de acordo com a capacidade intelectual do indivíduo, assim como sua vontade de discutir ideias e projetos com ele.

Com tendência de se aprofundar em uma área de especialidade, o tipo 5 pode chegar a ficar muito tempo estudando ou pesquisando um determinado tema de forma individual, às vezes até sem reconhecimento ou utilidade prática imediata para a organização ou a sociedade. Em alguns casos, ele pode ser absorvido por essa pesquisa, tendendo ao isolamento — nesses momentos, fica difícil para os outros membros da equipe contatá-lo quando há necessidade. Raramente são os tipos 5 que têm a iniciativa de reunir os outros membros da equipe, procurá-los ou lhes pedir ajuda. Sua influência sobre os outros é baseada mais em seu conhecimento e em sua lógica do que em suas relações pessoais.

Quando surgem conflitos no time, a tendência do tipo 5 é interferir apenas se o problema lhe diz respeito diretamente, podendo atuar mais como observador. Ele faz uma análise lógica e metódica dos conflitos, vendo-os como coisas naturais, e prefere pensar antes de se posicionar, especialmente se estiver enfurecido. Passada a emoção, normalmente é capaz de enxergar os vários pontos de vista envolvidos, provendo perspectivas mais amplas. Quando pressionado por demandas, incompetência ou ações ilógicas destrutivas, ele pode se tornar direto, crítico e agressivo.

Ambiente de Trabalho

O tipo 5 costuma ser atraído por ambientes de trabalho onde não é necessário ficar pedindo permissões ou ajuda para fazer as coisas, assim como não é preciso ficar atendendo a demandas e pedidos inesperados e sem previsão. Ele se sente à vontade em ambientes onde as pessoas têm autonomia para pensar e trabalhar sozinhas ou até de forma independente. Isso pode se refletir fisicamente, em uma sala fechada com horários marcados para atendimento, ou mesmo na possibilidade de ouvir música com fone de ouvidos, quando a sala não é possível.

Ambientes que requerem interações intensivas entre as pessoas, conversas e negociações a qualquer momento costumam ser desafiadores para o tipo 5, principalmente se esses ambientes forem agressivos, com uma pressão para ações imediatas que não deixa tempo para pensamentos ou reflexões. De fato, o tipo 5 prefere locais que favorecem discussões inteligentes, baseadas em teorias e modelos científicos, e onde haja desafios intelectuais para serem resolvidos e ele possa estudar e se concentrar sozinho nas questões.

O tipo 5 também se sente muito desgastado em ambientes onde as pessoas podem procurá-lo para falar de sua vida pessoal, contar lamúrias ou apresentar qualquer outro tipo de demanda ou expressão emocional que não seja de cunho racional, incomodando-se, especialmente, quando isso acontece sem que ele seja avisado com antecedência. O tipo 5, definitivamente, não gosta de surpresas desse tipo.

Por fim, para o tipo 5, as reuniões e as demais programações da empresa devem ser pré-agendadas, com objetivos e pauta específicos e com limite de tempo predefinido para acabarem. Além disso, ele costuma se colocar como observador do ambiente de trabalho, podendo perceber detalhes que outras pessoas imersas no mesmo ambiente não são capazes de perceber.

Feedback

Como já observado, pessoas do tipo 5 costumam gostar de conversas que sigam uma linha de raciocínio lógica, sem exaltações ou interferências emocionais. Assim, não surpreende o fato de esse ser seu principal estilo de dar e receber *feedback*.

Ao dar *feedback*, o tipo 5 deve manter em mente que a pessoa que está a sua frente pode não ter o mesmo estilo de comunicação que o seu. Nesses casos, é necessário entrar em conteúdos emocionais e sentimentos com naturalidade e lidar com eles. Cabe a ele ser capaz de, além de expressar sua lógica e suas informações baseadas em fatos e dados, mostrar e compartilhar como se sente em relação ao que aconteceu e ao que está dizendo. Esse é um desafio de várias dimensões para o tipo 5, que tem que, em primeiro lugar, se permitir entrar em contato com o que sentiu e, em segundo lugar, estar aberto o suficiente para compartilhar isso (como sentimento, e não como análise).

De fato, o tipo 5 deve ir além de sua fala precisa e seu foco nas tarefas e na competência da outra pessoa, dizendo e demonstrando claramente ao outro que está disponível para receber os sentimentos dele. Isso é particularmente importante aparecer em sua linguagem corporal, na forma de um sorriso, um olhar mais convidativo, que pode ajudar o outro a se sentir mais à vontade — e que se contrapõe à seriedade que geralmente aparece em seu rosto, fala e voz, enviando mensagens para que o outro se mantenha sério e não entre em conteúdos emocionais. Trata-se de unir pensamento e sentimento.

Devido à tendência ao estudo, ao aprofundamento e à preparação dos tipos 5 — o conteúdo parece nunca ser suficiente para eles —, podem levar para a discussão um excesso de informações que vão além do que poderia ser assimilado naquele momento pela outra pessoa que está recebendo o *feedback*. Na verdade, nem todos os detalhes técnicos são necessários para o outro e desejados por ele.

Sua tendência ao isolamento e à autossuficiência também vai aparecer. Gestores do tipo 5 são os que dão *feedback* com menos frequência e os que mantêm uma maior distância emocional em relação à sua equipe. O *feedback* acaba acontecendo basicamente quando há resultados indesejados ou tarefas realizadas com qualidade menor do que a esperada, o que faz com que o foco seja a crítica àquilo que não está bom. *Feedbacks* positivos e elogios são mais raros, especialmente se forem direcionados para a pessoa.

Quando o *feedback* for ser dado para um tipo 5, é importante a observação de alguns pontos para um melhor resultado. Isso envolve basear a conversa em fatos e dados racionais e específicos, deixar clara a quantidade de tempo que será gasta na sessão de *feedback* e avisar com antecedência sobre sua realização e o conteúdo que será abordado, para que o tipo 5 tenha tempo para pensar e se preparar emocionalmente. Com isso definido, são fundamentais clareza e objetividade durante a sessão, foco em análises, ideias e pensamentos e liberdade para o tipo 5 decidir se irá ou não expressar seus sentimentos e suas questões pessoais e até que ponto fará disso. É importante lembrar-se da sensibilidade que ele tem a qualquer tipo de invasão da sua privacidade.

Uma vez transmitida a mensagem, é importante que seja dado tempo suficiente para o tipo 5 pensar sobre ela e até mesmo refletir como se sente em relação a isso. Se for possível, vale a pena deixar ele tomar a iniciativa de voltar ao assunto, mesmo que isso leve vários dias. É muito importante que ele entenda qual o raciocínio e a lógica por detrás do que foi dito e da mudança que está sendo requisitada dele para que possa considerar realizá-la. De fato, é possível ganhar o respeito do tipo 5 persuadindo-o por meio da inteligência.

Liderança

Nosso estilo de personalidade determina diretamente nosso estilo de liderança, assim como grande parte de nossas formas de atuação no mundo profissional. É comum um líder acabar impondo à sua organização ou à sua área boa parte das características do seu tipo do Eneagrama. Trata-se de um estilo de liderança. Quando temos consciência do nosso estilo e do estilo de outros líderes que interagem conosco, podemos usar esse conhecimento a favor dos relacionamentos interpessoais e do desenvolvimento das equipes, em prol de uma liderança madura e sustentável.

Tendências na Liderança

A liderança como um conjunto de ações racionais, em que a eficiência é encontrada a partir de um planejamento estruturado de recursos, levando-se em conta a interligação dos sistemas que fazem parte da organização: esse é o estilo preferido do tipo 5 para conduzir às pessoas rumo à missão do negócio — um negócio que cresce também devido ao investimento em conhecimento, pesquisa e eficácia estudada das ferramentas e das pessoas, muito valorizadas por sua competência.

Uma de suas maiores dádivas é a grande capacidade de planejamento e organização na alocação de recursos, voltada para que não haja desperdícios que afetem a eficiência. Esses recursos incluem o tempo necessário para tarefas e para cada projeto, assim como custos, valores de investimento, pessoas e todo tipo de recursos materiais. Sua visão observadora, de quem enxerga o plano de cima e percebe como todo ele se conecta, o ajuda a fazer as distribuições certas de forma precisa, segundo o ângulo do problema que for mais favorável para sua resolução.

Sua análise e seu planejamento ajudam a manter a objetividade rumo à obtenção de um resultado previsto. Os tipos 5 costumam ser líderes organizados que criam planos estruturados, específicos e que monitoram a implementação e os resultados intermediários, propondo correções de rota ao perceberem alguma tendência de desvio. Eles analisam prós e contras e os possíveis impactos de cada decisão. Sua veia analítica atua durante o projeto e mesmo depois de ele ser concluído, para que se possam incorporar as lições aprendidas na eficiência dos próximos trabalhos. Quando essa análise e esse planejamento aparecem de forma excessiva, os projetos podem ficar atrasados ou até mesmo parar, prejudicando os resultados finais e desperdiçando oportunidades que requerem uma decisão mais rápida, instintiva ou intuitiva, sem que necessariamente todas as análises lógicas estejam à mão.

Atraso e frustração aparecem também quando o líder do tipo 5 necessita conhecer todas as variáveis do negócio, do produto ou do mercado antes de tomar um rumo estratégico —na velocidade das mudanças e na complexidade das organizações atuais, já não é possível conhecer todos esses detalhes a fundo antes de dar o passo adiante. De fato, sua visão dissociada, que enxerga a organização, suas pessoas e seus sistemas como se estivessem cuidadosamente detalhados em uma prancheta, ajuda nas decisões estratégicas lógicas, mas pode, ao mesmo tempo, atrapalhar bastante o trato com o mundo real, com as imprevisibilidades do negócio, do mercado e das pessoas, que não funcionam de forma tão mecânica como se fossem peças de um plano. Uma liderança envolve surpresas e comportamentos que podem ser completamente diferentes do que imaginava o tipo 5 em seu plano mental, e ele precisa saber lidar também com isso para ser efetivo.

Sua orientação para decisões costuma ser profundamente mental, sem o envolvimento dos seus centros de inteligência emocionais ou instintivos. Ele costuma chegar às decisões principalmente pensando sozinho, refletindo a partir de seu conhecimento e suas análises, assumindo a responsabilidade e não considerando muito as opiniões e os pontos de vistas de outras pessoas. Como, a seu ver, uma boa decisão é aquela que faz sentido lógico, ele não costuma prever ou levar em conta as reações que as outras pessoas terão em relação a ela, nem mesmo dão importância a isso. Como ignora os próprios sentimentos, parece fazer sentido para ele que as outras pessoas também o façam ao receberem ou tomarem decisões — na verdade, é isso que ele deseja.

Sua abordagem calma e fria nas crises costuma ser outra de suas maiores vantagens. São pessoas que raramente entram em pânico, até mesmo por afastarem-se de suas emoções e manterem a perspectiva lógica. Analisam o problema, suas condições e não raramente tomam decisões muito acertadas nesses momentos, quando as outras pessoas parecem tomadas por desespero e reações emocionais. Nessas horas, aparece uma orientação de delegações, reformulação de planos, comando e atitudes práticas para solucionar os problemas e as emergências dentro do prazo requerido. Se o propósito está claro para o tipo 5 e ele está engajado, ou se sente desafiado a resolver o problema de forma intelectual (como se fosse um jogo de xadrez), pode manter-se focado por bastante tempo, mesmo em períodos de dificuldade.

Por outro lado, a necessidade que o tipo 5 tem de controlar e economizar seu tempo pode transformá-lo em um líder inacessível, que lidera com portas fechadas, mantém audiências predefinidas para tratar dos problemas e exige argumentos lógicos para que consiga enxergar onde eles se encaixam no todo da organização. Com isso, ele pode deixar as pessoas esperando para resolverem questões que dependem de sua interação, gerando um alto *backlog*, ou seja, uma pilha de tarefas a serem analisadas e uma série de pessoas a serem atendidas. Não há muitas conversas informais pelos corredores para a resolução das questões e muito menos uma iniciativa de sua parte de sair oferecendo sua disponibilidade e ajuda para os outros. A falta de diálogos e *feedbacks* informais, simplesmente para saber como as coisas e as pessoas estão, pode deixar o líder do tipo 5 desinformado em relação a assuntos importantes da organização que circulam no boca a boca, na "rádio peão" e nos cafezinhos.

Seja como for, esses líderes são admirados pelo seu profundo conhecimento. São poços de inteligência que acumulam informações sobre tudo — produtos, finanças, tecnologias, clientes, concorrentes, estruturas —, como se fossem supercomputadores resolvendo um enorme quebra-cabeça. Eles também costumam respeitar as estruturas de decisão, autoridade e hierarquia na empresa, vendo valor em fazer as coisas do "jeito certo" e segundo as regras estabelecidas. Normalmente, conduzem as pessoas a partir da visão estabelecida pela organização ou de uma visão própria sua, e não por meio da construção real de uma visão compartilhada com as outras pessoas no início dos projetos.

Desenvolvimento da Liderança: temas comuns

Cada um dos estilos de liderança do Eneagrama apresenta pontos fortes, dons naturais, que devem ser usados em prol do negócio. Apresenta também pontos de atenção, trilhas de desenvolvimento, que podem trazer grandes ganhos quando trabalhados. A seguir são mostrados alguns temas comuns no desenvolvimento da liderança desse estilo:

- Tornar-se mais disponível emocionalmente para as pessoas da equipe, estando disposto a conversar com mais frequência sobre insatisfações, dificuldades, tristezas, carências, alegrias e celebrações quando o assunto ou a oportunidade surgir, sem precisar que uma reunião seja pré-agendada para tratar da questão. Quando alguém puxar esse tipo de assunto, em vez de cortá-lo, conectar-se a ele e à pessoa, ouvir e conversar sobre isso por alguns minutos, a qualquer hora. Compartilhar calor humano e intimidade é importante.
- Ser mais flexível quanto ao planejamento — o planejamento detalhado de ações, cronogramas e recursos a serem alocados é um orientador; pode ser necessário alterar muito disso ao longo do caminho. Ser capaz de tomar novos rumos em função

- dos imprevistos, mesmo que pareçam incertos à lógica do planejamento. Usar mais a intuição, o instinto e a fé.
- Diminuir a necessidade de certezas, pesquisas e previsibilidade quanto a tudo o que ainda vai acontecer — querer ter todas as informações pode ser paralisante diante de oportunidades inesperadas. Agir bem mais rapidamente.
- Andar mais pela empresa e conversar mais de modo informal. Mostrar-se aberto, puxar conversa, almoçar com pessoas diferentes, aparecer nas confraternizações e, definitivamente, participar de mais *happy hours*. Os elementos "informalidade" e "proximidade" são fundamentais para aumentar a influência da liderança, por isso é preciso cuidado com o isolamento excessivo. Relacionar-se bem é fundamental para um líder eficaz.
- Permitir-se ser espontâneo. É possível falar de qualquer coisa com as outras pessoas, não apenas de ideias lógicas.
- Desenvolver a comunicação, a persuasão e o marketing pessoal. Fazer cursos de boa qualidade nas áreas de PNL (programação neurolinguística), oratória, persuasão e vendas.
- Encontrar um assunto ou área em que não está conseguindo um bom desempenho como líder e pedir ajuda a alguém da organização. Praticar pedir auxílio e ajuda — a necessidade de resolver tudo sozinho pode gerar atrasos e reinvenção de soluções que já existem. Usar outras pessoas como fontes de informação.
- Envolver as pessoas da equipe na criação da visão, da missão e dos valores, fazendo esses elementos emergirem de forma compartilhada. Agir para que as pessoas saibam, de forma clara, a visão do líder para o negócio e para elas — isso costuma ser muito mal comunicado pelos líderes tipo 5.
- Comunicar-se muito mais com a equipe. Em vez de manter as ideias somente na cabeça, comunicá-las de forma mais clara e viva, indo além das palavras e usando desenhos, filmes, apresentações, campanhas, histórias e principalmente expressões corporais — é importante usar os braços, o corpo, o tom de voz e o movimento para se comunicar (os líderes do tipo 5 têm que ter cuidado com a tendência de falar sem mexer o corpo; eles precisam se mexer bastante!)
- Deixar claro para os outros que gosta e precisa de tempo para tomar decisões que não estavam previstas e que isso não significa que elas não serão tomadas ou que não estão sendo dadas a elas a importância e a urgência necessárias. Deixar claro suas decisões.

- Considerar o lado humano sempre antes de dar uma notícia difícil. Comunicar essa notícia de forma mais amável, mais sensível, levando em conta os sentimentos das outras pessoas envolvidas. Nessas ocasiões, as outras pessoas precisam de uma certa preparação e sentem um impacto emocional maior do que o tipo 5.
- Comemorar mais com as pessoas e dar muito mais *feedback* positivo, incentivando-as e dizendo como o trabalho foi bem realizado. Muitas pessoas se sentem desvalorizadas, esquecidas ou incompetentes quando trabalham com um tipo 5 por este ter um foco muito maior nos aspectos a serem melhorados do que nos que já estão bons ou naquilo que foi conquistado. Pode ser muito frustrante esperar reconhecimento dos líderes do tipo 5, o que provoca afastamento e desengajamento da equipe.
- Aprender a reconhecer e a usar as indicações do corpo quando este sinaliza as decisões certas a serem tomadas. Ser flexível para mudar, inclusive, decisões já previamente tomadas pela cabeça. Não tomar uma decisão importante sem perguntar também ao coração e ao corpo o que eles acham. É preciso treino e prática para reconhecer esses sinais dos outros centros de inteligência.
- Garantir que a sala esteja sempre aberta e que haja tempo na agenda todas as semanas para receber informações da equipe referentes aos projetos em andamento. Os líderes do tipo 5 precisam ter cuidado com a tendência de acharem que todos são autossuficientes e que, uma vez explicado o projeto no início, caminham por conta própria. Esse pode ser o maior desvio na liderança do tipo 5. É preciso estar presente sempre para as outras pessoas, caso se deseje ser líder delas.
- Falar claramente com a equipe sobre seus medos e preocupações, bem como sobre seu otimismo e alegria. Eles precisam disso e não apenas dos planos, das cobranças e das estratégias. Incentivá-los a dizer o mesmo. Certificar-se de que está presente e ouvindo atentamente as respostas.

CAMINHOS DE DESENVOLVIMENTO

O Eneagrama não é apenas um sistema que descreve tipos ou tendências de personalidade. Ele é também um sistema completo e complexo de desenvolvimento, que aponta caminhos viáveis e produtivos de expansão da nossa personalidade e de libertação de hábitos limitantes, permitindo nosso crescimento integral como profissional e ser humano. Com ele, não só descrevemos a cela, mas também mostramos o mapa de saída da prisão pelo acesso mais indicado — só não podemos caminhar pelos outros.

Como parte do mapa de crescimento, apresentamos a seguir os desafios e as práticas recomendadas, além de uma metáfora e de uma oração perfeitamente adequadas para o caminho que precisamos trilhar no nosso desenvolvimento pessoal.

Desafios gerais de Crescimento

O tipo 5 pertence à tríade mental (cabeça) do Eneagrama, estando ligado ao ponto 8 (seu ponto de segurança ou impulso) e ao ponto 7 (seu ponto de estresse ou desafio). Possui como asas (vizinhos no círculo) os pontos 4 e 6.

Seu primeiro movimento e um dos seus maiores desafios é acessar o ponto 8. Esse acesso significa recuperar o contato com o corpo e as energias do instinto. Pessoas do tipo 5 costumam ficar concentradas de forma exagerada na cabeça, nos pensamentos, às vezes até economizando movimentos corporais ou não tendo consciência das sensações do próprio corpo. Uma maneira simples de você entender isso é imaginar como se sente depois de praticar uma intensa atividade física que revigora — a sensação no corpo, a energia e a disposição, que ficam muito maiores. O tipo 5 precisa desse contato constante com o corpo por meio de atividades corporais regulares: corrida, dança, futebol, teatro, escalada, bicicleta etc. De preferência, deve também estar em contato com a natureza e com tudo o que envolve a terra, caminhando descalço com regularidade, sentindo os pés tocando no chão por algum tempo. Ele precisa recuperar e praticar essa consciência corporal.

Esse contato com o ponto 8 envolve ainda acessar as energias da raiva, entrar em conflitos, disputas e, inclusive, ganhar disposição por meio deles. Isso tem a ver com tornar-se mais espontâneo, mais assertivo e capaz de orientar suas ações e decisões também pela sensação corporal que tem das coisas, e não só pelas análises mentais. Tem a ver também com impor-se mais e causar mais impacto nas pessoas. Esse movimento de tomar posse do próprio corpo e se enraizar na terra é uma passo fundamental para o tipo 5 que procura o desenvolvimento e deve estar presente em sua vida todos os dias.

O movimento seguinte de crescimento é em direção ao ponto 7. Muitas vezes, ele acontece naturalmente, quando o tipo 5 realiza os processos ligados ao ponto 8. Desenvolver as características do ponto 7 tem a ver com deixar a mente transbordar de ideias, de entusiasmo e colocar isso para fora. É fundamentalmente um movimento de sair do pensamento recluso, individual e ir ao encontro de todas as experiências e prazeres do mundo real — experimentar coisas novas e práticas, se arriscar, ser menos consequente, ser menos razão e ter mais vontade de viver a vida. Quando alcança o ponto 7, o tipo 5 fica mais brincalhão, mais festeiro, mais espontâneo e consegue se divertir mais. Há uma busca necessária por viver o prazer da vida e pela companhia das pessoas para compartilhar isso. Não há muitas regras para esse desenvolvimento, mas sim uma permissão que ele dá a si mesmo: fazer mais coisas sem pensar e usar o humor como impulso.

Das suas asas, os pontos 4 e 6, há também aprendizados e integração a serem realizados. Da asa 4, os tipos 5 podem incorporar mais emoção, sensibilidade e contato com o coração de forma geral. Trata-se de buscar o diferente, o belo, o estético e o artístico, e não apenas o funcional, o econômico e o racional. Trata-se ainda de incorporar a poesia da vida e vê-la como algo que tem um significado muito maior do que apenas a sobrevivência prática. É investigar o que realmente gosta de fazer: qual o legado quer deixar para o mundo? Que partes da vida precisam de mais emoção e menos razão para serem vividas de fato? Onde está a paixão pela vida? Da asa 6, o tipo 5 pode aprender a incorporar o *feedback* como uma prática constante, uma solicitação que faz aos outros para saber como está indo e também para manter a interação, para participar dos grupos que o apoiam e o ajudam com as suas questões. Aqui, ele desenvolve a lealdade a esse grupo de colegas, amigos e apoiadores e aprende a posicionar-se mais em vez de ficar calado, a formar alianças e a relacionar-se bem.

Grande parte do desafio do tipo 5 consiste em viver a vida de forma mais carnal, mais abundante e mais cheia de energia. Trata-se de permitir-se sair do quartinho escuro, isolado e protegido pelos teoremas, pela Internet, pelos videogames e pelos jogos de xadrez e dar a cara à tapa no mundo para viver. Trata-se de experimentar, dançar, relacionar-se, frustrar-se, rir e chorar, de entender que o verdadeiro aprendizado da vida não está nos livros e que ler uma página de reportagem científica sobre a Muralha da China não é a mesma coisa que ir até lá e caminhar. Enfim, trata-se de experimentar e se lambuzar do gosto da vida.

Aprender a lidar com o mecanismo de defesa chamado Isolamento Emocional é também uma prática importante. É fundamental dar-se conta de que naquele exato momento iria aparecer uma emoção, mas ela foi imediatamente isolada e, em seu lugar, apareceu uma análise mental; compreender que a raiz disso está no medo e aceitá-la; permitir, dia após o dia, que a emoção se expresse um pouquinho mais no momento. Essa não é uma tarefa fácil para o tipo 5 e não há um lugar certo ou uma velocidade para se fazer isso. A ideia é a cada passo sentir mais a própria vida e o próprio coração, no seu tempo, no seu ritmo. Desse modo, o caminho já estará sendo caminhado.

Tudo isso é um processo de entrar de verdade na vida e usar e abusar de toda abundância, prosperidade e prazeres que ela tem a oferecer por meio de um fluxo de energia infinito que, quanto mais usado, mais fica disponível para uso, sem nenhum apego ou economia. É um caminho fantástico para o tipo 5.

Práticas e Exercícios de Desenvolvimento

As práticas a seguir são sugestões diretas para as pessoas do tipo 5. Se você é desse estilo do Eneagrama, vai se beneficiar enormemente com a adoção de uma ou mais delas como rotinas de desenvolvimento, de modo que passem a fazer parte de sua agenda no dia a dia. Crescimento não é uma tarefa difícil, mas exige, sim, compromisso e priorização:

- Fique atento, durante uma semana, à pressão de seus pés tocando o chão enquanto caminha, indo e voltando nessa percepção. Leve um bilhete no bolso ou deixe uma mensagem no celular para lembrar-se disso durante o dia. Na semana seguinte, passe para a sensação da calça nas pernas. Na outra, para as meias. Mantenha essa prática até que a sensação de estar mais conectado ao corpo, aos pés e às pernas seja um hábito. Isso pode requerer alguns meses, disciplina e força de vontade, mas os ganhos são enormes.
- Pratique exercícios de intenso contato com o corpo diariamente ou, no mínimo, três vezes por semana. Pode ser futebol, dança, judô, bicicleta, escalada. Também mantenha contato direto com a terra por meio de jardinagem, caminhada descalço etc.
- Faça teatro para praticar a improvisação e a espontaneidade. Dê preferência a peças de comédia ou sem um roteiro predefinido, bem como a papéis que exijam, além de reflexão, expressão corporal.
- Tome a iniciativa de chamar alguns amigos do trabalho para irem até a sua casa para uma confraternização. Chame pelo

menos cinco deles. De preferência, pelo menos dois deles não devem se conhecer e você deve ficar responsável por apresentá-los.
- Celebre suas conquistas com uma dose de exagero — pelo menos, para os seus padrões. Compre algo que não costuma comprar, como uma roupa, faça uma viagem ou vá a um restaurante que cobra um preço que você normalmente não pagaria. Estamos falando de algo que você não está precisando e que está adquirindo apenas por premiação e prazer. O que você conquistou ultimamente e não celebrou? Faça uma lista e veja se está faltando algo. Defina suas próximas conquistas e escreva em um papel qual será a comemoração quando alcançá-las. Chame outras pessoas para comemorarem com você e anuncie o motivo disso.
- Liste seus sonhos que estão parados, esperando que você esteja "mais preparado", que tenha mais dinheiro ou mais garantias de que vai dar certo. Que primeiro passo você pode dar agora? Anote uma ação e se comprometa com uma data próxima. Aja mais e planeje menos.
- Pratique falar como você se sente, e não o que pensa sobre as coisas, principalmente com as pessoas que mais ama.
- Mude sua maneira de tomar decisões exclusivamente pela cabeça. Escolha três decisões que você tem que tomar nesse momento da sua vida, não importando se são simples ou complexas. Concentre-se na sua cabeça e pergunte: "O que eu decidiria?" Em seguida, concentre-se no coração, respire profundamente, sentindo a região do meio do peito, e pergunte: "Qual a decisão aqui?" Então, coloque as mãos firmemente sobre a barriga (logo abaixo do umbigo), respire profundamente nessa região e pergunte: "Qual seria a decisão a partir daqui?" Entenda a diferença entre essas regiões e em que a inteligência e a sabedoria do corpo e do coração podem ajudar você.
- Aproxime os relacionamentos importantes que, de alguma maneira, você afastou por não alimentá-los ou para não se expor. Pense nas pessoas mais próximas da sua família ou nos amigos. Há quanto tempo você não telefona para eles sem motivo, apenas para bater papo, por iniciativa sua? Escolha duas pessoas para telefonar nos próximos dois dias e ligue semanalmente para pelo menos uma das pessoas em que pensou.
- Pergunte-se em qual atividade ou hobby você tem muito interesse, a ponto de gostar de ver programas de TV ou ler sobre

ele. Faça algo de prático para viver isso, em vez de só observar de fora.
- Perceba seu receio de ser inadequado e desenvolva isso.
- Use metáforas, compartilhe histórias pessoais e mostre seu otimismo, sua alegria e suas emoções com uma frequência e intensidade muito maiores do que faz hoje.
- Tenha coragem de se abrir mais com pessoas próximas e com colegas do trabalho. Agende um jantar ou um café informal com pelo menos uma pessoa por semana (de casa ou do trabalho) para falar algo sobre si mesmo, sobre como está se sentindo agora. Permita-se ser humano, com vulnerabilidades, ignorâncias e sentimentos irracionais e ilógicos.
- Peça mais *feedback*. No trabalho, peça para sua equipe, seus pares e seus superiores. Em casa, peça para quem gosta de você. Lembre-se: você deve ter a iniciativa de pedir, e não esperar que isso aconteça. Sobre o que seria importante você pedir feedback?
- Faça piadas de algumas coisas que sempre levou a sério — um mau negócio que fez, um dinheiro que perdeu, um papel de bobo que desempenhou, um total desconhecimento sobre um assunto —, em uma conversa que não o leve a lugar nenhum, apenas o divirta. Tenha um pouco disso todos os dias. Ria um pouco de sua preocupação em saber de tudo, em ler sobre tudo e em achar que isso o torna alguém mais importante.
- Reconheça a enorme quantidade de coisas que você não sabe fazer porque não experimentou, que acha que sabe fazer porque leu, mas na verdade nunca fez. Preste atenção em quantas pessoas mais simples e menos estudadas sabem mais do que você sobre diversos assuntos práticos e emocionais da vida. Tenha a humildade de aprender com elas.
- Pense em uma situação atual na qual você está se sentindo extremamente demandado por outras pessoas. Reviva isso. O que você pensa? Como você se sente? Perceba como você normalmente reage. Qual o impacto disso para as pessoas ao seu redor? Como você poderia permanecer mais presente na situação? Qual o impacto disso para os resultados que deseja alcançar? Perceba sua tendência de tirar o time de campo em vez de permanecer.
- Pense no seguinte: em que brigas importantes você está deixando de entrar hoje por receio de elas demandarem muito esforço? Identifique "brigas positivas", principalmente no ambiente

de trabalho, que você não pode deixar de comprar. O que ganharia se permanecesse nelas? Qual a mais importante delas, que você vai retomar?
- Dê mais de si mesmo e receba mais dos outros. Faça coisas que o conectem à abundância da vida. Economize menos do que quer que você esteja economizando. Pratique mais dar e receber. Apegue-se menos ao que tem. Livre-se de coisas velhas e pequenas que você mantém só porque dão pouco trabalho ou gastam pouco. Permita-se viver com mais, querer mais.
- Pratique regularmente a consciência de respiração. Faça yoga, renascimento, biodança (maravilhoso para os tipos 5), corrida ou qualquer outra atividade em que você pratique a atenção em detalhes na respiração no corpo.
- Entre em contato com a natureza todas as semanas. Vá a um parque, uma praia, um lago — qualquer lugar perto da terra, do vento, das árvores. Envolva seu corpo nessas sensações.

Metáfora

Consertando o mundo

Um cientista vivia preocupado com os problemas do mundo e estava resolvido a encontrar meios de minorá-los. Passava dias em seu laboratório em busca de respostas para suas dúvidas.

Certo dia, seu filho, de sete anos, invadiu o seu "santuário" decidido a ajudá-lo a trabalhar. O cientista, nervoso pela interrupção, tentou fazer com que o filho fosse brincar em outro lugar.

Vendo que seria impossível demovê-lo, o pai procurou algo que pudesse ser oferecido ao filho com o objetivo de distrair sua atenção. De repente, deparou-se com o mapa do mundo e alegrou-se, pois era exatamente o que procurava! Com o auxílio de uma tesoura, recortou o mapa em vários pedaços e, junto com um rolo de fita adesiva, entregou-o ao filho, dizendo:

— Você gosta de quebra-cabeças? Então vou lhe dar o mundo para consertar... Aqui está o mundo todo quebrado. Veja se consegue consertá-lo bem direitinho, mas não se esqueça: faça tudo sozinho!

Calculou que a criança levaria dias para recompor o mapa. Algumas horas depois, ouviu a voz do filho, que o chamava calmamente:

— Pai, pai, já fiz tudo. Consegui terminar tudinho!

A princípio, o pai não deu crédito às palavras do filho. Seria impossível, na sua idade, ter conseguido recompor um mapa que jamais havia visto. Relutante, o cientista levantou os olhos de suas anotações, certo de que veria um trabalho digno de uma criança. Para sua surpresa, o mapa estava completo. Todos os pedaços haviam sido colocados nos devidos lugares. Como seria possível? Como o menino havia sido capaz? O cientista resolveu averiguar com o filho como ele tinha conseguido tal feito:

— Você não sabia como era o mundo, meu filho. Como conseguiu?

— Pai , eu não sabia como era o mundo, mas, quando você tirou o papel da revista para recortar, eu vi que do outro lado havia a figura de um homem. Quando você me deu o mundo para consertar, eu tentei, mas não consegui. Foi aí que me lembrei do homem, virei os recortes e comecei a consertar o homem, que eu sabia como era. Quando consegui consertar o homem, virei a folha e vi que havia consertado o mundo!

Autor desconhecido

Oração

Senhor Deus,
Agradeço-te porque me deste uma inteligência curiosa
O dom do discernimento.
Faz com que me aproxime mais das pessoas
E aprenda a confiar na sabedoria que vem do coração.
Dá-me a generosidade de partilhar o que sou e o que tenho.
Dá-me a coragem de envolver-me com a necessidade dos outros
E com as preocupações simples do dia a dia.
Ensina-me a lidar com meus sentimentos
E aceitá-los como parte importante da minha riqueza pessoal.
Ensina-me a agir, a tomar iniciativa, a valorizar os outros e a amizade.
Dá-me coragem e simplicidade para saber colocar os pés no chão
e sujar as mãos na realidade
Acreditando que aí poderei encontrar a sabedoria profunda,
Capaz de preencher o meu vazio.
Amém.

Domingos Cunha (CSH),
Crescendo com o Eneagrama na espiritualidade. São Paulo: Paulus Editora, 2005, p. 397.

Tipo 6
O Líder Precavido

*"A fé consciente é liberdade.
A fé emocional é escravidão.
A fé mecânica é estupidez.
A esperança inquebrantável é força.
A esperança mesclada de dúvida é covardia.
A esperança mesclada de temor é fraqueza."*
George I. Gurdjieff

"O que é preciso, em vez de fugir, controlar ou suprimir o seu medo, é entendê-lo. Isso significa tomar contato direto com ele. Nós temos que aprender sobre o medo, e não sobre como escapar dele."
Krishnamurti

"O que é perigoso a respeito dos revolucionários extremistas não é o fato de eles serem extremos, mas de serem intolerantes. O problema não é o que eles dizem sobre suas causas, mas o que dizem sobre seus oponentes."
Robert Kennedy

"No momento em que um homem se vê no meio de um evento, cessa o seu medo. Apenas o desconhecido assusta o homem."
Antoine de Saint-Exupéry

Mapa da psique*

No Domínio da Personalidade

- *Vício mental (Filtro mental ou Fixação):* Precaução/Antecipação — uma estratégia de pensamento repetitiva que aparece como um questionamento em relação a tudo e todos para se sentir seguro. É a filosofia do "ver para crer", do desconfiar até que se prove o contrário. Procura reduzir seu medo e ansiedade querendo saber informações sobre tudo, querendo antecipar o futuro, imaginando os possíveis problemas para se precaver deles. Uma atividade mental intensa, ansiosa e preocupada, que cria muitos cenários mentais de futuro, sempre ao som de vozes internas. Quando imagina o perigo, foge ou reage agressivamente, com arrogância.
- *Vício emocional (Paixão):* Medo/Ansiedade — o medo aparece como paralisação, fruto da sensação de incapacidade perante perigos e desafios. Aparece também como emoção dominante e viciada, acompanhada de uma série de reações corporais: adrenalina, aceleração da respiração e dos batimentos cardíacos, elevação da ansiedade diante do futuro supostamente inseguro. Essa emoção aparece também, na maioria das vezes, acompanhada pelos vários mecanismos mentais de Precaução e Antecipação.
- *Mecanismo de defesa da personalidade:* Projeção — tendência de projetar lá fora (nos eventos, nas pessoas e nas coisas) aquilo que está acontecendo interiormente. No caso da dúvida e insegurança que tem em relação a si mesmo, estas são projetadas e se transformam em dúvida e desconfiança em relação aos outros. O medo do futuro se transforma em medo no futuro de outras pessoas ou, até mesmo, é justificado pelos infinitos eventos perigosos que aparecem no noticiário da TV. Os piores cenários são imaginados, com a projeção, sempre, do mais negativo de forma catastrófica. O medo e a insegurança que sente dentro de si passam a ser vistos nas outras pessoas, como forma de tornar-se mais protegido deles.

Em contato com um Estado Superior

- *Percepção mental superior:* Fé — um estado mental de total confiança em si mesmo e na vida, sem necessidade de se prevenir ou imaginar cenários. Aliás, não há pensamentos no futuro, apenas a vida no presente, com uma enorme clareza mental de que as coisas acontecem como deveriam acontecer e, portanto, não há com o que se preocupar. Acredita em si, nas coisas e nas pessoas sem precisar de evidências. A mente permanece calma e tranquila.

- *Percepção emocional superior:* Coragem — um estado emocional superior em que o coração sente a força inabalável que tem dentro de si e, por isso, age a partir dessa força, desse movimento de ação. É um agir pelo coração. É enfrentar a vida como ela é, com o coração aberto.

*Os nomes do mapa da psique são adaptações dos originais de Oscar Ichazo, Claudio Naranjo e Helen Palmer.

A. Eneagrama das Personalidades

De acordo com o George I. Gurdjieff, a maioria de nós vive a maior parte do tempo sob o domínio das características da personalidade — um conjunto de tendências de pensamentos, emoções, impulsos físicos, comportamentos, estratégias, crenças, valores e até mesmo um senso particular de identidade.

Essa personalidade, cujo início da formação se dá em nossa mais tenra infância e segue se cristalizando até nossa fase adulta, funciona como uma espécie de máquina biológica: de tanto "usarmos" essa personalidade, passamos a nos identificar com ela, como alguém que adquire o hábito de usar por anos a fio a mesma roupa e não consegue se imaginar sem ela, acreditando que não será a mesma pessoa se não estiver com aquela roupa, acreditando que aquela roupa faz parte do seu "ser".

Assim é o nosso tipo do Eneagrama. Cada um dos tipos representa um traço principal de personalidade, e nosso tipo é uma máquina que usamos tanto e há tanto tempo que muitas das suas características parecem nos definir. Dar-nos conta disso pode nos ajudar a testar roupas novas, expandir nossa coleção e mudar nossos hábitos de moda. Pode nos ajudar também a compreender que as outras pessoas simplesmente preferem e usam roupas diferentes das nossas. É mais fácil e torna-se um grande aprendizado viver assim.

Nesta seção, são apresentadas as prováveis características da roupa que as pessoas do tipo 6 costumam usar. Pode haver variações aqui e ali. Pode haver dias em que elas resolvem que uma blusa diferente é exigida em um evento especial ou mesmo que a roupa para ficar em casa pode ser mais velha e relaxada. Ainda assim, na maior parte do tempo, elas insistem em usar a roupa do seu tipo.

A.1 Nomes Comuns

O cético, O tradicionalista, O guardião, O planejador, O fiel, O cuidadoso, O cooperativo, O confiável, O obediente, O atento, O partidário, O responsável, O patrulheiro, O precavido, O desconfiado, O questionador, O pessimista, O que duvida de tudo e de todos, O São Tomé (precisa ver para crer), O advogado do diabo, O ativista, O rebelde, O do contra.

A.2 Pessoas Famosas

Woody Allen, Mel Gibson, Luiz Inácio Lula da Silva, Sherlock Holmes, Julia Roberts, Robert Kennedy, Richard Nixon, Michael Moore, David Letterman, Luiz Felipe Scolari (Felipão), Muricy Ramalho, Tony Blair.

A.3 Essência e Personalidade

O estado de essência mental do tipo 6, chamado Fé, é o resultado da compreensão direta e profunda de que nossa verdadeira natureza é nosso espírito, nossa essência, e não nossa personalidade. Uma certeza íntima de que existe algo maior que nos rege e nos protege e, assim, podemos ficar tranquilos. Uma compreensão de que, ao contrário de nossa parte material, nossa verdadeira natureza espiritual nunca está em risco. Significa também uma capacidade de acreditar sem precisar de evidências, provas ou conhecimento, apenas com base na intuição de algo superior.

No desenvolvimento de sua personalidade, o tipo 6 perde a Fé e coloca em seu lugar um hábito de pensamento repetitivo chamado Precaução, que é baseado na dúvida, no questionamento e no ceticismo. Em sua cabeça, as coisas podem sempre dar erradas, assim é fundamental ter um plano B para se prevenir. Para o tipo 6, o mundo parece perigoso e imprevisível; não se pode acreditar em nada que não seja provado várias vezes; é preciso desconfiar de tudo e de todos; para ter certeza de alguma coisa, é necessário fazer infinitas perguntas e levantar inúmeras informações; é fundamental estar em vigilância constante.

Com a perda da Fé interna, o tipo 6 recorre à comprovação externa, que quase nunca é suficiente. Aparece também a dúvida em relação às suas capacidades e à sua autoridade interna, gerando inúmeras inseguranças sobre si mesmo e uma necessidade de usar a autoridade de outras pessoas como suporte para reconquistar a segurança — "Será mesmo que eu consigo fazer isso? Preciso que você me diga!" (esse é o caso, principalmente, do tipo 6 fóbico, como veremos a seguir).

A virtude emocional do tipo 6, chamada Coragem — que, em sua raiz, significa "agir pelo coração" —, é uma qualidade emocional superior de viver a vida como ela é, com o coração aberto. Suas ações são fundamentadas apenas nesse sentimento, nessa ligação com aquilo que há de mais importante para ele. Não há hesitação, não há racionalização, não há possibilidade de algo ser diferente ou não dar certo. A atitude é diretamente comandada pelo corpo e pela alma de forma natural. Essa virtude aponta para o fato de que a segurança de que precisamos deve ser encontrada dentro de nós e de que somos os responsáveis pela nossa existência. Com o afastamento da Coragem ao longo da formação de sua personalidade, o tipo 6 desenvolve sua Paixão do Eneagrama, uma emoção física viciada, exagerada, descontrolada e repetitiva que se sobrepõe às demais. Essa emoção se chama Medo ou Ansiedade.

Trata-se de um sentimento que traz a sensação de perigo iminente, de falta de proteção, de incerteza e que é traduzido em uma grande ansiedade corporal na busca de previsibilidade e segurança. Essa ansiedade aparece acompanhada de uma expectativa de que alguma coisa vai dar errado, uma preocupação constante ligada a algo real e consciente ou mesmo a medos inconscientes, que não têm base na realidade externa. Esse medo se traduz em dúvidas sobre si mesmo e sobre a segurança do meio externo. Conforme veremos mais detalhadamente a seguir, o medo poderá mover o tipo 6 a dois tipos de estratégia de sobrevivência bem diferenciados: os *tipos 6 fóbicos*, que se movem física e psiquicamente para longe de seus medos e buscam segurança em autoridades externas, e os *tipos 6 contrafóbicos*, que se movem na direção de seus medos (medos estes muitas vezes inconscientes) em busca de prova de que não têm medo (algo bem diferente da virtude chamada Coragem), buscando força e segurança na sua contestação e no conflito com autoridades externas.

O mecanismo de defesa chamado Projeção é uma tentativa da personalidade de dizer a si mesma que seus medos internos são reais, que são fundamentados em um mundo externo que é perigoso e imprevisível, repleto de pessoas em que não se pode confiar plenamente. Ele justifica a necessidade do tipo 6 de manter seu afiado radar mental sempre alerta, prestes a soar um sonoro alarme de perigo. Trata-se de uma vigilância que procura no mundo exterior os indícios e as provas de que o tipo 6 precisa para confirmar o que sente. Além disso, a Projeção é uma qualidade da mente do tipo 6, a qual consiste em projetar sempre os piores cenários, imaginando o mais negativo de forma catastrófica. Consiste também em projetar o medo interno para fora, fazendo com que ele apareça justificado em manchetes de jornais violentas, estatísticas de doenças, histórias de falência, histórias de mortes trágicas e em qualquer outro lugar que pareça comprovar as teorias internas que o tipo 6 nutre. Consiste ainda em uma enorme insegurança do tipo 6 com relação ao que poderá acontecer a outras pessoas do seu convívio, entes queridos com os quais ele se preocupa em exagero, sem perceber que, em grande parte, isso se trata do seu medo interno projetado nessas pessoas.

A.4 Tendências de Características da Personalidade

Apoiado em sua crença fundamental de que o mundo é um lugar cheio de perigos e imprevisível, o tipo 6 desenvolve uma estratégia para tentar prever e antecipar os riscos futuros. Por meio de uma imaginação ativa, ele cria cenários em sua mente, nos quais vê as coisas dando errado futuramente, e de imediato começa a tomar atitudes de prevenção contra isso. Surgem em sua cabeça planos B, C, D, E como alternativas para se sentir mais seguro. De fato, ele acredita que deve planejar e se prevenir com relação a tudo o que poderia dar errado, garantindo assim que as coisas aconteçam de forma segura — seu hábito mental de Precaução não permite que ele faça de outra maneira. Por conta disso, torna-se cauteloso e cético. Torna-se também necessitado de prever e se preocupar intensamente com as coisas ruins que ainda não aconteceram (e que talvez nunca venham a acontecer), agitando seu diálogo interno mental com dúvidas, vozes, questionamentos e gerando uma grande ansiedade. Sente necessidade de informação, de respostas e sai pelo mundo questionando incessantemente — quanto maior a sua ansiedade e insegurança em relação a um assunto ou pessoa, maior sua busca por dados e garantias.

Ao observamos os comportamentos mais comuns desse tipo, aparecem duas estratégias muito diferentes (é o único tipo do Eneagrama que têm essa divisão). Quem olha de fora vê dois grupos de pessoas do tipo 6, que apresentam atitudes muito diversas. Os tipos 6 fóbicos agem se prevenindo e se afastando dos prováveis riscos em seu caminho. Eles duvidam, questionam, ficam atentos e com radar hipervigilante a todo o ambiente ao seu redor e buscam suporte e proteção de autoridades externas (ou de pessoas que consideram mais poderosas ou fortes), tornando-se assim obedientes. Há um movimento de fuga, de afastamento das ameaças, das coisas perigosas, em busca de segurança e de garantias. Já os tipos 6 contrafóbicos, embora também sejam atentos, hipervigilantes e questionadores, lutam, batem de frente e procuram se impor com força, agressividade e ímpeto contra os perigos e as ameaças, desafiando a segurança e correndo riscos com certa frequência. Eles também costumam desafiar abertamente a autoridade e provar que não estão com medo, que são autoconfiantes. Esse seu estilo de comportamento é muitas vezes confundido com o do tipo 8 do Eneagrama, até porque a maioria dos tipos 6 contrafóbicos não percebe que toda essa energia que têm é originária do mesmo medo e ansiedade dos fóbicos. Assim, eles podem precisar de um pouco mais de tempo que os outros tipos para diagnosticar corretamente seu estilo no Eneagrama, ficando frequentemente confusos com relação a isso em um primeiro momento.

De maneira geral, o tipo 6 é voltado para pensamentos, sentimentos e comportamentos bastante ambíguos, tendo uma relação de pavor e de atração pelo risco e pela adrenalina — ora foge dos riscos, ora os procura. É como se a ansiedade que vem do medo fosse, ao mesmo tempo, um veneno e uma droga prazerosa. Se você disse que o caminho é para lá, ele vai imediatamente questionar: "E se eu for para o outro lado?" Se você disser que ele é capaz, vai lhe dizer que não é. E, se você disser que ele não é capaz, pode muito bem acontecer de dizer que é. É um tipo reativo ao ambiente e aos outros, com essa característica de pensamento contrário. Essa ambiguidade aparece na forma de contradições em sua vida e seus comportamentos: alternam força e fraqueza, medo e coragem, defesa e ataque, doçura e rispidez, calidez e hostilidade, dúvida e crença cega. Ela aparece também, fortemente, no seu relacionamento com as autoridades, as quais questionam e se opõem veementemente (quando desconfiam de suas motivações ou não se sentem protegidos por elas) ou seguem cegamente, com enorme lealdade (quando se sente protegido por elas).

Muitas vezes, os tipos 6 duvidam de sua capacidade, decisões e julgamentos, necessitando que outras pessoas reafirmem que estão indo pelo caminho correto. Essa desconfiança é também projetada nos outros, especialmente em figuras de autoridade, que parecem ter motivações suspeitas. Mesmo depois de terem passado a confiar em alguém, é comum continuarem checando, por garantia. Eles buscam coerência, ou seja, pessoas que fazem o que falam — do contrário, haverá desconfiança. Seu pensamento costuma descartar o óbvio e procurar intenções ocultas e teorias da conspiração, que podem ter fundo verdadeiro ou ser apenas fruto de sua imaginação. Isso oferece aos tipos 6 uma enorme capacidade de solução de mistérios e de situações difíceis. Eles são capazes de questionar de maneira hábil, bem como de perceber falhas nas argumentações dos outros e suas segundas intenções, mostrando uma habilidade de "advogado do diabo" extremamente válida.

Os tipos 6 também costumam ser altamente leais não apenas às suas convicções, mas também aos seus amigos e às pessoas à sua volta, dando valor a esses relacionamentos. Em geral, gostam muito de atuar em equipe, na luta pelos direitos desta, crescendo em força e liderança sempre que há um oponente externo contra o qual lutar. Eles lideram os partidos de oposição. Sua luta por ideais, grupos, família, comunidade e minorias amedrontadas é maior do que sua luta por si mesmo. Muitas vezes, esses ideais pregam uma revolução, uma luta contra um poder ou uma autoridade maior que aparece como opressora.

Grande parte da fundamentação da lealdade dos tipos 6 está no fato de que eles têm grande medo de ficarem sozinhos, sem um apoio que os possa proteger. Organizações, estruturas e alianças funcionam como suportes externos de autoconfiança e autoridade, que muitas vezes lhes faltam internamente. Boa parte do seu processo de desenvolvimento, conforme veremos mais adiante, está na recuperação dessa autoconfiança e dessa autoridade interna. À medida que passam a acreditar mais em si mesmos, os tipos 6 começam a fazer melhor uso de sua apurada intuição (de quem sua mente questionadora sempre duvida, até que algo lá fora a comprove), bem como de sua sensibilidade, calidez e engenhosidade.

Detalhistas e cuidadosos ao lidar com problemas, os tipos 6 gerenciam bem recursos, tempo, tarefas e planejamento, buscando ganhar confiança por meio da entrega de um trabalho de qualidade. Sua capacidade de antever riscos elimina qualquer perigo de falha antes mesmo que ele surja. Não por acaso, trabalhos que envolvem análises complexas e cuidadosas são um campo fértil para o destaque desse tipo de personalidade.

Contudo, os tipos 6 podem boicotar seu sucesso no intuito de, inconscientemente, fugirem do perigo e da exposição que ele representa, ficando mais ansiosos à medida que vão se aproximando do destaque. Eles costumam esquecer-se de suas conquistas, êxitos passados, momentos de força e bravura, sendo muito mais propensos a lembrar-se de momentos que reforcem sua insegurança. Além disso, por pensar demais, querer informações demais, eles podem procrastinar. Nesse momento, cai muito bem uma pressão externa, um empurrão para entrarem em ação.

Criativas, imaginativas e dotadas de forte espírito crítico, as pessoas do tipo 6 atingem seus objetivos pela constância, persistência e perseverança, esforçando-se para ter o melhor tipo de vida possível. Ao desenvolverem a fé e a autoconfiança, elas se tornam líderes participativos, que jogam em equipe e desfilam força, presença e genuína autoridade.

A.5 Focos de Atenção

A atenção do tipo 6 é fortemente voltada para a busca de segurança, assim como para a identificação de perigos e ameaças futuras. Isso se desdobra em inúmeros pensamentos que trazem imagens e falam sobre o que pode acontecer de errado. São várias cenas, sempre tendendo à piores hipóteses. Ao ficar preocupado, o tipo 6 volta sua atenção para o futuro, prendendo-se a esses cenários mentais e distanciando-se do que, de fato, está acontecendo lá fora. A atenção fica retida no medo das consequências, e isso pode fazê-lo procrastinar, paralisar a ação.

Externamente, sua atenção se volta para uma exploração detalhada e acurada do ambiente (olhos que vasculham tudo), que tem como finalidade identificar as ameaças. Há uma busca lá fora por uma confirmação de que os perigos realmente existem e todo um esforço para justificá-los, que é fundamentado no mecanismo de Projeção. Há também um forte foco em perceber intenções ocultas no discurso das pessoas, ler nas entrelinhas, sempre partindo do pressuposto de que essas segundas intenções existem. Suas ações são voltadas para fazer análises, questionar, provar e duvidar.

Outro foco de atenção dos tipos 6 são as causas nobres e rebeldes, a defesa de minorias ameaçadas. Eles apreciam a formação de organizações e partidos de oposição que envolvem a união de pessoas e estruturas na luta contra um oponente, onde possam encontrar dedicação, lealdade e grupos que lhe deem a sensação de proteção. São bastante impactados por figuras de autoridade, levando sua atenção à confrontação e a questionamentos (quando não confiam ou duvidam) ou à obediência (quando se sentem protegidos).

Em um relacionamento a dois, o tipo 6 vai voltar sua atenção para tornar-se impactante, como modo de assegurar sua proteção. Esse impacto pode vir de demonstrações de sua força ou do uso de sua beleza. Já nas relações sociais, sua atenção vai para uma grande responsabilidade no cumprimento dos seus deveres, sendo um soldado obediente como forma de assegurar sua proteção e participação no grupo.

Por fim, no âmbito da preservação física, a atenção do tipo 6 se volta, em especial, para o alcance de elementos materiais que garantem sobrevivência e proteção, como dinheiro, comida e vestuário, entre outros. Além disso, costuma mostrar uma personalidade amigável e gentil, cálida e afetuosa.

A.6 Dificuldades que Podem Causar para os Outros

Uma das principais dificuldades que os tipos 6 podem causar para as outras pessoas advém de sua dúvida de que as coisas darão certo. Isso gera uma série de questionamentos e desconfiança em relação às ideias e aos projetos que lhes são mostrados, o que pode desanimar quem os apresenta ou mesmo criar aquela sensação de receber um "balde de água fria" — imagine uma pessoa que, toda vez que você sugerisse algo inovador, com algum elemento desconhecido ou um pouco arriscado, lhe dissesse coisas do tipo: "Mas e se não der certo?", "E se a gente não tiver dinheiro para pagar?", "E se as pessoas não gostarem", "E se a gente não encontrar um lugar para ficar". Como você se sentiria?

Essa atitude é ainda mais negativamente impactante para os outros quando o tipo 6 é o líder da equipe que aparece com as novas ideias e projetos. Nesse caso, a equipe tende a desmotivar-se, frustrar-se e ter uma percepção de insegurança, e não de atitude, por parte do líder, em função do seu excesso de análise e da sua necessidade de informação, que procrastinam as decisões e as realizações.

O fato de o tipo 6 duvidar de suas capacidades e habilidades, assim como ter dificuldade em confiar em suas resoluções e decisões, também pode gerar impactos negativos nas pessoas. Muitas vezes, isso se projeta para os outros como insegurança, o que pode ser ruim para sua imagem profissional. É como uma propaganda negativa de si mesmo, que minimiza ou desconsidera sua experiência, expertise e autoridade. Casos em que o tipo 6, embora saiba resolver o assunto, hesita e duvida dão aos outros a impressão de que ele não tem competência para tal. Quando ele é líder, seus liderados ficam inseguros. Quando é liderado, pode bombardear seu líder e outras pessoas ao seu redor com perguntas do tipo: "É isso mesmo?", "Estou indo pelo caminho certo?", quando o que o líder espera é que ele mesmo tome a decisão. E, na maioria das vezes, ele sabe e tem competência para tomar a melhor decisão, mas, por não confia nisso, parte para inúmeros pedidos de *feedback* de reafirmação, demandando excessivamente do tempo dos outros.

As dúvidas do tipo 6 se estendem para as outras pessoas, suas intenções e sua competência. Muitas vezes, essas pessoas têm a sensação de que o tipo 6 não confia em seu trabalho, por querer saber exatamente como tudo está funcionando, fazer perguntas em excesso e, até mesmo, fazer acusações, implícitas e explícitas. Uma vez que ele não confia no que o outro está fazendo, quer saber de tudo nos mínimos detalhes. Como gestor, o tipo 6 tende a um excesso de controle e centralização. Ele precisa saber de tudo o que se passa, o que causa sobrecarga para si, além de dependência e não desenvolvimento da equipe.

Quando a insegurança do tipo 6 aumenta, a projeção do seu medo interno e sua necessidade de controle e informação também se intensificam. Ele se torna mais reativo, de radar atento e invasivo, querendo dar palpites em tudo ao redor e garantir que todas as precauções sejam tomadas também pelos outros. Além disso, envolve-se nas situações e exagera nas consequências e em suas reações, fazendo grandes alardes com coisas pequenas, apavorando-se em excesso e de forma rápida.

A.7 Motivação e Valores

Valores são o combustível para realizarmos nossa jornada na vida, são as coisas que acreditamos serem muito importantes para nós. Nós nos motivamos sempre que eles estão presentes conosco. A personalidade do tipo 6 do Eneagrama costuma valorizar fundamentalmente:

- Segurança, previsibilidade, confiança, lealdade, cautela, cooperação, responsabilidade, respeito, amizade, trabalho em equipe, causas nobres e humanitárias, defesa de minorias oprimidas, criatividade, questionamento de decisões, regras claras, competência, perseverança, intuição.
- Motiva-se quando se sente parte de um trabalho em prol de alguma causa nobre, de preferência que envolva os direitos das pessoas, a dignidade, a justiça e humanidade. Melhor ainda se puderem fazer parte de uma equipe cooperativa, que se sustenta e se fortalece na união, possui membros leais e confiáveis e mantém amizade e calor humano.
- Motiva-se pela busca de segurança para si e para os outros, tomando as atitudes que julga necessárias para garanti-la. Gosta de trabalhar onde pode fazer análises de riscos e planejamento, ajudando na procura por segurança. Normas, regras de conduta, papéis claros e bem definidos e valores que sirvam de sustentação para a segurança (de preferência, também claros e bem definidos) também são extremamente importantes para o tipo 6.
- Motiva-se pela luta contra um oponente. Costuma tornar-se mais forte e decidido quando há alguém para lutar contra, um opressor a ser combatido, crescendo em autoridade e liderança nessas adversidades. Há uma grande vontade de se engajar no "partido da oposição" e fazer a sua parte como revolucionário.

- Motiva-se a seguir adiante, acreditando em si, quando recebe *feedback* positivo e é encorajado por pessoas que considera importantes e, de certa forma, autoridades.

A.8 Dádivas

Uma das maiores dádivas dos tipos 6 é sua capacidade de prever armadilhas e problemas que passam despercebidos pelos outros. São os mestres da análise de riscos. Dessa forma, conseguem atuar com antecedência, planejando, criando alternativas e agindo na criação de planos de contingência para a garantia do sucesso de qualquer empreitada. Não há imprevistos que os peguem desprevenidos. Eles se preparam para tudo e, assim, aumentam suas chances de êxito.

Outras de suas dádivas são a responsabilidade e a lealdade com que atuam dentro de uma equipe. Não há dúvidas: ele fará sempre o seu melhor em benefício do time. Além disso, possui sensibilidade e calor humano ao lidar com as pessoas, aumentando o clima de confiança baseado em valores de amizade e companheirismo.

Os tipos 6 representam nossa parte que luta por causas nobres, por uma vida mais digna e por mais igualdade e fraternidade, em defesa dos ameaçados. Representam nossa parte que questiona até que esteja satisfeita com a resposta. É a perseverança por longos invernos até que o ideal seja conquistado. É a mente questionadora, inquisitiva e criativa.

Quando os tipos 6 se permitem afastar as dúvidas e os questionamentos, emerge deles uma grande intuição, sensibilidade e capacidade de observar os detalhes e os cenários, o que pode ser de enorme valia. Quando trilham um caminho de crescimento pessoal, recuperam sua coragem, sua fé e sua forte confiança em si, frutos de sua verdadeira natureza adormecida.

B. Eneagrama para Líderes©

Nesta seção, são tratados alguns dos temas mais relevantes na nossa atuação no mundo empresarial: comunicação, postura, equipes, ambiente de trabalho, *feedback*, tendências e desenvolvimento da liderança. São abordados também hábitos automáticos, estratégias, armadilhas e dicas para o uso do Eneagrama como sistema de autoconhecimento e autodomínio, bem como de compreensão dos outros. Tudo isso é trabalhado em prol do desenvolvimento sustentável da atuação profissional, como decorrência do crescimento pessoal.

B.1 Comunicação e Postura

O estado interno de alerta e hipervigilância a riscos e a desconfiança do tipo 6 aparecem tanto em sua postura corporal como em sua linguagem.

No corpo, quase sempre aparece uma ansiedade que se traduz em uma respiração rápida, curta e na parte alta do peito, acompanhada por uma inundação de pensamentos e vozes (diálogo interno) que crescem proporcionalmente nos momentos em que sua insegurança aumenta. Muitas vezes, ele traz um olhar desconfiado e um rosto que parece assustado, transmitindo algo do tipo: "Será mesmo? Não sei se acredito. E se não for?" Seus olhos vasculham o ambiente horizontalmente como um scanner à procura de riscos em potencial. Isso faz com que, geralmente, tenha uma memória quase fotográfica do ambiente, atenta aos mínimos detalhes perigosos. Alterna entre olhares e tons de voz cálidos, amistosos, cautelosos e posturas diretas, confrontativas.

Quando surpreendidos por ideias ou fatos que o preocupam, o tipo 6 toca um alarme. Suas reações não verbais, nesse caso, costumam ser rápidas — é como se ele pulasse de susto, arregalando os olhos e recuando (caso dos tipos 6 fóbicos) ou atacando, intrometendo-se e impostando a voz (caso dos tipos 6 contrafóbicos). Quando em meio a pessoas em que confia e com as quais se sente seguro, o tipo 6 apresenta uma atitude mais confiante e mais calorosa. Contudo, alterna insegurança, cautela, observação, timidez, prudência e poucas palavras com aqueles que ainda não conhece. Se achar que está se expondo demais, ele poderá se calar subitamente, em uma abrupta postura de defesa.

A linguagem do tipo 6 revela seu pensamento muitas vezes cético e contraditório: "Sim, mas ...", "E se...", "Eu acho que é assim e, por outro lado, acho que não é ...", "Acho que a decisão certa é essa, mas há também isso...". Essa e uma série de outras frases são próprias de um discurso que aponta limites, riscos, medos, armadilhas, preocupações e possíveis intenções ocultas que ninguém mais parece ver. Essa linguagem pode projetar dúvida — os outros podem passar a desconfiar das capacidades do tipo 6, mesmo quando ele as possui de sobra.

A contradição aparece também em sua autoconfiança: em um momento, o tipo 6 fala em um tom de voz cauteloso, hesitante, preocupado e, no minuto seguinte, passa para um discurso firme, seguro, confiante. Pode ser difícil saber o que realmente está se passando com ele. Suas falas trazem uma série de análises mentais, em especial análises de riscos, e muitas vezes são inconvenientes, apresentando os cenários mais negativos possíveis e apontando barreiras, obstáculos e limites. Isso pode fazer com que o tipo 6 seja interpretado como "o pessimista", aquele que "joga areia", e ele pode nem se dar conta disso ou mesmo não ter a intenção de fazê-lo.

O tipo 6 costuma se sentir mais seguro como parte de grupos. Ele se sente especialmente assim entre amigos, por isso se comunica bastante com eles, sendo sociável, ouvindo atentamente quando precisam de sua ajuda, estando disponível e permanecendo emocionalmente aberto se for necessário. Os tipos 6 também equilibram a quantidade que falam e a quantidade que ouvem. Preferem que suas falas e ideias os aproximem dos grupos, evitando expor em demasia aquelas que acreditam que podem ser rejeitadas. Gostam que as pessoas sejam influenciadas por seu modo de pensar e o compartilhem.

Sua desconfiança em relação aos outros atua como um forte filtro em sua comunicação. Quando cismam que uma pessoa tem alguma intenção oculta, falha de caráter ou maldade não revelada, eles elaboram muitas perguntas para provar isso a si mesmos, podendo ou não ser uma verdade objetiva. Assim, ao mesmo tempo em que realmente descobrem intenções negativas que ninguém havia visto, fantasiam com a existência delas quando não existem. Uma grande falha aqui consiste na tendência de não confirmar com os outros suas conclusões internas, acreditando que todo fruto de seu pensamento é, de fato, realidade.

Por fim, os tipos 6 costumam ter uma grande capacidade de fazer críticas construtivas úteis, adequadas e com uma clara intenção de melhoria — e eles as expressam com naturalidade.

B.2 Equipes

As pessoas do tipo 6 costumam gostar bastante de trabalhos em equipe, especialmente quando o time apresenta valores de confiança, amizade, compromisso e responsabilidade com as metas a serem atingidas. Estar em um grupo, em uma equipe normalmente lhes traz uma sensação maior das desejadas proteção e segurança do que quando agem de maneira solitária. Elas gostam de cumprir o seu papel no grupo, atuando pelos objetivos comuns em coesão, sem grande necessidade de serem elementos de destaque. Além disso, trabalham em prol dos acordos entre os membros da equipe e preferem que haja participação de todos.

Dada sua mente analítica e precavida, os tipos 6 sentem-se confortáveis na posição de planejadores. Assim, costumam assumir papéis que envolvem análise e avaliação das informações, bem como apontamento de possíveis riscos, armadilhas e pontos que podem ter passado despercebidos pelos outros e que, em sua visão, precisam ser analisados para que as coisas não deem errado no futuro. Eles também ouvem as ideias e as informações passadas pelos outros membros do grupo, as avaliam e reagem. De fato, costumam muito mais reagir às ideias apresentadas pelos outros do que fornecer as suas próprias. Sua tendência é ser o advogado do diabo.

A característica do tipo 6 de apontar limites, obstáculos e possíveis problemas, se levada ao extremo, pode causar algumas desavenças no grupo — ele pode passar a ser visto como aquele que está impedindo a coisa de ir para frente, que está "jogando contra". Por outro lado, quando bem colocadas, suas análises de riscos podem ajudar imensamente na preparação e no planejamento de planos de contingência e de possíveis detalhes e pontos de falha.

No processo de relacionamento inicial, formação e adaptação dos membros da equipe, os tipos 6 costumam observar atentamente os movimentos que estão acontecendo e a dinâmica do grupo. Eles preferem as regras e os papéis estabelecidos de forma clara, de modo que costumam perguntar caso algum ponto não tenha ficado claro o suficiente ou questionar caso alguém não tenha sido ouvido.

Sua relação com autoridade e poder é uma questão importante. Caso haja uma tentativa de uso do poder e da autoridade por parte de uma pessoa no grupo na qual o tipo 6 ainda não confie totalmente e, por isso, não se sinta plenamente seguro e protegido por ela, ele questionará bastante, retraindo-se ou colocando-se como oposição. Por outro lado, se a sua confiança no poder e na competência daquele que está em posição de autoridade na equipe for plena, sua tendência será acatar as suas decisões e dar suporte a elas.

Como líder de equipe, o tipo 6 costuma valorizar a lealdade e a responsabilidade entre os membros do grupo e, também, em relação aos objetivos e valores da organização. Trata-se de um líder apoiador, que busca qualidade e bom relacionamento, formando equipes que interagem bastante e com competência. É naturalmente voltado para a cultura de equipe, orientando, estimulando, ouvindo e abrindo espaço de participação aos membros, fortalecendo-se em times coesos e no enfrentamento de adversidades. Incentiva a precaução e a prevenção dos problemas para que não haja surpresas e, por isso, prefere pessoas que compartilham informações e atuam bem em grupo, podendo ficar desconfiado dos excessivamente individualistas ou que mascaram problemas.

B.3 Ambiente de Trabalho

O ambiente de trabalho predileto do tipo 6 é entre amigos e colegas em quem pode confiar e, assim, sentir-se seguro em meio a eles. Ele aprecia locais onde os papéis de trabalho e as responsabilidades de cada um, assim como os limites de atuação, são bem definidos e apresentados de forma clara. Esse ambiente de regras ajuda a levar segurança e tranquilidade para as pessoas do tipo 6 em relação ao que é esperado delas, possibilitando que cumpram da melhor maneira possível sua função no grupo. Locais onde metas e diretrizes mudam constantemente e sem aviso prévio, onde decisões são tomadas sem planejamento e previsão de riscos e onde parece não se saber o que está fazendo são apreensivos para as pessoas dessa personalidade.

Assim, não é de admirar que os tipos 6 valorizem ambientes de trabalho que tenham uma cultura de prevenção e cálculo de riscos e de planejamento e em que as perguntas possam ser feitas com liberdade, sem repreensões. Eles também valorizam ambientes que tomam atitudes perante os riscos percebidos e são avessos a locais onde nada é feito e a coisa fica abandonada para se resolver sozinha. Um clima amistoso, cooperativo e de calor humano, com pessoas que valorizam o fato de estarem unidas por uma causa nobre, é o seu preferido. Locais onde a pressão, o autoritarismo unilateral, a desconfiança e a competição são dominantes são estressantes para o tipo 6.

Outro ponto importante é a estrutura hierárquica e de autoridade a que o tipo 6 está submetido. Por natureza, as pessoas desse tipo precisam mais do que as outras de reafirmação externa. Muitas vezes, isso aparece em uma necessidade de ter o líder próximo a si, de modo que, a cada passo, possa ser pedida a ele a confirmação do caminho tomado. Se o ambiente tiver uma liderança frágil, que não demonstra segurança ou atitude, ou exigir autogerenciamento das pessoas, a insegurança do tipo 6 poderá aumentar.

B.4 *Feedback*

Pessoas do tipo 6 gostam de uma comunicação responsável e cheia de confiança. Assim, para que haja um bom *feedback*, é fundamental que exista essa confiança na relação entre as duas pessoas. É importante aquela que dá o *feedback* ao tipo 6 ajudá-lo a sentir-se relaxado antes e durante a conversa, pois, normalmente, só de saber que haverá uma sessão de *feedback*, ele já começa a imaginar as piores alternativas possíveis sobre o conteúdo que será falado, entrando em um grande estado de ansiedade.

Mesmo que o *feedback* seja sobre um problema menor ou até mesmo algo construtivo, se for uma surpresa para o tipo 6, vai imediatamente gerar nele um estado de tensão e de pensamentos que não ajudará na boa comunicação e muito menos em seu estado emocional. Quanto menos surpresas e mais clareza, melhor. Portanto, é importante adiantar o assunto que será abordado e tranquilizá-lo já no momento do agendamento da conversa.

Durante a conversa, é fundamental apresentar a questão de forma lógica, mostrando especificamente qual o problema, bem como confiança na capacidade dele de resolvê-lo, apoiando-o. Também é importante afirmar claramente que se acredita em seu potencial — isso traz a segurança que ajuda o tipo 6 na recepção da mensagem e em sua atitude depois disso. É possível pedir a ele que tenha ideias sobre como resolver o problema ou mesmo dê sugestões. Além disso, é necessário mostrar saídas positivas e incentivá-lo para que também consiga vê-las, bem como abrir espaço para que verbalize seus pensamentos sobre o que pode dar errado, mostrando empatia com relação à realidade disso.

É importante ter em mente que, se estiver ansioso, o tipo 6 tenderá a fornecer detalhes em excesso — algo que deve ser apontado com cautela, sem que ele sinta que a questão está sendo minimizada. De fato, não se pode jamais dizer a uma pessoa do tipo 6 que ela está exagerando, que não há nada para se preocupar, que as coisas se resolvem sozinhas, pois isso, em vez de aumentar sua confiança, a diminui. É como se uma ameaça real não estivesse sendo levada a sério. Sentir-se seguro e apoiado é fundamental para a performance e a expressão da criatividade do tipo 6.

As pessoas do tipo 6 costumam apreciar *feedbacks* honestos daqueles que respeitam, especialmente líderes e mentores que admiram pela competência. Assim, receber *feedbacks* de reforço periódicos dessas pessoas tem um efeito muito forte tanto no aumento de sua autoconfiança e segurança como na diminuição das dúvidas que costumam ter sobre suas capacidades.

A prática de solicitar *feedbacks* específicos sobre suas preocupações também pode trazer muito desenvolvimento para o tipo 6. Como ele costuma ter pensamentos "catastróficos" recorrentes, imaginando sempre o pior que poderia acontecer, é uma prática muito útil perguntar a pessoas de outros tipos qual a visão delas sobre os mesmos assuntos. Dessa forma, o tipo 6 pode se dar conta de quando o perigo realmente existe ou quando é mais provável que seja apenas fantasia de sua cabeça.

Outro ponto importante é a dificuldade que as pessoas do tipo 6 costumam ter para reter os *feedbacks* positivos recebidos, assim como quaisquer tipos de memória sobre fatos e acontecimentos que demonstram sua confiança e capacidade de sucesso. Elas tendem a se esquecer das conquistas e sucessos anteriores, focando-se nos insucessos e nos momentos em que as coisas não deram certo. É como se sua cabeça e seu coração, no fundo, não acreditassem em seu potencial e sua dúvida sobre si mesmo fosse mais verdadeira do que os comentários positivos dos outros. O tipo 6 desconfia dos elogios, parecendo mais lógico acreditar em sua própria versão. São frequentes pensamentos do tipo: "Ela está falando isso só para me agradar. Será mesmo? Acho que está exagerando, pois eu não sou tudo isso. O que será que está por trás desse elogio?" Isso é algo importante, pois remete à necessidade de frisar bem o *feedback* positivo para o tipo 6 e também lembrá-lo constantemente de suas conquistas anteriores. De fato, deve haver um esforço para a pessoa do tipo 6 que recebe o *feedback* positivo realmente ouvir e incorporar, na forma de sentimentos, tudo aquilo de positivo que está recebendo.

Antes de dar *feedback* para os outros, é muito importante para o tipo 6 exercitar o seu otimismo. O problema deve, sim, ser apontado, mas é preciso cuidado para não exagerar as suas possíveis consequências, projetar insegurança ou pânico. O tipo 6 precisa manter o foco nas consequências objetivas, assim como na busca e na implementação de soluções. É natural apresentar as possíveis consequências negativas, mas é muito importante equilibrá-las com possíveis saídas positivas.

O tipo 6 também deve dar *feedback* apenas quando estiver se sentindo tranquilo e confiante, para que seu estado emocional de ansiedade não seja projetado na pessoa que o escuta. Outro ponto importante tem a ver com a responsabilidade por resolver a questão. Mesmo quando é aquele que dá a mensagem, o tipo 6 tem uma tendência de trazer para si toda a responsabilidade por um sucesso futuro. É fundamental que ele perceba que a resolução da situação deve ser capitaneada pela pessoa que está recebendo o *feedback* e que ele não é responsável por tudo o que vier a acontecer.

B.5 Liderança

Nosso estilo de personalidade determina diretamente nosso estilo de liderança, assim como grande parte de nossas formas de atuação no mundo profissional. É comum um líder acabar impondo à sua organização ou à sua área boa parte das características do seu tipo do Eneagrama. Trata-se de um estilo de liderança. Quando temos consciência do nosso estilo e do estilo de outros líderes que interagem conosco, podemos usar esse conhecimento a favor dos relacionamentos interpessoais e do desenvolvimento das equipes, em prol de uma liderança madura e sustentável.

B.5.1 Tendências na Liderança

Liderança baseada em planejamento, análises, antecipação de riscos e planos de contingência; um líder que contribui para criar uma organização que resolve problemas com criatividade; apoio do líder aos seus liderados, formando equipes coesas, confiáveis e baseadas em valores de amizade e companheirismo — em geral, essas são as tendências na liderança do tipo 6.

Analíticos, os tipos 6 têm como uma de suas marcas mais fortes na liderança a antecipação de possíveis problemas no futuro. Os cenários do que pode dar errado são criados e visualizados de forma bastante real, incluindo, em detalhes, as consequências negativas no caso de cada um deles tornar-se realidade. Uma vez entendidos a fundo esses cenários, eles passam a ter forte influência sobre as decisões que serão, em seguida, tomadas.

De fato, costuma haver uma avaliação completa da situação atual, seguida por um planejamento que, em geral, é excelente e detalhado. Esse planejamento envolve as ações, os recursos e as pessoas necessárias para a execução do projeto em curso normal, assim como as ações de contingência para cada detalhe que, de acordo com os cenários, pode dar errado. Os tipos 6 são capazes de criar planos B altamente eficazes e são excelentes para estarem envolvidos em projetos em que as consequências de erros seriam catastróficas.

A execução dos projetos do líder do tipo 6 costuma correr de forma ordenada, já que o preparo para todas as possibilidades é feito com antecedência. Uma vez sanadas todas as suas dúvidas, é fundamental que ele entre imediatamente em ação, não dando tempo para que novas dúvidas e inseguranças apareçam. A prática deve ser imediata, pois, se houver tempo entre sua decisão de agir e o início da ação, ele pode mais uma vez paralisar-se em seus pensamentos. Quando tomam a atitude de agir e se focam na ação, seu medo costuma ser colocado de lado. O movimento rumo ao resultado é muito importante para o líder do tipo 6.

Nos momentos em que seu foco natural no que pode dar errado se torna exagerado, o que é um dom fantástico de planejamento e prevenção pode se transformar em um problema. Nesse caso, uma grande quantidade de energia do projeto e da equipe acaba se voltando para as possíveis catástrofes, podendo gerar um clima de pessimismo e tensão, como se as possibilidades de falha fossem maiores que as de sucesso. Com a energia voltada para essa direção, pode haver perdas de foco em outras áreas (tais como em oportunidades de sucesso não exploradas e inovações), além de perda de foco e energia na obtenção das metas e dos resultados que a organização espera — quando a atenção se volta demais para prevenir o erro, pode-se esquecer de correr atrás daquilo que pode dar certo. Outros elementos que podem advir da prevenção e da análise excessivas são uma paralisia e uma procrastinação à espera de mais informações ou de mais garantias de sucesso antes de seguir frente.

Embora goste de se arriscar, o líder do tipo 6, em geral, gosta de conhecer os parâmetros em que esse risco está inserido e, definitivamente, não gosta de ser surpreendido com coisas que não haviam sido previstas. Surpresas não são bem recebidas por ele e costumam elevar sua ansiedade, fazendo com que dispare reações imediatas (verbais e corporais) e se irrite quando acredita que elas poderiam ter sido evitadas. De fato, ele espera que as pessoas de sua equipe avisem com antecipação sobre possíveis problemas e tomem as atitudes de prevenção. Sua fúria e descontrole emocional podem ser disparados quando isso não acontece, sendo proporcionais ao tamanho do seu medo interno e de duas projeções.

Na verdade, o líder do tipo 6 possui uma tendência a apavorar-se e supervalorizar as possíveis consequências negativas das surpresas (*over reaction*). Seu processo de decisão se torna impulsivo, baseado no medo, e sua clareza mental, para ver a situação como ela realmente é, desaparece. Ao paralisar-se diante de um monstro que seu pensamento tornou grande demais, ele perde a agilidade e o foco na resolução da surpresa que surgiu. Fica preso no problema, na ansiedade e nos pensamentos repetitivos. Consome uma enorme energia que poderia estar voltada para encontrar a solução e agir. Quando se dá conta de que há uma saída e as coisas podem não ser tão ruins assim, ele recupera sua tranquilidade e seu foco.

Os líderes do tipo 6 motivam-se na luta por causas nobres, contra as injustiças sociais e na defesa de minorias. Eles se fortalecem nas adversidades e na presença de oponentes, em geral considerados opressores. São os líderes que se destacam na oposição e que, muitas vezes, não têm um desempenho do mesmo nível quando assumem o poder. Aqui aparece um ponto de atenção para o líder do tipo 6: o desânimo e a procrastinação quando não há alguém para se lutar contra ou uma dificuldade a ser revertida. Nos momentos finais, quando o sucesso está próximo, o pior já passou e basta seguir em navegação de cruzeiro, ele pode se tornar desinteressado e mais inseguro, correndo o risco de atrapalhar o alcance do sucesso.

Essa possibilidade de boicotar sua liderança e seu êxito é uma característica comum para as pessoas do tipo 6, que na maioria das vezes nem se dão conta disso. O fato de saber que uma coisa vai dar certo e que está tudo bem costuma gerar tensão para o tipo 6, que não está acostumado com isso. Para ele, quando as coisas estão indo bem demais, é exatamente o momento de maior preocupação, pois algo ruim pode acontecer. Além disso, há outros motivadores fortes para o seu boicote. Um deles é a manutenção de sua segurança, já que as posições de liderança costumam trazer destaque, exposição, inimizades, ataques e outros grandes riscos. Outro ponto é sua crença de que, no fundo, não têm as competências necessárias para liderar, fruto de uma insegurança em sua autoridade interna.

A relação com sua autoridade interna (confiança em suas habilidades e decisões) e com figuras de autoridade externa é um ponto-chave na liderança do tipo 6. Tudo depende do quanto ele já desenvolveu confiança em sua própria autoridade. Se isso ainda não aconteceu, ele provavelmente vai enfrentar e questionar figuras de autoridade nas quais ainda não confia e que não o fazem sentir-se seguro. Por outro lado, quando encontra uma autoridade (um líder) que o faz sentir-se seguro e que admira por sua coragem, confiabilidade e competência na liderança, ele se sente protegido por essa pessoa e se torna seu soldado leal, defendendo-a e, muitas vezes, tornando-se um cego seguidor das metodologias e ideias dessa figura paterna. Essa questão de reagir ao autoritarismo (que pode ser real ou apenas fruto de seu exagero mental), alternando entre inseguranças, medo e embates corajosos de resistência, é um tema de atenção, pois pode ganhar importância demais na liderança do tipo 6.

Por fim, os líderes do tipo 6 são leais à organização e costumam respeitar sua cultura e estrutura hierárquica. Eles lideram ouvindo e incluindo sua equipe, incentivando o crescimento de novos líderes e atribuindo as conquistas atingidas ao grupo, e não exclusivamente ao seu desempenho na liderança.

B.5.2 Desenvolvimento da Liderança: temas comuns

Cada um dos estilos de liderança do Eneagrama apresenta pontos fortes, dons naturais, que devem ser usados em prol do negócio. Apresenta também pontos de atenção, trilhas de desenvolvimento, que podem trazer grandes ganhos quando trabalhados. A seguir são mostrados alguns temas comuns no desenvolvimento da liderança desse estilo:

- Desenvolver otimismo e confiança de que as coisas darão certo, diminuindo o foco excessivo nas coisas que podem dar errado. Voltar os olhos para as possíveis oportunidades e as chances que as coisas têm de ser um sucesso.
- Tomar decisões um pouco mais arriscadas do que de costume, tendo disposição de agir com menos informações nas mãos. Decidir mais rápido e, portanto, agir mais rápido.

- Desenvolver maior confiança e segurança nas próprias capacidades, ideias e decisões, respeitando a autoridade interna.
- Diminuir a demanda por validações externas e *feedbacks* de reafirmação. Ter coragem de confiar nos próprios insights e agir com menos necessidade que alguém de fora afirme que a escolha é correta. Perguntar menos aos superiores e tomar mais atitudes por conta própria.
- Reagir a surpresas e crises com mais equilíbrio emocional, encarando-as como problemas com solução possível. Evitar aumentar o real tamanho delas. Partir imediatamente para a busca de soluções e focar menos no entendimento das causas desses problemas e de suas possíveis consequências catastróficas.
- Ter coragem para assumir posições de liderança, mesmo ainda não tendo a confiança que gostaria. Aceitar o desafio e acreditar que uma parte do desenvolvimento vai acontecer ao longo do caminho. Ninguém está 100 por cento preparado para tudo.
- Confiar mais nas pessoas e se dar conta da tendência de procurar intenções ocultas e conspirações onde, às vezes, elas não existem.
- Sair da defensiva e reagir menos aos comentários dos outros, especialmente quando interpreta, imagina que estes podem trazer algum risco.
- Diminuir a tendência de pensamento contrário, que confunde os liderados e a si mesmo acerca do que está, de fato, pensando. Perceber que, quando alguém lhe diz que algo é verde, imediatamente vem um pensamento do tipo: "Mas e se for azul? É meio verde, mas tem muito de marrom também. Será mesmo que não é azul-piscina?" Diferenciar o que é hábito de pensamento contrário do que é, realmente, opinião. Comunicar a opinião de forma clara.
- Manter o entusiasmo e o ritmo mesmo quando não houver uma oposição e, principalmente, estiver enxergando que o êxito está prestes a ser atingido. Tomar especial cuidado nessa fase, para não diminuir a energia e, inconscientemente, boicotar o sucesso.
- Perceber que costuma enxergar mais riscos nas coisas do que as outras pessoas em geral. Questionar se realmente está vendo riscos para os quais elas não estão atentas (o pode ser verdade) ou se está criando riscos que não existem, projetando-os na realidade e buscando comprovações em fatos que parecem comprovar as suas teorias.

- Questionar e opor-se menos a outras autoridades. Verificar se essa oposição e o excesso de perguntas são necessários. Verificar também se os riscos são reais ou frutos de uma insegurança interna que demanda muitas informações e projeta muitas dúvidas.
- Encontrar uma possível consequência ou cenário *positivo* futuro toda vez que pensar em uma possível consequência ou cenário *negativo* futuro. Fazer disso um hábito de pensamento. Exercitar pensar e planejar sobre o que pode dar certo antes de fazer isso sobre o que pode dar errado. Fazer o mesmo ao lidar com a equipe.
- Ter cuidado com a tendência de viver e precisar de ambiguidades, estando ora muito confiante e seguro, ora sem confiança e inseguro; ora fugindo demais dos riscos, ora atirando-se neles impulsivamente, em busca de adrenalina.
- Acreditar em suas opiniões e decisões que tiverem origem em uma reflexão genuína, mantendo-se firme a elas mesmo diante de oposições que pareçam mais competentes, seniores ou perigosas, mesmo quando discordar parecer um risco. Diferenciar isso da tendência de manter-se firme, reagindo a supostas oposições. Há uma diferença entre reagir a algo (situação em que é fácil para o tipo 6 tomar uma posição contrária) e agir em prol dos próprios caminhos.
- Lidar com resistências e preocupações externas com mais naturalidade, e não como uma afronta às suas capacidades ou uma ameaça ao relacionamento.
- Encontrar e aceitar cargos e tarefas que tenham um grau adequado de desafio e um tempo necessário para realização e desenvolvimento. Evitar a oscilação entre desafios e riscos grandes demais e funções simples e seguras demais, aquém da capacidade que já tem.
- Concentrar-se na visão e nas estratégias macros antes de partir para o planejamento da execução focado na prevenção de riscos.

C. Caminhos de Desenvolvimento

O Eneagrama não é apenas um sistema que descreve tipos ou tendências de personalidade. Ele é também um sistema completo e complexo de desenvolvimento, que aponta caminhos viáveis e produtivos de expansão da nossa personalidade e de libertação de hábitos limitantes, permitindo nosso crescimento integral como profissional e ser humano. Com ele, não só descrevemos a cela, mas também mostramos o mapa de saída da prisão pelo acesso mais indicado — só não podemos caminhar pelos outros.

Como parte do mapa de crescimento, apresentamos a seguir os desafios e as práticas recomendadas, além de uma metáfora e de uma oração perfeitamente adequadas para o caminho que precisamos trilhar no nosso desenvolvimento pessoal.

C.1 Desafios Gerais de Crescimento

O tipo 6 pertence à tríade mental (intelecto) do Eneagrama, estando ligado ao ponto 9 (seu ponto de segurança ou impulso) e ao ponto 3 (seu ponto de estresse ou desafio). Possui como asas (vizinhos no círculo) os pontos 5 e 7. É um dos três pontos presentes no triângulo central do Eneagrama, sendo o centro da tríade mental e, portanto, tendo a emoção básica do Medo como o seu maior desafio de crescimento.

Seu primeiro movimento deve ser de acesso ao ponto 9, que é o centro da tríade corporal. Isso significa deslocar o excesso de energia concentrado em sua cabeça (que o inunda de pensamentos, cenários, vozes e preocupações) para o corpo, distribuindo essa energia por igual e energizando a ação de todos os músculos e sensações corporais da superfície da pele. Deve haver também um deslocamento do ponto de respiração. Normalmente, o tipo 6 concentra a respiração no peito, de forma rápida e curta (o que revela sua ansiedade). Ele deve deslocar a respiração para a barriga, tornando-a mais profunda e lenta, reduzindo sua ansiedade e sua atividade mental aceleradas.

O acesso à energia do ponto 9 é percebido imediatamente como bem-estar, ajudando o tipo 6 a tomar contato com a realidade dos fatos, e não somente com os cenários catastróficos que ele projeta lá fora. Aqui, é importante o tipo 6 checar a realidade, ou seja, perguntar a outras pessoas o que elas acham dos projetos e dos cenários que, em sua visão, podem dar errado. Nesse caso, em vez de confiar somente em suas próprias preocupações, ele parte para uma atitude de verificar se realmente todos os perigos e riscos que prevê são vistos da mesma forma pelos outros. Sua visão, assim, se liberta de um foco excessivo nos próprios pensamentos e se torna mais ampla e coerente. Ele deixa de se perder no seu mundo mental de vozes e riscos e toma contato com o que, de fato, está acontecendo lá fora. Outra consequência é tornar-se mais receptivo, desconfiando menos das pessoas e de suas prováveis intenções ocultas, bem como considerando múltiplas possibilidades.

Uma vez que esteja tudo certo com a energia corporal, o tipo 6 deve se direcionar para o movimento seguinte, voltado para a ação, a realização, o sucesso, a imagem, a projeção externa e a autoconfiança, representados pela energia do ponto 3 do Eneagrama, centro da tríade emocional. Esse é o ponto em que o tipo 6 para de procrastinar, imaginar cenários negativos, exigir garantias de segurança, duvidar de si mesmo e passa, finalmente, a andar para frente, entrar em ação, estando ou não com medo e sem a necessidade de antecipar o futuro. Ele investe para tornar-se um grande executor, capaz de colocar em prática seus planejamentos. Além disso, adquire autoconfiança e passa a acreditar em suas habilidades e em sua autoridade, bem como começa a promover-se e permitir-se o sucesso. Com uma perspectiva saudavelmente mais individualista, o tipo 6 pode passar a valorizar suas conquistas, comemorar suas vitórias e sentir-se bem com aquilo que realiza.

Das suas asas, os pontos 5 e 7, há também aprendizados e integração a serem realizados. Da asa 5 deriva um recolhimento da energia agitada da cabeça, trazendo mais introspecção e concentração, além da uma clareza mental que vem do distanciamento e da dissociação da emoção do Medo e da Ansiedade. Trata-se de usar a lógica sem se entregar a uma desestabilização emocional e a um desespero nas horas de crise. Trata-se também de torna-se mais o observador que vê a cena de fora e, justamente por isso, consegue definir caminhos de solução mais claros. Da sua asa 7, são incorporados, sobretudo, a diversão, o prazer e a capacidade de ver o lado positivo das coisas, de ver que as coisas também podem dar certo. Aqui, os resultados são leveza e vontade de arriscar e experimentar coisas novas, sem tanta necessidade de segurança.

Grande parte do desafio do tipo 6 tem a ver com separar os perigos e as armadilhas reais daqueles que são criações ou exageros mentais, frutos de sua insegurança interna. Assim, é importante que ele faça um trabalho de avaliação dos pensamentos, a fim de verificar se a ideia que está tendo em um determinado momento é fruto do medo ou é, de fato, uma intuição sobre um risco que deve ser levado em conta. É importante também ele perceber que costuma basear suas atitudes e decisões de vida (bem como suas indecisões e dúvidas) em pensamentos negativos e que sua vida, assim, passa a ser um reflexo dessa sua maneira de pensar.

Outra coisa que o tipo 6 precisa perceber é sua enorme necessidade de trabalhar a relação que tem com pessoas e instituições de autoridade. Enquanto ele não desenvolver sua autoconfiança, seu poder e sua autoridade interna — algo que é possível por meio de um trabalho de autoconhecimento e crescimento pessoal —, vai continuar em uma gangorra, ora se rebelando contra essas pessoas e instituições (muitas vezes, sem um motivo que justifique isso), ora se tornando excessivamente obediente e acreditando que elas têm mais poder do que, de fato, têm.

Em um caminho mais profundo de desenvolvimento espiritual, o desafio do tipo 6 envolve a recuperação da fé nas pessoas, em si mesmo, em sua força interna e, também, de que as coisas darão certo. Envolve ainda a recuperação da coragem, de um agir comandado pelo coração e pela alma, e não paralisado pelo pensamento duvidoso.

C.2 Práticas e Exercícios de Desenvolvimento

As práticas a seguir são sugestões diretas para as pessoas do tipo 6. Se você é desse estilo do Eneagrama, vai se beneficiar enormemente com a adoção de uma ou mais delas como rotinas de desenvolvimento, de modo que passem a fazer parte de sua agenda no dia a dia. Crescimento não é uma tarefa difícil, mas exige, sim, compromisso e priorização:

- Escreva em sua agenda uma lista com 30 qualidades que possui, uma para cada dia do mês. Elas podem envolver características pessoais, profissionais e de liderança. Durante um dia todo, pense e concentre-se em valorizar-se por ter uma determinada qualidade. No dia seguinte, passe para a próxima. Transforme isso em um hábito simples, natural e diário.
- Preste muita atenção no momento exato em que receber elogios ou *feedback* positivo de uma pessoa ou de um grupo. Grave-o na memória, destacando as palavras positivas que lhe foram direcionadas. Escute-as com o coração, gravando a emoção que cada uma delas lhe trouxe. Repita internamente a si mesmo cada uma dessas palavras sem dar atenção a qualquer descrédito que seu pensamento traga. Solicite *feedback* positivo. Adquira o hábito de pedir para outras pessoas lembrarem você de suas qualidades.
- Crie um pequeno registro do seu passado, contendo pelo menos dez experiências de muito sucesso ou vitórias de que se orgulha. Deixe isso ao seu alcance, para leitura diária.
- Escreva quais as perspectivas mais positivas que você vê no seu trabalho hoje.
- Pratique, de preferência diariamente, uma atividade física de relaxamento para distribuição da energia mental para o corpo. Pode ser caminhada, dança, natação, corrida e assim por dian-

te.
- Pratique uma atividade para educar sua respiração, tornando-a mais profunda e longa. Yoga e/ou renascimento são altamente recomendados.
- Converse com outras pessoas quando estiver paralisado pela dúvida em realizar ou não um projeto, uma mudança ou uma ideia, perguntando sua opinião. Preste atenção se os riscos que você acredita que existem estão somente na sua imaginação ou se são vistos pelos outros também. Pergunte a eles o que enxergam de positivo na situação.
- Policie sua reação imediata de apontar possíveis problemas e riscos nas ideias das outras pessoas ao conversar com elas, caso contrário seu efeito será sempre desanimador e desencorajador sobre os outros. Faça sempre um comentário animador e positivo primeiro (o que já um exercício importante para o tipo 6) e somente depois apresente o que você acha que pode dar errado.
- Faça um processo de *coaching* focado na realização dos seus projetos. Precisa ser um *coach* que você admire e que o empurre para a ação com certa pressão quando for necessário.
- Engaje-se em atividades corporais e treinamentos comportamentais fora do trabalho, visando ao desenvolvimento da autoconfiança e à diminuição da ansiedade.
- Aprenda a usar o corpo e o coração, e não somente a cabeça, como fontes de decisão.
- Para as pessoas do tipo 6 fóbico: aprenda a identificar a presença do medo no corpo e, em seguida, recupere a coragem conectando-se ao chão (aterramento) e ajustando a respiração (mais profunda). Tome a atitude que tomaria se não tivesse medo, mesmo que tenha.
- Para as pessoas do tipo 6 contrafóbico: pratique perceber o exato momento em que você dá um salto diante de uma possibilidade de perigo e tem um impulso de reagir imediatamente. Pergunte-se se é mesmo necessário tomar essa atitude e se o risco é realmente do tamanho da sua reação (a reação costuma ser muito maior que o risco real).
- Perceba quais projetos da sua vida estão próximos de dar certo, de terem sucesso. Cuidado com as atitudes inconscientes para boicotar e se afastar desse sucesso. Olhe a situação de fora e tome as atitudes que uma pessoa que você conhece e é bem-sucedida tomaria no seu lugar. Fique atento e mantenha sua energia alta até o final.

- Confie mais nas pessoas. Dê a elas o benefício da dúvida e torça para que dê certo. Simples assim.
- Escolha um dia da semana e um local específico (por exemplo: segunda-feira, escritório) para fazer o seguinte exercício: todas as vezes que um cenário futuro negativo aparecer na sua cabeça (uma ideia de algo que pode dar errado ou ser perigoso), pense também no seu oposto, ou seja, imagine qual seria o cenário futuro se tudo desse muito certo.
- Acostume-se com o poder e em ser a autoridade e o centro das atenções. Aceite aos poucos assumir esse papel. Aceite também cargos e funções que promovam seu desenvolvimento, mesmo que ainda não se sinta 100 por cento preparado para eles.
- Evite enviar uma série de e-mails ou telefonar muitas vezes quando estiver ansioso para falar com alguém ou resolver algo. Faça isso uma vez e aguarde uma resposta.
- Perceba e reduza o número de palavras que usa na comunicação escrita e falada que são relacionadas com riscos, perigos, medos, ansiedades e preocupações. Leia alguns e-mails que já escreveu para perceber essa tendência e verifique onde isso poderia ser minimizado.
- Perceba sua tendência de fazer inúmeras perguntas com desconfiança e ceticismo quando está inseguro com relação à fala de alguém. Reduza isso para perguntas realmente significativas.
- Assuma mais riscos na vida. Tome mais atitudes positivas, mesmo com medo. Saiba quando é hora de parar de planejar e partir para a ação.
- Na vida, podemos viver de dois jeitos: fugindo ou nos afastando das coisas ruins e perigosas ou indo atrás e buscando as coisas boas e as realizações. Como você prefere que seja a história da sua vida?

Metáfora

Nada a temer a não ser o medo de si

Era uma vez, há não muito tempo, mas há tempo suficiente... Eu contarei a você sobre um tempo que eu ouvi dizer; estando aqui, eu não poderia estar lá. A história começa assim:

Existiu uma vez uma grande professora. Ela havia treinado muitos e muitos guerreiros. Um dia, a professora anunciou à sua aluna mais promissora e destemida que tinha chegado o momento de ela encarar e enfrentar o MEDO. Só que a aluna não queria fazer isso. Ela estava com medo, muito medo, era uma ideia assustadora e amedrontadora. Parecia impossível! Ela não estava pronta. Sua professora insistiu. Com grande temor e trepidações, a estudante finalmente concordou e se arrumou para encontrar o MEDO e lutar com ele.

Ela não teve que procurar o MEDO muito longe ou por muito tempo, porque ele mora bem atrás de cada esquina. Assim, conforme dobrou a primeira esquina, ficou cara a cara com o MEDO. O medo dela, seu medo, nossos medos. A estudante se moveu para encarar o MEDO. Enquanto eles se aproximavam, ela, de repente, se jogou no chão, curvou-se e respeitosamente chamou o MEDO para lutar, por três vezes.

O MEDO ficou muito impressionado: uma estudante sábia soubera ser respeitosa e o fizera de tal modo que ele concordou em ir para a batalha. Foi, então, que a estudante gritou:

— Obrigada por concordar em batalhar comigo, mas, por favor, me diga: como eu posso derrotar você?

— Bem — disse o medo, falando em primeiro lugar muito delicadamente. — Minhas armas são muito poderosas e escolhidas cuidadosamente para cada pessoa com que eu guerreio... Eu chegarei muito perto de sua face. E irei falar com você com grande energia e com uma voz forte e retumbante em sua cabeça. Eu lembrarei você de todas as suas fraquezas, de todas as vezes que eu venci você, de todas as suas inseguranças, de todos os momentos que você me encarou e de todas as vezes que perdeu para mim... E de quão pequena, insignificante e sem valor você é.

— Oh, não! — A estudante gritou. — Eu não devo perder a minha coragem. Mas como posso derrotar você? É impossível!

— Impossível — disse o medo — apenas se você escutar o que eu disser e fizer exatamente o que eu lhe digo para fazer. Mas, se você não me escutar e não fizer o que eu lhe digo para fazer, eu simplesmente não terei poder.

E, assim dito, a estudante aprendeu a lutar com o MEDO e a vencê-lo. O medo dela, seu medo, nossos medos.

Adaptado de Pema Chodron, *When things fall apart: heart advice for difficult times*. Boston: Shambhala, 2000, p. XXX.

Oração

Senhor Deus,
Agradeço-te porque me deste o dom de colaborar
E a lealdade profunda aos amigos.
Ajuda-me a compreender mais profundamente o quanto Tu me amas e me aceitas do jeito que sou.
Na certeza do Teu amor e confiando em Teu carinho por mim,
Que eu possa encontrar a autoconfiança e a coragem
De superar os meus medos encontrando a serenidade e a paz.
Ensina-me a descobrir meus dons e riquezas pessoais
E a acreditar em mim, por confiar em Ti.
Ensina-me a confiar, a arriscar, a acreditar
Ensina-me a conviver com meus receios e medos e exagerados.
Amém.

Domingos Cunha (CSH),
Crescendo com o Eneagrama na espiritualidade. São Paulo: Paulus Editora, 2005, p. 397.

Tipo 7
O Líder Otimista

"Se a vida lhe der limões, faça limonada."
Ditado popular

"O prazer é o objeto, o dever e a meta de todas as criaturas racionais."
Voltaire

"O que cada um de nós busca nessa vida nunca esteve na terra ou no mar. É algo que vem do potencial único de experimentar o que nunca foi experimentado por ninguém."
Joseph Campbell

"Olhe, eu não quero parecer filosófico, mas eu digo que, se você está vivo, tem que bater os braços e as pernas, tem que pular bastante por aí, porque a vida é o oposto da morte e, assim sendo, você deve ser pelo menos barulhento e colorido — ou, então, você não está vivo."
Mel Brooks

"Otimismo é a loucura de insistir que tudo vai bem quando estamos miseráveis."
Voltaire

Mapa da psique*

No Domínio da Personalidade

- *Vício mental (filtro mental ou fixação):* Planejamento ou Imaginação Positiva — uma estratégia de pensamento repetitiva focada em sonhos e ideias de um futuro prazeroso, otimista, onde tudo parece dar excepcionalmente certo. Nesse futuro, não aparecem dificuldades, dores nem tristeza, apenas entusiasmo e prazer. Quanto maior a dificuldade do agora, mais os sonhos se intensificam, atraindo toda a atenção e empolgação da pessoa do tipo 7. Eles parecem tão reais que a vontade de vivê-los é imediata. Trata-se de um mecanismo mental que, impulsionado por múltiplos estímulos mentais, atua também como desvio de atenção das frustrações e limitações da realidade prática.
- *Vício emocional (paixão):* Gula — um sentimento viciado e insaciável de querer mais e mais de todas as coisas. Uma vontade de devorar ideias, prazeres mentais, estímulos externos e novidades. Tudo isso ao mesmo tempo. Uma compulsão por diferentes experiências, por querer experimentar de tudo um pouco, mas quase nunca aprofundando-se. A quietude emocional parece um tédio enlouquecedor, pois, com isso, a gula não consegue saciar-se.
- *Mecanismo de defesa da personalidade:* Racionalização — um mecanismo mental para defender-se das sensações de limitações, dores, tristezas, compromissos e frustrações. Trata-se de construir desculpas racionais (histórias inteligentes e persuasivas) que convencem a si mesmo e aos outros, dando significados positivos a qualquer fato da vida. Tudo parece ter um "lado bom", mesmo as coisas mais difíceis. Esse convencimento mental é, muitas vezes, inconsciente e evita que o tipo 7 mergulhe, de verdade, da cabeça para as profundezas do coração.

Em contato com um Estado Superior

- *Percepção mental superior:* Obra, Plano Divino (Missão) — uma percepção mental elevada da realidade do cosmos, uma compreensão de que sua vida faz parte de um plano muito maior do que si mesmo, que serve ao propósito da obra divina. Trata-se do entendimento e da aceitação profundos do seu papel nesse plano, atingindo um verdadeiro prazer de entregar-se ao trabalho que for necessário, de acordo com o papel que lhe

foi designado, como parte de uma sabedoria maior. A ilusão de que se é o próprio Deus e tornará sua vida prazerosa do jeito que sua mente planeja dá lugar a uma aceitação e a um alinhamento com o planejamento divino.
- *Percepção emocional superior:* Sobriedade (presença) — uma realidade emocional de qualidade superior (virtude) que faz o indivíduo viver profundamente cada coisa que se apresenta em sua vida, sem tentar escondê-la, racionalizá-la ou fugir dela. Um estado de sentir e fazer uma coisa de cada vez, do princípio ao fim, completamente imerso. Toda a sua atenção é focada nessa única coisa, como se nada mais existisse, e essa coisa é o agora, aquilo que se apresenta. Cabeça limpa e pura, coração sóbrio, atitudes moderadas e meditativas.

*Os nomes do mapa da psique são adaptações dos originais de Oscar Ichazo, Claudio Naranjo e Helen Palmer.

A. Eneagrama das Personalidades

De acordo com o George I. Gurdjieff, a maioria de nós vive a maior parte do tempo sob o domínio das características da personalidade — um conjunto de tendências de pensamentos, emoções, impulsos físicos, comportamentos, estratégias, crenças, valores e até mesmo um senso particular de identidade.

Essa personalidade, cujo início da formação se dá em nossa mais tenra infância e segue se cristalizando até nossa fase adulta, funciona como uma espécie de máquina biológica: de tanto "usarmos" essa personalidade, passamos a nos identificar com ela, como alguém que adquire o hábito de usar por anos a fio a mesma roupa e não consegue se imaginar sem ela, acreditando que não será a mesma pessoa se não estiver com aquela roupa, acreditando que aquela roupa faz parte do seu "ser".

Assim é o nosso tipo do Eneagrama. Cada um dos tipos representa um traço principal de personalidade, e nosso tipo é uma máquina que usamos tanto e há tanto tempo que muitas das suas características parecem nos definir. Dar-nos conta disso pode nos ajudar a testar roupas novas, expandir nossa coleção e mudar nossos hábitos de moda. Pode nos ajudar também a compreender que as outras pessoas simplesmente preferem e usam roupas diferentes das nossas. É mais fácil e torna-se um grande aprendizado viver assim.

Nesta seção, são apresentadas as prováveis características da roupa que as pessoas do tipo 7 costumam usar. Pode haver variações aqui e ali. Pode haver dias em que elas resolvem que uma blusa diferente é exigida em um evento especial ou mesmo que a roupa para ficar em casa pode ser mais velha e relaxada. Ainda assim, na maior parte do tempo, elas insistem em usar a roupa do seu tipo.

A.1 Nomes Comuns

O versátil, O epicurista, O divertido, O otimista, O futurista, O inovador, O entusiasta, O aventureiro, O buscador de prazer, O multitarefas, O homem das ideias, O flexível, O contador de histórias, O generalista, O Peter Pan.

A.2 Pessoas Famosas

Steven Spielberg, Tom Hanks, Neymar (futebol), Romário (futebol), Leonardo da Vinci, Fernando Henrique Cardoso, Jô Soares, Robin Williams, Mozart, Jim Carrey, Benjamim Franklin, Epicuro, Voltaire, Charlie Sheen, Joseph Campbell, Henry David Thoreau, Mel Brooks, Vinicius de Moraes.

A.3 Essência e Personalidade

A qualidade emocional superior da essência do tipo 7, chamada de Sobriedade, representa o estado em que o indivíduo se encontra completamente presente, com toda sua atenção concentrada única e exclusivamente no agora, consciente e sóbrio de tudo o que acontece consigo, sentindo e vivenciando todas as alegrias e as dores em sua profundidade. Como nos movimentos de um arqueiro zen, não há pressa, não há antecipação do futuro (pois não existe futuro), não há vontade de fazer nada a não ser o que está fazendo neste exato momento, com total e concentrada entrega.

Esse estado é esquecido pela personalidade do tipo 7, que desenvolve a paixão, o vício emocional da Gula — uma voracidade, uma necessidade de provar todas as coisas, experimentar todos os prazeres, todos os planos e todas as possibilidades positivas, pulando apressadamente de uma experiência para outra em um movimento de busca frenética de prazer e de alienação da dor e do medo.

A qualidade mental superior da essência do tipo 7 — chamada obra, plano divino (missão) — representa a compreensão profunda e divina de que há um plano maior traçado pelo universo para todas as coisas que acontecem. Nessa obra divina, não cabe ao indivíduo moldar seu futuro e suas experiências, fugir da dor e querer que a vida seja exatamente como sua mente humana planeja que ela seja. Cabe a ele compreender e se entregar a essa obra, a esse fluxo, cumprindo o papel que lhe foi desenhado (trabalho) e se comprometendo com seu trabalho de crescimento espiritual por meio da aceitação de todas as experiências que a vida lhe traz em sua máxima profundidade, sejam elas tristes e frustrantes ou cheias de alegria e prazer.

Esse estado é esquecido pela personalidade do tipo 7, que desenvolve o hábito mental do Planejamento. O Planejamento é um constante estado de alerta da rápida mente do tipo 7, que analisa e rastreia todas as possibilidades de acontecimentos em seu futuro, procurando traçar um caminho onde haja apenas prazer e alegria, sem qualquer confronto com tristeza, sofrimento ou frustração. Como consequência, é raro o tipo 7 estar plenamente presente no agora, aberto a sentimentos fora de seu planejamento e controle.

O mecanismo de defesa da Racionalização atua como se fosse um programa mental extremamente rápido destinado a dar explicações positivas para tudo, sempre de uma forma eloquente e persuasiva. Dessa forma, o tipo 7 se convence de que tudo o que acontece em sua vida tem um lado bom, é positivo, evitando assim entrar em contato com qualquer tipo de dor, medo ou frustração que estejam nele escondidos. Essa habilidade de persuadir a si mesmo parece verdade para ele e também para os outros — muitas vezes, é preciso muito trabalho de crescimento para que o tipo 7 tenha acesso, de fato, a seus medos e frustrações inconscientes e os experimente.

A.4 Tendências de Características da Personalidade

Com base na crença fundamental de que a felicidade está em viver ao máximo todo tipo de prazeres e aventuras que a vida traz e de que não há nada de bom que possa surgir dos sentimentos difíceis, como a dor, o medo e a sensação de limitação, o tipo 7 sai correndo atrás do relógio, procurando pular rapidamente de novidade em novidade antes que a festa acabe.

Ele se convence de que pode escapar de qualquer dor, frustração e viver o medo olhando para o futuro e planejando múltiplas opções positivas, muitos planos futuros onde as coisas são grandiosas, melhores e com novas aventuras. Da mesma forma, sua memória pode ser seletiva, lembrando-se muitas vezes somente das coisas boas, da parte positiva de suas experiências. Além disso, pode parecer mais fácil perdoar a si mesmo e ao outros, pelo menos na superfície.

A ideia aqui é experimentar as coisas e não permanecer nelas. É muito comum a história de vida do tipo 7 conter muitos inícios — como matrículas em aulas de violão, judô, caratê, balé, teatro, matemática e futebol, entre muitas outras coisas nas mais variadas áreas —, mas pouca continuidade e comprometimento a eles por um período de tempo longo. A vontade existe apenas enquanto há prazer na atividade. Muitas vezes, ao surgir a rotina ou as primeiras dificuldades, parece mais prazeroso para o tipo 7 se entregar a uma nova ideia, a um novo projeto em que as coisas parecem melhores e mais cheias de diversão.

Na busca pelo planejamento positivo, o tipo 7 se torna um grande criador de ideias, futurista e inovador. Ele desenvolve grandes planos de fazer aquilo que nunca foi feito antes, combinando áreas diferentes, novas tecnologias, conceitos revolucionários que surgem aos montes, aceleram sua mente e agitam todo o seu estado interno. Se, por um lado, isso é muito positivo, por outro, é bastante arriscado. O risco aparece na implementação dessas ideias, o que não acontece de forma tão fácil para o tipo 7, que tem a tendência de se desmotivar quando há perda do prazer e da novidade e de delegar ou abandonar tarefas do dia a dia, burocráticas e necessárias para transformar seus sonhos em ação. Às vezes, a vontade de pular para a nova ideia é muito mais sedutora do que a realização da anterior, com todo compromisso e paciência que isso pode exigir. O tédio e a insatisfação podem surgir diante da repetição e da rotina. De fato, ao visualizar bem o futuro e ser capaz de imaginar, conceber exatamente como seria o projeto que gostaria de empreender, tudo parece tão claro e real para o tipo 7 que, muitas vezes, ele confunde sua imaginação com aquilo que realmente tem. Realizar vai demorar muito, e a cobrança interna e a ansiedade de chegar logo podem aparecer.

Os tipos 7 são os otimistas do Eneagrama, sempre cheios de energia. São animados, agradáveis, persuasivos, versáteis, flexíveis, fascinados pelas aventuras da vida e, muitas vezes, falantes (isso pode variar de pessoa para pessoa). Percebem possibilidades onde os outros não veem e são capazes de combinar áreas tão diferentes quanto a física quântica e a poesia para criar uma ideia ou teoria. Aliás, não é raro os tipos 7 lerem diversos livros ao mesmo tempo e praticarem atividades muito diferentes entre si, desenvolvendo habilidades em múltiplas áreas. São idealistas, cabeça aberta e geralmente liberais, podendo exigir, com alguma intransigência, que os outros também sejam assim.

São grandes vendedores de suas ideias, especialmente quando estão encantados com elas. Convencem os outros e a si mesmos de que tudo vai dar certo, às vezes ignorando e tirando da mente qualquer possibilidade levantada de que algo pode dar errado. Se essa hipótese for levantada por outra pessoa, esta vai parecer para o tipo 7 pessimista, retrógrada, alguém que certamente ainda não compreendeu sua grandeza. Bastante autocentrado, o tipo 7 tem a tendência de acreditar que é mais do que é, que sabe mais do que realmente sabe e que suas ideias são superiores às dos demais. Com grande habilidade de improvisar sobre um assunto e de "se virar", ele pode convencer uma plateia de que é um *expert* em habilidades que acabou de adquirir.

Pessoas do tipo 7 também costumam aprender rápido e pensar em alta velocidade, com grande inteligência para a solução de problemas e a criação de novas alternativas que ninguém havia pensado. Elas se permitem pensar fora da caixa, fora das regras e dos padrões preestabelecidos, aos quais normalmente não se prendem muito. Além disso, costumam apresentar boa coordenação entre mente e corpo, mostrando agilidade e rapidez de movimentos, e são práticas, gostando de partir logo para a ação.

Outra característica do tipo 7 tem a ver com o fato de ele preferir enxergar o quadro geral das coisas, procurando entender como os elementos se relacionam sistemicamente e deixando passar os detalhes. A visão macro permite que ele tenha uma ideia de como a coisa funciona e elabore esquemas em sua cabeça, fundindo-os, muitas vezes, com suas próprias teorias. Ao aprender sobre o Eneagrama, por exemplo, o tipo 7 corre o risco de se perder no fascínio de suas teorias, no modo como isso se relaciona com a astrologia, com a teoria dos sistemas e com o funcionamento do universo, esquivando-se de fazer seu trabalho pessoal e profundo de forma verdadeira. Ele pula para as ideias antes de viver o momento presente com paciência. Não compreende que o real tempo da vida não é o tempo de seus pensamentos.

O ponto de desequilíbrio do tipo 7 vem de uma sensação interna de perda de orientação. Trata-se de uma sensação de não saber exatamente aonde ir, qual carreira seguir ou a qual relacionamento se entregar. Sua ansiedade vem da insegurança em fazer escolhas que não limitem suas possibilidades e beneficiem ao máximo a si mesmo e aos outros. Por não saber o que quer, acaba experimentando tudo, acreditando que essa é a melhor maneira de descobrir a opção correta. Quanto menos orientado está, mais busca o prazer e a liberdade, fazendo escolhas ruins, satisfazendo-se menos e podendo experimentar frustração, ansiedade, raiva e uma vontade de "jogar a toalha". Escolhas precipitadas e baseadas em impulsos podem chegar a atrapalhar seus relacionamentos, suas finanças, sua carreira e sua saúde física e mental.

Com a maturidade e o trabalho de crescimento pessoal, os tipos 7 podem se tornar realizadores de grandes projetos, incentivando os outros a fazer o mesmo. Nesses casos, eles aliam a visão inovadora à vida prática, trabalhando e planejando com muito entusiasmo para a realização de seus sonhos abundantes. Quando equilibrados internamente, os tipos 7 transmitem um prazer sereno e uma gratidão verdadeira pelo simples fato de estarem vivos.

A.5 Focos de Atenção

A atenção dos tipos 7 vai, principalmente, para possibilidades positivas, para novas e prazerosas ideias de coisas que podem acontecer no futuro. Eles estão sempre em busca de um jeito de manter a vida de forma otimista. Além disso, prestam atenção em quais planos, lugares e pessoas podem mantê-los interessados, fazendo coisas novas, estimulando a mente com ideias prazerosas e tornando mínimas as chances de experimentarem a frustração, o medo e outros sentimentos dolorosos.

Para o tipo 7, é importante que haja várias opções. Para ele, ter que se comprometer com apenas um caminho, uma escolha (uma carreira, uma pessoa, um lugar para visitar) gera um enorme desconforto e inquietação. Nesse caso, sua preocupação é totalmente levada para aquilo que ele "perde" ao fazer a escolha: "Se eu escolher apenas essa carreira, quanto não estou perdendo das demais?" Sua atenção é, naturalmente, generalista, e não especialista.

A atenção do tipo 7 também vai para conhecer pessoas e lugares, bem como experimentar novidades. Ele mantém sua energia em alta e sua vida cheia de acontecimentos diferentes. Além disso, dá uma enorme atenção à sua grande imaginação, aos seus sonhos de olhos abertos, misturando informações de fontes e áreas diferentes e criando entre elas relações, bem como uma síntese não linear. Ele também reveza o pensamento genérico e o detalhado, o planejamento e o impulso para a ação às escuras.

Seu foco principal é o seu bem-estar e sua sensação de prazer, de modo que seus pensamentos e suas ideias o colocam sempre em primeiro lugar em relação aos outros, de forma autocentrada. De fato, o tipo 7 presta atenção aos seus pensamentos, sentimentos e sensações antes de prestar atenção aos dos outros.

Ao se deparar com situações difíceis ou mesmo conflitos, a atenção do tipo 7 vai para o uso de seu charme e sua boa conversa como principal defesa para ganhar as pessoas. Em casos extremos, pode evitar compromissos e assuntos difíceis ou limitadores.

No relacionamento a dois (seja este romântico ou de parceria), prevalecem as características do tipo 7 com subtipo sexual dominante, chamado de fascinação ou aventureiro. Esse indivíduo costuma ser sugestionável, fascinando-se por um par romântico ou um professor que admira e imaginando as coisas positivas que poderiam fazer juntos. É extremamente sonhador.

Os tipos 7 que têm o subtipo social dominante, chamado de defensor da família, direciona sua atenção para a convivência com muitos amigos e pessoas que pensam como ele, muitas vezes se dedicando a uma causa que procura diminuir a dor do mundo — ONGs, Médicos sem Fronteiras, movimentos de ajuda humanitária e assim por diante.

Por fim, os tipo 7 que têm o subtipo autopreservação dominante são conhecidos com os *bon vivants* do Eneagrama. Todos os tipos de prazeres provenientes do conforto, da comida e das viagens parecem ser, para eles, a solução ideal para uma vida que merece ser degustada.

No geral, quando operando no estado da personalidade, a busca pelo prazer e a fuga da dor e do medo são o grande padrão de atenção do tipo 7.

A.6 Dificuldades que Podem Causar para os Outros

Devido a sua tendência de ser autocentrado, com suas vontades, seus prazeres e seus projetos vindo em primeiro lugar em relação aos dos demais, o tipo 7 pode transmitir aos outros a ideia de que não se importa, de que os menospreza, de modo que os outros ficam sem saber se podem contar com ele de fato. Em verdade, se, por um lado, a boa conversa e o espírito aventureiro atraem amigos para o tipo 7 e o colocam no centro das atenções, por outro, a falta de compromisso e a dificuldade em abrir mão de seus interesses para incluir as vontades e os sentimentos dos outros podem barrar ligações mais profundas com as pessoas. Ele acaba se tornando o amigo divertido para curtir as horas boas, e não necessariamente o companheiro dedicado para as horas difíceis.

Por ter dificuldade e impaciência para escutar os outros e por julgar que já sabe as respostas, o tipo 7 pode vir a cortar as pessoas no meio de seu discurso. Esse corte pode ser uma fala mais alta que interrompe ou apenas um pensamento silencioso que completa a fala do outro. Das duas maneiras, o tipo 7 não está, de fato, ouvindo plenamente a mensagem que chega. Está mais atento aos seus próprios pensamentos.

Sua dificuldade com situações difíceis ou limitantes pode fazê-lo adiar ou evitar decisões e atitudes que podem gerar conflitos ou trazer dor para ele. Esse adiamento atrapalha não somente ele, mas também todas as outras pessoas que são impactadas por sua decisão. Nos relacionamentos, ao evitar compromissos, o tipo 7 pode causar dor e desilusão nas pessoas, em especial por, provavelmente, ter vendido uma imagem maravilhosa e encantadora no início. Sua abordagem superficial diante dos sentimentos difíceis e sua necessidade de "pensar positivo e se animar" podem passar para os outros a sensação de que não estão sendo compreendidos pelo tipo 7, de que estão tendo sua dor minimizada e menosprezada.

Por, muitas vezes, achar que sabe mais do que realmente sabe e que está acima da visão e da inteligência das outras pessoas, o tipo 7 pode rotular de limitados ou retrógrados aqueles que pensam diferente e, principalmente, que discordam de suas ideias. Com isso, ele pode não aproveitar a oportunidade de aprender com os *feedbacks* construtivos dos outros. Pessoas que levantam possíveis problemas de seus planos podem ser vistas como negativistas, até como uma maneira de o tipo 7 evitar qualquer tipo de frustração ligada às suas ideias.

A.7 Motivação e Valores

Valores são o combustível para realizarmos nossa jornada na vida, são as coisas que acreditamos serem muito importantes para nós. Nós nos motivamos sempre que eles estão presentes conosco. A personalidade do tipo 7 do Eneagrama costuma valorizar fundamentalmente:

Prazer, aventura, novidade, alegria, experiência, liberdade, assuntos diversos, aprendizagens diversas, tudo ao mesmo tempo, amigos, contatos, animação, autonomia, mudança, diversidade, otimismo, possibilidades positivas, espontaneidade, charme, inovação, informalidade, criação.

Motiva-se, principalmente, quando há possibilidade de imaginar, planejar e se envolver em novidades, iniciar coisas que nunca foram feitas, empreender novas abordagens e criar um futuro positivo, otimista, com liberdade de ação e de criação.

A autonomia para escolher o que quer, como e quando. Sua motivação é maior enquanto houver prazer em realizar o que está fazendo. O tipo 7 precisa gostar do que faz para ter energia de construção. Dificuldades e limitações podem ser valorizadas apenas se encaradas como oportunidades de crescimento.

A energia, que também é maior no início dos projetos. A fase de imaginar, ter ideias e vendê-las costuma ser mais motivadora que a fase de realização. Produz muito quando em papéis de *brainstorming*, não sendo responsável pelas etapas seguintes. Motiva-se quando há movimento, diversos projetos ao mesmo tempo, assuntos diferentes.

Emprega o bom humor ao lidar com as pessoas, usando de charme e sempre buscando algo interessante. Entusiasma-se na busca de contatos novos, de pessoas de mundos diferentes, de relacionamentos, preferencialmente, descomplicados e informais.

A manutenção de sua autoestima, que deve permanecer em alta por meio de um padrão de pensamento que enalteça a si mesmo. Com isso, o tipo 7 evita desmotivações vindas de críticas e dúvidas sobre o seu real valor.

A.8 Dádivas

O tipo 7 representa nossa paixão pelo novo e pelos prazeres da vida. São pessoas que nos trazem movimento, mudança. São capazes de nos fazer acreditar em um futuro cheio de oportunidades, cheio de coisas alegres e positivas, incentivando-nos a crescer, aceitar desafios, viver experiências e abraçar todo o nosso potencial.

Sua sede e sua coragem de mudança não o deixam contentar-se com uma vida monótona, com zonas de conforto, com nenhum tipo de conformismo. Seu enorme gosto pela vida o incentiva a conhecer, viajar, mudar de trabalho, festejar, criar o novo e se relacionar com todos os tipos de pessoas, conectando-as. Abundância, riqueza, beleza e prazer enchem sua vida.

Os tipos 7 são capazes de transformar até a mais difícil das situações em um ambiente mais leve, onde as pessoas levam os acontecimentos e a si mesmas menos a sério. Sua marca é: brincadeira, diversão e animação em meio a pensamentos geniais, projetos revolucionários e aquela saída inesperada e ousada para um velho problema que parecia sem solução.

As histórias sobre suas aventuras são capazes de convencer qualquer um a tentar. Naqueles tipos 7 que são mais maduros, que já cumpriram algumas etapas do seu crescimento pessoal, surge um verdadeiro senso de missão e uma vontade de criar um mundo melhor. Eles se tornam, assim, mais focados, presentes no momento, dedicados e compromissados com a sua causa de crescimento, com um verdadeiro sentimento de gratidão pelo que a vida oferece.

B. Eneagrama para Líderes©

Nesta seção, são tratados alguns dos temas mais relevantes na nossa atuação no mundo empresarial: comunicação, postura, equipes, ambiente de trabalho, *feedback*, tendências e desenvolvimento da liderança. São abordados também hábitos automáticos, estratégias, armadilhas e dicas para o uso do Eneagrama como sistema de autoconhecimento e autodomínio, bem como de compreensão dos outros. Tudo isso é trabalhado em prol do desenvolvimento sustentável da atuação profissional, como decorrência do crescimento pessoal.

B.1 Comunicação e Postura

As pessoas do tipo 7 costumam ser bastante comunicativas, com uma fala espontânea, rápida e cheia de entusiasmo, especialmente se estiverem falando sobre suas histórias e ideias, sempre otimistas. Quando os assuntos são negativos, os tipos 7 costumam enquadrá-los de uma forma positiva ("Veja pelo lado bom..."), usando, para isso, a racionalização como tendência de sua mente ágil. Eles também costumam movimentar bastante as mãos e até andar enquanto falam, mesmo que seja apenas um passo para frente ou para o lado se o espaço ou a situação não permitir mais do que isso.

Sua face é expressiva, demonstrando nas caretas e nos movimentos a sua inquietude natural, que pode vir a distrair os outros. Quando fascinados pelo assunto sobre o qual estão falando, é possível observar seus olhos brilhando, como que se estivessem iluminados, o que atrai atenção e aumenta, junto com seus sorrisos, seu poder quase hipnótico de persuasão. Ao ouvirem um discurso, é raro conseguirem ficar completamente quietos. Eles têm necessidade de se mexer na cadeira, andar, brincar com a caneta ou mesmo colocar sua opinião, interrompendo o discurso do outro. Falam logo que a ideia vem na cabeça, sem muita paciência para esperar.

É comum se comunicarem por meio de histórias sobre seu passado, de um amigo ou de alguém que ouviram falar. Também podem usar metáforas ou histórias de conhecimento popular, que são complementadas com acontecimentos interessantes, novos fatos e elementos que parecem impressionantes, chamando a atenção dos ouvintes. Os tipos 7 costumam começar um assunto e se desviar no meio do caminho, podendo iniciar outro e mais outro mesmo sem ter terminado o primeiro. Em sua cabeça inteligente e altamente imaginativa, esses assuntos parecem estar conectados. Para os ouvintes, pode simplesmente causar uma grande confusão. Mudar de ideia para ideia como um macaco pula de galho para galho é o hábito dos tipos 7 que mais os atrapalha para que sejam entendidos de forma clara.

Eles gostam de falar sobre si mesmos e de estarem no centro das atenções. Tendem a falar mais do que ouvir, bem como achar que sabem o que o outro vai falar antes mesmo que ele termine a frase. Sempre têm uma opinião para dar ou um assunto para discutir. Quando não interrompem a fala do outro, completam sua ideia mesmo que em pensamento, desviando sua atenção para outro lugar ou elaborando um comentário ao que eles imaginam que virá como complemento da frase. Muitas vezes, acham que já ouviram ou aprenderam tudo o que precisavam, podendo isso não ser verdade. Distraem-se muito facilmente. Enquanto ouvem, podem também criar muitas hipóteses, teorias e fazer muitas perguntas, atrapalhando o seu real entendimento do que está sendo dito.

Sua informalidade ao falar, se vestir ou mesmo se comportar pode fazer com que seja levado menos a sério, especialmente em ambientes mais tradicionais. Isso costuma irritar bastante o tipo 7, que muitas vezes não percebe que contribui com isso por meio de comportamentos rebeldes ao padrão daqueles meios. Para minimizar sua raiva e insegurança, ele pode fazer piadas ou mesmo se convencer de que o outro é incompetente e limitado. Isso pode permanecer como um divertido pensamento de conforto, que diminui sua frustração, ou se tornar um comentário engraçado e informal para os amigos no cafezinho — raramente vai ser uma afronta direta. No meio empresarial, o tipo 7 não costuma ser muito atento a relações de hierarquia, poder e autoridade, perdendo, assim, elementos importantes para aumentar sua influência estratégica na organização.

Há também uma tendência no tipo 7 de evitar assuntos negativos e difíceis, especialmente sobre si mesmo. Se, por um lado, sua abordagem leve pode minimizar uma situação de disputa e conflitos, por outro, problemas reais podem ser menosprezados ou não ser discutidos com franqueza até o final, trazendo consequências piores no médio e no longo prazos. Questões sérias podem ser empurradas e não resolvidas de fato. Os tipos 7 tendem muito mais a elogiar e ver os pontos positivos do que criticar e oferecer *feedback* negativo, explícito e direto. Ao sentirem-se pressionados a encarar um assunto difícil, doloroso ou que cause sofrimento, eles podem trepidar a voz e aumentar sua insegurança, podendo reagir com raiva, culpando os outros quando o charme e a conversa não o protegerem mais.

B.2 Equipes

A tendência do tipo 7 de ser inovador e gerador de ideias rápidas vai fazer com que ele seja excelente nas fases de *brainstorming* e síntese das ideias, propondo diversas possibilidades e caminhos para se abordar uma mesma questão, bem como soluções "fora da caixa" para resolver os problemas. Em uma equipe, é a certeza de ideias criativas, de informações em movimento e do uso de novas tecnologias aplicadas aos trabalhos em discussão.

Assim, ele costuma ser atraído pela fase inicial dos projetos, pelo momento de sua concepção. O prazer e o entusiasmo que surgem das muitas ideias e possibilidades e a imaginação do grandioso projeto já concluído são muito mais naturais para o tipo 7 que a concentração em detalhes da execução, em análises de risco ou em qualquer outra atividade que envolva as questões práticas de realização e prevenção. Seu papel natural é muito mais de visionário, sonhador do que de realizador ou crítico do tipo advogado do diabo. O foco na perspectiva ampla e no conjunto é também mais natural que a atenção aos detalhes ou o aprofundamento em apenas um aspecto do projeto. Devido a muitas dessas características, o tipo 7 se adapta perfeitamente à função de consultor ou conselheiro, interagindo de maneira pontual com a equipe e não sendo, necessariamente, responsável por todas as fases do projeto.

Sua paixão pela novidade e pelo movimento de mudança atrai pessoas que gostam de equipes inovadoras, nas quais todos têm direito à palavra e podem colocar ideias de forma igual, quase sem hierarquia. Nesse contexto, pessoas talentosas e que pensam criativamente vão produzir, com entusiasmo e prazer, produtos e serviços com excelência e modernidade. O erro é encarado com leveza e parece valer a pena experimentar toda ideia e risco. De fato, o charme e a boa conversa do tipo 7 são atraentes para os membros da equipe, que tendem a simpatizar com a sua presença.

Suas dificuldades no grupo envolvem, muitas vezes, aceitar procedimentos e métodos que fazem parte da equipe. Preferem as equipes menos organizadas, nas quais sentem maior liberdade de atuação e pensamento. Sua aversão à rotina e a regras pode fazê-lo ser interpretado como descompromissado com o grupo, assim como sua tendência de se dispersar para outros assuntos no meio da discussão sobre um item que ainda não foi encerrado. Seu interesse em iniciar diferentes frentes ao mesmo tempo pode deixar rastros abertos pelo caminho, percebidos pelos outros membros da equipe como irresponsabilidade ou desorganização.

Como líder de equipe, essa tendência pode causar grande confusão e desconforto entre pessoas que necessitam lidar com uma atividade de cada vez e que precisam de orientações mais claras e estruturadas sobre o que fazer. Essa constante criação e demanda de ideias do líder do tipo 7 pode gerar na equipe a impressão de desvio do trabalho principal. Muitas vezes, a equipe não apresenta novas ideias simplesmente porque a quantidade de ideias proposta pelo líder parece suficiente para a realização de bastante trabalho.

Entre os aspectos que o tipo 7 precisa desenvolver na liderança de equipes estão: assunção de sua posição hierárquica e esclarecimento disso claro para a equipe, apesar de sua postura informal, sob o risco de ficar difícil impor-se no futuro, quando um comando mais forte for exigido; criação de processos e regras que organizem e orientem o funcionamento da equipe, visando ao aumento de sua produtividade; desenvolvimento de coragem para abordar as questões difíceis e os conflitos na equipe de forma clara, tomando medidas duras e firmes quando estas se fizerem necessárias; exposição de suas dificuldades e frustrações sem racionalizá-las, o que vai gerar empatia, confiança e senso de união.

B.3 Ambiente de Trabalho

O tipo 7 é atraído por ambientes de trabalho informais, descontraídos e alegres. Ele gosta de locais de atmosfera criativa (com cores, música, móveis e objetos diferentes), onde não haja regras ou processos rígidos, bem como aprecia ambientes com pouca ou nenhuma hierarquia, onde todos possam se relacionar e expor suas ideias livremente, sem se preocupar com erros ou uma única forma certa de pensar.

Horários flexíveis, liberdade de atuação e monitoramento por resultado dos projetos, sem a preocupação com o modo como foram feitos e quando foram feitos, são motivadores e aumentam a performance do tipo 7. Seu ambiente dos sonhos lembra muito a atmosfera corporativa de empresas como Google, IDEO e Facebook.

Por outro lado, o tipo 7 tem verdadeiro pavor de ambientes do tipo "sempre fizemos dessa maneira". Eles precisam inovar e propor novos caminhos sempre. Irritam-se com ambientes muito controladores, com tarefas rotineiras e com culturas críticas e conservadoras. Burocracia, avaliações formais e rígidas de desempenho, planilhas de apontamento de horários e relatórios de atividades são normalmente desmotivadores e fonte de revolta para o tipo 7, que se sente enquadrado e limitado, quase sem respiração.

O tipo 7 gosta de poder encontrar pessoas interessantes, mesclar culturas, fazer *networking* e *happy hours* em ambiente alegre, descontraído e cheio de entusiasmo. Ele aprecia ambientes que favoreçam a mudança horizontal de cargos, o *job rotation* e as viagens para outros países, lugares que se desafiam a fazer o novo, o que nunca foi feito e que mantêm um clima de alto astral e positividade. Têm dificuldade com ambientes negativistas, onde a primeira resposta é "isso não pode ser feito" e onde as pessoas são demasiadamente cautelosas e pensativas, demorando para partir para a ação.

B.4 Feedback

A tendência dos tipos 7 de preferir assuntos positivos e evitar assuntos negativos ou difíceis vai aparecer também na hora do *feedback*. Para eles, é muito mais fácil enxergar os pontos positivos das pessoas, elogiá-las e encorajá-las do que oferecer um *feedback* negativo ou construtivo, mesmo que seja algo oportuno, direto, corajoso e que deixe claro ao interlocutor qual a mensagem pretendida, o comportamento a ser mudado, suas consequências e as sugestões de nova atuação.

Como encorajador das pessoas, o tipo 7 desempenha um papel importante na motivação, na manutenção do alto astral e na inspiração delas para que deem o melhor de si, vislumbrando as inúmeras possibilidades positivas no futuro pelas quais vale a pena se engajar e se desafiar.

Realizar sessões formais e periódicas de *feedback* pode representar um enorme ganho para um líder do tipo 7, embora sua natureza seja fazer as coisas com mais informalidade — o que, muitas vezes, pode diminuir a importância que a pessoa que está recebendo o *feedback* dá ao assunto. De fato, o tipo 7 precisa ter cuidado para que seu otimismo não esconda ou mascare a seriedade do assunto que precisa ser tratado.

Outra questão aqui tem a ver com o padrão de comunicação do tipo 7, especialmente ao lidar com um assunto difícil. Sua tendência é abordar o assunto principal de forma indireta, criando um contexto maior com muitos rodeios, histórias e detalhes laterais e trazendo outros assuntos conectados que podem confundir e distrair a cabeça do interlocutor. Para quem ouve, pode não ficar claro qual é exatamente o problema. É importante que o tipo 7 tenha em mente, antes de uma sessão de *feedback*, qual é o assunto que precisa ser comunicado e garanta que houve entendimento claro. Uma sugestão é pedir para o ouvinte explicar o que entendeu ao final da sessão. Também é importante que cada assunto seja tratado e esgotado separadamente.

Receber *feedback* negativo ou construtivo é um grande desafio para o tipo 7, que costuma se incomodar enormemente com críticas, podendo questionar seu valor e sua autoestima. Como defesa, ele tende a racionalizar ou mesmo menosprezar a pessoa que o está criticando, como se esta fosse incompetente ou limitada e não tivesse condições de compreender, realmente, seu pensamento e atitudes. Pessoas do tipo 7 que aprendem a ouvir atentamente as críticas e sugestões alheias, sem reatividade, tiram enorme vantagem da informação para uso em seu crescimento pessoal. Humildade, abertura, confiança e escuta são fundamentais para o amadurecimento ao receber *feedback*.

Entre as dicas para dar o melhor *feedback* possível ao tipo 7 estão: o uso da informalidade, da abordagem amigável e conselheira e a utilização das ideias dele como exemplo no contexto; é também importante usar a técnica do sanduíche — dar uma mensagem "negativa" no meio de duas mensagens positivas (essa técnica não é indicada para todos os tipos do Eneagrama, mas se encaixa muito bem ao tipo 7).

Ser autoritário e exigir uma mudança não é eficaz com o tipo 7. Isso pode gerar um efeito negativo devido à revolta dele com autoridade e imposições. É importante deixar que ele se envolva no pensamento de solução e encaixe tudo em um contexto maior. Mudar é da natureza do tipo 7, especialmente quando percebe que há um crescimento ou aprendizado envolvido nisso. Em vez de afirmativas sobre seu comportamento, vale a pena colocar as coisas mais como interpretações ou opiniões, para que ele não apenas pense a respeito, mas crie e escolha novas opções de comportamento para si.

B.5 Liderança

Nosso estilo de personalidade determina diretamente nosso estilo de liderança, assim como grande parte de nossas formas de atuação no mundo profissional. É comum um líder acabar impondo à sua organização ou à sua área boa parte das características do seu tipo do Eneagrama. Trata-se de um estilo de liderança. Quando temos consciência do nosso estilo e do estilo de outros líderes que interagem conosco, podemos usar esse conhecimento a favor dos relacionamentos interpessoais e do desenvolvimento das equipes, em prol de uma liderança madura e sustentável.

B.5.1 Tendências na Liderança

A liderança como inspiração para a realização de novas conquistas, de projetos visionários e criativos em um ambiente de descontração, leveza e desafio é uma dádiva natural do líder do tipo 7 do Eneagrama. As pessoas se entusiasmam com as muitas possibilidades positivas que o líder apresenta — e a empresa pode abrir frentes e aproveitar novas oportunidades inovadoras de negócio. Sua motivação é maior quando explora novas ideias, novas possibilidades e vence desafios juntamente com outras pessoas. Para isso, precisa sentir que tem autonomia e autoridade para resolver as coisas do seu jeito. Adora conhecer as tendências modernas do mercado, a preferência dos clientes e as tecnologias aplicáveis na empresa, envolvendo-se com elas.

Trata-se de um líder criativo e versátil, capaz de orientar a organização a solucionar problemas de forma não convencional. Sua tendência visionária e estratégica costuma envolver as pessoas e estimulá-las a aplicar seus talentos nos projetos. Seu charme e sua facilidade de convencer e persuadir, inclusive grandes grupos, são armas poderosas de inspiração e engajamento de seus subordinados.

Por outro lado, seu fluxo interminável de novas ideias pode confundir seus colaboradores, que se sentem desorientados e sem saber a qual projeto dar atenção. Parece que os líderes do tipo 7 não percebem que nem todos têm a mesma tendência que ele de lidar com várias coisas ao mesmo tempo e ainda se animar com isso. Como preferem as fases iniciais dos projetos e a geração de ideias, podem demorar para concluir alguns trabalhos, que ficam esquecidos em relação aos mais atraentes e prazerosos. Com isso, podem gerar na equipe uma sensação de falta de foco e compromisso, com o desperdício do trabalho realizado nos projetos abandonados ou procrastinados. Algumas vezes, deixam para a última hora o término dos projetos em que têm menos interesse, sendo pressionados para a ação somente pela escassez do tempo. Eles cumprem os prazos, mas geram enorme desgaste em si mesmos e em sua equipe.

Os líderes do tipo 7 têm a tendência de achar que as coisas estão indo bem, sem investigar a fundo o que pode estar saindo errado ou os riscos de fracasso. Para eles, prestar atenção aos detalhes é bem menos atraente do que se ater ao quadro geral, o que pode comprometer a qualidade fina na entrega. Da mesma forma, fatos importantes podem ser negligenciados ou até mesmo omitidos, inconscientemente, na comunicação aos demais. Ao iniciar projetos, eles acabam retendo as partes mais estimulantes para si e, muitas vezes, não fazem um follow-up sistemático e periódico dos trabalhos de sua equipe. Preferem "delargar", ou seja, transferir a outros as atividades que eles não têm interesse em fazer, sem necessariamente monitorar os resultados e fazer as correções de rota ao longo do caminho.

Quando estão no meio de grandes dificuldades, os tipos 7 podem projetar a culpa em outras pessoas ou contextos, chegando até mesmo a se irritar com eles. Costumam interpretar de forma positiva fracassos ou limitações, evitando encarar suas responsabilidades por isso e também sentir plenamente a dor que isso pode causar. Ao contar essa história para os outros ou para si, tudo parece não passar de um grande e necessário aprendizado, sem nenhuma real dificuldade ou limitação envolvida. Isso pode limitar seu aprendizado, pois, ao não enxergar seus erros, eles não veem nenhuma necessidade de corrigi-los. Outro ponto: os líderes do tipo 7 podem ter dificuldade de assumir a posição de comando e controle quando ela se fizer necessária e, da mesma forma, ter problemas para impor sua autoridade quando isso puder causar conflitos, desagrados ou críticas dolorosas.

Seja como for, eles são rápidos para entender o contexto e o que é necessário para o sucesso de uma empreitada e, depois que o fazem, são dispostos a agir imediatamente. Seu processo decisório é ágil e, muitas vezes, impulsivo — fruto de uma rápida capacidade de processar informações e uma grande vontade de se atirar em um novo projeto ou ideia pela qual está fascinado. Gostam de envolver outras pessoas nas decisões e de ouvir comentários de muitos lados, caso a decisão exija um grande número de informações para serem tomadas. Isso o ajuda a recolher pontos de vista para, no final, procurar fazer prevalecer as suas próprias conclusões. Muitas vezes, tomam a decisão sem toda a informação de que necessitam e sem a sensibilidade para aguardar os demais que precisam de mais tempo para processá-la. Sua tendência é subestimar a importância e o impacto dos processos políticos, hierárquicos e burocráticos envolvidos em uma decisão empresarial por acharem que esse assunto é chato, o que pode diminuir sua influência e poder.

Líderes do tipo 7 amadurecidos, com maior nível de consciência de seus padrões, tornam-se pessoas mais presentes e sóbrias. Quando estão em silêncio, podem encontrar um grande número de sábias decisões intuitivas, bem como a paciência necessária para analisar todas as informações antes de tomar decisões importantes. Naturalmente, sua ansiedade por múltiplos caminhos diminui e seu foco na realização de grandes e visionários projetos do começo até o fim se torna fonte de um prazer e uma satisfação mais profundos e duradouros.

B.5.2 Desenvolvimento da Liderança: temas comuns

Cada um dos estilos de liderança do Eneagrama apresenta pontos fortes, dons naturais, que devem ser usados em prol do negócio. Apresenta também pontos de atenção, trilhas de desenvolvimento, que podem trazer grandes ganhos quando trabalhados. A seguir são mostrados alguns temas comuns no desenvolvimento da liderança desse estilo:

Descobrir sua missão de vida, o propósito pelo qual seria capaz de dedicar o trabalho de sua vida para construir. Alinhar seu trabalho e sua liderança com esse propósito. Diferenciá-lo da busca de adrenalina nas novidades ou de trabalhos que visem apenas aos meios financeiros para a realização de prazeres pessoais.

Esperar um pouco mais antes de decidir por impulso. Buscar as informações que ainda não tem, principalmente as mais chatas, que tendem a ser esquecidas ou negligenciadas. Perceber a tendência de conhecer apenas as informações que julga interessantes e otimistas. Pensar nos impactos da decisão para os outros e para o sistema à sua volta.

Reservar todo o tempo do mundo para fazer uma sábia decisão baseada em planos. Uma vez tomada essa decisão, esforçar-se para manter o foco nela, evitando divergir para outras ideias e abrir outras frentes no meio do caminho. É muito importante para o tipo 7 desenhar um plano de ação estruturado, em que a meta final, assim como as metas intermediárias, esteja claramente definida e documentada para orientar sua trajetória. A contratação de um *coach* pode auxiliar muito nesse ponto.

Ter o mesmo cuidado descrito no item anterior para definir a visão e a meta final de um projeto empresarial do qual é líder. Ter um plano com metas intermediárias, tarefas e responsáveis. Manter próximos e visíveis a definição escrita e um símbolo que represente a visão — eles podem estar colados na parede do escritório ou em qualquer outro lugar que possam servir de farol para corrigir diariamente a rota do navio.

Fazer menos coisas de cada vez. Contar o número de projetos em que está envolvido e reduzir esse número em, pelo menos, um terço. Praticar dizer não a novos projetos antes de terminar os anteriores com sucesso sempre que o número estabelecido de projetos for ser ultrapassado. Aprofundar-se nos dois terços que manteve.

Ter muita atenção ao falar com a equipe ou um subordinado sobre um assunto difícil. Definir anteriormente o objetivo da conversa e expor isso de forma clara e sucinta, certificando-se de que a pessoa entendeu a parte difícil da mensagem. Uma conversa difícil não necessariamente precisa ficar fácil, mas ela precisa ser produtiva. Manter-se emocionalmente presente, mesmo que a cabeça procure distrai-lo.

Prestar atenção à tendência de se retirar ou racionalizar quando há um assunto difícil ou doloroso em jogo, agitando-se, bem como falando ou pensando de modo a minimizar o problema. Praticar fazer o que precisa ser feito, apesar das dificuldades. Em vez de retirar-se, manter-se presente um pouco mais. Perguntar-se quais assuntos difíceis está procrastinando hoje e definir uma ação com data concreta para resolvê-los. Ter cuidado com a tendência de convencer-se de que esses assuntos não existem.

Falar mais devagar ao conversar com alguém. Escutar de verdade a outra pessoa, evitando cortá-la ou completar seu pensamento, desligando-se das palavras dela. Com isso, ganha-se empatia real e aprende-se a entender, de fato, outros pontos de vista.

Abrir-se para aprender e ouvir aos outros. Você pensa rápido e é esperto, mas pode não saber tanto quanto acredita e se convence de que sabe. Colocar-se no seu tamanho real, nem maior nem menor.

Praticar pedir *feedback* construtivo ou negativo. Ter cuidado para não menosprezar os comentários ou rebaixar a pessoa que os está oferecendo, julgando-a incompetente. É possível crescer muito mais rápido tornando-se humilde e aberto a sugestões de melhorias, entendendo-as como presentes para o crescimento e diminuindo a reação de raiva.

Respirar profundamente por alguns minutos antes de iniciar um projeto que exige concentração e reflexão. Diminuir o ritmo corporal e a avalanche de pensamentos, voltando-se para o mundo interno. Escolher um lugar onde haja menos estímulos externos (especialmente sons) e onde não seja interrompido. É possível produzir muito mais evitando que a atenção se desvie da tarefa.

Antecipar-se — se o prazo para entrega de um projeto for, por exemplo, dia 10, agende o deadline para o dia 7. Isso vai trazer tranquilidade a você e à equipe, que podem se desgastar muito em uma corrida frenética para resolver os assuntos nos últimos momentos. Vai também permitir alguns ajustes finos de detalhes ao final, elevando a qualidade do trabalho.

Entender os questionamentos de suas ideias inovadoras não apenas como necessidade das pessoas de terem mais informações para apoiá-lo, mas também como *feedbacks* importantes para informações que você precisa buscar antes de seguir adiante. Reagir com agradecimento e paciência, e não como se estivesse sendo contrariado.

Fazer acompanhamento e follow-up frequentes com a equipe por meio de reunião semanal previamente agendada. O mesmo vale para as sessões de *feedback*. Manter a equipe focada nas prioridades principais e monitorar isso. Não deixar que sua necessidade por independência se transforme em falta de orientação para a equipe, que precisa do líder.

Conectar-se ao seu coração e às suas emoções, de modo que possa sentir a si mesmo e aos outros de maneira mais profunda. Praticar tomar decisões envolvendo também o coração e o instinto (corpo), e não somente os pensamentos. Perguntar-se: "O que o meu coração decidiria aqui?", "O que o meu instinto faria?".

C. Caminhos de Desenvolvimento

O Eneagrama não é apenas um sistema que descreve tipos ou tendências de personalidade. Ele é também um sistema completo e complexo de desenvolvimento, que aponta caminhos viáveis e produtivos de expansão da nossa personalidade e de libertação de hábitos limitantes, permitindo nosso crescimento integral como profissional e ser humano. Com ele, não só descrevemos a cela, mas também mostramos o mapa de saída da prisão pelo acesso mais indicado — só não podemos caminhar pelos outros.

Como parte do mapa de crescimento, apresentamos a seguir os desafios e as práticas recomendadas, além de uma metáfora e de uma oração perfeitamente adequadas para o caminho que precisamos trilhar no nosso desenvolvimento pessoal.

C.1 Desafios Gerais de Crescimento

O tipo 7 pertence à tríade mental (segurança e previsibilidade) do Eneagrama, estando ligado ao ponto 5 (seu ponto de segurança ou impulso) e ao ponto 1 (seu ponto de estresse ou desafio). Possui como asas (vizinhos no círculo) os pontos 6 e 8.

Seu primeiro movimento deve ser de acesso a algumas características do ponto 5, isto é, a um processo de introspecção e solitude. Os pensamentos fervilhantes do tipo 7 saem de sua cabeça para várias direções, vários assuntos, todos ao mesmo tempo. Trata-se de uma enorme agitação que volta sua atenção para o mundo externo e os inúmeros estímulos que ele encontra fora de si — imagens, sons e ideias fascinantes na busca frenética do pseudoprazer, aquele capaz de desviar sua atenção das dores e frustrações que a vida pode trazer às profundezas do seu coração.

Voltar-se ao ponto 5 significa para o tipo 7 recolher toda essa energia dispersa e agitada em várias direções. Significa praticar estar sozinho por mais tempo para aquietar a mente, falar menos, respirar de forma mais profunda e lenta, aconchegar-se mais no próprio mundo e desconectar-se um pouco do mundo lá fora, desperdiçar menos energia, movimentar-se menos, valorizar mais e desfrutar o tempo sozinho, pensar em uma coisa de cada vez. Tranquilidade, foco, autoestima e intuição costumam emergir desse processo. Sozinho e protegido, o tipo 7 pode também acessar as suas emoções de dor, medo e tristeza de uma forma real, processando-as. Maturidade e um aprofundamento dos relacionamentos surgem. Com o tipo 5, o tipo 7 aprende que menos pode ser mais.

Seu movimento seguinte deve ser em direção ao ponto 1. É quando parte da energia mental em excesso do tipo 7 distribui-se para o corpo, fazendo com que ele se aterre, saia do mundo exclusivamente aéreo das ideias e adquira braços e pernas para fazer as coisas acontecerem. Trata-se de colocar os pés no chão, adquirir raízes. A partir desse momento, é possível perceber um enorme aumento no foco do tipo 7, que passa a se conectar com um ideal maior e dirigir sua atenção e suas ações para a realização desse trabalho, do começo até o fim, uma coisa de cada vez. Ele adquire responsabilidade, comprometimento e disciplina e passa a vê-los não como pesos, mas como dádivas para a realização de seus sonhos. Olha para seus pontos de melhoria com praticidade e aceitação, abrindo-se também para o *feedback* dos outros. Realiza um trabalho de melhoria contínua em si mesmo. Com o tipo 1, o tipo 7 aprende que o único momento que existe é o agora e que aquilo que precisa ser feito deve ser feito. Aprende também que é da realização dos sonhos, e não apenas da imaginação, que vem o real e duradouro prazer.

Das suas asas, os pontos 6 e 8, há também aprendizados e integração a serem realizados. Com o ponto 6, o tipo 7 pode aprender a recolher mais informações, especialmente as mais desfavoráveis, antes de tomar uma decisão importante e em situações em que é preciso ter mais cautela ou ter um plano B para o caso das coisas não saírem exatamente como o planejado. Com o ponto 8, o tipo 7 deve integrar mais força do seu instinto, do seu corpo à sua vida. Deve também obter mais assertividade para entrar e se manter em situações difíceis e conflitos, bem como conquistar firmeza de comando e autoconfiança para liderar.

Pode ser um grande desafio para a pessoa do tipo 7 perceber sua gula voraz por experiências e novidades que rapidamente perdem o gosto, notar que lá no fundo pode existir uma sensação de desorientação, como se, de fato, ela não soubesse para onde ir ou qual a real função da vida. Há um momento em que, mesmo diante de todos os prazeres do mundo, existe para o tipo 7 uma falta de sentido nas coisas que ele faz, uma vontade grande de contribuir para uma causa maior, e parece difícil saber que causa é essa.

Não é fácil para o tipo 7 perceber que algumas dores e frustrações podem parecer tão fortes que mal são possíveis de ver, que a mente e a memória parecem apagar ou contar essa história de um outro jeito, mas que lá atrás há algo importante: pessoas que gostaria que tivessem o amado mais, pessoas que ele magoou profundamente, sem perceber. Trata-se de perdas que não foram vividas. Há um enorme mundo bem no centro do peito ao qual o tipo 7 tem muito pouco acesso. Contudo, as portas do coração abrem-se igualmente para as tristezas e para as alegrias. Ao permitir entrar e sentir a tristeza, o tipo 7 se permite sentir também a felicidade. E isso é bem diferente de prazer: ao barrar a tristeza e os medos, ele fica apenas com a euforia e a agitação.

É um desafio para o tipo 7 perceber que sua raiva e revolta diante da sensação de não ser levado a sério, diante da crítica são disfarces para a tristeza, a frustração e o medo da rejeição. Para ele, não é possível entregar-se e conectar-se, de fato, a si mesmo e às outras pessoas. Contudo, permitir-se sentir isso sem racionalizar trará profundidade para si e para os relacionamentos com os outros, trará crescimento e compromisso, permitirá a ele manter relações autênticas e duradouras sem o desaparecimento rápido do interesse.

Desafios mais práticos para o tipo 7 envolvem: focar nos problemas centrais e nas prioridades, mesmo quando são difíceis ou desinteressantes;

diminuir o número de coisas que faz ao mesmo tempo, comprometendo-se mais com aquelas que inicia; ouvir os outros com mais humildade, colocando-se no seu real tamanho, nem maior nem menor; estar disposto a adotar pontos de vista diferentes do seu; cuidar de tarefas rotineiras, burocráticas ou mesmo políticas quando a realização de um sonho maior ou um compromisso exigir que assim seja; especializar-se e aprofundar-se em determinados assunto quando isso for necessário, mesmo que implique conhecer menos tópicos — mais uma vez, aqui o menos pode ser mais.

Trata-se de abandonar o planejamento — plano em que sua mente vive muito mais no futuro do que no presente, tentando criar um mundo onde os impactos de prováveis frustrações e dores sejam os menores possíveis — e entregar-se ao plano divino por meio da percepção de que sua vida faz parte de uma obra muito maior, de que os rumos dessa obra, suas alegrias e suas tristezas, devem ser recebidos e vividos de coração aberto, sejam eles quais forem. Em vez de guloso por experiências relâmpagos, o tipo 7 torna-se sóbrio, presente e paciente, vivendo o aqui e agora totalmente dedicado à tarefa do momento, do começo ao fim. Nada mais existe lá fora.

C.2 Práticas e Exercícios de Desenvolvimento

As práticas a seguir são sugestões diretas para as pessoas do tipo 7. Se você é desse estilo do Eneagrama, vai se beneficiar enormemente com a adoção de uma ou mais delas como rotinas de desenvolvimento, de modo que passem a fazer parte de sua agenda no dia a dia. Crescimento não é uma tarefa difícil, mas exige, sim, compromisso e priorização:

- Perceba sua enorme tendência em começar coisas novas e perder o interesse quando aparecem os próximos passos. Faça uma lista das atividades que começou desde a infância. Quais delas você mantém até hoje? Por quê? O que há em comum nelas que não havia nas demais?
- Faça uma lista das frustrações que teve na vida. Perceba a dificuldade de aparecer qualquer item na sua memória ou o fato de aparecerem somente itens de importância menor. Perceba também que, ao pensar em um fato difícil do passado, imediatamente vem uma explicação em sua cabeça, pronta para convencer a si mesmo e aos demais de que aquele fato não foi tão dolorido ou importante assim e que, na verdade, foi um aprendizado, uma coisa sem importância. Perceba com funciona a racionalização, que é essa capacidade de dar explicações

positivas para as coisas. Em quais situações ela pode ser positiva? Em quais situações pode ser uma limitação? Que dores e frustrações você está racionalizando hoje, que não se permite sentir plenamente? Liste pelo menos duas.

- Caso leia vários livros ao mesmo tempo, pratique reduzir esse número para, no máximo, dois e só começar outro assim que terminar um deles. Pratique pensar antes de escolher um novo livro, pois você o lerá até o final. O mesmo vale se você tem muitos *hobbies* ou pratica muitos esportes.
- Estabeleça objetivos claros e compromissos para o seu dia. Quantos deles você cumpre? Quantos deixa para trás usando uma excelente razão para isso? Que outros projetos importantes você abandonou em um momento difícil e, sem perceber, arrumou, para si mesmo, uma excelente justificativa para isso?
- Tenha contato com a natureza pelo menos uma vez por semana. Uma paisagem muito bonita ou um lugar bem tranquilo, com poucos sons e pouca movimentação. Fique sozinho pelo menos uma hora por semana nesse lugar. Perceba a diminuição de sua agitação interna e como você se sente.
- Fique sozinho, em silêncio e parado, pelo menos 15 minutos por dia. Você pode contemplar a árvore da frente da sua casa ou qualquer outra coisa bem comum. Melhor ainda é a prática diária de meditação — uma maravilha para o equilíbrio e o crescimento do tipo 7.
- Faça yoga, aikido ou tai-chi-chuan, praticando manter a atenção e a concentração no presente. O mesmo vale para outras práticas corporais e de respiração consciente, como a técnica do renascimento. O importante é estar conectado ao corpo e consciente dele, sem estímulo de pensamentos.
- Liste duas conversas ou assuntos difíceis que você está procrastinando. Agende uma data para resolvê-los.
- Pergunte às pessoas no seu trabalho no que elas acham que você poderia melhorar. Faça o mesmo no seu relacionamento amoroso. Prepara-se para receber as respostas sem raiva ou revolta.
- Que pessoas precisam que você esteja mais presente, que dedique mais tempo a elas? Seus subordinados? Sua esposa ou seu marido? Seus filhos? Abra mão de uma atividade sua para investir um pouco mais de tempo nesse relacionamento (se ele for importante para você, é claro).
- Adquira ferramentas práticas ligadas a gestão do tempo, organização e foco. Use uma agenda predefinida para orientar suas ati-

vidades, incluindo as rotineiras. Essa agenda deve conter as atividades que são importantes, e não necessariamente agradáveis.
- Com ajuda de um *coach*, escreva, de forma clara e específica, seus objetivos de médio e longo prazos para as diferentes áreas de sua vida. Caso não saiba, invista na descoberta com a ajuda do *coach*.
- Quando estiver com raiva de alguém ou de uma situação, pergunte-se: "O que estou sentindo, de verdade, por trás da raiva?" Permita-se sentir o coração, enfrentando o medo.
- Invista em autoconhecimento. Faça cursos, frequente grupos ou vá à terapia. Descubra que, com disciplina, perseverança e pé na realidade, você pode conquistar sonhos e trazer felicidade para si e para os outros à sua volta.
- Faça uma atividade em grupo em que você não tenha destaque, apenas participe como coadjuvante.
- Verifique quais prazeres você não consegue abandonar na sua rotina. Quais realmente trazem bem-estar a você e àqueles a quem ama? Quais podem estar sendo destrutivos?
- Pratique ficar mais em casa sozinho, lendo, arrumando as coisas com paciência ou escutando música.
- Na próxima vez que sair com os amigos, faça um teste: fique em silêncio na maior parte do tempo, apenas ouvindo as histórias deles atentamente e não contando as suas. Perceba como os outros podem estranhar. Pergunte a eles como se sentem quando você ouve mais do que fala.

Metáfora

A solitude

Nascemos sós, vivemos sós e morremos sós. A solitude é nossa verdadeira natureza, mas não estamos cientes dela. Por não estarmos cientes, permanecemos estranhos a nós mesmos e, em vez de vermos nossa solitude como uma imensa beleza e bem-aventurança, silêncio e paz, um estar à vontade com a existência, a interpretamos erroneamente como solidão.

A solidão é uma solitude mal interpretada. E, uma vez interpretando mal sua solitude como solidão, todo o contexto muda. A solitude tem uma beleza e uma imponência, uma positividade; a solidão é pobre, negativa, escura, melancólica.

A solidão é uma lacuna. Algo está faltando, algo é necessário para preenchê-la e nada jamais pode preenchê-la, porque, em primeiro lugar, ela é um mal entendido. À medida que você envelhece, a lacuna também fica maior. As pessoas têm tanto medo de ficarem consigo mesmas que fazem qualquer tipo de estupidez. Vi pessoas jogando baralho sozinhas, sem parceiros. Foram inventados jogos em que a mesma pessoa joga cartas dos dois lados.

Aqueles que conheceram a solitude dizem algo completamente diferente. Eles dizem que não existe nada mais belo, mais sereno, mais agradável do que estar só.

A pessoa comum insiste em tentar se esquecer de sua solidão, e o meditador começa a ficar mais e mais familiarizado com sua solitude. Ele deixou o mundo, foi para as cavernas, para as montanhas, para a floresta, apenas para ficar só. Ele deseja saber quem ele é. Na multidão é difícil; existem tantas perturbações... E aqueles que conheceram suas solitudes conheceram a maior das bem-aventuranças possíveis aos seres humanos, porque seu verdadeiro ser é bem-aventurado.

Após entrar em sintonia com sua solitude, você pode se relacionar. Então, seu relacionamento trará grandes alegrias a você, porque ele não acontecerá a partir do medo. Ao encontrar sua solitude, você pode criar, pode se envolver em tantas coisas quanto quiser, porque esse envolvimento não será mais fugir de si mesmo. Agora, ele será a sua expressão, será a manifestação de tudo o que é seu potencial. Porém, o básico é conhecer inteiramente sua solitude.

Assim, lembro a você, não confunda solitude com solidão. A solidão certamente é doentia; a solitude é perfeita saúde. Seu primeiro e mais fundamental passo em direção a encontrar o significado e o sentido da vida é entrar em sua solitude. Ela é seu templo, é onde vive seu Deus, e você não pode encontrar esse templo em nenhum outro lugar.

Osho, *Amor, liberdade e solitude: uma nova visão sobre os relacionamentos*. São Paulo: Cultrix, 2005, p.XX. Ver também: Osho, "A solicitude é a sua natureza". Disponível em: http://www.palavrasdeosho.com/2010/04/solitude-e-sua-natureza.html#ixzz2A1soWoXd. Acesso em: 22 out. 2012.

Oração

Senhor Deus,
Agradeço-te porque me deste um entusiasmo inocente
E uma capacidade extraordinária de curtir as coisas boas da vida.
Mostra-me como abraçar tudo com sobriedade e moderação.
Ajuda-me a entender que fugir do sofrimento
Não leva à verdadeira felicidade.
Dá-me sabedoria para entender que a verdadeira alegria deve ser procurada no mais profundo do meu coração,
Onde aparentemente eu pressinto dor e medos espreitando,
E não as coisas superficiais onde costumo buscar adrenalina.
Ensina-me a olhar para dentro de mim
Sem medo da solidão e da profundidade.
Ensina-me o caminho da perseverança
E ajuda-me a ir até o fim em meus caminhos.
Ensina-me a abraçar o sofrimento na minha dor
E na dor de meus irmãos
Para aí encontrar a perfeita alegria
Que brota de um coração habitado por Ti.
Amém.

Domingos Cunha (CSH),
Crescendo com o Eneagrama na espiritualidade.
São Paulo: Paulus Editora, 2005, p. 398.

Tipo 8
O Líder Poderoso

"Quando alguém desafiar você, dê o troco. Seja brutal, seja duro."
Donald Trump

"Em qualquer momento de decisão, a melhor coisa a fazer é a coisa certa, a segunda melhor coisa a fazer é a coisa errada e a pior coisa é não fazer nada."
Theodore Roosevelt

"Eu não estou neste mundo para viver segundo a expectativa de outras pessoas, nem sinto que as pessoas devam viver a minha."
Fritz Perls

"Injustiça em um único lugar é uma ameaça para a justiça em todos os lugares."
Martin Luther King

"Será melhor ser amado que temido, ou vice-versa? É muito mais seguro ser temido do que amado, quando se tem que optar por um dos dois."
Maquiavel em *O Príncipe*

Mapa da psique*

No Domínio da Personalidade

- *Vício mental (filtro mental ou fixação):* Vingança — pensamento fixado em "dar o troco merecido" para aqueles que cometem supostas injustiças, abusos de poder ou incorrem em mentiras. Esse pensamento é algo natural e justificado para a pessoa do tipo 8, já que em sua visão trata-se apenas de fazer justiça. Essa é uma visão de mundo do tipo "olho por olho, dente por dente", uma crença de que é justo que as coisas funcionem assim no mundo.
- *Vício emocional (paixão):* Luxúria — uma dinâmica viciada em transbordar energia emocional sem medida, não importando o tamanho da situação ou do estímulo. Essa energia é projetada brutalmente para fora, impactando e intimidando os que se aproximam. O excesso é usado como forma de alavancar força e poder: excesso no impacto, excesso nos movimentos, excesso na voz e assim por diante. É uma dificuldade emocional de dosar a própria energia.
- *Mecanismo de defesa da personalidade:* Negação — não admissão de qualquer coisa que seja sinal de fraqueza e vulnerabilidade pessoal (erros, doenças, dependências, limites, carências ou emoções de medo e ternura). Essa negação é muitas vezes inconsciente, o que evita que o tipo 8 se dê conta de seu enorme medo de expor seus pontos mais vulneráveis por detrás de sua couraça rígida.

Em contato com um Estado Superior

- *Percepção mental superior:* Verdade Divina — nesse estado superior da mente, o tipo 8 é capaz de ter uma percepção direta das coisas, desligando-se das inúmeras ideias preconcebidas e preconceitos pelos quais julga a realidade. Sua tendência de enxergar e defender somente a sua verdade desaparece e dá lugar a uma aceitação das verdades das outras pessoas. Trata-se também de uma percepção de que esse mundo prático e concreto em que vivemos é, na verdade, uma ilusão e uma pequena parte de uma verdade maior, invisível, sutil e de muitas dimensões.
- *Percepção emocional superior:* Inocência — uma percepção emocional de qualidade superior (virtude) desprovida de preconceitos ou reações pré-programadas na interação com os

outros e consigo mesmo. A tendência da personalidade do tipo 8 de relacionar-se com as pessoas defendendo-se de supostos ataques — mantendo-se, dessa forma, apegada a um passado de violência, opressão e ataque — dá lugar a uma qualidade de interagir com os outros com o coração de uma criança inocente, totalmente entregue, totalmente desprovida de qualquer traço de violência passada, totalmente vulnerável e confiante, como se fosse, assim, um novo encontro a cada momento.

*Os nomes do mapa da psique são adaptações dos originais de Oscar Ichazo, Claudio Naranjo e Helen Palmer.

Eneagrama das personalidades

De acordo com o George I. Gurdjieff, a maioria de nós vive a maior parte do tempo sob o domínio das características da personalidade — um conjunto de tendências de pensamentos, emoções, impulsos físicos, comportamentos, estratégias, crenças, valores e até mesmo um senso particular de identidade.

Essa personalidade, cujo início da formação se dá em nossa mais tenra infância e segue se cristalizando até nossa fase adulta, funciona como uma espécie de máquina biológica: de tanto "usarmos" essa personalidade, passamos a nos identificar com ela, como alguém que adquire o hábito de usar por anos a fio a mesma roupa e não consegue se imaginar sem ela, acreditando que não será a mesma pessoa se não estiver com aquela roupa, acreditando que aquela roupa faz parte do seu "ser".

Assim é o nosso tipo do Eneagrama. Cada um dos tipos representa um traço principal de personalidade, e nosso tipo é uma máquina que usamos tanto e há tanto tempo que muitas das suas características parecem nos definir. Dar-nos conta disso pode nos ajudar a testar roupas novas, expandir nossa coleção e mudar nossos hábitos de moda. Pode nos ajudar também a compreender que as outras pessoas simplesmente preferem e usam roupas diferentes das nossas. É mais fácil e torna-se um grande aprendizado viver assim.

Nesta seção, são apresentadas as prováveis características da roupa que as pessoas do tipo 8 costumam usar. Pode haver variações aqui e ali. Pode haver dias em que elas resolvem que uma blusa diferente é exigida em um evento especial ou mesmo que a roupa para ficar em casa pode ser mais velha e relaxada. Ainda assim, na maior parte do tempo, elas insistem em usar a roupa do seu tipo.

Nomes comuns

O protetor, O líder, O rochedo, O desafiador, O assertivo, O justo, O determinado, O autêntico, O corajoso, O franco, O independente, O patrão, O justiceiro, O chefão, O padrinho (máfia), O forte, O controlador, O buscador de poder, O instintivo, O coronel, O exagerado.

Pessoas famosas

Bernardinho (vôlei), Edmundo (futebol), Fidel Castro, Sean Connery, Pablo Picasso, Hugo Chávez, Donald Trump, Mikhail Gorbachev, Frank Sinatra, Franklin Roosevelt, Nelson Piquet, José Serra, Martin Luther King, John Wayne, Paul Newman, Indira Gandhi, Fritz Perls, Ernest Hemingway, Theodore Roosevelt.

Essência e personalidade

O estado de essência mental do tipo 8, chamado de Verdade divina, é uma compreensão profunda de que o universo é formado de muitas dimensões — que vão desde a dimensão material, física até dimensões muito mais sutis, como o espírito e o ser —, de que a única verdade é que nossa real natureza é nossa alma e que nós somos o ser, de que o mundo físico é a superfície de um mundo muito mais etéreo. Isso é bem diferente da percepção mental inferior da personalidade do tipo 8, que enxerga a realidade como existência concreta, palpável, material. É como se a nossa realidade final fosse a física ou, pelo menos, que, em última instância, fosse ela que prevalecesse.

Com isso, o tipo 8 adquire a ideia fixa chamada Vingança, baseada em uma crença de que justiça é, na verdade, algo do tipo "olho por olho, dente por dente", de que o mundo maltrata os mais fracos — e também o maltratou. Ele desenvolve a força como proteção e passa a acreditar piamente na ideia de que "aqui se faz, aqui se paga", agindo para que isso aconteça ou simplesmente esperando o dia para poder assistir de camarote se fazer a "justiça divina". Além disso, busca a revanche, sabendo o outro ou não que ela aconteceu.

Sua virtude emocional chamada de Inocência é um estado de compreensão de que a natureza do ser humano é ser bem-intencionado e, dessa forma, não há necessidade de nenhuma proteção, nenhuma barreira para se relacionar. É também um estado em que se pode reagir ao mundo sem nenhum preconceito, sem nenhum pressuposto ou memória de traição anterior, total e completamente confiante na bondade e inocência do outro. Isso parece loucura para a personalidade do tipo 8 que, ao perder essa condição, passar a acreditar que o mundo é fundamentalmente injusto e que as pessoas podem trai-lo ou atacá-lo a qualquer momento. Para evitar isso, ele se reveste em uma armadura, endurecendo seu corpo e suas emoções de fragilidade, de medo e de vulnerabilidade, tornando-se forte, imponente, assertivo e impactante, dando origem a uma energia de excesso, de luxúria. Para o tipo 8, essa parece a única maneira de sobreviver em um mundo que, muitas vezes, se assemelha a uma selva.

A paixão da Luxúria é uma necessidade do tipo 8 de exagerar em seu envolvimento e impacto, de exagerar em seu uso e demonstração de energia. Não basta experimentar o bolo: é preciso dar uma mordida enorme a ponto de se lambuzar. Essa paixão também leva o tipo 8 a perder a inocência de compreender que cada pessoa tem a sua própria verdade. A verdade do tipo 8 parece ser mais verdadeira do que a dos outros — e ele vai usar de sua força luxuriosa para impô-la, se for preciso.

O mecanismo de defesa chamado Negação permite ao tipo 8 conservar a sua ideia de que é forte e de que a sua verdade é que é a verdadeira. Ele nega a existência de suas fraquezas, nega a existência do impacto que causa aos outros, nega que procura impor a verdade e nega que nega muitas coisas. Essa negação é muitas vezes inconsciente e aparece na forma de justificativas do motivo pelo qual age ou pensa de determinada maneira — justificativas estas que parecem para ele perfeitamente lógicas.

Tendências de características da personalidade

Apoiado em sua crença fundamental de que o mundo está cheio de injustiças e aqueles que forem fracos serão massacrados pelos fortes, o tipo 8 sai por aí demonstrando força, dominação e intensidade em quase tudo o que faz. Esse impacto é usado na busca por respeito e é muito maior sobre as outras pessoas do que ele consegue perceber (na maioria das vezes, não tem ideia do impacto que causa). O que para o tipo 8 é apenas uma conversa normal pode parecer para os outros uma agressividade e um ataque. Sua força é sentida no ambiente mesmo quando este está em silêncio. Raramente passa despercebido e vive no estilo "tudo ou nada", "preto ou branco".

Apoiado na paixão da Luxúria, o tipo 8 costuma ter o excesso, o exagero como um estilo de vida. Esse excesso pode se manifestar em seu tom de voz, na maioria das vezes mais alto que o das outras pessoas. Pode também aparecer nos movimentos do seu corpo, nas reações instantâneas a algo que foi dito e ele não gostou, nas mãos, na respiração forte e no sangue que parece subir rapidamente à cabeça. A raiva é uma energia natural para o tipo 8 que, quando olha para sua história de vida, encontra muitos e muitos momentos em que "explodiu", falando com extrema sinceridade um monte de coisas sem pensar ou mesmo partindo para a briga, física ou verbal, quando foi desafiado. Ele também usa abertamente essa raiva para conquistar o que deseja, não sendo o tipo de pessoa que leva desaforo para a casa. Entretanto, a raiva vai embora com a mesma velocidade com que chega — assim, não se surpreenda se o tipo 8 discutir com você e chamá-lo para almoçar alguns minutos depois.

Embora a tendência natural do tipo 8 seja uma reação explosiva, instintiva, ao longo do tempo, principalmente no ambiente corporativo, ele aprende que esse tipo de reação pode causar muitos estragos e passa a controlá-la e suavizá-la, apesar de o impulso ainda existir. Pessoas que se ofenderam, brigas que muitas vezes não eram nem suas, indisposição e intimidação — tudo isso parece gerar nos outros algo do tipo "amor e ódio". No extremo, as pessoas do tipo 8 parecem ter a tendência de serem amadas por uns e odiadas por outros. Raramente elas despertam sentimentos de indiferença.

São grandes líderes naturais, pois sua força é capaz de mover montanhas e construir castelos. Quando mobilizados, sua atitude é instintiva e sua vontade é fazer imediatamente. Os tipos 8 querem as coisas para agora e, enquanto outras pessoas ainda estão pensando se vão tomar uma decisão, eles já estão no meio da batalha faz tempo, fazendo acontecer. Esse impulso de ação imediata é, por um lado, sua benção como realizador e, por outro, sua ruína, com o atropelamento das pessoas, dos planejamentos, das ponderações e, é claro, das consequências.

Para o tipo 8, a vida parece uma luta constante. Ele está preparado para a guerra a qualquer momento e, na sua cabeça, as pessoas o atacam o tempo todo. O ataque é a melhor defesa. Quando alguém faz um comentário lá longe e ele ouve o seu nome, isso, naturalmente, lhe parece um ataque. Sua tendência natural é se armar e revidar, sem notar que, na maioria das vezes, aquele "ataque" existe apenas na sua cabeça. Para ele, se a vida fosse uma selva, apenas os fortes sobreviveriam e, por isso, é preciso ser forte e jamais, sob nenhuma hipótese, demonstrar fraqueza, emotividade, medo ou deficiência. Essas emoções podem até aparecer perto de pessoas em que ele confia muito e que sabe que não o trairão, mas jamais aparecerão no dia a dia lá fora. Para o tipo 8, demonstrar suas fraquezas seria como dar armas ao inimigo, que poderia usá-las para atacá-lo. Aliás, é comum o tipo 8 dizer: "Que fraquezas? Eu não tenho fraquezas!" E vemos, então, aparecer o mecanismo inconsciente da "negação".

Os tipos 8 são altamente sensíveis a injustiças, especialmente contra aqueles que consideram mais fracos ou indefesos. Por mais que neguem, muitas vezes são protetores e compram brigas que não são suas. Na escola, eram aqueles que defendiam o coleguinha mais fraco. Na empresa, defendem pessoas mais simples ou injustiçadas. No passado, defenderam a mãe contra as injustiças do pai, ou vice-versa, e podem até ter apanhado no lugar dos irmãos. Hoje, defendem aqueles que colocam "embaixo de sua asa", que podem ser seus filhos ou a equipe que lidera na empresa. E ai daquele que pensar em fazer algo contra qualquer um de seus protegidos. O tipo 8 pode, sim, dar feedbacks duros, fazer correções e aplicar penalidades a eles, mas ninguém de fora pode ciscar no seu terreiro.

São os tipos mais assertivos do Eneagrama. Falam as coisas de forma rápida, direta e sucinta, doa a quem doer. Vão direto ao ponto e têm uma enorme impaciência com pessoas que falam com rodeios. Se eles gostam de você, vão dizer. Se não gostam, também vão dizer. Não há agenda oculta. Há uma sinceridade exagerada que pode lhes causar muitos problemas — como, muitas vezes, os tipos 8 não têm a sensibilidade e o tato para falar as coisas de um modo adequado, podem ofender as pessoas que não têm o mesmo estilo de comunicação.

O tipo 8 gosta de ter controle e poder sobre as coisas. No fundo, gostaria de poder comandar os caminhos que as pessoas escolhem, o que fazem e, principalmente, como fazem. Com o poder na mão, ele cria regras no amor ou no trabalho. Fica muito impaciente quando parece que as coisas estão sem controle, como quando, por exemplo, seu líder parece alguém que não tem força, que não domina. Nesse caso, sua tendência é não respeitá-lo nem reconhecê-lo como líder. Não é de admirar que, nessas situações, o próprio tipo 8 busque assumir a liderança, mesmo em posição hierárquica menor. Há uma disputa de poder pelo espaço, pelo controle do território. E, se houver lacunas de poder, a tendência do tipo 8 é dominá-lo.

Como defensores da verdade e da justiça a qualquer custo, os tipos 8 muitas vezes, em uma total ingenuidade, não percebem que estão sendo usados por outras pessoas para entrar em brigas. Na maioria das vezes, seu instinto corporal, que parece intuir muito bem a verdade da mentira, acaba falhando nesses casos, e são eles quem vão dar a "cara a tapa" pelos interesses dos outros. Isso pode ser desgastante para o tipo 8, que acaba sofrendo as consequências enquanto os outros estão protegidos. Mas ele diz para si mesmo: "Eu sou forte. Eu aguento!"

Sua defesa da verdade e da justiça também pode ser duvidosa. Isso porque aquilo que o tipo 8 defende é a sua verdade, bem como o seu conceito de justiça: "As coisas serão do meu jeito ou não serão". Como já observado, ele tem uma grande tendência a acreditar que o seu ponto de vista é o verdadeiro e pode usar a força e a intimidação para impô-lo, se isso for necessário.

Quando em trabalho de desenvolvimento pessoal, as pessoas do tipo 8 podem revelar um grande "coração mole" por trás da fera. Ao longo dos anos, elas apresentam um cansaço profundo de "ter que ser forte" e podem revelar uma fragilidade e uma necessidade de aconchego e proteção por trás de sua couraça. Com isso, aparecem também a suavidade e a temperança no seu jeito de ser. Quando isso acontece, o tipo 8 começa um bonito processo de desenvolvimento como ser humano, que gera muitas modificações na maneira como ele reage ao mundo e no seu impacto sobre as pessoas.

Focos de atenção

A atenção do tipo 8 é fortemente voltada para encontrar injustiças no mundo, bem como para comprovar a sua crença de que as pessoas podem atacar se você for fraco e, por isso, é preciso ser forte. Quando uma injustiça é identificada, imediatamente aparece alguém que o tipo 8 deve proteger. Ele também é atento ao controle que há no ambiente e nas pessoas, muitas vezes agindo como se fosse um policial — qualquer território não conquistado deve ser dominado.

Além disso, os tipos 8, instintivamente, farejam a força e o poder. Eles se mantêm atentos tanto a pessoas fortes, que podem dominá-los ou ameaçá-los, quanto a pessoas fracas, quem podem ser dominadas ou devem ser protegidas. Sentem a quantidade de respeito que conseguem ganhar pela sua força, lutam pela justiça e farejam a mentira e a insegurança nos outros.

Se há algo a ser feito ou um objetivo a ser atingido, a atenção do tipo 8 o leva imediatamente à ação. Se um conflito aparece, ele o enfrenta. Sua crença de que está sendo atacado faz com que sua atenção se volte para qualquer coisa que pareça um ataque, mesmo que não seja. Contudo, ao ouvir uma opinião diferente da verdade (ou melhor, da sua verdade), a atenção do tipo 8 é sugada e aparece uma necessidade de brigar por essa verdade. Ele também foca a atenção naquilo que é preciso para controlar as coisas e a desvia de suas fraquezas, deficiências, dependências e emoções suaves, chegando a parecer que elas não existem.

Em um relacionamento a dois, o tipo 8 vai prestar atenção no poder e no controle que exerce sobre a outra pessoa (ou que esta exerce sobre ele) e na intensidade dessa relação. A tendência é ele dominar o outro ou ser dominado por ele.

Nas relações sociais, sua atenção vai para o poder que consegue quando faz parte de um grupo. Vai também para a criação desse grupo, dessa "gangue", que tem um pacto de sangue de proteção uns dos outros: "Ou você está conosco, ou está contra nós".

No âmbito da preservação física, a atenção do tipo 8 vai para uma sobrevivência satisfatória. Para ele, é importante ter uma boa casa, com a despensa bastante cheia (capaz de aguentar um longo inverno) à disposição e todos os bens materiais necessários para garantir conforto físico — tudo em excesso.

Dificuldades que podem causar para os outros

Os tipos 8 costumam causar muito impacto nas outras pessoas e, na maioria das vezes, não percebem isso. Sua assertividade e transparência — eles falam o que querem, na hora que querem, sem se preocupar com a forma da comunicação — podem magoar e intimidar os outros, que se afastam ou sentem medo deles, podendo até entrar em conflito.

O uso de sua força, verbal ou física, com o intuito de obter o comando e o controle da situação pode intimidar os outros e causar danos a eles. Ao procurar conflitos e entrar nas discussões para impor sua verdade, o tipo 8 deixa muito pouco espaço para que os outros coloquem suas ideias ou mesmo para que tenham chance de ser ouvidos. Além disso, sua tendência de controlar e fiscalizar os movimentos das pessoas pode afastá-las, fazendo-as sentir-se aprisionadas ou controladas em excesso (perda de liberdade e sensação de vigilância). O tipo 8 parece ditar o que os seus "controlados" podem ou não fazer e, até mesmo, o que é certo ou errado.

Muitas vezes, os tipos 8 querem saber de tudo e estarem envolvidos em tudo, mesmo em assuntos que, a princípio, não lhe dizem respeito. Nesses momentos, eles podem ser invasivos e intrometidos, acreditando que precisam agir para defender ou ajudar alguém ou até mesmo para fazer a justiça ser cumprida. Podem também ultrapassar as fronteiras dos outros. Em uma equipe, os tipos 8 podem sair atropelando as pessoas e empurrando todo mundo direto para a ação, sem necessariamente ouvir a opinião dos outros e esperar uma decisão conjunta.

Quando acreditam que estão diante de uma situação de injustiça, eles podem ser tomados por uma sensação de que uma revanche é necessária, podendo até mesmo ser levados a ações de vingança (o "dar o troco"), facilmente justificáveis para si mesmos como simples ações de justiça. Podem punir os mais próximos e até a si próprios, praticando autovingança quando sentem que foram injustos.

Os tipos 8 também podem aplicar testes de força e de pressão nas outras pessoas para descobrir como elas reagem quando desafiadas e se realmente têm firmeza para serem respeitadas. Esses testes podem acontecer até mesmo na primeira conversa que se tem com o tipo 8, quando ele confronta a pessoa e a coloca à prova.

Sua raiva muitas vezes explosiva pode causar grande ruína nos relacionamentos. O espaço exagerado que os tipos 8 ocupam (na família, no trabalho) pode sufocar as outras pessoas, que se sentem sem espaço para sua expressão e seu crescimento.

Por fim, o desdém pelas pessoas mais sensíveis e pelos sentimentos de maior vulnerabilidade — tais como, medo, fraqueza ou ternura (no fundo, reflexo da negação desses sentimentos dentro de si) — pode magoar os outros, que não se sentem respeitados pelo tipo 8, o qual parece respeitar somente a força.

Motivação e valores

Valores são o combustível para realizarmos nossa jornada na vida, são as coisas que acreditamos serem muito importantes para nós. Nós nos motivamos sempre que eles estão presentes conosco. A personalidade do tipo 8 do Eneagrama costuma valorizar fundamentalmente:

- Justiça, poder, verdade, controle, dominação, transparência, intensidade, autenticidade, liderança, força, coragem, luxúria, excesso, franqueza, assertividade, desafio, superação, ação, construção, movimento, proteção dos fracos e inocentes, persistência, autoconfiança, autoafirmação, energização.
- Motiva-se e entusiasma-se, principalmente, quando consegue usar sua enorme energia de ação para a construção de algo que exige grandes desafios e, até mesmo, sacrifícios. Quanto maior o desafio, o risco, maior é a vontade de enfrentar, transformar e fazer acontecer. Adora agir e se sentir responsável pelos trabalhos e por seus resultados.
- Motiva-se por poder e controle e gosta de estar no comando.
- Costuma energizar-se para uma boa briga ou disputa, principalmente quando acredita estar atuando para a minimização das injustiças ou a proteção dos mais fracos. (Expressar a raiva, movimentar o corpo e entrar na disputa parece, ao final, relaxar sua mente.)
- Gosta de partir para o "tudo ou nada" em uma competição. Quando se sente prejudicado, injustiçado ou em desvantagem, sua energia aumenta e, com ela, sua ação e força de vontade.

Dádivas

O tipo 8 representa o que há de mais forte, mais confiante e mais verdadeiro em nós. É a coragem e a energia para sair da zona de conforto, construir castelos e mover multidões. É a força para impor a voz, a vontade e para se defender das explorações e das injustiças do mundo.

Esse tipo também representa nossa inteligência corporal, nosso instinto animal em seu sentido mais elevado. Ele é capaz de intuir, sentir no corpo a verdade, a mentira, a força e a fraqueza. Sua decisão sobre qual caminho seguir (quase sempre certeira) é imediata, instantânea e, num piscar de olhos, a ação já está sendo tomada. Não há procrastinação. Há somente praticidade e ação.

Independentemente de a situação ser fácil ou difícil, o tipo 8 faz o que precisa ser feito com coragem — e faz isso agora, indo direto ao ponto. Os resultados e as respostas aparecem rapidamente, e ele fica feliz em construir. Sua energia é contagiante, trazendo movimento e animação para as pessoas e para o ambiente. Nada fica parado quando um tipo 8 está presente.

Os tipos 8 representam ainda a transparência das relações sinceras, nas quais não há mentira, falsidade ou politicagem, mas apenas a expressão da verdade, seja ela agradável ou não. Quando trilham um caminho de desenvolvimento pessoal, eles se tornam uma mistura de força e ternura, proteção e inocência. Seu coração enorme aparece, clamando por um mundo mais justo e mais ameno.

ENEAGRAMA PARA LÍDERES

Nesta seção, são tratados alguns dos temas mais relevantes na nossa atuação no mundo empresarial: comunicação, postura, equipes, ambiente de trabalho, feedback, tendências e desenvolvimento da liderança. São abordados também hábitos automáticos, estratégias, armadilhas e dicas para o uso do Eneagrama como sistema de autoconhecimento e autodomínio, bem como de compreensão dos outros. Tudo isso é trabalhado em prol do desenvolvimento sustentável da atuação profissional, como decorrência do crescimento pessoal.

Comunicação e postura

A energia impactante do tipo 8 aparece em movimentos corporais expressivos e intensos e em uma voz que costuma ter um volume acima da média ou, até mesmo, um tom modulado para causar mais impacto. Ele projeta um campo de energia para fora, fazendo com que seja sentido (respeitado, desafiado e até temido) mesmo em ambientes em silêncio. Se for preciso, ele se aproxima dos outros para que sua presença intime mais. Muitas vezes, sua estrutura muscular, seus braços, seus ombros e seu peito parecem conter certa rigidez, como se sua couraça de proteção e força se representasse também em seu corpo.

Seu estilo de andar tem uma pisada mais dura, mais pesada. Não há tantas curvas e tanta flexibilidade como no caminhar natural de um tipo 4 ou 2. Além disso, sua fala reflete seu pensamento de general estrategista, com foco macro e pouco detalhamento. De fato, o tipo 8 é extremamente assertivo e suas frases costumam ser curtas, indo direto ao ponto, sem rodeios ou preparações. Aliás, ele detesta e fica impaciente quando uma comunicação sinuosa e cheia de detalhes aparece nas outras pessoas. Nesses casos, costuma dizer coisas do tipo "Fala logo o que você quer!" ou demonstrar no rosto ou nas atitudes a sua irritação.

Em algumas situações, especialmente quando estão se sentindo estressados, furiosos ou esgotados, os tipos 8 podem adotar a postura de, por um longo período de tempo, falar muito pouco. Eles também podem escolher o silêncio e a observa*ção* diante das colocações dos outros, fazendo só depois um comentário impactante. De qualquer forma, essas atitudes são menos frequentes se comparadas à sua tendência de colocarem suas opiniões e falarem com impacto, para serem ouvidos.

Em geral, os comentários do tipo 8 buscam o controle de uma situação e podem ser bastante enérgicos e imperativos, chegando a ser autoritários. Mesmo os pedidos parecem ordens, por serem expressos de forma muito direta. Ao se comunicarem com alguém que não fala na mesma altura ou não reage, a tendência dele é ir aumentando sua intensidade até perceber uma reação. E ele respeita somente reações com o mesmo impacto que o seu, independentemente de isso, a princípio, gerar um conflito.

Em muitos tipos 8, é bastante presente a questão do humor, até como forma de poder sobre as outras pessoas e de vingança — afinal, elas acabam "ouvindo o que merecem". *Não é raro* eles usarem piadas, apelidos ou outras estratégias verbais para se impor sobre os outros quando isso *é* necessário.

Outra característica do tipo 8: palavras como "não" e "mas" são extremamente comuns para ele e refletem sua tendência de negação de uma série de coisas. Por exemplo, para negar que foi demasiado duro com alguém, um tipo 8 pode justificar que *não* foi rude, *mas* apenas falou um pouco mais alto para que a pessoa pudesse ouvir melhor naquele ambiente; para negar que está com problemas em sua posição de líder em uma empresa, ele pode justificar que *não* tem deficiências, *mas* o mercado ou outras pessoas estão armando contra ele. A negação toma formas de justificativas verbais, que parecem coerentes até para o próprio tipo 8, o qual as racionaliza e se convence delas. Ao sentir-se culpado, é comum culpar os outros. E, quando sente que *está* sendo culpado injustamente (segundo o seu ponto de vista), costuma ficar furioso e reagir.

Os tipos 8 gostam de estar certos, de ter "razão" e, por isso, entram rapidamente em uma discussão para mostrar a superioridade do seu ponto de vista ou para convencer os outros dele (impô-los, na verdade). Mesmo quando sua opinião não *é* pedida, eles gostam de dizer o que fariam de diferente, o que é certo, o que é errado e o porquê disso tudo.

Eles preferem relacionamentos em que as verdades *são* ditas e ficam impacientes e irritados quando percebem mentira ou desonestidade, deixando de ouvir e de respeitar a outra pessoa. Na maioria das vezes, sua raiva aparece de forma explosiva e fica bem clara para quem está por perto. *É muito importante para eles dizerem o que pensam*, de modo que ficam incomodados quando isso não pode ser feito em uma situação. Quando confia em alguém — algo que acontece após alguns testes de fidelidade e sinceridade —, o tipo 8 passa a ter um relacionamento muito bom com essa pessoa, diferente daquele que mantém com pessoas em que não confia ou que não respeita. Pode ouvir bem aqueles em que confia ou que acredita que podem lhe trazer informações importantes, estratégicas e verdadeiras.

Equipes

As pessoas do tipo 8 costumam gostar de ver as coisas acontecendo de forma controlada, compromissada e produtiva, com cada um cumprindo bem o papel que lhe foi designado (limites claros de responsabilidades) rumo a resultados de alto impacto. Elas costumam se desafiar e, quando desafiadas e interessadas, fazem de tudo para serem úteis, gostando, como líderes de equipes, de reverter situações desfavoráveis. Como parte de uma equipe, a tendência natural do tipo 8 é assumir a liderança, em especial se perceber que o grupo precisa de algum tipo de autoridade que ajude a controlar as coisas. De fato, se não sentir firmeza na autoridade em comando ou mesmo notar falta de controle, ele tomará atitudes para assumir a liderança, mesmo que seja um subordinado na hierarquia da organização.

Se um projeto é designado para uma equipe da qual ele participa, sua tendência é ir rápido para a ação, seguindo um plano linear de metas claras e sem muitas mudanças de rota — muitas vezes, ele até prefere fazer isso sozinho. É um tanque de guerra, que sai com urgência em linha reta, passa por cima das dificuldades menores e pode se arrebentar se o obstáculo for grande demais, quando bastaria contorná-lo. Pode começar a dar ordens sem perceber, bem como a empurrar e a mover as pessoas com toda a sua força para que comecem a fazer algo logo, podendo negligenciar planejamento e reflexão antes do início do projeto. A vontade e a urgência desse avião em decolar são tão grandes que, às vezes, ele pode se esquecer do plano de voo, do cálculo de combustível, de alternativas para mau tempo e de muitas outras coisas que poderiam até salvar a vida dos passageiros no futuro.

Os tipos 8 encaram as dificuldades e os conflitos e não esmorecem, trabalhando e competindo para dar o seu melhor na equipe. Mesmo quando não são os líderes formais, costumam agir como policiais do time não apenas se certificando de que todos estão fazendo seu trabalho, mas também interferindo e chamando a atenção se isso for preciso para que a coisa aconteça. Muitas vezes, eles negligenciam o ponto de vista e a maneira de fazer as coisas do outro por acreditar que os seus são os certos, e podem tentar impô-los pelo uso da força, do poder ou de sua superioridade intelectual. Os tipos 8 acreditam que estão fazendo o melhor ao atuar como capatazes das pessoas, podendo ser interpretados como mandões e atrair o ressentimento das outras pessoas da equipe, que podem se sentir atropeladas e desconsideradas.

Ao considerar que foi injustiçado, que foi passado para trás ou mesmo que teve a confiança traída, surge no tipo 8 uma vontade grande de acertar as contas. No seu pensamento, parece justo que seja assim: ele racionaliza e se convence da naturalidade do seu desejo de vingança. Essa vontade pode ser satisfeita de forma ativa, quando ele mesmo toma as atitudes de "justiça", ou de forma passiva, quando fica torcendo para que isso aconteça — para ele não é uma torcida pelo troco, mas sim para que se faça a "justiça divina". Nesse caso, o tipo 8 pode manipular, esconder ou até mesmo deixar de ajudar o outro como forma de vingança passiva. Não há necessidade que o outro saiba que há vingança envolvida. O importante é sensação do tipo 8 de que o jogo está empatado.

Os tipos 8 também valorizam a verdade e a transparência entre as pessoas da equipe. Caso a confiança seja quebrada, ficará difícil para eles — é praticamente impossível para os tipos 8 trabalharem com alguém em quem não confiam. Para eles, amizade é sinônimo de segurança, de modo que valorizam relacionamentos na equipe e gostam de estar envolvidos nos eventos sociais, sentindo-se traídos quando são deixados de fora.

Por fim, os tipos 8 costumam não ter muita paciência com reuniões, especialmente se a ação não vir logo. Quando lhes parece que os objetivos maiores estão sem controle, começam a se preocupar em controlar pequenos detalhes, às vezes até de pouca relevância, podendo perder sua produtividade (microgerenciamento). Sua confiança em saber o que fazer e a rapidez em entrar em ação podem fazer com que não aproveitem oportunidades para pedir mais ajuda, contribuições e sugestões para os outros membros da equipe. A tendência deles é só pedir auxílio quando julgam que não têm certeza do que fazer — o que, no seu caso, não costuma acontecer muito, dada a sua grande confiança natural.

Ambiente de trabalho

O ambiente de trabalho predileto do tipo 8 tem bastante movimento e energia: as coisas acontecem de forma rápida, e o desafio, o risco, a competição, a amizade e o envolvimento são todos de alto impacto. Como prefere o barulho ao silêncio, em sua vida não há espaço para ambientes "mortos" ou parados demais. Aliás, quando se depara com um ambiente assim, adora promover mudanças nele, tudo com muita vontade e muita energia.

Para o tipo 8, é fundamental que as pessoas sejam confiáveis e que ele possa confiar nelas. Não há espaço para mentiras ou para conversas no corredor ou no cafezinho. Ele gosta de poder falar o que quer a qualquer momento, tudo às claras, e espera que isso aconteça com todo mundo. Sua intolerância a mentiras e outros comentários pelas costas é enorme, bem como seu faro para identificar que isso está acontecendo. No ambiente de trabalho, as pessoas devem ser verdadeiras, diretas e claras umas com as outras.

Assim, não surpreende o fato de o tipo 8 costumar não gostar de lugares com excesso de politicagem, máscaras e diplomacia, as quais, em geral, vêm acompanhadas de normas, protocolos e tradições rígidas. Ele prefere uma coisa mais bruta, espontânea e autêntica, literalmente sem frescuras.

Os tipos 8 também gostam de ambientes onde as coisas acontecem de forma controlada, com alguém no comando. Eles podem ficar muito impacientes se não perceberem isso, tendendo a tornar-se o chefe naquele território, com a missão de retomar o poder e o controle da situação.

Feedback

Pessoas do tipo 8 gostam de comunicação direta, clara e honesta, e isso se reflete no seu estilo de feedback empresarial. Quando é necessário dar feedback a alguém do tipo 8, é fundamental ser objetivo (falar demais ou fazer rodeios deixa-o impaciente), direto e claro em relação ao que precisa ser comunicado. Não importa se o assunto é fácil ou difícil: é preciso ir direto ao ponto.

Isso significa ser verdadeiro e justo ao dar feedback ao tipo 8, ou seja, não fazer políticas ou vir com segundas intenções ou agendas ocultas, pois isso será sentido por ele como falta de confiança. É preciso mostrar confiança no potencial dele de resolver o problema. É preciso também refletir sobre os comentários que serão feitos e fazê-los de forma franca, apontando sempre uma perspectiva mais ampla — o tipo 8 gosta de ter uma visão macro das coisas e costuma não ter muita paciência com detalhes. Em poucas palavras, é preciso ser prático.

Pode ser que, ao receber um feedback construtivo, o tipo 8 se sinta atacado e, imediatamente, comece a justificar o seu comportamento ou pensamento, em especial quando isso funcionar como negação daquilo que aconteceu. O mecanismo de defesa da personalidade, a Negação, pode fazer com que o tipo 8 negue alguns de seus erros, de suas fraquezas e de seus pontos que precisam melhorar, bem como atitudes autoritárias ou que atropelam os outros. Essa negação pode ser inconsciente, aparecendo na forma de justificativas: "Se não fosse aquilo que tal pessoa fez", "A culpa foi de Fulano e de tal situação". Para ele, a defesa é o melhor ataque. Assim, para conseguir que o tipo 8 ouça de verdade um ponto de vista de outra pessoa e reflita sobre ele, é obrigatório que ele respeite essa pessoa e perceba nela força e sinceridade.

Daí vem uma estratégia muito produtiva para as pessoas do tipo 8 que querem se desenvolver por meio do feedback. Como, muitas vezes, os tipos 8 não têm condições de perceber sozinhos o impacto de seus comportamentos fortes sobre os outros, eles podem escolher no trabalho uma ou duas pessoas em que confiam integralmente e a quem conseguem expor algumas de suas vulnerabilidades sem receio (o número não costuma ser muito maior do que esse) e agendar pequenas conversas com elas, talvez até diárias, onde perguntem: "O que você achou daquela minha atitude? O que acha que eu poderia melhorar?", "Em que atitudes estou sendo exageradamente impactante?" Essa prática informal costuma ser altamente produtiva para os líderes do tipo 8.

Ao dar feedback para os outros, há alguns pontos importantes a ser observados pelo tipo 8. Para começar, ele precisa manter, sim, o foco nas tarefas e nos resultados, mas tem que fazer isso com leveza e receptividade às opiniões, aos sentimentos e ao tempo do outro. É importante ser realista e prático, porém um pouco de otimismo e bom humor vale a pena. Ser direto demais, sem nenhum quebra-gelo, pode chocar e causar impacto negativo, mágoa e ressentimento em pessoas mais sensíveis. Isso não ajuda no relacionamento e no propósito do feedback. É fundamental saber que a pessoa que está recebendo o feedback pode precisar de um tempo para pensar antes de seguir para a ação; ela pode precisar sentir suas emoções, processá-las e falar sobre elas; pode ainda escolher maneiras de resolver a situação que são diferentes das do tipo 8, o qual muitas vezes acredita que a sua maneira é a melhor e deve ser seguida. Além disso, é importante para o tipo 8 adequar seu nível de energia e seu tom de voz à frequência daquele que vai receber o feedback — impacto demais quebra a empatia e pode ser uma sobrecarga para o outro. Ele também deve estar aberto a ouvir sugestões e pontos de vista, sem impor a sua opinião.

Dessa forma, o tipo 8 perceberá um resultado bastante positivo não apenas em suas sessões de feedback, mas também na maneira como sua liderança é percebida pelos outros. Isso também o ajudará em seus relacionamentos. De fato, quando está com raiva ou com alta carga emocional, o tipo 8 tem a tendência de falar as coisas por impulso, sem medir as consequências. Isso costuma trazer resultados bastante destrutivos para os relacionamentos. A prática de feedback estruturado, de acordo com as orientações transmitidas, é fundamental para transformar essa ferramenta em algo produtivo, e não destrutivo, para o tipo 8 e para a organização.

Liderança

Nosso estilo de personalidade determina diretamente nosso estilo de liderança, assim como grande parte de nossas formas de atuação no mundo profissional. É comum um líder acabar impondo à sua organização ou à sua área boa parte das características do seu tipo do Eneagrama. Trata-se de um estilo de liderança. Quando temos consciência do nosso estilo e do estilo de outros líderes que interagem conosco, podemos usar esse conhecimento a favor dos relacionamentos interpessoais e do desenvolvimento das equipes, em prol de uma liderança madura e sustentável.

Tendências na liderança

A liderança firme como ferramenta para movimentar montanhas e causar impacto; força e coragem nas decisões que levam para frente uma organização com pessoas competentes, comprometidas, confiáveis e que agem imediatamente — essas são as principais bênçãos na liderança do tipo 8.

Os tipos 8 são pessoas de decisão rápida, instintiva e, às vezes, até impulsiva. Eles confiam tanto em suas decisões que podem se tornar inflexíveis, com tendência a seguir apenas o próprio ponto de vista, a não mudar uma vez que uma rota estratégica esteja traçada. Costumam ser bastante estratégicos, levando em conta os objetivos da organização e o faro que têm para colocar pessoas competentes nos lugares certos, deixando-as fazer o que for preciso.

Além disso, gostam de assumir uma equipe ou um projeto em condições adversas, com grandes desafios, para reverter o caos e controlar as coisas com decisões confiantes e rápidas. Sua liderança é mais pioneira — trata-se de uma liderança muito mais de mudança do que de crescimento no longo prazo, de rotina, de administração. Os tipos 8 gostam de construir coisas do nada e podem ser menos eficientes como líderes em períodos estáveis.

Outra característica dos tipos 8: eles sentem prazer em superar os desafios de forma pessoal e costumam distribuir grandes desafios aos seus subordinados, para que se superem e mostrem a sua força — eles mesmos gostam, de vez em quando, de deixar claro para todos a sua força e o seu poder. Costumam incentivar e cutucar as pessoas para que irem além do que normalmente iriam, usando carisma, persuasão e uma energia que movimenta e contagia todos ao redor. Exigem também sacrifícios, da mesma forma que podem se sacrificar e chegar à exaustão para atingir um resultado. Quando confiam na capacidade e no talento de uma pessoa, fazem de tudo para torná-la líder.

A ideia do líder do tipo 8 é partir para a ação o mais rápido possível, a fim de atingir o objetivo. Seu desejo é impactar, e são os resultados que ele busca na liderança. Têm uma atração pelo poder e são comandantes naturais, embora muitas vezes tenham uma tendência maior ao estilo "comando e controle" do que ao estilo "coaching e consenso".

Contudo, sua necessidade de controlar os membros de sua equipe, acompanhando-os e sabendo exatamente onde estão, o que estão fazendo e de que maneira, vai somente até o ponto em que passa a confiar no trabalho deles. A pessoa que for por ele testada e mostrar força, capacidade, atitude e confiança receberá total autonomia para desempenhar seu trabalho. Quando ele confia no trabalho da pessoa, perde a necessidade de acompanhá-la e lhe delega responsabilidade. Por outro lado, não trata da mesma maneira as pessoas que não julga competentes. Nesse caso, ele pode controlar cada passo delas com firmeza.

Os tipos 8 costumam ser extremamente protetores do seu território e de seus subordinados, embora muitas vezes neguem isso ou não o percebam. Como líderes, podem não hesitar em dar um feedback duro e, muitas vezes, até autoritário e impactante para os membros de sua equipe, mas, com certeza, não deixarão que alguém de fora faça isso.

Se algum gestor ou qualquer pessoa de outra área falar mal de um dos seus, com certeza ouvirá o que não quer, não importando sua posição na empresa. O líder do tipo 8 não costuma fugir de nenhum embate para proteger seus subordinados, mesmo que isso signifique se indispor com superiores. Essa atitude de proteção pode gerar membros leais e que admiram o líder, criando laços de soldados em um pelotão de guerra. Por outro lado, ela pode tornar alguns subordinados dependentes dessa proteção, especialmente aqueles que forem considerados mais frágeis pelo líder e que não sobreviveriam ou seriam injustiçados em outros lugares.

De fato, o líder do tipo 8 costuma ser amado ou odiado, despertando emoções fortes naqueles que convivem com ele — é amado pelos companheiros que admiram sua força, sua franqueza e sua proteção e odiado por aqueles que se sentem atropelados, atacados, menosprezados e, em casos mais graves, humilhados por sua força e seus ataques verbais.

Ele também não é de muitos elogios e prefere um estilo mais bruto. Não contestar ou criticar já significa que está gostando da atuação ou, pelo menos, pagando pra ver. Costuma testar a força de seus subordinados para ver se eles respondem à altura ou "se escondem embaixo da mesa", podendo até respeitar mais aqueles que o confrontam, por interpretarem isso como demonstração de força e respeito.

No geral, os líderes do tipo 8 não costumam receber bem críticas ou qualquer apontamento sobre uma possível melhoria que tenham que fazer. Apontar uma falha ou erro pode ser ainda pior. Sua defesa imediata é se justificar e contra-atacar, considerando o outro um opositor. Seu desenvolvimento nesse ponto é bastante produtivo, pois permite que melhorem como líderes e passem a considerar outras verdades diferentes da sua, ampliando sua visão de liderança.

Desenvolvimento da liderança: temas comuns

Cada um dos estilos de liderança do Eneagrama apresenta pontos fortes, dons naturais, que devem ser usados em prol do negócio. Apresenta também pontos de atenção, trilhas de desenvolvimento, que podem trazer grandes ganhos quando trabalhados. A seguir são mostrados alguns temas comuns no desenvolvimento da liderança desse estilo:

- Adaptar a comunicação, diminuindo o impacto muitas vezes destrutivo. Moderar o tom de voz, as palavras e as ações conforme a necessidade. Utilizar quebra-gelos e contextualização, além de buscar local e momento adequados para falar o que pretende.

- Não falar ou agir por impulso ou raiva. Afastar-se para refletir e deixar sua carga emocional baixar antes de tomar uma atitude. Considerar o impacto de suas atitudes na outras pessoas.
- Abrir-se de fato e ter paciência e tolerância para ouvir as opiniões dos outros sem menosprezá-las. Dar-se conta de que, muitas vezes, tenta impor a sua única verdade para os outros por meio do uso do poder, da força ou da intelectualidade.
- Desarmar-se. Perceber que encontra inimigos, opositores e acredita que está sendo atacado mesmo quando isso não está acontecendo.
- Ter coragem para expor suas fraquezas, seus erros e para pedir ajuda — este, talvez, seja o ponto mais difícil.
- Aceitar a crítica construtiva sem justificar ou negar tanto — pode ser que as pessoas estejam querendo ajudá-lo, e não atacá-lo; portanto, seja humilde, reconheça e aceite isso, cresça com essa oportunidade.
- Diminuir a necessidade de controlar as pessoas e as coisas. Estabelecer limites. Deixar as coisas correrem mais soltas, delegando a pessoas competentes a escolha da maneira como fazê-las.
- Perceber que demanda muito de si mesmo e dos outros. Ter cuidado com a exaustão.
- Controlar as expectativas muitas vezes exageradas que tem de si mesmo e dos outros, para evitar desânimo com os resultados. Fazer o melhor com aquilo que tem.
- Perceber, de uma vez por todas, que as pessoas são diferentes e tomam decisões de jeitos diferentes. Respeitar isso. (Algumas pessoas vão precisar pensar antes de agir; outras vão precisar expressar suas emoções.) Ter paciência para liderar as pessoas e extrair o melhor de cada uma delas, dentro do ritmo delas.
- Tomar cuidado com piadas ou uso da superioridade intelectual para fazer os outros se sentirem inferiores.
- Perceber a vontade de dar o troco para as pessoas que considera injustas. Avaliar previamente os impactos das atitudes que pretende tomar.
- Não comprar brigas ou disputas que não lhe dizem respeito. Ter cuidado para não ser usado por outras pessoas para ser o valentão que compra as brigas e que, no final, acaba sofrendo as consequências quando os outros se retiram.
- Planejar, pensar e procurar rotas alternativas para prever obstáculos e desviar deles antes de sair desgovernado para a ação.

Às vezes, desviar de um obstáculo pode ser mais fácil e mais eficiente do que destruí-lo pelo uso da força.
- Evitar testar a força das pessoas logo que as conhece, desafiando-as. Evitar causar má impressão.
- Dar mais atenção a detalhes importantes com paciência.
- Perceber quem tem protegido demais na equipe que pode estar criando dependência.
- Evitar disputas de território e poder, o que pode levá-lo a confrontar superiores e pares, trazendo consequências políticas ruins para sua carreira e equipe.
- Sentir e admitir seu cansaço e sua tristeza. Aguentar tudo em uma carapaça de força pode ser prejudicial à saúde física e psicológica. A maior força está em mostrar aos outros e a si mesmo sua inocência e fragilidade.
- Incluir diversão, leveza e relaxamento no seu dia a dia no trabalho. Diminuir a seriedade não significa fraqueza.

Caminhos de desenvolvimento

O Eneagrama não é apenas um sistema que descreve tipos ou tendências de personalidade. Ele é também um sistema completo e complexo de desenvolvimento, que aponta caminhos viáveis e produtivos de expansão da nossa personalidade e de libertação de hábitos limitantes, permitindo nosso crescimento integral como profissional e ser humano. Com ele, não só descrevemos a cela, mas também mostramos o mapa de saída da prisão pelo acesso mais indicado — só não podemos caminhar pelos outros.

Como parte do mapa de crescimento, apresentamos a seguir os desafios e as práticas recomendadas, além de uma metáfora e de uma oração perfeitamente adequadas para o caminho que precisamos trilhar no nosso desenvolvimento pessoal.

Desafios gerais de crescimento

O tipo 8 pertence à tríade do instinto (corporal) do Eneagrama, estando ligado ao ponto 2 (seu ponto de segurança ou impulso) e ao ponto 5 (seu ponto de estresse ou desafio). Possui como asas (vizinhos no círculo) os pontos 7 e 9.

Seu primeiro movimento — e talvez um de seus maiores desafios — consiste em acessar o ponto 2, ou seja, entrar em contato com suas emoções, levando o excesso de energia jogado em seu corpo para o centro do seu coração. Trata-se de um trabalho de mergulhar por trás da couraça dura, da força que aguenta tudo, e se permitir sentir suas emoções mais suaves, sua tristeza, seu medo, assim como sua ternura e sua grande vontade de receber colo e cuidados, sendo corajoso para assumir e pedir isso (não precisar ser forte o tempo todo). Trata-se também de acessar um carinho suave para cuidar dos outros, ouvi-los e apoiá-los, tratando-os com delicadeza.

Esse movimento todo costuma ser muito difícil para o tipo 8 que está em desenvolvimento, pois sua crença de que suavidade significa fraqueza e de que os fracos são injustiçados pelos fortes vai fazê-lo lutar para manter sua guarda alta a fim de se proteger dos ataques (que, muitas vezes, só existem na sua cabeça). Além disso, seu mecanismo de negação atuará fortemente, negando todo e qualquer tipo de emoção suave que ele esteja reprimindo, como insegurança, medo e tristeza. Aparecerá também um grande medo de ser destruído ou traído por aqueles a quem ele mostrar sua vulnerabilidade. Esse é um movimento muito bonito de crescimento, o qual faz com que o tipo 8 se torne suave, pleno e flexível, mostrando uma força interior real que vem da alma, e não uma desgastante força física de escudo de proteção.

Seu movimento seguinte é em direção à cabeça, ao centro de inteligência mental, mais especificamente ao ponto 5 do Eneagrama. Ele pode juntar a suavidade emocional do ponto 2 com a energia do seu corpo e direcionar a mistura de tudo isso para sua mente, trazendo uma enorme clareza para seus pensamentos. De fato, fica natural para o tipo 8 diminuir a impulsividade e recolher-se para pensar antes de agir, planejar e analisar as consequências de suas ações antes de tomá-las. Ele passa também a observar mais as coisas e as pessoas antes de se movimentar e adquiri uma maior capacidade de estimular as discussões e as pessoas por meio de suas palavras, pensamentos e lógica, sem a necessidade de dominar pela força ou sair atropelando. A paciência para adiar e esperar por suas vontades aumenta. O distanciamento emocional o permite ver claramente questões que não conseguiria ver no calor da raiva e da impulsividade.

Das suas asas, os pontos 7 e 9, há também aprendizados e integração a serem realizados. Da asa 7, os tipos 8 podem incorporar mais diversão, flexibilidade e leveza, menos seriedade para lidar com as coisas e as pessoas e uma grande vontade de experimentar coisas novas e se abrir para novas opções de comportamento e soluções para os problemas. Da sua asa 9, eles podem incorporar a paciência de ouvir todas as opiniões de forma verdadeiramente aberta e com disposição para entendê-las, levando-as em consideração. Podem incorporar ainda a capacidade de construir equipes, atuar como coach e envolver todas as pessoas do grupo em uma energia de harmonia e fluidez, sem imposições.

Grande parte do desafio do tipo 8 tem a ver com a suavização da sua energia emocional da luxúria, do exagero, da crença de que somente com impacto as coisas acontecem e têm valor. Trata-se de ele aprender a moderar o seu impacto, de perceber que o uso de sua energia pode ser ajustado — afinal, levantar uma pena é uma coisa; levantar um elefante, é outra. O tipo 8 precisa perceber seu impacto no tom de sua voz, na pressa em conseguir as coisas e no uso que faz da força para impor sua opinião e demarcar seu território.

Esse processo envolve o entendimento e a diminuição do uso da negação. O tipo 8 precisa perceber até que ponto está negando a existência em si de sentimentos mais frágeis (amor, ternura, medo, tristeza), negando pontos em que precisa se desenvolver — negando sua inflexibilidade diante das opiniões dos outros e em favor da sua "verdade", negando o excesso de proteção em relação a algumas pessoas em particular, negando a necessidade de dar o troco (vingança) para aqueles que considera injustos, negando que acaba chamando e provocando brigas que, muitas vezes, não valem a pena por disputa de espaço e poder.

É um processo de suavização e de acesso a pontos considerados frágeis que, na verdade, trazem uma força e uma aceitação ainda maiores para o tipo 8, equilibrando suas relação consigo mesmo e com os outros.

Práticas e exercícios de desenvolvimento

As práticas a seguir são sugestões diretas para as pessoas do tipo 8. Se você é desse estilo do Eneagrama, vai se beneficiar enormemente com a adoção de uma ou mais delas como rotinas de desenvolvimento, de modo que passem a fazer parte de sua agenda no dia a dia. Crescimento não é uma tarefa difícil, mas exige, sim, compromisso e priorização:

- Pratique parar por um instante quando sentir um impulso de raiva, buscando entender o que há por trás disso no seu coração. Verifique se há qualquer tipo de medo, tristeza ou insegurança por trás. Fale um pouco sobre isso, mesmo que sozinho. Perceba como sua energia suaviza e sua impulsividade diminui.
- Converse com alguém em que confia sobre esses sentimentos e qualquer outra fragilidade que se permita sentir. Pode não ser fácil, mas é importante. Pratique falar sobre esse assunto por pelo menos 15 minutos, uma vez por semana.

- Encontre alguém em que você confia muito e que respeita e o adote como conselheiro. Encontre-se com essa pessoa regularmente e pergunte a ela o que acha da maneira como você age no dia a dia e de alguma atitude impactante que tenha tomado nos últimos tempos, de preferência que essa pessoa tenha presenciado.
- Faça uma atividade de relaxamento. Deve fazer parte de sua rotina diária passar pelo menos 15 minutos respirando de forma profunda. Pode ser com música, em silêncio ou mesmo em uma caminhada solitária.
- Perceba o papel que você desempenha em sua família. Veja de fora a dinâmica entre você, seus filhos, seus pais, seu cônjuge etc. Quando você age com dominação? O que ou quem você tenta controlar? Com quem você costuma disputar poder e autoridade? Faça um desenho e escreva suas conclusões sobre isso.
- Preste atenção ao seu ambiente de trabalho. Que disputas está comprando ou já comprou que não pertencem a você? Qual o impacto disso? Existe conflito com colegas ou superiores hierárquicos? Qual a consequência disso?
- Visite a natureza, uma praça ou um parque todas as semanas, um lugar de movimento tranquilo e pouco barulho. Note a harmonia das pessoas nesse local. Observe as demonstrações de bondade e boa intenção que elas têm umas com as outras. Encontre pelo menos três ações diferentes. O que isso quer dizer?
- Encontre as áreas da vida em que você tem praticado mais excessos: relacionamento, família, alimentação, trabalho, lazer etc. O que está sendo usado em excesso? Tempo, impulsividade, energia, quantidade? Quanto isso cansa você? Qual o impacto disso para as pessoas próximas? Escreva as respostas que vierem em um papel e as analise nas próximas semanas.
- Caso pratique um esporte coletivo ou qualquer outra atividade em grupo, experimente ficar um dia em uma posição de apoio, sem falar ou dar ordens, com a função exclusiva de manter a harmonia entre todos. Anote todas as percepções que você tiver logo após essa experiência.
- Pratique escutar a versão das coisas contadas pelos outros e perceba quanto pode estar focando demais na sua própria versão e verdade. Em casa, pergunte o ponto de vista de seus filhos e cônjuge em relação a algum assunto que gerou discussão na última semana. Vale o mesmo para o trabalho, com alguns

membros da equipe. Esteja aberto para escutar de verdade e questione as suas verdades. O que você aprendeu com isso?
- Pratique moderar seus impulsos amanhã. Por 24 horas, espere dez segundos antes de interferir, por meio de fala ou ação, em algo que esteja acontecendo.
- Pense em cada um de seus irmãos, filhos, pais ou membros de sua equipe. Quem lhe parece mais frágil? Quem você acredita que não sobreviveria bem sem a sua proteção? Tome consciência de que pode estar contribuindo para gerar pessoas dependentes. Até que ponto sua proteção causa dependência? O que você poderia fazer de diferente a partir de agora? Lembre-se de que essas pessoas podem não ser tão frágeis quanto parecem e que a maior ajuda talvez seja deixá-las crescer.
- Peça mais desculpas às pessoas. Pratique isso agora mesmo, em casa e no trabalho. Amanhã, escolha uma situação de cada área para fazer isso. Como você se sentiu depois?
- Pratique deixar os outros comerem antes de você no próximo café da manhã, almoço ou jantar em sua casa. Se você é aquele que serve as pessoas, procure não servi-las e deixá-las fazer isso em seu próprio tempo. Como foi essa experiência para você?
- Abrace alguém por dez minutos seguidos. Não faça força nos abraços, apenas receba. Deixe que a força do abraço do outro seja maior que a sua, que deve ser suave.
- Convide cinco amigos para falarem sobre um assunto polêmico, do qual têm opiniões divergentes. Pratique escutar todas as opiniões e ver a discussão aumentar sem interferir, sem falar. Apenas ouça por cerca de 20 minutos. Você consegue entender o ponto de vista de todos eles? Pratique escrever um resumo dos cinco diferentes pontos de vista presentes nessa brincadeira. Não leve o seu em conta.

Metáfora

A arte de resolver conflitos

O trem atravessava sacolejando os subúrbios de Tóquio numa modorrenta tarde de primavera.

Um dos vagões estava quase vazio: apenas algumas mulheres e idosos e um jovem lutador de aikido.

O jovem olhava, distraído, pela janela a monotonia das casas sempre iguais e dos arbustos cobertos de poeira.

Chegando a uma estação, as portas se abriram e, de repente, a quietude foi rompida por um homem que entrou cambaleando, gritando com violência palavras sem nexo.

Era um homem forte, com roupas de operário. Estava bêbado e imundo.

Aos berros, empurrou uma mulher que carregava um bebê ao colo e ela caiu sobre uma poltrona vazia. Felizmente nada aconteceu ao bebê.

O operário furioso agarrou a haste de metal no meio do vagão e tentou arrancá-la. Dava para ver que uma das suas mãos estava ferida e sangrava.

O trem seguiu em frente, com os passageiros paralisados de medo, e o jovem se levantou.

O lutador estava em excelente forma física. Treinava oito horas todos os dias há quase três anos.

Gostava de lutar e se considerava bom de briga. O problema é que suas habilidades marciais nunca haviam sido testadas em um combate de verdade. Os alunos são proibidos de lutar, pois o aikido "é a arte da reconciliação". Aquele cuja mente deseja brigar perdeu o elo com o universo.

Por isso o jovem sempre evitava envolver-se em brigas, mas no fundo do coração, porém, desejava uma oportunidade legítima em que pudesse salvar os inocentes, destruindo os culpados.

"Chegou o dia!" — Pensou consigo mesmo. — "Há pessoas correndo perigo e, se eu não fizer alguma coisa, é bem possível que elas acabem se ferindo."

O jovem se levantou e o bêbado percebeu a chance de canalizar sua ira.

Ah! — Rugiu ele. — Um valentão! Você está precisando de uma lição de boas maneiras!

O jovem lançou-lhe um olhar de desprezo.

Pretendia acabar com a sua raça, mas precisava esperar que ele o agredisse primeiro, por isso o provocou de forma insolente.

— Agora chega! — Gritou o bêbado. — Você vai levar uma lição. E se preparou para atacar.

Mas, antes que ele pudesse se mexer, alguém deu um grito: — Hei!

O jovem e o bêbado olharam para um velhinho japonês que estava sentado em um dos bancos.

Aquele minúsculo senhor vestia um quimono impecável e devia ter mais de 70 anos...

Não deu a menor atenção ao jovem, mas sorriu com alegria para o operário, como se tivesse um importante segredo para lhe contar.

— Venha aqui — disse o velhinho, num tom coloquial e amistoso. — Venha conversar comigo — insistiu, chamando-o com um aceno de mão.

O homenzarrão obedeceu, mas perguntou com aspereza:

— Por que diabos vou conversar com você?

O velhinho continuou sorrindo:

— O que você andou bebendo? — Perguntou, com olhar interessado.

— Saquê — rosnou de volta o operário — e não é da sua conta!

Com muita ternura, o velhinho começou a falar da sua vida, do afeto que sentia pela esposa, das noites em que se sentavam num velho banco de madeira, no jardim, um ao lado do outro.

— Ficamos olhando o pôr do sol e vendo como vai indo o nosso caquizeiro — comentou o velho mestre.

Pouco a pouco, o operário foi relaxando e disse:

— É, é bom. Eu também gosto de caqui...

— São deliciosos — concordou o velho, sorrindo. — E tenho certeza de que você também tem uma ótima esposa.

— Não — falou o operário. — Minha esposa morreu.

Suavemente, acompanhando o balanço do trem, aquele homenzarrão começou a chorar.

— Eu não tenho esposa, não tenho casa, não tenho emprego. Eu só tenho vergonha de mim mesmo.

Lágrimas escorriam pelo seu rosto. E o jovem estava lá, com toda a sua inocência juvenil, com toda a sua vontade de tornar o mundo melhor para se viver, sentindo-se, de repente, o pior dos homens.

O trem chegou à estação e o jovem desceu. Voltou-se para dar uma última olhada. O operário escarrapachara-se no banco e deitara a cabeça no colo do velhinho, que afagava com ternura seus cabelos emaranhados e sebosos.

Enquanto o trem se afastava, o jovem ficou meditando... O que pretendia resolver pela força foi alcançado com algumas palavras meigas. E aprendeu, por meio de uma lição viva, a arte de resolver conflitos.

Oração

Senhor Deus,
Agradeço-te porque me deste uma enorme paixão pela vida,
Uma forte noção de justiça e verdade
E uma energia contagiante para fazer acontecer as coisas.
Ajuda-me a proteger sempre os fracos e a defender os oprimidos,
Colocando minha força ao Seu serviço e nunca contra ele.
Dá-me um coração cheio de compaixão,
Capaz de manifestar a força através da suavidade e da ternura.
Ensina-me a força da fraqueza e ensina-me a fazer de meus dons,
Uma alavanca para ajudar os outros a acreditarem neles mesmos
E a desenvolverem suas potencialidades genuínas.
Ensina-me a Te encontrar no silêncio da minha fraqueza
E das minhas limitações
Como o amor único e essencial,
Capaz de preencher-me e de transbordar a minha vida.
Amém.

Domingos Cunha (CSH), *Crescendo com o Eneagrama na espiritualidade*. São Paulo: Paulus Editora, 2005, p. 398.

Tipo 9
O Líder Mediador

"Se você tem medo de dor ou de sofrimento, deve examinar se há algo que possa fazer a respeito disso. Se há, não há com que se preocupar. Se não há nada que você possa fazer, então também não há com o que se preocupar."
Dalai Lama

"Desencoraje o litígio. Sempre que você puder, persuada seus vizinhos a se comprometerem. Como um pacificador, você tem uma oportunidade superior de ser um homem bom."
Abraham Lincoln

"Adoro estar em um negócio no qual eu faço parte de um grupo que trabalha bem junto. Adoro quando existe essa conexão."
Mary Steenburgen

"Tive muitos adversários em minha vida política, mas nenhum inimigo que eu me lembre."
Gerald Ford

"Eu gosto de acreditar que, no longo prazo, as pessoas vão fazer mais para promover a paz do que os governos. Na verdade, acho que as pessoas querem tanto a paz que qualquer dia desses é melhor nossos governos saírem do caminho e deixá-las ter isso."
Dwight D. Eisenhower

Mapa da psique*

No Domínio da Personalidade

- *Vício mental (filtro mental ou fixação):* Indolência — uma tendência de pensamentos de menor valia em relação a si mesmo, como se, lá no fundo, não acreditasse que tem tanto valor e importância como as demais pessoas. É como se seus sonhos e suas questões pessoais não fossem tão relevantes diante das inúmeras outras coisas da vida. Esse pensamento gera uma tendência à acomodação, uma falta de energia todas as vezes que algo importante e difícil precisa ser resolvido. É mais fácil "deixar pra lá" do que sair da zona de conforto e incomodar a si mesmo e às outras pessoas. Parece que não vale a pena ou não é algo tão importante a ponto de causar uma desarmonia, seja ela interna ou externa.
- *Vício emocional (paixão):* Preguiça (Inércia) — um sentimento de preguiça aparece todas as vezes que o tipo 9 coloca o foco em suas questões mais prioritárias. Quando ele investiga o seu maior desejo, aquele projeto realmente só seu (e não o da família ou o da empresa), vem uma grande inércia que não lhe permite ver ou dar o primeiro passo necessário para fazer as coisas acontecerem. Essa preguiça também aparece para que ele não veja o que o incomoda. Prefere não olhar para isso e ficar na zona de conforto, sem desarmonia, sem confusão, com tendência a manter tudo como está, mesmo que esse não seja o seu desejo mais profundo.
- *Mecanismo de defesa da personalidade:* Narcotização — a narcotização é uma sensação física, corporal de estar "dopado", de sentir falta de energia ou vontade quando a questão é colocar-se em primeiro lugar, fazer aquilo que é sua prioridade. É também uma forma de se anestesiar, desviando a atenção de tudo que gera conflito.

Em contato com um Estado Superior

- *Percepção mental superior:* Amor — é uma constatação mental extremamente clara e segura de que todas as pessoas do planeta têm um imenso valor e são absolutamente importantes, fundamentais, centrais. É também a certeza de que existe um amor incondicional vindo de um plano superior, o qual está disponível para todas as pessoas e coisas, e de que faz parte dessa união, recebendo integralmente esse amor. Uma percepção de

que todas as coisas estão ligadas e são de, de certa forma, uma coisa só.
- *Percepção emocional superior:* Ação Certa — um sentimento que leva o tipo 9 a agir imediatamente para fazer a prioridade que precisa ser feita. Nesse estado, tudo aquilo que é o passo mais importante para ele em sua escalada de crescimento pessoal é feito de imediato, sem delongas. Não existe sujeira confortavelmente empurrada para baixo do tapete por preguiça do trabalho que vai dar levantá-lo e pela bagunça que vai ficar na sala. Imediatamente, o que precisa ser feito é feito. A Ação certa é também uma expressão do amor por meio de ações, de trabalho duro, para construir, de fato, o mundo lá fora.

*Os nomes do mapa da psique são adaptações dos originais de Oscar Ichazo, Claudio Naranjo e Helen Palmer.

Eneagrama das personalidades

De acordo com o George I. Gurdjieff, a maioria de nós vive a maior parte do tempo sob o domínio das características da personalidade — um conjunto de tendências de pensamentos, emoções, impulsos físicos, comportamentos, estratégias, crenças, valores e até mesmo um senso particular de identidade.

Essa personalidade, cujo início da formação se dá em nossa mais tenra infância e segue se cristalizando até nossa fase adulta, funciona como uma espécie de máquina biológica: de tanto "usarmos" essa personalidade, passamos a nos identificar com ela, como alguém que adquire o hábito de usar por anos a fio a mesma roupa e não consegue se imaginar sem ela, acreditando que não será a mesma pessoa se não estiver com aquela roupa, acreditando que aquela roupa faz parte do seu "ser".

Assim é o nosso tipo do Eneagrama. Cada um dos tipos representa um traço principal de personalidade, e nosso tipo é uma máquina que usamos tanto e há tanto tempo que muitas das suas características parecem nos definir. Dar-nos conta disso pode nos ajudar a testar roupas novas, expandir nossa coleção e mudar nossos hábitos de moda. Pode nos ajudar também a compreender que as outras pessoas simplesmente preferem e usam roupas diferentes das nossas. É mais fácil e torna-se um grande aprendizado viver assim.

Nesta seção, são apresentadas as prováveis características da roupa que as pessoas do tipo 9 costumam usar. Pode haver variações aqui e ali. Pode haver dias em que elas resolvem que uma blusa diferente é exigida em um evento especial ou mesmo que a roupa para ficar em casa pode ser mais velha e relaxada. Ainda assim, na maior parte do tempo, elas insistem em usar a roupa do seu tipo.

Nomes comuns

O mediador, O pacificador, O conciliador, O confortador, O tranquilo, O topa-tudo, O afável, O complacente, O paciente, O consensual, O formador de equipes (*team builder*), O negociador, O pensador sistêmico, O agrupador.

Pessoas famosas

Abraham Lincoln, Ronaldo Fenômeno, Lionel Messi, Walt Disney, Kevin Costner, Tom Jobim, Ronald Reagan, Carl Jung, George Lucas, Keanu Reeves, Ringo Starr, Marge Simpson (Os Simpsons), Dalai Lama.

Essência e personalidade

No estado mental superior do tipo 9, chamado aqui de Amor, existe a presença do amor incondicional disponível em igual proporção para todos, inclusive para ele. Trata-se de uma crença profunda que ele tem em relação ao seu valor e à sua importância como pessoa, assim como à valia de todas as outras. Trata-se também de uma percepção de que ele tem igual e fundamental valor como ser, de que sua existência é de extrema importância para o todo, assim como o é a existência das demais pessoas. É uma sensação de pertencimento e, principalmente, de união entre todas as coisas e pessoas, que no fundo fazem parte de uma única unidade. Com o tempo, essa percepção da mente superior é perdida, dando origem a uma percepção mental inferior, a um conjunto de filtros repetitivos de pensamento (fixação) que, para o tipo, 9 são chamados de Indolência.

A Indolência aparece como uma sensação de menos valia, a qual gera tendência à acomodação e à falta de energia. Trata-se de uma crença do tipo 9 de que, para ter direito ao amor incondicional e se sentir pertencendo, ele precisa se harmonizar com todas as pessoas e coisas, evitando conflitos e choques tanto internos como externos, mantendo-se na zona de conforto e concentrando sua energia em distrações e pontos menos importantes, que o fazem esquecer dos principais esforços e modificações que precisa fazer para crescer psicológica e espiritualmente. Para o tipo

9, é necessário estar disponível, atender às demandas dos outros e gerar o mínimo de conflitos possível para ser aceito e se sentir parte do mundo.

Sua virtude ou emoção superior é chamada de Ação certa. É uma qualidade da essência do tipo 9, segundo a qual é natural agir imediatamente para fazer a prioridade que precisa ser feita. Não há procrastinação de qualquer atitude que leve ao crescimento pessoal, gere ela conflito externo ou não, exija ela renúncias, energia e disciplina ou não. Simplesmente o que precisa ser feito é feito como impulso do corpo e do coração. Com o afastamento dessa virtude essencial, o tipo 9 desenvolve uma emoção descompensada e recorrente (paixão) chamada Inércia.

A Inércia aparece como uma preguiça interna — e, muitas vezes, externa também —, uma vontade de deixar as coisas como elas estão para que não deem trabalho ou gerem algum tipo de conflito. Trata-se de uma tendência à zona de conforto, a não olhar para aquilo que precisa ser modificado, a não olhar para os próprios desejos, para as conquista que quer fazer e para os passos que precisa dar para isso. O tipo 9 direciona essa Inércia para o esquecimento de si mesmo e para não ver o que o incomoda. Suas prioridades ficam para trás quando comparadas às prioridades ou às necessidades das pessoas ao seu redor. Atende os outros, harmoniza, mas perde energia na hora de se atender. Distrai-se, dizendo: "Isso não é tão importante. Deixa pra lá".

O mecanismo de defesa da personalidade é chamado de Narcotização. Ele aparece como uma forma mental, emocional e física de se anestesiar, desviando a atenção de tudo o que gera ou que poderia gerar conflito — seja conflito com outras pessoas ou mesmo conflito interno. Na hora exata de o tipo 9 dar aquele passo rumo à concretização de um sonho pessoal, a um plano que seja só dele (e não feito por outras pessoas), de tocar adiante suas verdadeiras prioridades de crescimento, aparece uma canseira, uma névoa que não lhe permite enxergar direito o caminho, um convite irresistível para se distrair com alguma coisa agradável e que dê menos trabalho. O tipo 9, então, deixa para depois sua prioridade pessoal.

Tendências de características da personalidade

Apoiados em sua crença fundamental de que seu valor vem da promoção da harmonia e do consenso, bem como da atenção que dispensa a todos do seu grupo, e de que essas coisas devem vir antes de seus verdadeiros e importantes projetos pessoais, os tipos 9 saem pelo mundo procurando levar paz e amizade por onde quer que passe.

Pelo fato de não quererem gerar conflitos, eles evitam confrontar pessoas e dizer coisas desagradáveis, ofensivas, controversas e que pareçam ataque ou imposição de opinião. A primeira tentativa é sempre voltada para o consenso, para ouvir genuína e pacientemente as opiniões de todos os envolvidos até que se chegue a uma decisão em conjunto que agrade a todos. Não há autoritarismo ou decisões unilaterais — coisas que o tipo 9 costuma detestar. Se a maioria das pessoas do grupo de amigos prefere ir a um restaurante diferente daquele que seria o seu preferido, parece fácil para ele deixar sua opinião de lado e fazer aquilo que atende à harmonia do grupo, mesmo que mais tarde haja algum arrependimento ou culpa por não haver defendido com mais força sua vontade.

Normalmente, os tipos 9 não ficam muito confortáveis quando estão no centro das atenções, em posição de destaque em relação às outras pessoas. Como líderes, eles costumam acreditar no "nós conquistamos", "nossa equipe fez acontecer", e não no "eu conquistei", "eu fiz a diferença". Muitas vezes, encontram dificuldades para falar de suas principais qualidades ou habilidades, como se evitassem diferenciar-se dos demais. Às vezes, até colocam os outros à frente, pondo-se em segundo plano, na posição de suporte. Assim, aquela grande ideia trabalhada por tanto tempo pelo tipo 9 acaba sendo apresentada por outra pessoa ou área, que fica com os louros. Esse é um cuidado importante que o tipo 9 precisa tomar: ele precisa se apropriar de suas conquistas e se parabenizar por elas. Existe, no fundo, uma crença muitas vezes inconsciente de não ter tanta importância ou mérito quanto às outras pessoas, o que o faz retirar-se para o segundo plano do palco. É como se não fizesse, de fato, a diferença. Essa discreta e não raras vezes imperceptível sensação de menor valor, de ser ignorado ou mesmo de ser visto como não importante pelos outros causa no tipo 9 dor e frustração, que acabam sendo distraídas pelo conforto e pelas diversões agradáveis

Os tipos 9 são especialistas em interferir em conflitos, promovendo a sua mediação — eles lidam com as diferentes opiniões, as ouvem e as apresentam; ajudam as pessoas a se colocarem umas nos lugares das outras, entendendo e respeitando todos os pontos de vista envolvidos. Dessa característica nasce também uma dificuldade que o tipo 9 costuma ter. De fato, ao ouvir e concordar com todas as opiniões apresentadas, ele pode se esquecer da sua ou mesmo ter dificuldade de expressá-la e defendê-la perante os demais, principalmente se for negativa, caso em que evitará ainda mais apresentá-la, para que não haja desarmonia. Como líder, o tipo 9 pode ficar indeciso sobre qual das direções seguir, atrasando decisões que ficam em cima do muro (querer agradar a gregos e troianos pode, muitas vezes, atrasar a caminhada). No trabalho ou em questões que não sejam tão pessoais, decidir-se parece ser mais fácil para o tipo 9. Quanto mais pessoais as questões, mais difícil parece ser para ele tomar partido de um lado ou de outro. Os tipos 9 ainda se fundem às pessoas amadas, adotando o ponto de vista delas sem perceber, como se esse fosse também a sua vontade.

Eles costumam ser pessoas pacientes para ouvir sem julgar e para se adaptar ao ritmo dos outros. Amigáveis, positivos, parecem ter um discreto sorriso no rosto, um ar de bem-estar que convida os outros para se aproximarem, iniciarem uma conversa ou o receberem bem. São empáticos, agradáveis e participativos, atentos e sensíveis aos outros. Costumam ser amigos e apoiadores, estar disponíveis caso alguém precise de ajuda e gostar de participar de grupos. São aqueles que, repetidamente, são convidados para ser padrinhos de casamento, por aceitarem os outros, os apoiarem, estarem sempre presentes e serem estáveis e compreensivos.

Uma característica interessante dos tipos 9 é que, pelo fato de o ponto 9 estar no centro da tríade do instinto do Eneagrama, eles costumam possuir uma grande força no instinto, ligada ao físico e ao corpo. Porém, a maioria deles se afasta dessa energia, dispersando-se no ambiente, e não no próprio corpo. Dessa maneira, parecem pessoas invisíveis, às vezes deixando de impactar ou marcar presença física. Também sublimam a raiva (energia de força gerada no instinto), evitando a todo custo tomar contato com ela — se for preciso, deslocam-na inconscientemente para fora do corpo. Muitos passam a vida inteira sem consciência de que possuem uma enorme raiva com a qual não tomam contato, de modo que parecem aos outros as pessoas mais tranquilas, mais topa-tudo possíveis. Para quem está fora (e até mesmo para o próprio 9), é difícil acreditar que haja tanta raiva em alguém que parece ser tão calmo e harmônico. O Eneagrama mostra que, no tipo 9, a raiva costuma explodir raras vezes em sua vida inteira (quando explode). Nesse dia, sua reação e sua força brutais surpreendem com uma energia intensa capaz de assustar todos ao redor. Como alguém tão calmo pode se descontrolar com tanta raiva e com tanta força?

Um elemento importante: por valorizarem extremamente a harmonia e escaparem dos conflitos, os tipos 9 fogem da própria raiva por acreditarem ser esta uma energia de desarmonia, que pode causar danos a si e aos outros. Assim, eles passam a reprimir e controlar a própria força e o próprio impacto. O preço a pagar por isso é, muitas vezes, uma falta de energia para impor as opiniões, para tomar iniciativa no que diz respeito a conquistas pessoais, para cuidar de si mesmo e para dar o próximo passo. Parece uma preguiça cheia de imaginação e fantasias, que distraem e compensam a falta de energia no corpo.

Além disso, em vez de expressarem a raiva de forma direta, os tipos 9 tornam-se teimosos e recorrem a pequenas vinganças, quase imperceptíveis (até mesmo para eles), como maneira de dar o troco. Se estão bravos porque foram ignorados ou provocados por alguém, fazem comentários indiretos para que a outra pessoa se sinta mal, se irrite ou ficam em cima do muro sobre algo que é importante para ela. Em um relacionamento a dois, é o parceiro do tipo 9 que explode após uma série de pequenas provocações, enquanto ele permanece como o tranquilo, com aquele que não se estressa.

Sua dificuldade de falar "não" para os outros também costuma ser grande, por acreditar que isso é uma forma de conflito. Dessa maneira, acaba se sobrecarregando de tarefas dos outros para realizar, muitas vezes à custa de sua própria lista de afazeres, que vai para o final da fila. Quando não fica até altas horas trabalhando para atender tudo isso, são os seus objetivos pessoais que são empurrados para frente. Ao receber um convite para ir a um restaurante em um dia que não pode ou não quer, pode ser que o tipo 9 diga "talvez" em vez de "não", gerando uma série de problemas por não ter sido claro desde o início. Geralmente, ele fala de forma indireta e até cheia de rodeios, dando muitas voltas que fazem o ouvinte se perder. Isso acontece, particularmente, quando a notícia a ser dada vai gerar algum conflito.

Os tipos 9 são os maratonistas do Eneagrama, conquistando suas metas por meio da persistência e da manutenção do ritmo. Sua força de vontade aparece na insistência quase paciente a médio e a longo prazos, suportando a rotina e o trabalho pesado se isso for necessário. Não existe atropelamento das outras pessoas nem um disparo inicial em alta velocidade. Existe apenas a água que persiste até furar a rocha.

Eles têm grande dificuldade em iniciar processos de mudança, especialmente quando isso envolve uma mudança em si mesmo. O primeiro passo parece ser difícil de ver e o mais difícil de dar. Parece difícil até mesmo saber o que quer, percebendo com mais facilidade o que não quer. O tipo 9 tem dificuldade em ser aquele que rompe com os outros, que vai embora, que deixa as coisas para trás, preocupando-se em demasia em manter a estabilidade e a harmonia. Prefere a previsibilidade e o conforto, rotinas familiares, caminhos conhecidos. Porém, quando começa a se mexer, fica difícil para o tipo 9 parar. A inércia funciona quanto quando ele está parado como quando está andando. Parece o elefante: é difícil de sair do lugar e difícil de parar quando resolve sair.

Por fim, o tipo 9 costuma se distrair bastante com coisas do ambiente externo. Parece que qualquer coisa desvia sua atenção da tarefa importante que está fazendo no momento: a goteira na cozinha é ouvida e vai ser verificada antes de ele terminar o relatório que está fazendo para o dia seguinte; as pessoas andando lá na fora, vistas pela janela, parecem chamar a atenção. Fica fácil tirar os olhos do computador e se perder em tudo aquilo que está acontecendo lá fora.

Focos de atenção

A atenção do tipo 9 se volta fortemente para as demandas de outras pessoas e coisas do ambiente externo. Sua atenção se dispersa em tudo o que está acontecendo lá fora, procurando participar e pertencer a esse todo. Ele se mescla com o ambiente e com as pessoas e, quando demandado, procura de alguma forma contribuir e harmonizar. Dessa maneira, ele se sente importante.

A atenção em demasia no ambiente externo pode tornar-se também uma distração para o tipo 9, que o afasta das suas prioridades e tarefas. Quando percebe, já deixou de fazer aquele projeto importante sobre o qual estava focado no computador e passou a prestar atenção na chuva que começou a cair lá fora. Ele substitui aquilo de mais importante que precisa fazer para si mesmo (e que pode ser perturbador ou conflituoso) por prazeres secundários e confortáveis, como passeios, conversas, festas, videogame, leituras, descansos, televisão e cinema, entre outras coisas. De fato, seu foco se vira para evitar desconforto de qualquer natureza, seja no mundo externo ou dentro de si, tendo assim uma enorme tendência de deixar as coisas como elas estão. Há um grande desejo por tranquilidade e sossego.

Os tipos 9 se preocupam em agradar aos outros e ser amigáveis, receptivos e pacíficos. Há também um foco no confortável, no previsível e no harmônico, o qual busca estruturas e rotinas para a criação de uma vida familiar. Como já observado, sua atenção exagerada nos outros pode fazê-lo esquecer-se de si mesmo (tirando todo o foco de si e colocando no outro) e envolver-se em projetos, desejos e agendas de outras pessoas a ponto de ficar sobrecarregado e atrasar seus próprios projetos, que vão para o final da fila. Entra aí a dificuldade de dizer "não" (medo da desarmonia), de impor limites e de priorizar a própria vida. É difícil para o tipo 9 até mesmo identificar o que é prioritário e essencial em sua vida, já que seus planos parecem sempre envolver sua família, sua equipe, seus amigos.

Quando qualquer ameaça de conflito interno ou externo se aproxima, seu corpo se foca em controlar e sublimar sua raiva, para que ela não seja percebida ou para que seu efeito só apareça mais tarde. Surge um amortecimento, uma moleza física. Iniciar novos ciclos, dar o primeiro passo da mudança, realizar a ação importante para aquele projeto próprio e exclusivamente individual — tudo isso será procrastinada, pois parece ser sempre possível esperar até o dia seguinte para começar. Sua sensação é de que há tempo suficiente e, com isso, a mudança não acontece ou demora muito tempo para ter início.

Em um relacionamento a dois, o tipo 9 vai prestar enorme atenção aos projetos e sonhos da outra pessoa, procurando fundir-se com ela. Além disso, muitas vezes, vai assumir esses projetos como seus, garantindo apoio e incentivo ao outro e esquecendo-se de si mesmo. Em alguns casos, pode passar a viver a vida da outra pessoa de uma maneira tão intensa que se esquece de sua individualidade.

Nas relações sociais, sua grande necessidade é estar, de qualquer maneira, inserido nos grupos — festas, associações, ONGs, qualquer forma de coletividade. Sua atenção é fortemente voltada para a participação nesses grupos e para ter um lugar neles.

No âmbito de sua preservação física, a atenção do tipo 9 volta-se fortemente para o conforto material e a previsibilidade, bem como para detalhes, estruturas, rotinas, objetos e pessoas que tragam a sensação de segurança e sobrevivência confortável e harmônica, sem conflitos e surpresas impactantes.

Dificuldades que podem causar para os outros

O desejo de conforto e harmonia do tipo 9 pode causar nos outros um sentimento de frustração, principalmente nas pessoas próximas que desejam que ele se desenvolva, cuide de si e toque para frente seus projetos. Elas o incentivam, mas parece que ele se move mais lentamente do que o esperado. Fica visível para os outros que ele está deixando de lado as coisas de importância para si, esquecendo-se de si mesmo, adiando projetos, não cuidando da saúde, não vendendo seu peixe ou não buscando a projeção e o reconhecimento que poderia ter.

Outro ponto difícil para as outras pessoas é a frequente indecisão dos tipos 9 no que se refere a assuntos pessoais. Quando lhe é dito algo do tipo: "Em qual restaurante que você quer ir hoje? A decisão é sua", pode ser que ele demore a se decidir, procurando saber qual decisão agradaria mais ao outro ou ao grupo e geraria menos conflito. Quando são esperadas dele, claramente, uma atitude e uma decisão firmes baseadas em sua opinião, muitas vezes isso não vem, gerando imensa frustração e até raiva nas pessoas.

Sua dificuldade em dizer "não" para os outros também pode ser um problema, principalmente quando a sua vontade era dizer "não", mas ele não conseguiu e acabou dizendo "sim" ou concordando com o sugerido pela outra pessoa. Nesse caso, a pessoa acha que ele aceitou o seu convite quando, na verdade, não o aceitou e, no final, por meio de alguma desculpa qualquer, vai fazer as coisas do jeito dele. Alguém que fala "sim" mas, na verdade, seu "sim" significa "não" pode causar muitos problemas. Ele cria expectativa nos outros e problemas de comunicação. Dá a impressão de que concorda com alguma coisa, quando não concorda. E, no fim, acaba fazendo o que quer, mas por caminhos indiretos e sem deixar clara sua vontade.

Ao dispersar sua energia e sua concentração em todas as coisas com igual intensidade, o tipo 9 deixa a impressão de que não há alguém que seja mais importante. Pessoas próximas podem se sentir minimizadas ao perceberem que ele parece dar a todos a mesma atenção que dá a elas. Isso também acontece quando os tipo 9 parecem distantes, distraídos e ausentes, como se não estivessem ali.

É interessante notar que a lentidão que aparece no processo de decisão se torna uma obstinação uma vez que a decisão é tomada. De fato, a decisão demorou tanto para sair, amadureceu tanto, levou em conta tantos pontos de vista que, uma vez tomada, parece irreversível — nada parece capaz de mudar o tipo 9 de ideia. Depois de tantos levantamentos de informação, fica fácil defender a escolha contra qualquer argumento ou contradição que apareça. Surgem aí a teimosia e a inflexibilidade, que trazem dificuldades para os outros. Às vezes, isso pode até mesmo representar uma mudança radical, de 360 graus em sua vida, feita de uma maneira inesperada pelos outros.

Ao sentir raiva por algo que alguém fez, o tipo 9 não expressa isso diretamente, não comunica e, muitas vezes, nem mesmo percebe que está com raiva. De qualquer jeito, isso aparece mais tarde na forma de uma agressividade passiva, de pequenas vinganças indiretas que ele costuma fazer como modo de colocar essa raiva para fora em doses homeopáticas. Por exemplo, se ele fica com raiva porque você não lhe deu a atenção que esperava, ele não diz isso diretamente, mas pode chegar atrasado a um compromisso importante que você marcou, fazendo com que perca o início do show que gostaria de ver. Isso pode se repetir algumas vezes, sendo que, na maioria delas, ele nem se dá conta de que o que está por trás disso é uma raiva não sentida, não comunicada, não expressa. E, se você se enfurecer por conta atraso dele, ele dirá, com a maior calma do mundo, que você está muito estressado e realmente precisa relaxar, aumentando ainda mais sua fúria.

Motivação e valores

Valores são o combustível para realizarmos nossa jornada na vida, são as coisas que acreditamos serem muito importantes para nós. Nós nos motivamos sempre que eles estão presentes conosco. A personalidade do tipo 9 do Eneagrama costuma valorizar fundamentalmente:

- Harmonia, cooperação, colaboração, paciência, conforto, estabilidade, relacionamento, paz, cordialidade, diplomacia, participação, trabalho em grupo, equipe, diversão, leveza, estrutura, previsibilidade, sensações agradáveis, amizade, família, consenso, disponibilidade, igualdade.
- Motiva-se, principalmente, com a construção de harmonia entre as pessoas e nos ambientes em que convive, atuando na criação desse clima de bem-estar, de paz, de tranquilidade e, dessa forma, sentindo-se útil, valorizado e incluído, com um sentimento fundamental e motivador de pertencer.
- Motiva-se pelos desejos, projetos e entusiasmo das outras pessoas ao seu redor, sentindo-se bem quando elas estão bem.
- Motiva-se por ambientes onde as decisões são tomadas em grupo e regras bem definidas, de inclusão e igualdade, são estabelecidas.
- Motiva-se por harmonia e paz interna, preferindo ditar seu próprio ritmo com estímulos, sem pressão ou autoritarismo externo, que costuma desmotivá-lo ou simplesmente fazê-lo não andar para frente. Todas as vezes que se sente importante, incluído, com sua opinião levada em conta, motiva-se imediatamente. Elogios podem ser interessantes, mas devem ser feitos, de preferência, de forma discreta, e não em público, já que sua intenção é ter um feedback de sua importância, e não projetar a sua imagem ou buscar recompensa.

Dádivas

O tipo 9 representa a força mediadora que temos em nós usada no sentido mais positivo possível. Ele possui a habilidade de entrar em um grupo e retirar dele a melhor decisão comum, gerada a partir de respeito e de integração de diferentes pontos de vista, diferentes ritmos de vida. É o elemento gerador de harmonia, de ressonância e de vontade de trabalhar em conjunto. É o verdadeiro conceito de equipe, de coesão em grupos onde todos são ouvidos, se sentem parte do todo e rumam, de forma organizada e harmoniosa, para uma direção comum.

Outra grande dádiva do tipo 9 consiste em sua capacidade de gerar paz, concordância e bem comum. Em uma sociedade empresarial e familiar fundada em conflitos, disputas de interesse e brigas pelo primeiro lugar, as pessoas do tipo 9 aparecem com a visão da harmonia e do trabalho em equipe, conquistando até muito mais do que as outras com muito menos desgaste. Elas trazem calma e paciência para um mundo onde esses valores estão sendo solicitados com urgência.

Os tipos 9 também se dedicam para que as outras pessoas se sintam bem, o que muitas vezes aparece como uma disposição para ajudar. É natural sua facilidade em ouvir, identificar o que o outro sente e se colocar no seu lugar. Os valores da amizade, da família e de um estilo de vida seguro e harmônico, sem tantos altos e baixos, trazem um ambiente de tranquilidade, conforto e paz para o desenvolvimento de pessoas saudáveis. Sua alma leve contribui e clama por um mundo onde haja mais paz, integração entre todas as coisas e amor incondicional.

A disposição do tipo 9 para o trabalho rotineiro, de longo prazo e até pesado é grande, principalmente quando esse trabalho é feito em nome de seu conforto, de sua harmonia ou das pessoas que preza. Quando ele desenvolve a habilidade de dizer "não" se for necessário, de se posicionar nos conflitos e de agir para a construção dos seus próprios sonhos, tornam-se líderes servidores, formadores de equipe, que conquistam grandes projetos por meio de pequenos e constantes passos.

ENEAGRAMA PARA LÍDERES

Nesta seção, são tratados alguns dos temas mais relevantes na nossa atuação no mundo empresarial: comunicação, postura, equipes, ambiente de trabalho, feedback, tendências e desenvolvimento da liderança. São abordados também hábitos automáticos, estratégias, armadilhas e dicas para o uso do Eneagrama como sistema de autoconhecimento e autodomínio, bem como de compreensão dos outros. Tudo isso é trabalhado em prol do desenvolvimento sustentável da atuação profissional, como decorrência do crescimento pessoal.

Comunicação e postura

O estilo de comunicação verbal do tipo 9 costuma ser caracterizado por explicações longas e indiretas, repletas de divagações e detalhes que podem fazer seu interlocutor perder o interesse pelo assunto ou mesmo o fio da meada, ficando com a seguinte questão na cabeça: "Onde esse cara quer chegar? Qual o ponto importante dessa questão?" Há uma tendência de muitas idas e vindas, de muitas voltas para se chegar ao assunto que se deseja comunicar, principalmente se o tipo 9 acreditar que esse assunto pode gerar algum desconforto ao ser ouvido pelo outro. Em geral, costuma gastar bastante tempo falando sobre coisas sem tanta importância.

Sua preferência é sempre tratar de assuntos agradáveis e que não envolvam conflito, procurando ser gentil, amável e inclusivo, mesmo na primeira vez em que fala com as pessoas. Tem uma grande facilidade em dar feedbacks positivos e elogiar os outros, mas, por outro lado, muita dificuldade em fazer o contrário. Costuma ser paciente para ouvir os outros e estar, de fato, atento ao que é dito, minimizando os julgamentos. Há um esforço para entender e respeitar todos os pontos de vista, bem como para incluí-los.

Contudo, o tipo 9 tende a dar muita atenção às outras pessoas e às suas opiniões, de modo que se esquecem das suas ou deixam que elas sejam desconsideradas em função daquela que parece ser mais harmônica para o grupo. Quando estão falando com outras pessoas, acabam focando-se e gastando muito mais tempo nos assuntos delas do que nos seus. Há um receio de se posicionar e dizer o que pensa ou sente, principalmente quando parece que isso vai gerar algum tipo de conflito.

O tom de voz do tipo 9 parece calmo, constante e não invasivo, com poucas modulações. Parece transmitir uma calma e até um ritmo constante, mais lento e monótono. Ele usa palavras como "sim" e "interessante", balança a cabeça concordando e faz outros gestos que dão permissão para que o outro continue falando e até passam a impressão de que ele está concordando com o interlocutor, o que nem sempre está acontecendo. Seu corpo parece relaxado, pouco gesticulado, assim como os músculos do seu rosto, quase sempre com um pequeno sorriso discreto e convidativo para que você se aproxime dele, seja seu amigo. De forma geral, seu rosto se agita mais do que seu corpo.

O tipo 9 também tem uma grande tendência em não demonstrar e mesmo vivenciar emoções fortes, principalmente aquelas ligadas à raiva e à discórdia ou que parecem gerar um desconforto interno ou externo muito grande. Olhando de fora, ele parece a pessoa mais tranquila do mundo, e é assim que costuma ser visto pelos outros.

Outro ponto marcante na sua comunicação é quando precisa expressar sua discordância em relação a alguém. Como isso raramente é feito de forma direta, não fica claro se ele está concordando com a pessoa ou discordando dela. Muitas vezes ele pode dizer um "sim" que, na verdade, significa "não". Quando o tipo 9 precisa expressar o seu desejo pessoal, este pode não ficar claro para os demais. A tendência é ele apresentar vários pontos de vista, incluir as decisões de outras pessoas e não dizer de forma direta: "O que eu quero é isso".

Quando está participando de uma decisão em grupo, o tipo 9 tende a ouvir atentamente todas as diversas opiniões. Na tentativa de incluir todos e agradar a eles, pode acabar tendo um discurso em que parece faltar pulso, decisão e posição pessoal. Nesse caso, sua influência como comunicador e líder pode ser afetada. Por outro lado, seu grande networking e sua capacidade de construir relacionamentos de longa duração acabam trazendo para si um poder de influência que nem ele se dá conta de que tem.

Outra característica dos tipos 9: eles costumam ter uma habilidade de falar sobre diversos assuntos e, às vezes, até de mudar de um assunto para outro sem aviso prévio, retornando depois ao antigo. Podem prestar atenção em várias coisas ao mesmo tempo. Contudo, por conta de seu jeito distraído, que se perde no ambiente, podem parecer que não estão prestando atenção, até porque costumam não julgar, discordar ou expressar suas opiniões no meio da conversa. Em geral, eles fazem isso somente depois que o seu interlocutor termina a fala, e só se for o caso.

Sua tendência de manter a paz e evitar conflitos faz com que, nos momentos em que está com raiva, raramente perceba isso, podendo demorar a se dar conta dela e a expressá-la. De fato, sua raiva não será expressa claramente a todos no exato momento que ela aparecer, ficando disfarçada e surgindo mais tarde, na forma das "pequenas vinganças" já tratadas em tópicos anteriores.

Equipes

As pessoas do tipo 9 têm facilidade para participar de equipes, sejam como líderes ou como integrantes. Seu modo natural de enxergar a vitória e as conquistas é por meio do trabalho em grupo ("nós conseguimos"), e não da competição individual, sendo que a vitória do grupo é como se fosse a sua. Elas também costumam ser mais produtivas e criativas quando fazem parte de uma equipe harmônica. Gostam de equipes em que todos os integrantes tenham seu espaço e sejam ouvidos de forma democrática, na busca do consenso e do mínimo de conflito possível. Preferem projetos de equipes que tenham objetivos finais concretos, com significado e que, de certa forma, reflitam a vontade de todos do grupo. Pode ser que assumam para si metas e desejos que, no fundo, são do grupo todo, e não suas, acabando por superarem-se em produtividade, trabalho e vontade e conquistarem grandes resultados.

Como membro da equipe, a tendência natural do tipo 9 é facilitar e harmonizar as interações e os sentimentos entre as pessoas do grupo, visando ao consenso, ao respeito às ideias de todos e à resolução dos conflitos por meio de negociação construtiva. São pessoas que costumam também prover o grupo com uma grande quantidade de informações e detalhes que são pertinentes às tarefas e aos projetos em andamento. Papéis complicados para alguém do tipo 9 envolvem desafiar e pressionar construtivamente as pessoas e ser responsável por verificar as diferentes opiniões e tomar a decisão final baseada em sua análise, independentemente de essa decisão agradar ou não a todos. Os tipos 9 preferem que suas tarefas sejam bem definidas e específicas e que, de preferência, mantenham uma regularidade, sem alterações bruscas ou surpresas na função. Eles gostam das rotinas e de tarefas previsíveis, bem como de processos estruturados.

Como buscam a tendência e o consenso, os tipos 9 podem ficar confusos e estáticos quando houver muitas opiniões divergentes dentro do mesmo grupo, agindo rapidamente na busca de pontos comuns para estabelecer acordos. Se os acordos não aparecerem e couber a eles a decisão final, poderá haver procrastinação e dificuldade na tomada de decisão. Se as negociações não se mostrarem produtivas, ele poderá cair em desânimo e voltar seu foco para os pontos de discórdia do grupo. Por outro lado, seu estilo maratonista faz com que ele seja capaz de se manter em marcha mesmo em meio a dificuldades, pressão e grandes cargas de trabalho rotineiro.

Como líder, o tipo 9 é criador natural de equipes, agindo muito mais como facilitador e coach do que dando ordens diretas. As pessoas se sentem à vontade para dar opiniões individualmente ou em reuniões da equipe, sem receios de serem julgadas. Os tipos 9 esperam que cada membro contribua tanto para o resultado do grupo como para a manutenção de sua harmonia. Eles gostam de definir as metas e as funções de forma clara e específica para, assim, poderem atuar no apoio e no acompanhamento da equipe. Seu foco natural é mais detalhista e menos estratégico. Também há um grande foco na resolução de problemas por meio da mudança de processos.

Ambiente de trabalho

O ambiente de trabalho predileto do tipo 9 é harmônico e nele as pessoas se dão bem. Existe um senso de cooperação e de grupo entre os indivíduos, assim como espírito de equipe. A rotina é confortável e, de preferência, flui sem grandes perturbações, mudanças bruscas de ritmo ou alvoroços, com estabilidade e previsibilidade graças a processos, metas, responsabilidade e funções claras e bem definidas. Há uma busca por um ambiente livre de conflitos, de rixas e de mal-estar entre as pessoas. As conquistas são buscadas pelo grupo, e não por meio de competição e mérito individual.

Ambientes em que as decisões são autoritárias e as ordens não levam em conta o senso comum não são bem vistos pelo tipo 9. Pressões excessivas por prazos apertados, insistência para que ele saia da zona de conforto, decisões que desconsideram as opiniões dos outros e a harmonia do grupo, formas rígidas de fazer as coisas — quando se trata de ambiente de trabalho, isso tudo gera repulsa no tipo 9, além de diminuir sua motivação e produtividade e aumentar sua teimosia, resistência passiva e inércia.

Por outro lado, o tipo 9 aprecia ambientes que favoreçam um clima leve de relacionamentos e com estilo democrático. Ele gosta de ambientes em que as pessoas se sentem bem e em desenvolvimento; as coisas são pedidas em vez de simplesmente ordenadas; todos têm espaço para falar sem medos ou julgamentos; a porta da sala da liderança está sempre aberta e acessível para todos os funcionários, sem intimidação; pode haver um crescimento ordenado e inclusivo.

Feedback

Pessoas do tipo 9 se sentem melhor e ficam mais abertas em uma conversa produtiva na qual haja empatia, rapport e respeito pelos diferentes pontos de vista possíveis. Dessa forma, ao dar feedback para alguém do tipo 9, é importante primeiro criar um clima de harmonia, a fim de que ele se sinta confortável para receber informações e fazer colocações. É importante também que a postura de toda a conversa seja de não julgamento e que o tipo 9 possa refletir, pensar e tirar suas próprias conclusões sobre o que está sendo abordado no feedback. Aqui, cabe muito bem algo do tipo: "Quando você olha agora para as consequências do que fez (ou não fez), o que consegue perceber?"

É fundamental estar aberto para ouvir a opinião do tipo 9, bem como estar preparado para abordar múltiplos pontos de vista, vendo a situação por meio de vários ângulos diferentes. Não é bom impor a opinião à base da força, pois os tipos 9 costumam não respeitar opiniões que não tenham surgido de um consenso. Eles têm um dom natural de se colocar no lugar de outras pessoas e, com isso, ver a mesma coisa de diversas maneiras, encontrando valor nessa diversidade; o sistema e o contexto maior também devem ser considerados. Assim, para que o tipo 9 absorva melhor o feedback de outros, é importante que essa abordagem também seja usada. Feedbacks para o tipo 9 baseados em autoritarismo e decisões unilaterais não serão respeitadas por ele. Nesses casos, embora o seu estilo não seja o de confrontar diretamente, há uma tendência de ele ouvir e não fazer exatamente o que foi pedido ou, até mesmo, fazer resistência passiva. De fato, ele até pode parecer ter concordado, mas isso não significa que fará o que foi pedido. Essa resistência passiva pode ser inconsciente para o tipo 9, que muitas vezes nem percebe que não acatou e não aceita a decisão.

Ao contrário de muitos outros tipos do Eneagrama, o 9 costuma ficar menos produtivo quando pressionado em excesso. Ao receber feedback, é importante que ele reflita e aprenda sobre tudo o que aconteceu e que ele mesmo sugira ideias para mudança e resolução. A chance de o tipo 9 tomar uma ação de mudança é maior quando esta surge dele mesmo, e não de outro — ele pode interpretar isso como uma ordem autocrática, o que costuma irritá-lo e incitar sua resistência passiva. É importante deixar que ele mesmo determine os passos do seu plano de ação e que se sinta confortável escolhendo qual ação irá tomar e quando — desde que isso atenda às necessidades da organização, é claro.

Ao dar feedback para os outros, há alguns pontos a serem observados pelo líder do tipo 9. Manter a empatia e o respeito às opiniões das outras pessoas é muito importante, porém é fundamental também saber que é esperado do líder que ele coloque sua posição e deixe claro para aquele que está ouvindo o feedback o que espera como mudança. A comunicação do líder do tipo 9 tende a ser longa e com muitos rodeios, incluindo muitos detalhes e históricos, o que faz com que ele corra o risco de perder o foco no mais importante. O líder do tipo 9 deve estar focado no ponto principal do feedback (de preferência, pré-planejado) e comunicá-lo clara e diretamente.

É importante salientar uma tendência perigosa no líder do tipo 9 de procrastinar o momento do feedback, caso ele ache que isso vá gerar algum tipo de conflito. Sua tendência de evitar conflitos é tão grande (e, às vezes, inconsciente) que pode acontecer de ele entrar na sessão preparado para dar o feedback construtivo com todos os detalhes possíveis, mas omitir, esquecer ou simplesmente deixar para lá algumas partes que seriam mais duras para o ouvinte. Pode ser que apareça algo do tipo: "Na visão do gerente financeiro, o que você fez gerou isso, isso e isso. Porém, na minha opinião, gerou isso, isso e isso. E também poderia ter gerado isso, isso e isso". Na tentativa de apresentar múltiplos pontos de vista, o líder do tipo 9 pode deixar a mensagem confusa para quem está ouvindo. Qual é a razão desse feedback, afinal? Que ação foi tomada e que consequências teve? O que o líder do tipo 9 espera especificamente de diferente do seu ouvinte? Esses são pontos que devem ficar claros, livres de qualquer tipo de dúvida.

Liderança

Nosso estilo de personalidade determina diretamente nosso estilo de liderança, assim como grande parte de nossas formas de atuação no mundo profissional. É comum um líder acabar impondo à sua organização ou à sua área boa parte das características do seu tipo do Eneagrama. Trata-se de um estilo de liderança. Quando temos consciência do nosso estilo e do estilo de outros líderes que interagem conosco, podemos usar esse conhecimento a favor dos relacionamentos interpessoais e do desenvolvimento das equipes, em prol de uma liderança madura e sustentável.

Tendências na liderança

A liderança como facilitadora, voltada ao *team building*, direcionada para orientar as pessoas a atingirem equipe e de modo estruturado a missão da organização. Uma busca permanente por harmonia, cooperação e união no grupo, que pode levar a equipes de alto desempenho, com sentido de direção. Um líder que atua muito mais como facilitador, como coach — que conduz a equipe ao desenvolvimento e a resultados por meio de um trabalho em grupo e de cooperação — do que como dono de posições autoritárias e individualistas. Essas características representam o líder do tipo 9.

Seu modo natural de tomada de decisões é o consenso, ou seja, escuta diversas opiniões e considera múltiplos pontos de vista. Pelo lado positivo, isso leva a decisões analisadas e carregadas de sabedoria. Essas decisões costumam envolver métodos, processos, pesquisa e coleta de dados, para garantir que tudo corra com o mínimo de conflito possível. Não gostam de ser pressionados a tomarem uma decisão rápida, sem que haja tempo para investigações, opiniões e análises.

Pelo lado negativo, quando for necessário um estilo de liderança de decisões imediatas — no qual o líder deve tomar sua decisão de forma individual, não há tempo para um consenso ou mesmo isso não é esperado pela organização — ou quando, por alguma razão, os conflitos não puderem ser resolvidos em discussão aberta e for preciso uma atitude mais ousada e impositiva, o líder do tipo 9 pode trazer dificuldades e atrasos em suas decisões. Nesses casos, ele se torna indeciso e pode perder oportunidades de ação e resolução. A vontade de ouvir múltiplas opiniões sobre uma situação pode fazê-lo esquecer-se da sua opinião e ficar confuso sobre qual rumo tomar. Se a equipe estiver em meio a um conflito ou sentindo-se sem orientação, pode ser que falte aqui uma "pancada em cima da mesa".

Os tipos 9 costumam apreciar trabalhos com estruturação e organização, tendo um estilo de atenção que inicialmente foca os detalhes e depois se expande para o contexto maior. Eles costumam também simplificar os problemas e fazer as coisas ocorrerem da forma mais fluida e tranquila possível, sendo excelentes maratonistas, ou seja, são ótimos na condução de projetos de longo prazo, em que se pode estabelecer uma rotina estruturada, assim como na manutenção de projetos que já passaram pela fase inicial.

Sua liderança é inclusiva, de portas abertas, com grande acesso ao líder. Nela, buscam-se os relacionamentos harmoniosos e de longo prazo, valorizam-se a diplomacia, a paciência e a negociação em vez de a pressão. Embora não seja movido principalmente por reconhecimento ou imagem, o líder do tipo 9 aprecia e se motiva quando é elogiado. Sua grande tendência de evitar brigas pode fazê-lo não entrar e, até mesmo, retirar-se de situações em que existe conflito, ficando este sem uma solução adequada ou esquecido, deixado de lado. De fato, o tipo 9 pode passar "panos quentes" nos problemas ou manterem-no encobertos por, simplesmente, "esquecer-se de mencioná-los". O conflito positivo, em que é possível ganhos em uma negociação ou mesmo uma motivação da equipe pela competição e pela disputa, raramente é usado como recurso pelo líder do tipo 9.

Outra característica do estilo de personalidade do tipo 9 que aparece também em seu estilo de liderança é a tendência que ele tem de se dispersar e se distrair com tarefas menos importantes do que a sua prioridade imediata. De fato, ele pode acabar focando na resolução de assuntos de menor importância estacionados sobre sua mesa, em detrimento de decisões cruciais de um projeto em andamento, trazendo uma enorme sobrecarga para si quando deseja atender tudo. Sua dificuldade em dizer "não" a pares, superiores hierárquicos e até à sua equipe pode deixá-lo "atolado" em trabalhos que traz para si em vez de delegar, muitas vezes deixando suas tarefas pessoais e prioritárias para o final do dia ou da fila.

Essa procrastinação do que é mais importante normalmente aparece quando o tipo 9 se depara com sobrecarga de trabalho, quando se sente pressionado ou quando sente raiva de uma situação imposta (mesmo não percebendo que está com essa raiva). Aqui aparece sua tendência à agressividade passiva, ou seja, a expressar sua raiva e insatisfação de maneira indireta, não fazendo ou procrastinando o que foi exigido, em vez de questionando abertamente e criando, com isso, conflito de opiniões. Em algumas situações, quando se sente extremamente pressionado por uma decisão autoritária ou por ter sido mandado fazer algo de forma abrupta, o tipo 9 pode expressar a raiva de modo direto, aberto, recusando-se a fazer o trabalho e deixando bem explícito seu incômodo com tudo aquilo. É quando o sangue do tipo 9 realmente sobe. Essa fúria pode também aparecer por meio de ataques pessoais e conflitos com pessoas negativas, competitivas e extremamente autoritárias.

Em processos de iniciativa e gestão de mudança, os líderes do tipo 9 preferem algo sistemático e planejado, com previsibilidade de rota e, de preferência, com pouca tendência a surpresas ou mudanças de direção bruscas e sem aviso prévio. Se houver necessidade repentina de alterações de rumo, poderá lhes faltar energia e motivação. Eles se apoiam em métodos e rotinas. Além disso, envolvem as pessoas, conquistam adesão, negociam, são inclusivos e preferem que as coisas aconteçam de forma tranquila. Costumam gostar desse processo, embora, quando em um ambiente onde suas funções e o roteiro não estão bem definidos, possam não se sentir autoconfiantes para liderá-lo — isso depende, claro, do seu nível de senioridade e de sua experiência na função.

Desenvolvimento da liderança: temas comuns

Cada um dos estilos de liderança do Eneagrama apresenta pontos fortes, dons naturais, que devem ser usados em prol do negócio. Apresenta também pontos de atenção, trilhas de desenvolvimento, que podem trazer grandes ganhos quando trabalhados. A seguir são mostrados alguns temas comuns no desenvolvimento da liderança desse estilo:

- Melhorar sua assertividade ao comunicar decisões e explicar planos e propostas de trabalho. Acostumar-se a colocar na mesa suas opiniões, e não guardá-las para si.
- Comunicar com firmeza e clareza a pares, superiores e pessoas da equipe o que pensa sobre eles, em especial os pontos que podem desagradá-lo.
- Forçar-se ao movimento e à mudança, em especial ao primeiro passo de novos projetos, que costuma ser o mais difícil para o tipo 9. Estar atento à tendência de permanecer na zona de conforto quando se refere a prioridades próprias.
- Entrar nos conflitos que forem necessários e permanecer neles quando isso for exigido pelo papel de liderança. Posicionar-se com firmeza quando um estilo de liderança mais forte for demandado. Compreender que isso é esperado pela equipe e pela organização.
- Manter o foco na visão e no lado estratégico da liderança, evitando perder-se em detalhes, na resolução de conflitos (foco excessivo na manutenção da harmonia) e em distrações com

assuntos menos prioritários.
- Delegar mais tarefas e solicitar ajuda diretamente, evitando a tendência de sobrecarregar a si mesmo e a seu time por conta da dificuldade de impor limites e dizer "não", na tentativa de minimizar conflitos. Comunicar com muita clareza o que espera de cada pessoa que recebeu uma tarefa, um objetivo ou uma responsabilidade de suas mãos.
- Planejar antecipadamente os projetos, estabelecendo um cronograma ousado de execução em termos de tempo. Monitorar esses limites de tempo preestabelecidos ao longo do projeto e não ultrapassá-los.
- Criar uma agenda de prioridades (semanal, mensal e bimestral) alinhada com os planos da organização. Manter essa agenda sempre à vista. Questionar a cada nova tarefa que inicia se esta está dentro do plano de prioridades ou se é uma possível "dispersão" do seu papel de liderança, podendo ser delegada para outros.
- Tomar ações mais rapidamente, evitando confundir-se com múltiplas opiniões e o excesso de informações coletadas. Entender o que o leva a procrastinar. Descobrir qual o seu ponto de vista e sustentá-lo quando for necessário. Permitir-se usar o instinto como inteligência de decisão. Permitir-se também mais erros por decisões rápidas do que o comum atraso por decisões lentas.
- Manter a velocidade e o ritmo de trabalho acima do que manteria se estivesse trabalhando sozinho. A necessidade de perfeição aliada a uma tendência ao conforto pode fazer com o tipo 9 tenha um ritmo de entrega de trabalho mais lento do que é esperado.
- Tomar consciência da própria raiva, dando-se conta de que o incômodo começa a surgir no corpo. Em que parte do corpo ele começa a surgir (normalmente, é no estômago, com uma sensação de soco)? Como ele pode ser identificado? O que pensa quando essa raiva começa a aparecer? Que tipo de situações trazem essa raiva e o que elas têm em comum? É importante expressar essa raiva com frequência e equilíbrio, em seu estágio inicial. Não expressá-la o conduzirá a uma agressividade passiva, teimosia e até a uma eventual (e rara) explosão colossal e física.
- Perceber a tendência em ser teimoso e resistente ao lidar com pessoas que dão ordens diretas, que não surgiram por con-

senso. Expressar essa insatisfação e deixar claro quais ações e decisões não irá aceitar, em vez de aparentemente concordar com elas e, depois, não fazê-las ou procrastiná-las.
- Aprimorar seu marketing pessoal (e de sua equipe) e atuar mais ativamente nele, fazendo com que suas conquistas sejam vistas pela empresa como um todo. Isso atrairá recursos, atenção e possibilitará o reconhecimento por merecimento. Perguntar-se sempre: "O que minha equipe deixa de ganhar quando não promovo essas conquistas?"
- Contratar um coach pessoal para descobrir o que, de fato, quer para si mesmo e para sua carreira no médio e no longo prazos, atuando no seu desenvolvimento de forma ativa e evitando deixar-se levar sem rumo pelo comodismo e pela preguiça.
- Também com ajuda de um coach, dar-se conta dos vários sonhos pessoais e projetos de valor em que não colocou energia ao longo da vida por dar demasiada atenção aos outros, por comodismo e por conforto. Entrar em contato com uma verdadeira tristeza e frustração decorrente dessa constatação. Deixar aparecer como consequência uma raiva genuína e positiva, que poderá ser usada como energia propulsora para que esses projetos entrem em ação.
- Manter o rapport, a gentileza e a empatia quando estiver em contato com pessoas que discordem abertamente de suas opiniões, que sejam implicantes, pessimistas e geradoras de conflitos. Perceber a tendência a perder seu centro e seu discernimento diante desse tipo de atitudes.
- Permanecer forte, ágil e ativo, mantendo a energia alta durante dificuldades.
- Arriscar-se a implementar mais soluções inovadoras, em vez de acomodar-se nas conhecidas.

Caminhos de desenvolvimento

O Eneagrama não é apenas um sistema que descreve tipos ou tendências de personalidade. Ele é também um sistema completo e complexo de desenvolvimento, que aponta caminhos viáveis e produtivos de expansão da nossa personalidade e de libertação de hábitos limitantes, permitindo nosso crescimento integral como profissional e ser humano. Com ele, não só descrevemos a cela, mas também mostramos o mapa de saída da prisão pelo acesso mais indicado — só não podemos caminhar pelos outros.

Como parte do mapa de crescimento, apresentamos a seguir os desafios e as práticas recomendadas, além de uma metáfora e de uma oração perfeitamente adequadas para o caminho que precisamos trilhar no nosso desenvolvimento pessoal.

Desafios gerais de crescimento

O tipo 9 pertence à tríade instintiva (corporal) do Eneagrama, estando ligado ao ponto 3 (seu ponto de segurança ou impulso) e ao ponto 6 (seu ponto de estresse ou desafio). Possui como asas (vizinhos no círculo) os pontos 8 e 1.

O primeiro movimento e um dos maiores desafios do tipo 9 é acessar o ponto 3. Esse acesso significa, em primeira instância, atingir seu centro emocional e sentir as frustrações e a tristeza decorrentes de todas as vezes que se colocou em último lugar da fila, esqueceu-se de si mesmo e, por consequência, de todos os seus projetos e sonhos, que não foram para frente por causa disso. Esse sentimento deve ser vivenciado no peito, sentido no corpo pelo tipo 9, em um movimento de lembrar-se de si mesmo, individualizar-se e voltar sua atenção para si.

Essa tristeza costuma, muitas vezes, dar origem a um sentimento corporal de raiva, um nó no estômago, que surge no tipo 9 por ele não ter feito o que queria fazer. Esse é um momento muito precioso e que deve ser aproveitado, pois é exatamente essa energia de força da raiva que pode ser canalizada e impulsionada para as ações que precisam ser tomadas. Se o tipo 9 tiver habilidade ou mesmo um coach que o oriente, esse momento poderá ser um fantástico ponto de partida para que ele se torne um grande protagonista de sua própria história.

O ponto 3 do Eneagrama também significa para o tipo 9 colocar-se no centro das atenções, investir em sua autoestima, imagem e autoconfiança, adquirir a vontade necessária para empreender projetos próprios. Significa também promover-se, vender-se e lançar-se como protagonista focado em suas conquistas pessoais, tomando as rédeas de sua vida.

É importante salientar que esse movimento de voltar-se para si e colocar os próprios sonhos como prioridade costuma ser difícil para o tipo 9, que em geral tem dificuldade em enxergar qualquer conquista que não envolva outras pessoas ou que não venha de uma demanda externa (família, empresa, sociedade). Às vezes, é difícil para ele até mesmo tomar consciência de sonhos exclusivamente seus, que não envolvem outras pessoas.

Em um segundo momento, deve haver no tipo 9 um movimento para o ponto 6 do Eneagrama, um mergulho em pensamentos de análise e questionamentos por meio do uso positivo da inteligência mental. Isso significa adquirir o hábito de colocar sua opinião nas discussões, contestar os demais quando necessário e sustentar seu ponto de vista individual. Cabe aqui também o uso do planejamento estruturado, a criação de um plano de ação que permita colocar em prática todos os desejos e aspirações que costumavam ser deixados de lado em função da inércia, da indolência, do conformismo e do esquecimento de si mesmo — traços característicos do tipo 9.

Das suas asas, os pontos 8 e 1, há também aprendizados e integração a serem realizados. Da asa 8, o tipo 9 apropria-se de sua enorme energia corporal (normalmente narcotizada) e faz uso positivo dela para colocar-se em movimento, entrar em ação, confrontar quando necessário e assumir sua posição de liderança. Outro ponto fundamental aqui é a assertividade, ou seja, a habilidade de se comunicar com clareza e rapidez, indo direto ao centro da questão e evitando os rodeios, as distrações, os detalhes e as longas histórias características do tipo 9. Na asa 1, também há uma grande quantidade de energia corporal, de ação imediata e de movimento que se junta com foco, concentração, clareza e capacidade de fazer o que precisa ser feito sem procrastinação — trata-se de cumprir o dever e ponto.

Também é fundamental ao tipo 9 tomar consciência de sua narcotização, ou seja, dos momentos em que é tomado por uma sensação corporal de entorpecimento, de falta de energia, que se reflete em uma grande inércia e dificuldade física em dar o primeiro passo em seus projetos pessoais e em mudanças. Essa sensação aparece todas as vezes em que o tipo 9 é chamado a olhar para seus próprios desejos, colocar-se no foco de sua atenção, e se reflete em pensamentos de conformismo, de "deixe a vida me levar" e em distrações com prazeres secundários e confortáveis. O tipo 9 precisa romper com esse script por meio de novas atitudes.

Uma das particularidades do desenvolvimento do tipo 9 é o fato de as maiores barreiras ao seu crescimento serem de ordem corporal, ou seja, muito difíceis de serem resolvidas pelo uso da razão, da lógica ou de planos de ação analíticos — de nada adianta saber o que tem que ser feito se não há energia ou vontade para isso. Por essa razão, esse é um dos tipos para os quais é fundamental o uso de técnicas de crescimento que energizem seu corpo, investiguem seus sentimentos e conectem as suas motivações e valores mais profundos a suas atitudes, fazendo deles propulsores de sua ação.

Práticas e exercícios de desenvolvimento

As práticas a seguir são sugestões diretas para as pessoas do tipo 9. Se você é desse estilo do Eneagrama, vai se beneficiar enormemente com a adoção de uma ou mais delas como rotinas de desenvolvimento, de modo que passem a fazer parte de sua agenda no dia a dia. Crescimento não é uma tarefa difícil, mas exige, sim, compromisso e priorização:

- Identifique suas prioridades atuais (pessoais e profissionais) e crie um plano de ação direcionado para a realização desses projetos prioritários. Essas prioridades e os próximos passos do plano devem estar visíveis, de forma clara e destacada, nos ambientes pelos quais circula.
- Crie quadros de visualização para cada um dos projetos prioritários, representando-os com imagens, fotos, desenhos e símbolos que sejam vivos, grandes e lembrem, a cada instante, desse objetivo a ser atingido. Esses quadros devem estar espalhados em casa e no trabalho, dependendo da natureza dos projetos em questão.
- Manter uma agenda previamente definida com as prioridades do dia e orientar suas ações para, em primeiro lugar, cumprir essa agenda. Avaliar ao final do dia quanto conseguiu cumprir e quanto do seu tempo foi absorvido e interrompido por demandas dos outros que não estavam planejadas.
- Reserve alguns períodos da semana para trabalhar em uma sala isoladamente, com o celular desligado, focando-se em um projeto específico que depende de sua iniciativa. Esses momentos devem ser agendados como reuniões e, como tais, seguidos à risca, fazendo parte de sua grade semanal. A sugestão é de, pelo menos, dois meio períodos por semana para dedicar-se a prioridades e atividades importantes, mas não urgentes.
- Contrate um coaching para sua vida ou sua carreira a fim de lhe dar suporte para resgatar, assumir e realizar seus projetos próprios. Escolha um coach capaz de trabalhar também com dinâmicas de energia corporais e emocionais, e não apenas com raciocínio lógico.
- Desenhe em uma cartolina um círculo dividido em quatro partes iguais, como quatro pedaços de pizza. Coloque em cada parte as seguintes áreas: profissão, saúde, lazer e relacionamentos. Em seguida, atribua uma nota de 0 a 10 para o seu grau de satisfação com cada área, pintando a porção proporcional à nota

em cada parte. Para cada área, defina, pelo menos, um projeto (que seja de sua escolha, e não dos outros) e uma prioridade a ser trabalhados.
- Pratique verbalizar suas opiniões, mesmo que elas gerem algum conflito. Comece com coisas pequenas, como por exemplo escolher um restaurante que você goste e insistir para que os outros o acompanhem. Esteja seguro de que essa opção é sua e não foi feita para agradar às outras pessoas. Se ninguém quiser ir, almoce sozinho nesse dia e concentre-se em aproveitar a escolha.
- Invista em marketing pessoal. Pratique falar ou escrever sobre você como um bom vendedor faria. Pergunte-se: "Em que projetos meu nome precisa aparecer mais?" Tome atitudes para essa promoção e consciência de sua tendência em diminuir sua importância diante dos outros.
- Fale sobre suas qualidades para outra pessoa uma vez por semana, no almoço. Relacione pelo menos cinco qualidades e conquistas que você está tendo nesse momento da vida. Faça isso com pessoas diferentes.
- Tome consciência dos assuntos em que tem pensado ou refletido em demasia ultimamente. De que maneira pensar demais pode estar impedindo-o de agir? O que você precisa fazer e está procrastinando? Quando dará o primeiro passo de uma vez por todas?
- Pratique diariamente perceber como sua imensa raiva narcotizada se manifesta no dia a dia. Ela começa com um incômodo no estômago. Nesse momento, verbalize, faça alguma coisa para colocá-la gentilmente para fora e não se deixe distrair ou cair no "deixe pra lá, isso não tem importância", pois isso aparecerá mais tarde de outras maneiras prejudiciais.
- Faça exercícios físicos regularmente e, pelo menos, uma atividade de alto impacto, como lutas e determinados esportes coletivos, que exigem explosão, raiva, conflitos e grande força física.
- Olhe para sua rotina diária e perceba quais os principais artifícios que usa para se distrair de suas prioridades pessoais e de seus incômodos — televisão no final do dia? Seriados? Futebol? Cerveja? Brincadeira com as crianças? Tarefas domésticas? Sobrecarga no trabalho? Videogame? Passeios? Livros supérfluos? Problemas de outras pessoas? Estabeleça como meta deslocar pelo menos um terço do tempo gasto com isso

para uma atividade prioritária para seu crescimento pessoal.
- Pratique meditação ou, pelo menos, respire com atenção no corpo dez minutos por dia. Imagine que sua energia está espalhada e pratique recolhê-la em sua imaginação, como se estivesse sugando lentamente tudo o que está disperso em seu corpo, em especial em sua barriga. Preste atenção no que sente levemente na superfície do seu corpo quando isso acontece e também no que acontece com a sua disposição.
- Pratique respirar na barriga e usá-la como centro de energia.
- Perceba se há algum aspecto da sua saúde física que está sendo negligenciado. Faça check-up e monitore o peso.
- Valorize-se profissional e pessoalmente. De que maneira você tem se desvalorizado? O que fará de diferente? Assuma publicamente esses compromissos.

Metáfora

Aprendendo a dizer não

Quando Angela tinha apenas dois ou três anos, seus pais a ensinaram a nunca dizer NÃO. Ela devia concordar com tudo o que eles falassem, pois, do contrário, era uma palmada e cama.

Assim, Angela tornou-se uma criança dócil, obediente, que nunca se zangava. Repartia suas coisas com os outros, era responsável, não brigava, obedecia a todas as regras, e para ela os pais estavam sempre certos.

A maioria dos professores valorizava muito essas qualidades, porém os mais sensíveis se perguntavam como Angela se sentia por dentro.

Angela cresceu cercada de amigos que gostavam dela por causa de sua meiguice e de sua extrema prestatividade: mesmo que tivesse algum problema, ela nunca se recusava a ajudar os outros.

Aos trinta e três anos, Angela estava casada com um advogado e vivia com sua família numa casa confortável. Tinha dois lindos filhos e, quando alguém lhe perguntava como se sentia, ela sempre respondia: "Está tudo bem".

Mas, numa noite de inverno, perto do Natal, Angela não conseguiu pegar no sono, a cabeça tomada por terríveis pensamentos. De repente, sem saber o motivo, ela se surpreendeu desejando com tal intensidade que sua vida acabasse que chegou a pedir a Deus que a levasse.

Então ela ouviu, vinda do fundo do seu coração, uma voz serena que, baixinho, disse apenas uma palavra: NÃO.

Naquele momento, Angela soube exatamente o que devia fazer. E eis o que ela passou a dizer àqueles a quem mais amava:

Não, não quero.
Não, não concordo.
Não, faça você.
Não, isso não serve pra mim.
Não, eu quero outra coisa.
Não, isso doeu muito.
Não, estou cansada.
Não, estou ocupada.
Não, prefiro outra coisa.

Sua família sofreu um impacto, seus amigos reagiram com surpresa. Angela era outra pessoa, notava-se isso nos seus olhos, na sua postura, na forma serena mas afirmativa com que passou a expressar o seu desejo.

Levou tempo para que Angela incorporasse o direito de dizer NÃO à sua vida. Mas a mudança que se operou nela contagiou sua família e seus amigos. O marido, a princípio chocado, foi descobrindo na sua mulher uma pessoa interessante, original, e não uma mera extensão dele mesmo. Os filhos passaram a aprender com a mãe o direito do próprio desejo. E os amigos que de fato amavam Angela, embora muitas vezes desconcertados, se alegraram com a transformação.

À medida que Angela foi se tornando mais capaz de dizer NÃO, as mudanças se ampliaram. Agora ela tem muito mais consciência de si mesma, dos seus sentimentos, talentos, necessidades e objetivos. Trabalha, administra seu próprio dinheiro e nas eleições escolhe seus candidatos.

Muitas vezes ela fala com seus filhos: «Cada pessoa é diferente das outras e é bom a gente descobrir como cada um é. O importante é dizer o que você quer e ouvir o desejo do outro, dizer a sua opinião e ouvir o que o outro acha. Só assim podemos aprender e crescer. Só assim podemos ser felizes».

> Jack Canfiel e Mark Victor Hansen, *Histórias para aquecer o coração 2*. Rio de Janeiro: Sextante, 2001, p. XXX.

Oração

Senhor Deus,
Agradeço-te porque me deste o dom da amabilidade
E uma profunda tranquilidade de coração
Capaz de transbordar inocência e bondade.
Ajuda-me a perceber meus sentimentos mais profundos,
sem perder minha paz interior.
Ensina-me a valorizar aquilo que sou,
Sem me esconder, rebaixar, acomodar ou omitir,
Para que os talentos que me deste possam render.
Ensina-me a arte de decidir e optar
E ajuda-me a enfrentar os conflitos, os desacordos e os problemas da vida
Com uma confiança segura no Teu amor,
Para que minha energia não se perca
Na indecisão e na confusão dos problemas acumulados.
Ensina-me a agir mais e a não ter medo de ser,
A ousar e a empreender, a arriscar e a lutar.
Amém.

Domingos Cunha (CSH), *Crescendo com o Eneagrama na espiritualidade*. São Paulo: Paulus Editora, 2005, p. 399.

Além dos Nove Tipos Principais

As personalidades do Eneagrama são influenciadas por outros elementos além do tipo principal. O entendimento dessas influências é fundamental para a compreensão das diferenças que aparecem entre indivíduos do mesmo tipo, bem como para a determinação de pontos específicos de desenvolvimento para cada pessoa.

O primeiro desses elementos são as *asas*. Ao observarmos os nove tipos distribuídos na circunferência, podemos perceber que cada um deles tem um vizinho à esquerda e um à direita, aqui chamados de asas laterais. O ponto 9, por exemplo, tem de um lado o ponto 8 e do outro o ponto 1. Ele está colocado no meio deles. Portanto, os pontos 1 e 8 são as asas do ponto 9.

Se você for do tipo 9 do Eneagrama e possuir uma influência maior do ponto 8, tenderá a ser um pouco mais agressivo e briguento, assim como a entrar em ação de forma mais rápida que a maioria das outras pessoas do seu tipo. Diremos, então, que você é uma pessoa do tipo 9 asa 8 ou 9w8 (do inglês, 9 *wing* 8). Se, por outro lado, você for do tipo 9 do Eneagrama, mas possuir uma influência maior do tipo 1, tenderá a ser mais reservado, detalhista e autocrítico que as outras pessoas do tipo 9. Assim, diremos que você é um tipo 9 asa 1 (9w1).

A maioria das pessoas tende a ter uma influência dominante de uma das asas e a demonstrar algumas características desse tipo vizinho em adição às do tipo principal. Para a pessoa do tipo 9 asa 8 do exemplo, dizemos que o ponto 8 é a sua asa dominante. Por outro lado, o ponto 1, seu outro vizinho, é a sua asa reprimida, exercendo menor influência sobre suas características de personalidade. Considerando essas variações, já estamos falando de 18 tipos no Eneagrama — 9 tipos x 2 asas.

Outro elemento extremamente importante é o *subtipo* do Eneagrama, formado a partir de uma combinação do instinto dominante com a paixão de cada tipo de personalidade. Para o Eneagrama, todos nós, independentemente do nosso tipo, temos uma divisão em nosso centro instintivo de inteligência. Essa divisão é composta de três instintos, a saber: instinto de autopreservação (ou conservação), instinto social e instinto sexual (ou um a um). As definições apresentadas a seguir são derivadas, em grande parte, do trabalho de pesquisa desenvolvido pelo professor Urânio Paes, da escola Trilha Eneagrama.

O *instinto de autopreservação* é responsável por nossa sobrevivência física e pela proteção da sobrevivência física das outras pessoas. Ele trabalha pela conservação da vida. Pessoas que possuem esse instinto atuando de forma dominante ou forte tendem a achar que sua vida ou sua saúde parece estar sob ameaça, mesmo quando não está. Elas costumam se preocupar mais com o atraso das refeições, com a hora de ir ao banheiro e com a blusa presente para evitar o frio. São mais intolerantes a esses desconfortos físicos. Outras tendências são: autossuficiência, busca de segurança, ansiedade e preocupações com dinheiro e saúde. E tudo isso independe de qual dos nove tipos do Eneagrama essas pessoa são.

O *instinto social* é responsável pela necessidade de fazer parte de um grupo, de ser integrante de um todo maior. Ele trabalha a favor do nosso agrupamento como seres humanos e é, entre outras coisas, o instinto que permitiu ao homem sair das cavernas e montar as primeiras vilas, dividir tarefas, criar hábitos coletivos. É também o instinto que possibilita aos patos voarem em formação perfeita em suas migrações e que permite às sardinhas, organizadas perfeitamente às milhares em um cardume, perceberem uma ameaça chegando a qualquer um dos pontos de sua formação coletiva. Pessoas que possuem esse instinto atuando de forma dominante ou forte tendem a ter uma necessidade maior de participar de grupos e associações coletivas. Elas valorizam mais seu *status* e imagem na sociedade, sua posição hierárquica, seu reconhecimento e sua importância no grupo. Apreciam um maior poder político e tendem a ser mais negociadoras, dando valor à união do grupo. E tudo isso também independe do tipo do Eneagrama ao qual essas pessoas pertencem.

O *instinto sexual* (ou um a um) é responsável pelo estabelecimento de uma conexão forte entre duas pessoas. É o instinto que estabelece a atração entre um homem e uma mulher e também a atração particular entre um pai e um filho, entre dois amigos, dois colegas de trabalho. Ele permite que as pessoas estejam diretamente conectadas e que se "atraiam" quando estão próximas, estabelecendo uma ligação direta de troca de energia e atenção. Pessoas que possuem esse instinto atuando de forma dominante ou forte tendem a se considerar mais interessantes e atraentes para os outros. Também costumam demonstrar maior intensidade, competitividade, ciúme, irracionalidade, possessividade e impulsividade que as demais pessoas, independentemente de qual tipo do Eneagrama elas sejam. São pessoas que se sentem inteiras e realizadas quando conversam ou estabelecem uma conexão com alguém que consideram interessantes.

A atuação desses instintos traz uma série de outras variações ao nosso tipo principal do Eneagrama, sendo ainda mais fortes e influentes do que as das asas. Muitas vezes, esses instintos são mais fortes que o próprio tipo. Assim, pessoas que demonstram um desses instintos como o seu dominante tendem a apresentar as características descritas independentemente do seu tipo. De forma simplificada, podemos dizer que pessoas com um instinto de autopreservação muito forte tendem a demonstrar alguns comportamentos parecidos com aqueles atribuídos ao tipo 6. Pessoas com um instinto social muito presente apresentam algumas características mais parecidas com traços do tipo 3 ou do tipo 9. E pessoas com um instinto sexual dominante tendem a demonstrar algumas características que se assemelham às do tipo 4 ou tipo 8. Da mesma forma que um desses instintos pode ser dominante, ele pode ser fraco ou reprimido, o que traz características inversas às que mencionamos.

A influência dos instintos dominantes e reprimidos é muito poderosa e pode levar a erros de determinação do tipo do Eneagrama. Para um diagnóstico correto, é necessário um estudo mais aprofundado e avançado, que pode trazer muitas outras dimensões de autoconhecimento para o investigador. Embora não seja um objetivo deste livro introdutório, esse estudo é altamente recomendado para aqueles que pretendem seguir em sua trilha de autoconhecimento e desenvolvimento. Esse conhecimento ainda é muito pouco divulgado em material escrito, assim como todos os demais itens desta seção. No Brasil, para acessar esse conhecimento e desenvolver-se nos temas aqui apresentados, recomendam-se os *workshops* avançados e o material produzido pela Trilha Eneagrama (www.trilhaeneagrama.com.br).

Seja como for, cada um dos nove tipos do Eneagrama possui três subtipos possíveis, dependendo do instinto dominante da pessoa. Assim, se uma pessoa do tipo 9 tem o instinto social como o seu mais forte e atuante, dizemos que ela é um tipo 9 subtipo social (9soc). Além deste, existe ainda o 9 subtipo sexual (9sex) e o 9 subtipo de autopreservação (9ap), todos com características, preocupações e desafios diferentes, apesar do fato de compartilharem o tipo 9.

Se considerarmos essas variações, teremos 27 tipos do Eneagrama — 3 variações x 9 tipos. Se considerarmos tanto o instinto dominante como o reprimido, teremos 6 combinações possíveis: soc,sex,ap; soc,ap,sex; sex,ap, soc; sex, soc, ap; ap, sex, soc; ap, soc, sex. Sendo assim, teremos 54 tipos do Eneagrama — 6 combinações x 9 tipos. Considerando também as asas, teremos 108 tipos do Eneagrama — 54 tipos x 2 asas.

Mais um elemento importante são as chamadas *linhas* ou *flechas*. Ao observar o diagrama, você pode perceber que cada tipo é ligado por duas flechas a outros dois tipos do Eneagrama, diferentes das asas. Por exemplo, o tipo 7 está ligado por flechas aos tipos 5 e 1. Essas flechas representam leis fundamentais de desenvolvimento e desafio para cada um dos nove tipos, além de tendências de movimento em condições de segurança e estresse.

Por exemplo, uma pessoa do tipo 7 pode ter uma tendência grande de se movimentar para a sua flecha do ponto 5 e, dessa forma, assumir com certa frequência várias características desse tipo do Eneagrama. No caso, essa seria a sua flecha mais livre, de maior acesso, e essa pessoa seria um tipo 7 com flecha no 5 (7A5 — do inglês, 7 *Arrow* 5). Trata-se de alguém do tipo 7 que é mais introspectivo, introvertido, curioso, filosófico e buscador de conhecimento. Por outro lado, uma pessoa do tipo 7 com flecha no 1 (7A1) é mais autocrítica, realizadora, detalhista e "pé no chão" que a maioria das outras do tipo 7. Isso vale para todos os nove tipos do Eneagrama e é também objeto de estudo mais avançado.

O trabalho de Eneacoaching leva muito em conta esses aspectos para o desenvolvimento da liderança. Se considerarmos duas possibilidade de flechas dominantes para todos os elementos apresentados anteriormente (asas, instintos e subtipos), teremos 216 tipos do Eneagrama — 2 flechas x 108 tipos. Para o diagnóstico específico no desenvolvimento avançado de um líder ou de um cliente de *coaching* utilizando o Eneagrama, é útil adotar, por exemplo, a nomenclatura: 9w8sex,soc A6, que significa tipo 9 asa 8, sexual dominante, social reprimido e flecha 6. Nesse caso, é alcançado um grau de especificidade que envolve 216 tipos de personalidade e, consequentemente, de estilos e desafios de liderança.

O último elemento importante que deve ser considerado ao se trabalhar o desenvolvimento à luz do Eneagrama são os níveis de *consciência, maturidade* ou *autodomínio*. Os diferentes níveis de consciência de pessoas que pertencem a um mesmo tipo do Eneagrama as fazem ter comportamentos e crenças bem distintos, mesmo mantendo as similaridades em termos de fixação, paixão, mecanismo de defesa e crenças centrais do tipo. Os desafios de crescimento também são diferentes. As descrições dos nove tipos apresentadas neste livro baseiam-se, em sua maioria, na média de desenvolvimento pessoal, o que engloba a maioria dos líderes em exercício nas organizações.

Isso significa, por exemplo, que uma pessoa do tipo 8 do Eneagrama com um grau de consciência abaixo da média terá explosões de raiva e uma enorme tendência de sobrepor e atropelar os outros, bem como uma grande dificuldade em aceitar verdades diferentes da sua e em acessar seus sentimentos mais amenos. Já uma pessoa do tipo 8 do Eneagrama com um alto grau de desenvolvimento se mostrará carinhosa, gentil e tolerante; sua força será expressa no mundo de maneiras diferentes. A escala mais utilizada de conhecimento sobre os níveis de maturidade de cada tipo foi desenvolvida por Don Riso e Russ Hudson e é apresentada em seu livro *A sabedoria do Eneagrama*. O entendimento dessa escala é extremamente útil para o diagnóstico apurado do tipo do Eneagrama, assim como de seus desafios e caminhos de crescimento.

Como fica claro, o sistema de desenvolvimento pessoal, profissional, psicológico e espiritual chamado Eneagrama é muito mais complexo do que pode parecer à primeira vista. É possível se beneficiar dele o conhecendo apenas um pouco, bem como o utilizando durante toda a vida. Não importa em que momento pessoal você se encontra, o Eneagrama está pronto para lhe dar consciência e mostrar o caminho.

Espero que tomemos o gosto por esse caminho sem volta e aceitemos seu chamado. Dessa maneira, estaremos mais próximos da construção interna e externa de um mundo mais adequado ao tamanho da nossa verdadeira grandeza.

Instintos do Eneagrama

INSTINTOS E OS CENTROS DE INTELIGÊNCIA

Como mapa de funcionamento da personalidade e iluminação de caminhos para o autoconhecimento, o Eneagrama tem muitas facetas e muitos níveis de complexidade que vão além do conteúdo deste livro. Um dos conteúdos ainda pouco explorados em material escrito, considerando sua enorme importância, são os Instintos.

Vimos que, segundo o Eneagrama, os seres humanos possuem três centros de inteligência distintos, operando em paralelo e em formato dinâmico, afetando uns aos outros constantemente. São: o centro mental (cabeça), emocional (coração), corporal, físico ou instintivo (corpo e barriga).

O centro mental, que em estado puro é responsável por nossos *insights* e nossa intuição, aparece distorcido na maioria das pessoas, causando excesso de pensamentos desordenados e a constante criação de cenários de futuro baseados em medo e necessidade de previsibilidade e "segurança".

Essa distorção mental aparece em cada um dos nove tipos, predominantemente na forma de um vício mental específico, chamado pelo Eneagrama de "Fixação Mental", e que foi descrita logo no início do capítulo de cada um dos tipos. As nove fixações dos tipos são: 1 – Ressentimento ou Julgamento ; 2 – Adulação; 3 – Autoengano ou Vaidade; 4 – Melancolia ou Fantasiar ; 5 – Economia ; 6 – Precaução ou Dúvida ; 7 – Imaginação Positiva ou Planejamento ; 8 – Vingança ou Objetificação ; 9 – Indolência ou Ruminação.

O centro emocional, que em estado puro é responsável pelo amor, compaixão, por nossas emoções mais cristalinas e nosso senso profundo de valor e de identidade, aparece distorcido na maioria das pessoas, causando carência e sensação de abandono e dependência emocional, fazendo-nos acreditar que que é necessário nos tornarmos uma imagem ideal e que, para termos valor, é preciso receber o reconhecimento e a atenção dos outros.

A distorção emocional aparece em cada um dos nove tipos, predominantemente na forma de um vício emocional específico, chamado pelo Eneagrama de "Paixão", e que também foi descrita no início de cada um dos capítulos dos tipos. As nove Paixões dos tipos são: 1 – Ira ; 2 – Orgulho; 3 – Vaidade ou Autoengano; 4 – Comparação, Hipersensibilidade ou Inveja; 5 – Avareza ; 6 – Medo ou Ansiedade; 7 – Gula; 8 – Luxúria; 9 – Preguiça, Inércia ou Desengajamento.

O centro corporal, que em estado puro é responsável por nossa força física, vitalidade e capacidade de impor limites, construir e agir congruentemente, também aparece distorcido na maioria das pessoas, causando uma necessidade corporal de controlar, de se sobrepor aos outros pela força, e uma raiva que, na maioria das vezes, apresenta-se de forma impulsiva, reativa e inconsciente.

O centro corporal apresenta uma particularidade em relação aos outros dois (mental e emocional), pois nele aloja-se nossa inteligência instintiva, ligada ao nosso lado mais animal, ao cérebro reptiliano, e responsável por nossos instintos viscerais de sobrevivência física, social e como espécie.

No Eneagrama, estes três instintos que existem em todos os seres humanos são denominados: AP: Autopresevação, SX: Sexual (atração) e SO: Social.

Os Três Instintos (AP, SX, SO)

A atuação dos nossos instintos em nossa vida e em nossos comportamentos é frequentemente mais forte, dominante e inconsciente que a própria atuação dos nossos nove tipos do Eneagrama. Isso quer dizer que a maioria das pessoas tem suas ações e reações na vida dominadas pelos instintos e que, para se desenvolverem em um caminho de autoconhecimento e consciência, deverão também entender e curar as distorções de seus instintos animais.

Cada um de nós, independentemente do nosso tipo do Eneagrama, possui um desses instintos como o dominante e outro desses instintos como sendo o nosso reprimido. O terceiro, que sobra, é chamado de intermediário.

O instinto dominante é aquele que usa mais da nossa energia, operando mais vezes e de forma mais forte que os outros – na maioria delas, distorcidamente, ou seja, em exagero. Isso quer dizer que, em vez de reagir ao ambiente de forma adequada quando a situação exige (sobrevivência física, aliança social, sexualidade), ele opera de forma descontrolada, comandando nossos comportamentos e atenção, mesmo quando a situação externa não exige esse instinto. Ele se torna nossa cocaína. Temos um vício em usá-lo e dependemos dele em operação para nos sentirmos vivos e energizados. Dessa forma, torna-se nossa benção e nossa ruína, pois ao mesmo tempo em que é a área da vida onde temos mais energia e qualidades intrínsecas, também é a área onde temos mais dependência, ilusões e frequentemente mais confusão e distorções ao longo da vida. É a área da vida onde frequentemente acreditamos que está nossa salvação, e, ao invés disso, encontramos nossos vícios. Claro, estamos falando aqui desse instinto operando de forma distorcida para mais, que é o que acontece com a maioria das pessoas. Se ele estivesse operando de forma pura e equilibrada, a história seria outra.

Nosso instinto reprimido, por outro lado, é aquele que recebe muito pouco da nossa energia, ou pelo menos muito menos do que deveria para atuar de forma a cumprir sua função na natureza quando o ambiente requer que ele atue. Na maioria de nós, por ser reprimido, ele não opera de forma satisfatória quando necessário, tornando-se uma área da vida à qual, frequentemente, não damos a devida importância. Dessa forma, desacreditamos e não confiamos em nosso potencial nela, o que traz problemas e distorções em nossos comportamentos. Diferente do instinto dominante, em que o problema era o excesso de uso, no reprimido nossos problemas são causados por não energizarmos os comportamentos e habilidades desta área da vida. Muitas vezes, o ponto de distorção, aqui, é ainda mais cego que no dominante, pois dizemos a nós mesmo que esta área da vida não é tão importante, e por isso não vemos o problema ou não ligamos para ele, o que o torna ainda mais perigoso. O problema torna-se ainda maior quando não é reconhecido como tal.

Nosso instinto intermediário tem uma característica interessante e diferente dos outros dois anteriores. Na maioria de nós ele é mais saudável que os demais, isso quer dizer que ele é menos distorcido. O instinto não distorcido opera quando necessário, quando o ambiente pede, e na medida e intensidade em que ele pede. Se um animal maior se aproxima, fugimos pela mata até que o perigo tenha passado, e aí o instinto se acalma. Se fosse dominante, acharíamos que haveria animais perigosos por todos os lados e o tempo todo, e não pararíamos nunca de correr e sentir medo. Sentimos o risco até mesmo quando ele, efetivamente, não existe. Se fosse o reprimido, o animal chegaria perto de nós com seu olhar faminto, e talvez nem percebêssemos o perigo, até que fosse tarde demais. Por ser assim é também o instinto que menos nos causa problemas de comportamento, e aquele do qual, frequentemente, "tiramos férias". Quando estamos cansados da montanha-russa maluca de tentar satisfazer o instinto dominante insaciável ou de colher problemas por ignorar os comportamentos no instinto reprimido, podemos descansar em nosso instinto intermediário, o que, de fato, nos equilibra e nos energiza. Quando nosso instinto intermediário é a autopreservação, passa por ficar um pouco mais em casa, cuidar um pouco mais de nós mesmos, nos alimentarmos melhor, nos aninharmos, organizarmos a vida etc. Quando é o sexual, passa por tentar um contato mais intenso e mais íntimo com alguém, um amigo, um parente, um passeio acompanhado de uma conversa profunda, ou mesmo pela dedicação a momentos de sexualidade saudável e revigorante. Quando é o social, passa por encontrar os amigos, participar de mais rodas de troca de ideias, de comunicação, ou voltar a participar de causas coletivas em prol de um grupo. Até mesmo aquela festa de confraternização ou aquele almoço de domingo com a família toda. Esse exercício de investir no uso de nossa energia em nosso instinto intermediário quando os outros estão descontrolados é uma prática que pode ser consciente, trazendo equilíbrio e balanço para nossos instintos.

Instinto de Autopreservação (AP)

Esse é o instinto responsável por nossa sobrevivência física. Ele existe para entrar em ação todas as vezes que nossa vida se encontra ameaçada ou em risco. É o mais antigo dos instintos nos seres vivos, existente desde os primeiros seres vivos unicelulares. Se pusermos uma ameba em um recipiente e colocarmos fogo em um dos lados, veremos que ela se desloca para o outro. E assim é em toda a natureza. Todos os pequenos animais nascem com esse instinto de proteção da vida e com suas estratégias específicas para operá-lo, esconder-se, retirar-se, mesclar-se, atacar, espetar, queimar, mudar sua cor, sua temperatura e muito, muito mais. A reação do instinto não precisa de pensamento ou emoção, ela é parte pré-programada nos seres vivos e domina fortemente os comportamentos, quase sempre acompanhada de uma boa dose de medo e adrenalina, necessários para aumentar o nosso estado de alerta e energização para reagirmos diante do perigo.

Entra em ação para nos proteger quando nossa sobrevivência física começa a ficar ameaçada - crise financeira, fome ou sono, clima muito frio ou muito quente ou no meio de um assalto, por exemplo.

As pessoas que têm o instinto de autopreservação como dominante, frequentemente apresentam as características abaixo, independentemente do tipo no Eneagrama.

- Energia internalizada e recolhida para se "autopreservar", com tendência a ser mais ansioso, preocupado com riscos, introvertido, calado e "egoísta" (pensar em si) que as demais pessoas do mesmo tipo de Eneagrama que ele;
- Proteção Financeira: criando maneiras de gerenciar o dinheiro, gerar economias e reservas, conseguir calma para sua insegurança e ansiedade por meio da "segurança material" (bens materiais, dinheiro etc.);
- Conforto físico e bem-estar: cuidados com alimentação, vestuário, moradia, saúde, dieta, exercícios físicos, exames médicos preventivos: buscam economizar sua energia;
- Domesticidade: gostam de ficar em casa, que é como um "casulo", um "ninho" e se aninhar;
- Segurança e Autoproteção em geral: pensam como se fosse um tipo 6 do Eneagrama, prevendo perigos como falta de comida, assaltos, frio excessivo, mudança de casa, carreira, viagens etc.;
- Como líderes e gestores, frequentemente são bem mais pé no chão que os outros do mesmo tipo, exigindo mais garantias e tendo muito mais medo de arriscar-se do que os demais;
- Como tema de *coaching*, é frequente para as pessoas de autopreservação dominante, o tema de arriscar-se mais, lançar-se mais, atirar mais no escuro e diminuir sua necessidade de proteção física, financeira e sua ansiedade generalizada.

Quando, por outro lado, o instinto de autopreservação é o reprimido, as pessoas tendem a apresentar as seguintes características:

- Desorganização geral com a vida financeira, e com outros aspectos da vida prática (casa, carro, escritório, coisas etc.);
- Falta de rotina: dificuldade em seguir rotinas em seu uso do tempo, horários para acordar, dormir etc.;
- Falta de pontualidade, facilidade em perder coisas;
- Dificuldade em seguir regras, limites;
- Dificuldade em manter uma vida estável no aspecto material, com muitos altos e baixos (ou somente baixos etc.);

- Alimentação desregrada e falta de cuidados com a saúde física (alimentos não saudáveis, cigarro, bebidas, lanches, refrigerante, doces etc.);
- Direção em alta velocidade ou atração por atividades que tragam adrenalina e risco à vida;
- Com certeza usam menos capacetes de proteção.

INSTINTO SEXUAL (SX)

Esse é o instinto responsável por nossa vitalidade, atração, sexualidade, enfrentamento e direcionamento para conquistas. Sua origem animal tem a ver com a fusão entre o masculino e o feminino para preservar a espécie, geras as novas vidas, unir os polos opostos. É a energia de gravitação, de atração, que nos faz atrair outras pessoas e também enfrentá-las e confrontá-las (bater de frente), como fazem os alces disputando uma fêmea. Não tem a ver apenas com o sexo em si, apesar de ter bastante a ver com ele no que diz respeito a uma "sexualização" dos comportamentos nas mais variadas formas. Está diretamente ligado ao acesso à energia *Kundalini*, a própria energia que nos traz vitalidade e que gera a própria vida, o nascimento, a procriação. É a energia que traz mais sexualidade, agressividade, confronto, criatividade, prazer e atração de pessoas, desejos e metas, com todas as bençãos e distorções que tudo isso pode trazer.

Entra em ação quando existe uma situação de atração ou mesmo o confronto direto com outra pessoa, na disputa pelo domínio ou atenção de alguém, que vai desde um amante até um melhor amigo, um gestor na empresa ou o a disputa com um rival ou um concorrente nos negócios.

As pessoas que têm o instinto <u>sexual como dominante</u>, com frequência apresentam as características abaixo, independentemente do tipo no Eneagrama.

- Energia direcionada para fora, focada e concentrada como um raio laser. Energia direcionada para a fusão com alguém (sexual ou apenas energética) ou para o embate com alguém;
- Comportamentos ditos mais passionais, "latinos", energizantes, lembrando os tipos 4 e 8 do Eneagrama, embora com causas muito diferentes destes para o comportamento;
- Atraentes e Carismáticos: atenção por forma física que seja atraente;
- Relacionamentos passionais: frequentes ondas nos relacionamentos amorosos, desejando intensidade de contato e frequen-

temente se satisfazendo para, em seguida, se frustrar, sentindo "carência" e "sofrendo por amor" (que não é amor, é falta corporal, vazio do instinto). Têm facilidade de fusão com o outro e de perder-se no outro, como se ele fosse a salvação para tudo;
- Busca por experiências prazerosas e intensas: sexuais, cinestésicas (comidas, bebidas, aromas exóticos e prazerosos), músicas de batida forte, sensação de "tesão" nas mais variadas maneiras;
- Embates diretos com "concorrentes" de todas as naturezas;
- Pessoas "preferidas", amigos preferidos, preferência por contato e fusão com pessoas intensas como eles;
- Como tende à liderança e coaching, é comum o trabalho com o excesso de conflitos e disputas irracionais, preferindo conviver com algumas pessoas e não outras;

Quando, por outro lado, o instinto sexual é o reprimido, as pessoas tendem a apresentar as seguintes características:

- Menor nível de energia para conquistas na vida, como um todo;
- Menos nível de energia para conquistar pessoas;
- Menos intensidade nos relacionamentos e na vida;
- Menor vibração e espírito aventureiro
- Tendência mais pacífica, brigando e disputando menos;
- Menor acesso e uso da criatividade para vida e projetos;
- Menos entusiasmo e vibração com relacionamentos e com a vida em geral;
- Menor capacidade de "materializar" os desejos por meio da intensidade da energia sexual;
- Menor necessidade de sentir prazer físico no corpo (em suas muitas formas);

Instinto Social (SO)

Esse é o instinto responsável por nosso senso de pertencimento a grupos, a um sistema, uma coletividade, uma sociedade. Poderíamos dizer que é o instinto que nos dá a união com o "ser" coletivo. Na evolução dos animais, esse foi, provavelmente, o último dos instintos a ser desenvolvido pela natureza. Podemos ver, com clareza, a forte presença desse instinto nas formigas e nas abelhas, pois tudo funciona de forma coletiva, com cada um desempenhando o seu papel. A abelha "soldado" facilmente se sacrifica pelo todo, pela sociedade, mesmo quando uma ferroada pela defesa da colmeia acaba com a sua vida individual. Aqui é o senso coletivo e não o individual aquele que mais importa. A causa social é a proteção da colmeia, e esta causa está acima da segurança e das vontades individuais. Esse instinto aparece também nas sardinhas, que nadam em formação coletiva às outras milhares, como se todas fossem um só ser. Isso ajuda em sua proteção contra os predadores maiores. Aparece também nos patos, que voam em formação coletiva, dançando no ar como se fosse um só ser, seguindo uma liderança que dá a direção e que se alterna ao longo do caminho. No homem, esse instinto manifestou-se quando os primeiros primitivos perceberam que podiam se ajuntar em bandos, criar tribos, assim protegendo-se melhor e dividindo as tarefas para o bem de todos. Não era mais preciso ficar alerta contra as ameaça o tempo todo, pois enquanto um estava olhando, o outro poderia descansar. Trouxe o senso de sociedade, que evoluiu para o de irmandade, que ainda não consolidou-se na raça humana como um todo. Alguns autores do Eneagrama – eu, entre eles – acredita que esse instinto, por ser o mais jovem, ainda está em desenvolvimento no ser humano. Por esse motivo, nosso senso de sermos um planeta único, e ainda tão individualistas, ainda é bastante dominante. O instinto social é também aquele que nos conecta ao poder nos grupos e à expansão de território, por isso, quando distorcido, dá origem às lutas de poder, às guerras, à política distorcida e a uma necessidade de ser reconhecido pelo grupo como alguém importante dentro dele, alguém de poder, de preferência, um de seus líderes controladores. Outro ponto importante do instinto social é a maior capacidade de comunicação e conectividade com os membros de um sistema, algo fundamental dentro da esfera social e coletiva.

Entra em ação quando necessitamos fazer parte de um grupo, seja para proteção, para assegurar ou conquistar poder, ou mesmo para lutarmos juntos por uma causa coletiva. Pode aparecer na forma de grupos sociais e festas, partidos políticos, grupos empresariais, comunidades virtuais, ONGs, clubes, sociedades secretas etc.

As pessoas que têm o instinto de <u>social como dominante</u>, com frequência apresentam as características abaixo, independentemente do tipo no Eneagrama.

- Energia voltada para fora, para comunicação, alianças e conquista de territórios. Energia de expansão e *networking*. Energia de busca pelo poder, pertencimento e influência dentro dos grupos;
- Interação, comunicação e interconectividade;

- Facilidade em criar e manter relacionamentos com reciprocidade e dedicação, conectando-se às pessoas;
- Participação e contribuição nos grupos, causando impacto e influência em um número maior de pessoas;
- Maior facilidade de sintonizar-se com as outras pessoas e com o grupo, "fazendo sua leitura", com interesse genuíno;
- Busca de reconhecimento e status dentro do grupo (sucesso, fama);
- Necessidade de pertencimento no grupo e de fazer parte de algo maior;
- Tendência a fazer política, mediar e querer que todas as pessoas se entendam dentro de um grupo, atuando para incluir as que estão fora dele e julgando aquelas que tomam decisões com interesse individual contrário ao coletivo;
- Maior propensão à manipulação coletiva e a jogos de poder;

Quando, por outro lado, o instinto social é o reprimido, as pessoas tendem a apresentar as seguintes características:

- Menor senso de coletividade, de pertencimento e busca por uma causa coletiva, tendendo mais atenção aos interesses individuais;
- Falta de compromisso social com as causas coletivas, com as regras e campanhas da sociedade, da vizinhança etc.
- Menor propensão a atos e participações em ações que envolvam generosidade social, doação pessoal e sacrifícios dos próprios interesses;
- Tendência a ser mais "tímido" nos grupos quando comparado com as outras pessoas do mesmo tipo de Eneagrama;
- Dificuldade em entender e seguir regras de estruturas coletivas, como empresas, exercício, religiões, clubes, por sentir seus interesses individuais feridos diante dos coletivos;
- Pouca influência sobre grandes grupos, com menos alianças e negociações;
- Inabilidade de fazer política e ler as relações de poder nos grupos;
- Na liderança, dificuldade em liderar o grupo como um todo, tendendo a liderar um a um (especialmente no sexual dominante);

COMBINAÇÕES DOS INSTINTOS

Considerando as combinações de instintos dominantes e reprimidos dos três instintos existentes, chegamos a seis combinações possíveis, que poderíamos considerar como se fossem seis tipos psicológicos distintos dos nove tipos do Eneagrama, cada um com suas tendências de comportamentos específicas, dons e dificuldades. Neste caso, porém, estamos falando de comportamentos ocasionados por tendências instintivas, profundamente primitivas e associadas ao cérebro reptiliano, e não às tendências dos nove tipos do Eneagrama, que são fundamentalmente geradas por tendências emocionais (paixão do tipo) e mentais (fixação do tipo).

As seis ordens possíveis são:
(Dominante, intermediário, reprimido)

AP, SX, SO (tranquilos, reclusos, "na deles") = comportamentos fortes de instinto autopreservação dominante, combinados com as tendências de instinto social reprimido.

AP, SO, SX (comedidos, comportados) = comportamentos fortes de instinto autopreservação dominante, combinados com as tendências de instinto sexual reprimido.

SX, AP, SO (sem regras, individualistas, "eu e meu amor numa ilha deserta") = comportamentos fortes de instinto sexual dominante, combinados com as tendências de instinto social reprimido.

SX, SO, AP (passionais, "me abandono pelo meu amor") = comportamentos fortes de instinto sexual dominante, combinados com as tendências de instinto autopreservação reprimido.

SO, AP, SX (trabalhadores do grupo, participar dele, "pau pra toda obra") = comportamentos fortes de instinto social dominante, combinados com as tendências de instinto sexual reprimido.

SO, SX, AP (mártires, sacrifico-me pelo grupo) = comportamentos fortes de instinto social dominante, combinados com as tendências de instinto autopreservação reprimido.

Quando combinamos essa "tipologia", que se origina a partir da combinação dos três instintos com cada um dos nove tipos, temos uma complexidade que leva a muitas confusões de entendimento e determinação correta dos tipos do Eneagrama, assim como para poder trabalhar o desenvolvimento e a consciência necessários ao crescimento, já que as causas dos comportamentos, dos dons e das dificuldades podem ter diferentes origens e diferentes combinações.

Lembrando que:

- 9 tipos
- 27 subtipos (9 x 3 Instintos Dominantes): os subtipos são as combinações mais comuns estudadas e formam-se na mistura de cada um dos tipos com as três possibilidades de instinto dominante.
- 54 variações (9 x 6 Combinações de Instintos)
- 108 variações (54 x 2 Asas: tipos laterais no círculo ao tipo principal)
- 216 variações (108 x 2 Flechas: linhas que ligam o seu tipo a outros dois)
- 1.944 variações (216 x 9 níveis de consciência de cada tipo: não abordados neste livro, mas elemento importante e central no ensino e entendimento do Eneagrama)

Erros Comuns no Diagnóstico dos Tipos

As variações de instintos podem causar também várias dificuldades e "pegadinhas" na determinação dos tipos do Eneagrama. Para que se chegue a um diagnóstico apurado, é fundamental ao professor ou consultor de Eneagrama ter conhecimento das características de, pelo menos, as 54 variações instintivas dos tipos.

A seguir algumas confusões comuns considerando os instintos:

TIPO	CONFUSÕES DE DIAGNÓSTICO DE TIPO POR CONTA DO INSTINTO DOMINANTE		
	AUTOPRESERVAÇÃO	SEXUAL	SOCIAL
	(confundem-se com os tipos)		
1	6 e 9	8	6 (contrafóbico)
2	6 e 1	8 e 7	7
3	6 e 5	8 e 2	7 e 9
4	7 e 1	8 e 3	9 e 5
5	1 e 6	7	9 e 3
6	2 e 9	8	1 e 3
7	6 e 1	4, 3 e 8	2 e 9
8	5 e 6	4 e 7	9 e 3
9	5, 1 e 6	2 e 4	3

Outros casos específicos que, devido à combinação de instintos, são frequentemente alvo de erros no diagnóstico de tipos:

- Tipo 1 AP reprimido: desorganizado, não pontual, não rotineiro;
- Tipo 2 AP dominante: "egoísta", pensa em si, cuida de si;
- Tipo 3 AP Dominante / SO reprimido: não quer reconhecimento nem imagem, apenas "dinheiro no bolso";
- Tipo 4 AP Dominante: "aguenta" a dor com menos variação emocional;
- Tipo 5 SO Dominante: comunicativo, doador e com *networking*;
- Tipo 6 AP Reprimido: comportamentos arriscados, esportes radicais;
- Tipo 7 SO Reprimido: calado e recluso nos grupos;
- Tipo 8 SX Reprimido: níveis de energia e impacto mais baixos;
- Tipo 9 SO Dominante: imagem, reconhecimento e "centro das atenções" eventual.

São muitos os casos e combinações em que o entendimento dos Instintos e sua sequência tornam-se primordiais no trabalho com o Eneagrama. Eles são tão ou mais importantes do que os nove tipos. Para entender de verdade o Eneagrama, é necessário aprender sobre os nove tipos e sobre os três instintos em conjunto.

COMO SABER A ORDEM DOS INSTINTOS?

Procure comparar-se às pessoas do **MESMO TIPO** que o seu (não às demais pessoas)

Como você é na maior parte do tempo e ao longo do tempo, nas diferentes fases da vida?

- Mais intenso, impulsivo e agressivo? (sexual)
- Mais preocupado com a imagem, aprovação, reconhecimento, *status*, conexões e *networking*? (social)
- Mais pragmático, desconfiado, ansioso, "pé no chão", concreto e, de quebra, um pouco introvertido? (autopreservação)

Você também pode checar os comportamentos e as questões dos Instintos mostrados no texto acima para identificar os predominantes ao longo da sua vida, e até mesmo checar a tabela de confusões de diagnóstico de tipo para ver com quais deles você sempre achou que parecia.

Eneacoaching®: *Coaching* com Eneagrama

O *coaching* é um processo estruturado que ajuda uma pessoa ou uma equipea atingir objetivos predefinidos importantes por meio da ampliação de percepções e da mudança de hábitos, crenças e padrões de pensamento. *Coach* é o nome dado ao profissional que conduz esse processo, apoiando, ajudando e desafiando o seu cliente (ou a equipe cliente) para que ele passe a operar no pico de sua capacidade.

Por ser um processo estruturado, o *coaching* tem começo, meio e fim. Isso contribui muito para a sua eficiência. Tanto na vida pessoal (*coaching* de vida) como nas empresas (*coaching* de negócios, executivo ou de equipes), ele tem sido amplamente utilizado pelos resultados que gera. Dados internacionais apresentam, com frequência, retornos sobre o investimento (ROI) superiores a 500 porcento.

Existem linhas distintas que abordam o processo de *coaching* com metodologias e filosofias diferentes. De modo geral, podemos dizer que temos o *coaching* de resultados e o *coaching* sistêmico. O *coaching de resultados* tem como principal foco ajudar o cliente a atingir os resultados que ele deseja; é a linha de maior prática atualmente. Já o *coaching sistêmico* (e outras linhas análogas) preocupa-se em ajudar o cliente a atingir suas metas e ainda vai além, levando em conta uma série de outros fatores.

Entre esses fatores, está a integração de muitos elementos que compõem o sistema da vida da pessoa ou da equipe. Desenvolvimento de maturidade emocional, impacto nas demais áreas da vida, impactos nas pessoas próximas, aumento da felicidade e desenvolvimento psicológico e espiritual são alguns dos itens levados em conta nesse processo. E tudo isso em igual importância à obtenção dos resultados concretos e específicos desejados.

A utilização do Eneagrama em conjunto com processos de *coaching* sistêmico deu origem ao Eneacoaching®, uma metodologia que integra autoconhecimento profundo com processos de crescimento e obtenção de objetivos realmente desafiadores — objetivos tanto práticos como ligados a tornar-se a pessoa que deseja ser.

O processo de *coaching* é potencializado quando combinado com o Eneagrama porque pode ser direcionado para o modo de ver o mundo de cada um dos nove diferentes tipos. Além disso, o Eneagrama permite a apresentação dos temas comuns em *coaching* — dificuldades, talentos e armadilhas —, considerando as diferentes personalidades, bem como mostra o que funciona e o que não funciona para cada uma delas.

A formação nessa metodologia leva em conta muitos tópicos, dentre eles:

- Conceitos fundamentais da aplicação do Eneagrama no *coaching* e na liderança.
- A missão do *coach* como desenvolvedor de pessoas ajustada ao seu estilo de personalidade.
- Como usar o Eneagrama para potencializar o desenvolvimento das pessoas.
- Principais temas para o *coaching* de cada um dos nove tipos do Eneagrama.
- Dificuldades no desenvolvimento de cada um dos tipos e como driblá-las.
- Armadilhas dos *coachees* (clientes) de cada um dos tipos.
- Gerenciamento do tipo do *coach* e suas interferências no processo.
- Exercícios e ferramentas práticas para aplicar em cada um dos tipos e subtipos, desenvolvendo-os.
- Práticas de desenvolvimento da personalidade.
- Práticas de acesso de cada tipo à sua essência, sua parte mais equilibrada e superior.
- Estudo de *cases* de líderes e clientes de *coaching* de diferentes tipos do Eneagrama, dentro e fora do mundo empresarial.

Existe uma grande quantidade de material desenvolvido que pode ajudar, de forma prática, *coaches*, profissionais de RH, gestores e terapeutas a potencializar o desenvolvimento de seus clientes utilizando o Eneagrama como suporte. Esse material é parte integrante dos cursos de formação. Entre as informações úteis nele contidas estão as prováveis armadilhas na carreira de cada um dos nove tipos do Eneagrama e alguns temas pertinentes para o seu desenvolvimento.

Essas são apenas algumas informações e possibilidades úteis de aplicação resultantes da combinação poderosa de *coaching* com Eneagrama. O site www.eneacoaching.com.br traz mais detalhes dessa metodologia. Por ora, você encontra, a seguir, uma parte dos temas citados, retirada do material de formação do Eneacoaching® desenvolvido por Urânio Paes e Nicolai Cursino.

Armadilhas na Carreira e Temas de *Coaching* Pertinentes para os Nove Tipos de Líderes

Tipo 1: o Líder Perfeccionista

Armadilhas na Carreira:
- Ressentimento e sensação de não adaptação a diferentes ambientes, pessoas e correntes de pensamento. Isso pode fazê-lo querer mudar de emprego ou posição com muita frequência.
- Seu sentimento de culpa por erros pode levar a uma forte autopunição.
- Pode ter tendência a buscar papéis mais técnicos e menos de liderança.
- Ressentimento quando não é promovido.

Alguns Temas de Coaching Pertinentes:
- Desenvolvimento de flexibilidade, criatividade e competências de negociação.
- Aceitação de si mesmo e dos outros, com menos autocrítica e crítica.
- Menos atenção aos detalhes e mais atenção ao quadro geral.
- Descontração, humor, relaxamento, lazer e diversão dentro e fora do trabalho.
- Recuperação da serenidade e da aceitação de si mesmo e dos outros.

Tipo 2: o Líder Ajudante

Armadilhas na Carreira:
- Condicionar sua carreira à aprovação dos seus "eleitos".
- Focar-se excessivamente em questões de relacionamento.
- Querer ajudar muito e não saber receber ajuda.

- Preferir cargos em que exerce o poder de maneira indireta.
- Posicionar sua carreira apenas em funções de suporte os outros.

Alguns Temas de Coaching Pertinentes:
- Equilibrar mais o que faz para si com o que faz pelos outros.
- Assumir projetos próprios e evitar papéis exclusivamente de suporte.
- Dar menos atenção aos relacionamentos e mais atenção às tarefas e metas.
- Equilibrar melhor a atenção que dedica às pessoas da equipe ou aos clientes, sem tantas "preferências".
- Recuperação da liberdade para si mesmo e para os outros, bem como da humildade, não tentando ser fundamental para suprir as necessidades dos outros sempre.

Tipo 3: o Líder Vencedor

Armadilhas na Carreira:
- Tendência de abandonar projetos quando estes se consolidam.
- Pode preferir projetos totalmente novos, nos quais poderá fazer mais diferença.
- Ao escolher cargos, prioriza sua visibilidade ("vitrine") em detrimento de outros fatores.
- Desequilibra-se quando não tem segurança material.
- Excesso de ambição e pressa para galgar degraus na carreira.

Alguns Temas de Coaching Pertinentes:
- Diminuir o ritmo e dedicar-se mais a assuntos da vida pessoal.
- Prestar mais atenção aos seus sentimentos e aos dos outros.
- Desenvolvimento de paciência com as pessoas, tornando-se, inclusive, mais disponível para elas.
- Recuperação da ideia de que nem tudo depende dele e de que as coisas precisam de tempo para amadurecer.

Tipo 4: o Líder Intenso
Armadilhas na Carreira:
- Tornar-se excessivamente crítico com a situação atual (tendência de desvalorizar o que está presente).
- Ser excessivamente idealista em relação à situação pretendida

(tendência de idealizar demais o que está ausente).
- Possibilidade de boicotar o próprio sucesso.

Alguns Temas de Coaching Pertinentes:
- Valorização das coisas e das pessoas que estão presentes, e não apenas daquelas que estão faltando.
- Motivação profissional.
- Insegurança.
- Excesso de sentimentalismo.
- Parar de comparar-se com as demais pessoas.

Tipo 5: o Líder Analítico
Armadilhas na Carreira:
- Pode priorizar papéis técnicos e/ou debastidores.
- Pode preferir cargos de menor visibilidade e nos quais possa ter maior privacidade.
- Às vezes, tem uma tendência de se especializar excessivamente em um campo de conhecimento pequeno e restrito.
- Corre o risco de ser pouco ousado em sua carreira, conformando-se com pouco ("viver uma vida simples e sem cobranças").

Alguns Temas de Coaching Pertinentes:
- Aprimorar a comunicação com as outras pessoas.
- Desenvolver espontaneidade e abertura pessoal.
- Tornar-se mais disponível para as pessoas.
- Ser mais entusiástico e celebrar mais (mais emoção e menos razão).
- Aprimorar o *marketing* pessoal.
- Planejar menos e fazer mais (fazer antes de pensar).
- Recuperação da noção de que não é necessário economizar energia e controlar o tempo e o espaço.

Tipo 6: o Líder Precavido
Armadilhas na Carreira:
- Pode resistir ao posto de "primeiro homem" (autoridade relutante).
- Possibilidade de boicotar o próprio sucesso.
- Pode titubear ao receber convites, demorando para respondê-los enquanto busca certezas (que nunca existem de fato).

- Perde o entusiasmo quando não há uma oposição clara ou uma causa nobre pela qual lutar.

Alguns Temas de Coaching Pertinentes:
- Desenvolvimento de autoconfiança e confiança nos outros.
- Aprender a arriscar mais e a não checar tanto as informações antes de decidir.
- Não ter medo de assumir papéis de autoridade.
- Relacionamento com outras figuras de autoridade.
- Recuperação da fé de que tudo dará certo e da coragem de enfrentar problemas sem fugir ou combatê-los.

Tipo 7: o Líder Otimista
Armadilhas na Carreira:
- Não ter compromisso com uma carreira ("minha vida é minha carreira").
- Ter mais de uma profissão e mais de uma formação, não se aprofundando em nenhuma.
- Priorizar apenas movimentos laterais na carreira.
- Querer variar a profissão, podendo abandonar projetos no meio.

Alguns Temas de Coaching Pertinentes:
- Desenvolver foco e comprometimento com as suas atividades.
- Encarar os problemas no trabalho e nos relacionamentos profissionais.
- Dedicar-se mais a ouvir os outros e ser menos autorreferente.
- Assumir rotinas de trabalho e diminuir o número de atividades e projetos dos quais participa.
- Especializar-se mais em um tema.
- Recuperação da sobriedade de fazer uma coisa de cada vez e até o fim.

Tipo 8: o Líder Poderoso
Armadilhas na Carreira:
- Decisões impulsivas, com dificuldade para voltar atrás ou "dar o braço a torcer".
- Dificuldade de se submeter à autoridade de terceiros.
- Tendência de quebrar regras.

- Apego ao poder.
- Acaba sofrendo retaliação dos outros, que veem suas atitudes como injustas.

Alguns Temas de Coaching Pertinentes:
- Desenvolvimento de tolerância, paciência e suavidade no trato com as pessoas.
- Aprender a não comprar disputas que não valem a pena.
- Controlar seu impulso de proteger demais as pessoas que parecem frágeis.
- Aprender a delegar.
- Recuperação da inocência, tornando-se inofensivo para os outros, assumindo suas fragilidades e controlando seus excessos.

Tipo 9: o Líder Mediador
Armadilhas na Carreira:
- Não acreditar em si mesmo.
- Dificuldade de assumir posições de comando e de exercer sua autoridade.
- Armazenar insatisfações de modo pouco perceptível, até um dia que abandona tudo.
- "Ser levado" pelas situações profissionais.
- Deixar de exercer um papel ativo na gestão de sua carreira.

Alguns Temas de Coaching Pertinentes:
- Gestão do tempo e definição de prioridades.
- Priorizar suas necessidades.
- Gerenciar melhor projetos que estejam sob sua responsabilidade e para os quais não existe muita cobrança de outras pessoas.
- Aprender a dizer "não" e a posicionar-se mais claramente.
- Recuperação da autoestima e valorização de si mesmo.

DEPOIMENTO: O *COACHING* COM ENEAGRAMA

Trabalhei algum tempo com *coaching* sem utilizar o Eneagrama. Nessa época, foram várias as ferramentas que utilizei. Os resultados representavam avanços significativos e os clientes ficavam satisfeitos. Até que o Eneagrama apareceu. Logo percebi quão profundo e preciso o Eneagrama é. Tive clientes que, ao lerem alguns textos referentes aos seus tipos, voltaram e me disseram:

"Li coisas que até então acreditava que eram íntimas minhas. Jamais pensei que isso pudesse ser um padrão."

"Quando li, chorei de emoção. Fiquei um tempo sozinha nesse momento tão único e especial que foi o encontro comigo mesma."

"Com o Eneagrama, aprendi a separar o que é meu do que não é. Achava que determinadas atitudes de algumas pessoas eram em função da opinião que elas tinham a meu respeito. Hoje é tão claro que é em função da imagem que elas têm delas mesmas."

"Se eu tivesse tido esse conhecimento há oito anos, meu primeiro casamento não teria acabado. Minha vida inteira teria sido diferente."

O Eneagrama funciona como um moderno GPS para o *coaching*, ao ajudar os clientes a perceber o seu momento atual e descobrir por que eles fazem o que fazem, sentem o que sentem e pensam o que pensam. Além disso, apresenta caminhos de desenvolvimento.

Vamos supor que um cliente do tipo 3 chegue até você com o objetivo de ter mais sucesso em sua carreira. Sem o Eneagrama, é muito provável que você trabalhe de forma a fazer com que ele seja mais bem-sucedido ainda — e, provavelmente, com o processo, ele conseguirá. Com isso, você simplesmente reforçou a personalidade dele. Com o Eneagrama, novas propostas surgirão e será perguntado para esse cliente se ele realmente precisa ter mais sucesso. É importante lembrar que a opção é sempre do cliente. Como *coaches*, nós o ajudamos fazendo com que suas percepções sejam ampliadas, e não julgamos as decisões que são tomadas a partir daí.

O Eneagrama também permite que o *coach* lide com estratégias de um tipo com muito mais eficiência. Imagine que um cliente do tipo 7 apareça para começar um processo e que a meta seja definida no início. Ter uma meta pode significar para o tipo 7 perda de liberdade. Mas existe o risco do *coachee* querer definir uma meta diferente a cada seção, e aí o processo não chega a lugar nenhum. Em situações como essa, tenho ajudado meus clientes a encontrarem uma meta que seja A META — isso mesmo, tão grandiosa que deve ser escrita com letras maiúsculas e vale a pena focar. A META não é a primeira que aparece. O Eneagrama me ajudou a desenvolver essa técnica e, principalmente, a ficar muito tranquilo ao passar por esse tipo de situação.

Coaching e Eneagrama juntos levam a um processo estruturado, que é trabalhado de forma efetiva e com profundidade, sem perder a objetividade e ampliando a eficiência na obtenção dos resultados.

Estamos aqui para uma vida grandiosa. É isso o que nos trouxe aqui.

João Luiz Cortez
Sênior coach, sócio da Iluminatta Business
Desenvolvimento Humano

Treinador e certificador de coaches da International
Coaching Community (ICC)

Academia de Liderança com Eneagrama

O desenvolvimento de líderes por meio de uma academia de liderança corporativa pode ser bastante potencializado com o uso do Eneagrama como sistema de suporte em autoconhecimento, maturidade e autodomínio.

A ideia é que as habilidades comumente desenvolvidas nessas academias — liderança, comunicação, *coaching*, gestão de conflitos, gestão de equipes, negociação, vendas e muitas outras — possam ser ensinadas e treinadas levando-se em conta as particularidades de cada um dos nove tipos de líderes.

Essas particularidades envolvem desde aspectos práticos de retenção de aprendizagem até aspectos mais complexos de desenvolvimento específico de cada um dos temas, como as características de inteligência emocional de cada um dos tipos, seus medos, crenças e estratégias mentais dominantes.

Isso pode ser feito em grupos formados por líderes de diferentes tipos. Os benefícios envolvem, entre outras coisas, o entendimento e o gerenciamento da diversidade, pois, à medida que percorre um caminho de desenvolvimento de habilidades e autoconhecimento contínuo a cada módulo, o líder mergulha cada vez mais no entendimento de como os outros oito tipos de líderes funcionam e como gerenciar essas diferenças de forma produtiva.

A comunidade internacional *Enneagram in Business Network* (EIBN), com sede nos Estados Unidos, agrega os principais profissionais especializados no uso do Eneagrama de empresas de todo o mundo. O *Relatório de Benchmark* publicado por essa comunidade traz uma série de dados interessantes sobre essas utilizações. Esse relatório pode ser obtido no site www.theenneagraminbusiness.com. Também é possível obter uma versão em português enviando uma solicitação para o seguinte e--mail: contato@iluminattabusiness.com.br.

O relatório apresenta um estudo do uso do Eneagrama em 72 empresas ao redor do mundo que vêm usando o sistema de forma intensa e sustentável. Os resultados foram o desenvolvimento radical de seus líderes e equipes, o aumento da inteligência emocional e da competência interpessoal de seus colaboradores e a catalisação de uma cultura de mudança. Essa utilização aconteceu por períodos que variaram de 18 meses a 12 anos ininterruptos.

Dentre as empresas pesquisadas, destacaram-se: Adcock Ingram, Avon, Banco Itaú, Banco Nossa Caixa, Beacon, Best Buy, Culture Technology, Daimler/Mitsubishi, Genentech/Roche, Hanfubuki, Hui Ho'olana, Huron Hospital, La Clinica, Milling Hotels, NuEar, Parker Hinneafen, Shahid Ghandi, StarPoint, Sucromiles e Toyota. As entrevistas envolveram consultores e líderes de mais de 20 países, entre os quais: Argentina, Brasil, Canadá, Chile, República Tcheca, Dinamarca, Finlândia, França, Alemanha, Irã, Itália, Japão, África do Sul, Tailândia, Estados Unidos e Uruguai. Alguns depoimentos foram interessantes:

"Outros sistemas têm valor, mas eles não ajudam com o autodomínio; eles fazem uma análise de quem é você, mas não mostram a você como se desenvolverou se tornar mais integrado."

"O Eneagrama abre e amplia o mundo das pessoas; é um trabalho de mudança de vida."

Além dos resultados já esperados, houve surpresas obtidas no relatório. No Quadro 1, você encontra as três principais surpresas obtidas.

Quadro 1

Surpresa 1: Resultados Profundos

As empresas estão reportando uma grande melhoria no engajamento dos funcionários, na comunicação, nas interações positivas e na colaboração entre indivíduos dentro das equipes e por meiodas unidades de negócio. Os resultados são tanto locais quanto sistêmicos.

Em termos quantitativos, equipes, unidades de negócio e empresas estão marcando mais pontos em várias medições de pesquisas empresariais, incluindo satisfação do cliente. Em termos financeiros, as unidades de negócio estão apresentandoganhos em resultados financeiros, as vendas estão aumentando e houve aumento da retenção de líderes-chave.

Já no nível profissional, os líderes estão recebendo notas mais altas em avaliações 360 graus. E houve vários casos em que líderes que estavam usando o Eneagrama para seu desenvolvimento foram promovidos de dois a três níveis em curtos períodos de tempo.

Surpresa 2: Efeito Amplificador

Muitos dos entrevistados descreveram como o Eneagrama se espalhou pela empresa e um dos líderes assinalou, especificamente, seu efeito amplificador. O depoimento dele:

"O impacto positivo e a divulgação do Eneagrama se amplificam; as aplicações do Eneagrama não têm limites no que podem fazer pelas organizações."

Surpresa 3: Alto Entusiasmo

Os entrevistados disseram que, uma vez que aprendem o Eneagrama, os funcionários querem mais e mais. Eles contam para os amigos, levam para novas empresas e para a casa: "Nos eventos da empresa, as esposas falam sobre quanto isso ajudou a família".

<FONTE>*Fonte:* The Enneagram in Business, "Benchmark Report", jul. 11, p. 3. Disponível em: http://www.theenneagraminbusiness.com/enneagram_resources/pdf/Enneagram-Benchmark-Report-2011.pdf. Acesso em: 31 out. 2012.

ACADEMIA DE LIDERANÇA: CONTEÚDO PROGRAMÁTICO E FORMATAÇÃO

Existem vários formatos possíveis para uma academia de liderança efetiva com a utilização do Eneagrama. Esses formatos podem envolver uma combinação de módulos de treinamentos, atividades pré-*work*, intermódulos, *on-the-job training*, Eneacoaching e *mentoring*. Tudo isso deve ser desenhado levando-se em conta as necessidades do grupo de lideranças e da organização envolvidos.

Os principais módulos sugeridos são: liderança com Eneagrama, comunicação com Eneagrama, *coaching* com Eneagrama, conflitos e Eneagrama, equipes de alta performance e Eneagrama, *feedback* com Eneagrama, vendas com Eneagrama e negociação com Eneagrama.

Liderança com Eneagrama

São abordados os nove principais perfis de liderança, acompanhados de suas habilidades, bênçãos e desafios pessoais. O objetivo é que cada líder faça um trabalho profundo de autoconhecimento e auto-observação, desenvolvendo um plano de desenvolvimento individual (PDI) integrado e sustentável para orientar seu crescimento ao longo de todo o programa. O líder deverá compreender não apenas as diferenças principais entre sua visão de mundo e a de liderança, como também a visão dos oito demais tipos, entendendo a origem de conflitos e as possibilidades de sinergia.

Esse trabalho deve continuar após um *workshop* inicial. Nos módulos posteriores, cada competência a ser desenvolvida é relacionada com o estilo de personalidade do líder, sua maturidade, suas forças e suas fraquezas.

Comunicação com Eneagrama

Cada um dos nove estilos de personalidade de liderança possui um jeito muito peculiar de se comunicar, bem como de processar a comunicação como um todo. Aqui, são apresentados e elencados os diferentes pontos de desenvolvimento na comunicação de acordo com os nove tipos, além de seus filtros de comunicação, tendências de distorção e entendimento. Em seguida, os métodos e as ferramentas usados em cada um dos casos são ensinados e praticados. O resultado deve ser uma comunicação desenvolvida e adaptada conforme o emissor e o receptor, o que aumenta muito sua efetividade.

Coaching com Eneagrama

A atuação de um líder que usa ferramentas de *coaching* (líder-coach) estimula a criação de equipes e sucessores que aprendem a aprender, a pensar, a se responsabilizar e a tomar decisões, e não apenas a cumprir diretrizes estabelecidas. O aprendizado de técnicas de *coaching* na gestão, aliado ao aprendizado específico das necessidades e dos caminhos de desenvolvimento de cada estilo de personalidade do Eneagrama, é uma forma importante de obter resultados mais rápidos e sustentáveis. Recomenda-se aqui a abordagem dos itens apresentados na seção "Eneacoaching®".

Conflitos e Eneagrama

O Eneagrama apresenta um mapeamento completo das tendências e dos motivos de geração de conflitos interpessoais e hierárquicos divididos conforme os nove estilos de personalidade de liderança. Cada um desses estilos deve entender o que o irrita; o que faz que irrita os outros; o que o torna mais reativo e emocional e menos racional; quais os caminhos para se desenvolver. Assim, é mostrada e praticada uma metodologia de gestão de conflitos (identificação e resolução). É também assinalado como essa metodologia deve ser adaptada e empregada levando-se em conta as diferenças individuais e os estilos de personalidade que compõem uma determinada equipe.

Equipes de Alta Performance Eneagrama

Cada uma das nove personalidades de liderança do Eneagrama apresenta tendências de comportamento e resultados distintos quando participa de equipes, seja na função de líder ou na de membro. Assim, são mostradas não apenas as diferentes fases necessárias para a formação de uma equipe de alto desempenho esuas características, mas também como e quando essas fases devem acontecer para que a equipe aumente seu rendimento. Também é apresentado o método que combina os diferentes tipos do Eneagrama para a formação de uma equipe produtiva e os pontos fortes e a desenvolver de cada uma das personalidades, tendo em vista sua função na equipe e a fase em que o time se encontra.

Feedback com Eneagrama

São apresentadas e praticadas técnicas específicas para dar e receber *feedback* de forma produtiva, de modo tal que essa metodologia possa ser replicada posteriormente, no ambiente de trabalho. É mostrado também como adaptar o *feedback* de acordo com as nove diferentes personalidades do Eneagrama, considerando as diferenças fundamentais na maneira como isso deve ser feito para que o resultado obtido seja efetivo. Esse trabalho passa por uma análise das tendências do líder que dá o *feedback* e também das tendências de personalidade dos indivíduos que o recebem.

Vendas com Eneagrama

É discutido o desenvolvimento de equipes comerciais, bem como as diferenças de abordagens necessárias para vendedores ou negociadores conforme o seu perfil no Eneagrama e o do seu cliente. Essa venda adaptada de acordo com as diferentes personalidades é extremamente efetiva. O vendedor deve entender o que motiva cada um de seus diferentes clientes a comprar e a tomar decisão, o que afasta esses clientes, o que é valorizado por eles e qual a abordagem ideal para gerar confiança. Também deve compreender qual o seu perfil de vendedor e os pontos que precisa desenvolver. É possível apresentar técnicas de venda consultiva, *spin selling*, funil de vendas, *coaching* e outras metodologias, conforme a necessidade dos líderes e da empresa e do tipo de venda realizada por eles. Esse programa pode ainda ser adaptado para uso em vendas internas e persuasão.

Negociação com Eneagrama

São apresentados e praticados modelos e técnicas de negociação que envolvem desde a preparação prévia da negociação e o levantamento de informações até as fases de negociação efetiva, conflito, geração de alternativas, fechamento e acompanhamento. Os participantes também aprendem, em termos de negociação, quais os pontos fortes e a desenvolver de cada uma das nove personalidades do Eneagrama, assim como suas motivações de decisão, as abordagens ideais e os diferentes comportamentos em cada uma das fases do processo. Os negociadores devem aprender como negociar com cada uma das personalidades e qual a melhor maneira de obter os resultados mais positivos nessas negociações.

Referências

BENNETT, William J. *O livro das virtudes II:* o compasso moral. Rio de Janeiro: Nova Fronteira, 1995.
CANFIEL, Jack; HANSEN, Mark Victor. *Histórias para aquecer o coração 2*. Rio de Janeiro: Sextante, 2001.
CHODRON, Pema. *When things fall apart:* heart advice for difficult times. Boston: Shambhala, 2000.
CUNHA, Domingos. *Crescendo com o Eneagrama na espiritualidade*. São Paulo: Paulus Editora, 2005.
DEERING, Anne; DILTS, Robert; RUSSELL, Julian. *Alpha leadership:* tools for business leaders who want more from life. Nova York: Wiley, 2002.
DILTS, Robert. *Visionary leadership skills: creating a world to which people want to belong*. Capitola: Meta Publications, 1996.
FELDMAN, Christina; KORNFIELD, Jack. Histórias da alma, histórias do coração. São Paulo: Pioneira, 1999.
GOLEMAN, Daniel. *Inteligência emocional*. Rio de Janeiro: Objetiva, 1996.
_____ ; BOYATZIS, Richard; MCKEE, Annie. *Primal leadership*: the hidden driver of great performance. Boston: Harvard Business Review, 2009.
ICHAZO, Oscar. *Interviews with Oscar Ichazo*. Kent: Arica Press, 1982.
LAPID-BOGDA, Ginger. *Bringing out the best in everyone you coach*. Nova York: McGraw-Hill, 2009.
_____, Ginger. *Bringing out the best in yourself at work:* how to use the Enneagram system for success. Nova York: McGraw-Hill, 2004.
_____, Ginger. *What type of leader are you?* Using the Enneagram system to identify and grow your leadership strenghts and achieve maximum success. Nova York: McGraw-Hill, 2007.

MAITRI, Sandra. *A dimensão espiritual do Eneagrama*. São Paulo: Cultrix, 2003.

_____, Sandra. *The Enneagram of passion and virtues:* finding the way home. Nova York: Tarcher, 2009.

NARANJO, Claudio. *Character and neurosis:* an integrative view. Nevada City, 1994.

OSHO. *Amor, liberdade e solitude:* uma nova visão sobre os relacionamentos. São Paulo: Cultrix, 2005.

PALMER, Helen. *O Eneagrama no amor e no trabalho*. São Paulo: Paulinas, 2011.

RISO, Don; HUDON, Russ. *A sabedoria do Eneagrama*. São Paulo: Cultrix, 2003.

THE ENNEAGRAM IN BUSINESS. "Benchmark Report", jul. 11, p. 3. Disponível em: http://www.theenneagraminbusiness.com/enneagram_resources/pdf/Enneagram-Benchmark-Report-2011.pdf. Acesso em: 31 out. 2012.

WALSCH, Neale Donald. *Conversando com Deus*, v.1. Rio de Janeiro: Agir, 2009.

_____, Neale Donald. *Conversando com Deus*, v.2. Rio de Janeiro: Agir, 2009.

WILBER, Ken. *Psicologia integral*: consciência, espírito, psicologia, terapia. São Paulo: Cultrix, 2002.

_____, Ken. *Uma teoria de tudo*. São Paulo: Cultrix, 2008.

QUALITYMARK EDITORA

Entre em sintonia com o mundo

Qualitymark Editora Ltda.
Rua Teixeira Júnior, 441 - São Cristóvão
20921-405 - Rio de Janeiro - RJ
Tel.: (21) 3295-9800
Fax: (21) 3295-9824
www.qualitymark.com.br
E-mail: quality@qualitymark.com.br

Dados Técnicos:

• Formato:	16 x 23 cm
• Mancha:	12 x 19 cm
• Fonte:	Life BT
• Corpo:	11
• Entrelinha:	13
• Total de Páginas:	348
• 1ª Edição:	2013
• 2ª Edição:	2017